中国数字内容产业

市场格局与投资观察

（2023）

MARKET PATTERNS AND
INVESTMENT INSIGHTS OF
CHINA'S DIGITAL
CONTENT INDUSTRY IN 2023

董毅敏　吴素平　著

社会科学文献出版社
SOCIAL SCIENCES ACADEMIC PRESS (CHINA)

《中国数字内容产业市场格局与投资观察（2023）》参与人员名单

主笔撰稿：　董毅敏　吴素平

参与撰稿：　梁楠楠　王　烨　薛　创

组织协调：　刘颖丽　王　扬　栾京晶

资料搜集：　王　娟

前　言

近年来，在全球经济增长面临挑战的情况下，数字内容产业发展势头不减，全球数字出版及内容流媒体市场年复合增速超过 10%，[①] 呈现较强发展活力。在人工智能、大数据、云计算等技术加持下，数字内容创作迎来人机协作新范式，不断满足人们日益提升的精神文化需求，短视频、知识付费、网络文学、有声书等受到广泛关注，内容消费潜力持续释放。

2023 年 2 月，中共中央、国务院印发《数字中国建设整体布局规划》，提出深入实施国家文化数字化战略，大力发展网络文化，加强优质网络文化产品供给，引导各类平台和广大网民创作生产积极健康、向上向善的网络文化产品。这为数字内容产业发展指明了方向，提供了支持，也提出了更高要求。中国新闻出版研究院的研究团队已持续追踪、研究数字内容产业多年，从 2015 年至今已出版《中国数字内容产业市场格局与投资观察》系列产业报告 5 本，每一本都客观总结和分析了当时的产业面貌与特点。相较上一本，本书除了全面更新产业数据与动态，还在内容和方法上进行了一些优化。内容上，一是进一步完善了数字内容产业的内涵（见第一章第一节）；二是补充了关于数字内容产业、文化创意产业发展的评价模型与指标体系（见第一章第三节）；三是新增了 20 个典型内容企业案例，以更好地展现产业发展模式（见第二至十一章的第三节）。方法上，扎根理论基础，参考产业组织理论 SCP 分析范式，完善投资价值评估体系，在一级指标"转化程度"下新增一个二级指标"毛利率"，衡量

[①] Research and Markets. Digital Publishing and Content Streaming Global Market Report 2023: Featuring Adobe, Xerox, Google Play, Georg von Holtzbrinck & RELX[EB/OL]. 2023−05−02[2023−06−27]. https://finance.yahoo.com/news/digital−publishing−content−streaming−global−111800325.html.

企业盈利能力（见第一章第三节）。

在多年数据积累的基础上，本书对数字内容产业发展新动态进行了跟踪观察，重点关注了网络游戏、网络动漫、网络视频、短视频、直播、在线音乐、数字阅读、新闻资讯、在线教育、知识付费 10 个细分领域，系统地梳理了各领域市场运行现状、竞争结构、盈利情况、投融资动向、政策及舆论环境等要素，在此基础上预测产业发展趋势。另外，通过"2-7-12"的评估体系综合评估了 10 个细分领域投资价值，并与历史结果纵向比较，发掘趋势变化。本书得出的主要结论如下。

一 数字内容产业呈现十大发展趋势

第一，数字内容产业规模蓄势复苏，未来将继续稳步增长；第二，细分领域用户规模庞大，但普遍面临增长瓶颈；第三，内容付费转化率达到新高点，网络游戏和网络视频转化最强；第四，市场竞争将更加激烈和分散，企业降本增效精益化发展；第五，创投"严寒"环境难消退，科技赋能仍最受资本青睐；第六，龙头企业引领产业投资，网络游戏和网络动漫是战略布局重点；第七，"泛知识"领域增长迅速，知识付费迎来二次"起飞"；第八，AIGC 驱动产业数智化发展，将涌现新的内容供需场景；第九，数字内容企业"乘风"出海，积极拓展第二增长市场；第十，政策推进产业规范化发展，主流媒体舆论环境向好。

二 数字内容产业投资价值分析

本书对 10 个细分领域投资价值综合评估的结果如下：直播、短视频、知识付费、在线教育投资价值很高，综合结果为五星；网络游戏、网络视频投资价值较高，综合结果为四星；数字阅读投资价值一般，综合结果为三星；新闻资讯投资价值较低，综合结果为两星；网络动漫、在线音乐投资价值很低，综合结果为一星。

与上一版相比，知识付费、在线教育排名向前移动较大，网络游戏、网络动漫、在线音乐、数字阅读则排名后移。整体来看，泛娱乐类领域呈现势头减弱趋势，泛知识类领域则逆势而上。

根据投资价值评估结果和产业趋势，本书对数字内容产业投资提出如下建议：一是重点关注直播和短视频，二者引领数字内容产业投资风向；二是"内卷"加剧引发知识教育热度提升，关注知识付费与在线教育的细分赛道；三是网络游戏、网络视频领域关注 AI 及虚拟技术带动的新需求；四是关注数字阅读 IP 多元化变现价值；五是谨慎对待新闻资讯、网络动漫、在线音乐，这些领域发展瓶颈显现。

三　数字内容产业发展现存问题及建议

本书认为中国数字内容产业发展存在如下问题：一是"短内容"下的碎片化、"劣币驱逐良币"与观点极化；二是同质化现象严重加剧市场竞争，亏损局面难扭转；三是 AIGC 趋势下数字内容监管和版权保护面临严峻挑战；四是内容违规、消费陷阱等问题频现，扰乱市场秩序。

针对上述问题，本书提出如下发展建议：一是发挥出版内容优势，提升内容服务质量；二是把握 AIGC 应用场景爆发先机，推动产业升级；三是探索新形势下版权保护思路，激发创新活力；四是政府、行业、社会三方协同加强行业自律，规范市场秩序。

本书力求客观真实地反映中国数字内容产业的发展面貌，呈现宏观视角的产业图景。科技赋能下，数字内容产业发展日新月异，受研究能力、精力以及连续、统一、权威数据获取难度的限制，本研究还存在很多不足。不足之处欢迎广大读者指正，我们将在以后的版本中不断改进，逐渐完善对中国数字内容产业发展的研究工作。

目　录

第一章

绪 论

第一节 数字内容产业的内涵

一 多领域交叉融合的产业群组

经济合作与发展组织（OECD）在1998年《内容作为一个新兴产业》的专题报告中将内容产业内涵概括为"由主要生产内容的信息和娱乐业所提供的新型服务产业，包括出版、音乐、电影、广播和影视传播等产业部门"。[①] 国内对内容产业的提法首见于《上海市2003年政府工作报告》[②]，事实上，这里的"内容产业"指的就是结合了信息技术应用的"数字内容产业"。此后其他政策文件中相继出现了数字化信息服务[③]、数字创意产业[④]、数字文化产业[⑤]等相关概念。2016年发布的《"十三五"国家战略性新兴产业发展规划》将数字创意产业列为战略性新兴产业之一，提到了动漫游戏、数字音乐、网络文学、网络视频、在线演出等内容形态，并提出组织实施数字内容创新发展工程。[⑥]

---

① OECD. Content as a New Growth Industry[J]. OECD Digital Economy Papers, 1998(37).

② 上海市2003年政府工作报告 [EB/OL].2012-03-27[2023-06-27] http://district.ce.cn/newarea/roll/201203/27/t20120327_23191939.shtml.

③ 2006—2020年国家信息化发展战略 [EB/OL].2006-03-19[2023-06-27] http://www.gov.cn/gongbao/content/2006/content_315999.htm.

④ 战略性新兴产业分类（2018）[EB/OL].2018-11-07[2023-06-27] http://www.gov.cn/gongbao/content/2019/content_5366481.htm.

⑤ 文化部关于推动数字文化产业创新发展的指导意见 [EB/OL].2017-04-11[2023-06-27]http://www.gov.cn/gongbao/content/2017/content_5230291.htm.

⑥ "十三五"国家战略性新兴产业发展规划 [EB/OL].2016-11-29[2023-06-27] http://www.gov.cn/zhengce/content/2016-12/19/content_5150090.htm.

数字内容产业涵盖多个细分领域，在产业融合趋势下，细分领域之间的边界已逐渐淡化，加之不同国家和地区、不同时期的产业发展各有特色，因此在细分领域的划分上并无统一标准。从国内外对数字内容产业及相关概念细分领域的描述（见表 1-1）可以看出，把游戏、动漫、教育、出版、视听类归入数字内容产业较普遍，也有把软件服务、广播影视、艺术设计等领域纳入数字内容产业范围的。

本研究认为数字内容产业并非传统意义或社会经济统计层面上的独立产业，它是文化创意结合信息技术形成的产业形态。所谓产业形态是指由多个细分领域交叉融合而成且各细分领域边界模糊，但均以数字内容为核心、以互联网和移动互联网为传播渠道、以平台为模式的产业群组。随着 5G 技术和智能技术的发展与部署，数字内容产业的商业模式将快速迭代更新，各细分领域的边界将继续交叉、渗透，细分领域数量将增减。①

在过去几年的报告中，我们重点关注了网络游戏、动漫、在线音乐、网络视频、短视频、直播、数字阅读、新闻资讯 App、在线教育、知识付费 10 个细分领域，这些领域的共同点是以内容"数字化生产 + 网络化传播 + 线上服务与消费"为主，因此线下内容场景和网络、软件、数据、设计等内容支撑服务不作为单独细分领域提出，而是分别纳入各领域，作为产业链中相关服务业务或衍生业务。

过去的两年里虽然内容市场"风云变幻"，产业融合深入推进，但尚未形成可替代的新兴内容领域，因此本研究仍继续重点关注这 10 个细分领域，在多年累积的历史数据基础上开展延续性和历时性研究，充分把握产业发展脉络。本研究仅将"新闻资讯 App"修改为"新闻资讯"，即关注通过线上发布和传播的新闻资讯内容，而不再强调 App 的形式，还可以包括通过公众号、小程序、短视频等多种渠道发布的内容。

---

① 本书为延续性报告，在概念界定和研究方法上部分沿袭了《中国数字内容产业市场格局与投资观察（2021~2022）》，并根据产业发展进程不断更新和完善。

表 1-1 数字内容产业及相关概念细分领域分类汇总

概念名称	细分领域	国家/地区	来源文献
数字创意产业	动漫、游戏、数字影视、数字演出、数字音乐、数字艺术品、电子出版物、数字广告、数字移动多媒体	中国	《战略性新兴产业分类（2018）》
文化创意产业	文化艺术、新闻出版、广播、电视、电影、软件、网络及计算机服务、广告会展、艺术品交易、设计服务、旅游、休闲娱乐以及其他辅助服务	中国	《北京市文化创意产业分类标准》
数字内容产业	网络游戏、数字动漫、数字出版、数字学习、移动内容、数字视听、其他网络服务和内容软件	中国	《2008~2009上海数字内容产业白皮书》
	数字影音应用类产业、计算机动画类产业、数字游戏类产业、移动内容类产业、数字学习类产业、数字出版典藏类产业、内容软件类产业、网络服务类产业	中国	转引自《中国台湾地区数字内容产业的发展举措及启示》
	内容软件、数字影音、网络服务、电脑动画、数字游戏、数字学习、移动内容、数字出版	欧盟	转引自《推动中国数字内容贸易繁荣发展：进展、挑战与路径分析》
	音乐、影像、游戏、信息出版	日本	转引自《国内外数字内容产业发展现状分析》
	数字动漫、游戏、数字音乐、视频	印度	转引自《印度数字内容产业发展模式及启示》
	出版业、软件业、网页制作业、图形设计业、游戏业、广播电视业	英国	转引自《数字内容产业国际发展模式比较及借鉴》
	图书报纸出版、电视广播、互联网、广告等产业	德国	转引自《欧美国家数字内容产业发展政策模式比较》
	游戏、动漫、音乐、教育、出版、移动内容	美国	转引自《国内外数字内容产业发展现状分析》
	电影、娱乐和文化产业、游戏动画、设计交互	澳大利亚	转引自《国内外数字内容产业概念追踪与辨析》
文化内容产业	出版、漫画、游戏、音乐、电影、动漫、广播、广告、卡通形象、知识信息	韩国	转引自《韩国文化内容产业的发展及其对中国的启示》

二 内容和技术双轮驱动产业升级

数字内容产业被视为结合了高新技术和新理念的新型知识集成产业。[①] 它随着移动通信、互联网、智能设备等信息技术和设备的发展而不断发展，本质上是内容与技术融合的产物。这就意味着数字内容产业发展受到内容和技术两大因素的驱动。内容受益于技术的加持，在生产、审核、分发、消费、版权保护等方面实现了效率

[①] Yong Gyu Joo, So Young Sohn. Structural Equation Model for Effective CRM of Digital Content Industry [J]. Expert Systems with Applications，2008，34(1)：63-71.

的提升，同时内容场景又反向促进技术研发，图文生成、音视频剪辑、动画制作、增强现实（AR）、虚拟现实（VR）、云存储、流媒体等技术不断发展，技术创新不断涌现。

内容是数字内容产业发展的核心，产业链中的企业围绕"内容"这一核心要素开展各种价值增值活动，尤其是在当前信息爆炸和注意力稀缺的时代，优质内容已成为企业竞争的关键，也是长期留住用户、激励创新发展的动力所在。数字内容产业兼具文化属性和产业属性，资源配置既受到市场调节，又受到政府调节，后者在内容引导、规范、监督方面必不可少。从内容属性来看，数字内容可简单分为娱乐类内容和知识类内容，当前娱乐类内容是互联网上规模最大、产业价值最高的部分，知识类内容文化价值更高，更容易受到主流媒体认可和政策推动，潜力巨大。数字内容产品是内容的载体，内容通过不同的产品种类实现不同的价值，相比传统出版物，数字内容产品在产品形态、运营模式、传播渠道、用户体验等方面都有颠覆式创新，而且表现出明显的规模效应，驱动产业价值不断释放。

技术不仅为内容表现形式创新提供了基础支撑，也是推动产业发展进程的不竭动力。从不同时期技术应用角度，可将数字内容产业划分为三个发展阶段：第一阶段是以 PC 互联网为主导的 Web1.0 时代，从 20 世纪 90 年代开始，网络新闻、在线搜索、电子邮件、即时通信、网页游戏等内容应用逐渐普及，用户被动接受内容；第二阶段是以移动互联网为主导的 Web2.0 时代，从 2008 年左右至今，智能手机和各类传感设备的普及让移动游戏、短视频、直播、自媒体等内容应用成为主流，用户参与内容创作与传播，巨头平台把持流量入口，同时也产生了隐私与安全问题；第三阶段将是一个去中心化的 Web3.0 时代，区块链技术让用户的内容成为资产并能进行可信交易，AR、VR、物联网等技术打破了物理空间与虚拟空间之间的界限，用户可以创造更丰富的数字内容世界。元宇宙将为第三阶段的数字内容产业发展提供广阔空间，而随着人工智能进入数字内容生产领域，AIGC 有望在文本、音频、图像、视频生成方面引领新的商业化浪潮，为元宇宙内容创作提供新的生产范式。

三 带动相关领域创新发展

数字内容产业链可以分为内容生产、内容聚合、平台运营、内容分发、内容消费等环节。随着产业融合步伐加速，产业边界不断延伸，传统分工和商业模式正在被打破。数字内容技术及创新发展模式不断外溢、渗透经济社会的各个领域，对相关产业也具有较强的创新带动作用，促进企业数字化转型。

在产业链上游内容生产方面，2022 年末由 OpenAI 发布的基于 GPT-3.5 架构的大型语言模型 ChatGPT 引发了社会大量的关注和讨论。事实上，基于 AI 的内容生成技术已被头部数字内容企业应用于文本、图像甚至音视频生成中。早在 2015 年，腾讯财经频道就用自动化新闻写作机器人 Dreamwriter 发布了一篇报道，开创了国内机器人写稿的先河；今日头条研发的 Xiaomingbot 在 2016 年里约奥运会期间共撰写了 457 篇关于羽毛球、乒乓球、网球的消息简讯和赛事报道；2021 年，Netflix 与知名戏剧人 Keaton Patti 在 YouTube 上合作发布了由 AI 剧本创作的电影《谜题先生希望你少活一点》；2021 年，喜马拉雅用 AI 语音合成的方式重现了已故大师单田芳评书腔调。依托 AI 的内容生成技术不仅在数字内容产业应用广泛，也正在横向连接其他产业，在传媒、影视、教育、电商等相关领域发挥更大想象空间。如利用合成资讯让虚拟主播快速播报热点新闻，协助创作多种主题、风格的影视剧本，依托智能设备"AI 图书馆"为听障人士播放各类读物促进教育公平，为电商平台自动生成营销海报、文案、产品效果图等。

在产业链下游，平台企业通过拓展内容衍生品市场带动线下内容场景消费，从虚拟空间的想象向现实空间的沉浸体验延伸。如动漫企业围绕内容 IP 开展多元化经营，拓展玩具、婴童、线下乐园、动漫大电影等衍生业务；游戏企业基于游戏 IP 开发的各种衍生产品，如游戏周边、玩具、衣物、食品等已成为游戏产业的重要组成部分。

数字内容产业的创新模式正在横向渗透相关产业和社会生活的方方面面，重塑企业经营范式，带动产业升级。如直播正在促进"直播＋电商""直播＋文旅""直播＋会展""直播＋教育"等多元业态蓬勃发展，而短视频也早已融入各行各业经营之中。游戏技术正在向社会经济生活加速渗透，助力推进数实融合。如腾讯在 2022 年腾讯游戏发布会上发布了数字长城保护、数字中轴线申遗、全真数字工厂等项目，将游戏科技应用到文化遗产保护和工业制造中；位于克卢日的保时捷工程集团利用游戏引擎帮助开发新的驾驶功能，将训练搬进虚拟世界，并聘请了具有游戏背景且了解汽车行业的软件专家。2022 年 7 月，在一场数字内容科技发展的研讨会上，中国工程院院士邬贺铨表示，在游戏中已经得到试错与验证的技术可以外溢应用到其他数字创意产业。[①] 中国科学院研究团队发布的一份游戏技术研究报告指出，2020 年，游戏技术对芯片产业的技术进步贡献率大约为 14.9%，对 5G 和 VR/AR 的科技贡献率更是高达 46.3% 和 71.6%。[②]

第二节　数字内容产业发展背景

一　数字经济推动力强劲，数字文化加速创新发展

数字内容产业是文化产业的重要构成，同时也是文化产业在数字时代的具体体现。"十四五"时期是中国加快文化产业数字化布局，推动科技赋能文化产业，促进文化产业高质量发展的重要时期。文化数字化飞速发展，人们日益提升的个性化精神文化需求不断被满足，网络文学、网络电影、网络动漫、有声书等受到广泛关注，内容消费潜力不断释放。

数字经济浪潮为数字内容产业的发展提供了强劲动力。2023 年 2 月，中共中央、国务院印发《数字中国建设整体布局规划》，对数字经济发展进行了全面布局和统筹安排，提出大力发展网络文化，加强优质网络文化产品供给，引导各类平台和广大网民创作生产积极健康、向上向善的网络文化产品。文化数字化战略加速推进。2022 年 5 月，中共中央办公厅、国务院办公厅发布的《关于推进实施国家文化数字化战略的意见》提出要建设文化数字化基础设施和服务平台，形成线上线下融合互动、立体覆盖的文化服务供给体系。这为数字内容产业发展提供了重要的政策支持，指明了战略方向，也提出了更高的要求。

数字内容是文化贸易出口和优秀文化交流的重要载体。2022 年 7 月，《商务部等 27 部门关于推进对外文化贸易高质量发展的意见》提出发挥国内大市场和丰富文化资源优势，加强数字文化内容建设，促进优秀文化资源、文娱模式数字化开发，支持数字艺术、云展览和沉浸体验等新型业态发展，积极培育网络文学、网络视听、网络音乐、网络表演、网络游戏、数字电影、数字动漫、数字出版、线上演播、电子竞技等

---

① 周雨萌. 数字内容技术正引领科技强国和产业创新 [EB/OL]. 2022-07-06[2023-07-03]. https://www.dutenews.com/p/6885981.html.

② 中国游戏产业研究院、中国科学院自然科学史研究所王彦雨课题组. 游戏技术——数实融合进程中的技术新集群 [EB/OL]. 2022-07-25[2023-07-03]. https://www.bilibili.com/read/cv17747613.

领域出口竞争优势，提升文化价值，打造具有国际影响力的中华文化符号。文件提到的内容覆盖了数字内容产业的各个方面，为数字内容产业对外贸易发展注入新动力。

数字内容产业除了具有经济属性，还具有较强的意识形态属性，肩负着为人们提供丰富精神文化内容的重任。中央网信办、中宣部、国家市场监管总局等多个部门持续深入开展网络生态治理工作，推进"清朗""净网"系列专项行动，创新推进网络文明建设，打造清朗健康的网络环境。2021 年 12 月，国家发展改革委等部门发布的《关于推动平台经济规范健康持续发展的若干意见》提出对平台经济领域垄断和不正当竞争、减配降质产品误导消费者、超范围收集个人信息等违法行为要加强监管、依法查处。一系列举措有力净化了网络环境，规范了市场秩序。

二　全球经济增长挑战下，数字出版、娱乐及媒体彰显活力

世界经济面临着长期增长乏力的风险，受新冠疫情的"后遗症"、气候变化不断加重的负面效应以及宏观经济的结构性挑战（如投资疲软和债务脆弱性增加）影响，全球经济增长的中期前景黯淡。[①] 国际货币基金组织（IMF）预计 2023 年全球经济增速降至 2.9%，预计 2024 年将升至 3.1%，发达经济体增长放缓将更加明显，中国和印度将占到全球经济增长的半壁江山。[②] 在国内，消费者信心和消费意愿下降，根据国家统计局发布的数据，2022 年 4 月，消费者信心指数骤降并持续徘徊在低迷的水平，消费者对经济发展的满意指数和预期指数也表现出同样的趋势，预计短期内难以逆转。这一系列因素对数字内容产业的发展构成了挑战，需要在经济下行压力下寻求新的解决方案，以适应变化的市场环境，提供更具吸引力的产品或服务，扩大市场份额。

尽管如此，全球娱乐及媒体行业表现出旺盛活力。Research and Markets 发布的报告显示，全球数字出版和内容流媒体市场规模从 2022 年的 1631 亿美元增长到 2023 年的 1845.8 亿美元，复合年均增长率（CAGR）为 13.2%，到 2027 年数字出版和内容流媒体市场规模预计将以 12.1% 的复合年均增长率增长到 2918 亿美元。[③] 普华永道

① 联合国经济和社会事务部. 关于 2023 全球经济你需要知道的五件事 [EB/OL]. 2023−06−02[2023−06−27]. https://www.un.org/zh/desa/5−things−you−need−know−about−global−economy−2023_zh.

② 国际货币基金组织. 基金组织预计 2023 年全球经济增长为 2.9%[EB/OL]. 2023−01−31[2023−06−27]. https://news.un.org/zh/story/2023/01/1114677.

③ Research and Markets. Digital Publishing and Content Streaming Global Market Report 2023: Featuring Adobe, Xerox, Google Play, Georg von Holtzbrinck & RELX[EB/OL]. 2023−05−02[2023−06−27]. https://finance.yahoo.com/news/digital−publishing−content−streaming−global−111800325.html.

在《2023 至 2027 年全球娱乐及媒体行业展望：中国摘要》中提出中国娱乐及媒体行业在未来 5 年预计将保持强劲的增长，复合年均增长率为 6.1%，高于全球平均水平的 3.5%。这一增长将主要受益于互联网广告、电子游戏和电子竞技等领域，它们被认为是该行业的主要增长引擎。此外，电影、虚拟现实等细分领域也将继续保持增长态势。[①] 中国的数字出版、娱乐及媒体行业在国际市场中占据了重要地位，未来有望继续保持增长趋势，为国内企业积极参与全球数字内容新兴领域竞争、拓展全球业务提供有力支持。

三 互联网红利充分释放，需求与消费持续回暖

2023 年 1 月我国对新冠病毒感染实施"乙类乙管"，社会生产生活逐步恢复，文旅消费生活不断复苏。2023 年上半年我国国内生产总值同比增长 5.5%，明显高于 2022 年全年 3% 的经济增速；全国居民消费价格指数同比上涨 0.7%，全国居民人均可支配收入 19672 元，同比名义增长 6.5%。[②] 与此同时，网民规模持续增长，释放出强大的人口红利，催生了泛娱乐领域的繁荣（见图 1-1）。中国互联网络信息中心（CNNIC）发布的第 53 次《中国互联网络发展状况统计报告》显示，截至 2023 年 12 月，我国网民规模达 10.92 亿人，互联网普及率达 77.5%。

社交、视频娱乐用户规模庞大。QuestMobile 数据显示，截至 2023 年 9 月，微信、抖音、微博、快手、哔哩哔哩及小红书 App 覆盖用户规模分别达到 10.45 亿、7.43 亿、4.85 亿、4.57 亿、2.10 亿及 1.99 亿，其中，小红书、哔哩哔哩、抖音及快手用户规模增速表现亮眼，同比增长率分别为 20.2%、6.7%、5.1% 及 5.1%。[③] 泛娱乐领域中，长短视频、手机游戏的用户使用时长均实现增长，用户黏性的增长带来更大的变现潜力；微短剧的爆火带来内容增量，产生了诸如红果免费短剧、星芽免费短剧这样的"黑马"玩家，迅速圈占大量用户。泛知识领域需求提升，知识付费市场增长迅猛，数据

---

① 普华永道.2023 至 2027 年全球娱乐及媒体行业展望：中国摘要 [EB/OL]. 2023-02-27[2023-06-27]. https://www. pwccn.com/zh/industries/telecommunications-media-and-technology/publications/entertainment-and-media-outlook-2023-2027. html.

② 赵霖萱 . 下半年我国经济运行面临哪些挑战？专家：需应对外需走弱挑战 [EB/OL]. 2023-07-19[2023-07-27]. https://m.mp.oeeee.com/a/BAAFRD000020230719820887.html.

③ Mr. QM. QuestMobile 2023 中国移动互联网秋季大报告：全网用户稳定增长，三大特点支撑回暖，00 后与 60 后持续增长 [EB/OL]. 2023-10-31[2023-11-03]. https://mp.weixin.qq.com/s/bcPdmE4co0krOotYbXkpiw.

显示，2023 年知识付费用户规模将突破 5.7 亿人，知识付费行业有望借着这一市场基础进入稳定的持续发展阶段，2025 年知识付费用户规模有望达到 6.4 亿人。① 得益于短视频和直播的流行，信息流推荐和直播间带货等场景下的视频与图文类知识内容异军突起，迅速成为消费主流。

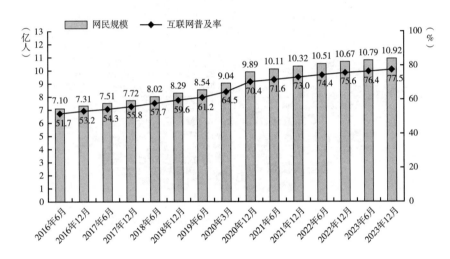

图 1-1　2016 年 6 月至 2023 年 12 月中国网民规模及互联网普及率

数据来源：CNNIC 发布的第 38~53 次《中国互联网络发展状况统计报告》。

四　AI 驱动生产力变革，引领产业迈入数智化时代

从 AI 作画领域的 DALL-E2 到 Stable Diffusion，再到 ChatGPT 为代表的对话机器人，人工智能领域发展迅速。国内也掀起了大语言模型的热潮，科技企业陆续发布 AI 应用，如文心一言、通义千问、星火认知大模型、360 大模型智脑、天工 3.5、知海图 AI、腾讯智影等。截至 2024 年 3 月，我国已备案的生成式人工智能大模型已达到 117 个（见图 1-2），② 而且在不断更新中，万"模"大战的时代来临，AIGC 商业化应用步伐加快。据 IDC 发布的《2023 年 V1 全球人工智能支出指南》预测，中国人工智能市场支出规模将在 2023 年增至 147.5 亿美元，约占全球总规模十分之一，

① 艾媒咨询 . 2023 年中国知识付费行业现况及发展前景报告 [EB/OL]. 2023-03-28[2023-06-27].https://www.sohu.com/a/660009573_533924.

② 国家互联网信息办公室关于发布生成式人工智能服务已备案信息的公告 [EB/OL].2024-04-02[2024-04-11].https://www.cac.gov.cn/2024-04/02/c_1713729983803145.htm.

2026 年中国 AI 市场将实现 264.4 亿美元市场规模，2021~2026 年复合年均增长率将超 20%。[①]AIGC、元宇宙、虚拟数字人等方向成为 2022 年资本市场新的投资赛道。[②]

图 1-2　中国已备案的生成式人工智能大模型（截至 2024 年 3 月）

AIGC 在文本、音频、跨模态、策略生成、企业服务等领域的商业化应用，有望驱动内容生产力产生新的变革，以 ChatGPT 为代表的生成式 AI 工具的快速发展正以巨大的推动力对数字内容产业产生深远影响，引领产业从数字化、数据化步入数智化。比如自动化生成文章、脚本、新闻报道，自动剪辑视频和音频，可以大大提高内容生产和制作效率。Gartner 预测到 2025 年生成式人工智能将占所有生成数据的 10%，而目前这一比例还不到 1%；红杉预测生成式 AI 有潜力产生数万亿美元经济价值；innoHere 研究院报告显示，2025 年国内生成式 AI 应用规模有望突破 2000 亿元。[③]另外，内容文本快速生成图片和视频的功能，将大幅提高 IP 衍生变现的可能。AI 技术在虚拟现实和增强现实方面也发挥了重要作用，从互动电影到虚拟空间，AI 技术可使创作者打破传统媒体的界限，创造出全新的数字体验。2023 年 6 月，苹果 vision pro

---

① IDC. 2026 年中国人工智能市场总规模预计将超 264.4 亿美元 [EB/OL]. 2023-03-29[2023-06-27]. https://www.idc.com/getdoc.jsp?containerId=prCHC50539823.

② 艾瑞咨询. 2022 年中国人工智能产业研究报告（V）[EB/OL]. 2023-06-08[2023-06-27]. https://mp.weixin.qq.com/s/lFD9ND_QcsXJrOW_NjheZQ.

③ 梁谦刚.AIGC 大消息，互联网巨头入围，产业有望爆发式增长！AI 巨头午后突然拉升，两路资金大举加仓 3 股 [EB/OL]. 2023-06-20[2023-06-27]. https://www.stcn.com/article/detail/897973.html.

的发布给行业带来了积极信号，未来虚拟现实智能设备叠加 AIGC 内容生成能力，将为用户带来全新的体验场景，创造新的商业机会。2023 年 4 月 11 日，国家互联网信息办公室发布《生成式人工智能服务管理办法（征求意见稿）》，从内容生成、算法设计、知识产权等方面提出要确保训练数据的合法性，采取适当措施以防止用户过度依赖或沉迷于生成内容，并保护用户的信息等，将进一步促进生成式人工智能健康、规范发展。

第三节 投资价值评估方法

一 评估目的及评估对象

开展数字内容产业投资价值评估旨在通过研究数字内容产业各细分领域发展动态、未来增长潜力、存在的潜在风险以及不同领域之间的发展差异，为投资者提供决策支持；同时，也为管理机构、产业研究人员制定战略和规划提供有价值的行业洞察和参考。

本次重点关注数字内容产业 10 个关键细分领域——网络游戏、网络动漫、在线音乐、网络视频、短视频、直播、数字阅读、新闻资讯、在线教育、知识付费。本次评估的对象与此前三次评估对象基本一致，以便开展历时性研究与对比分析。

二 指标设计原则与思路

（一）指标设计原则

第一，科学性。指标体系的设计基于对产业（市场）的深入理解，遵循产业组织理论框架和实践经验，以确保指标的合理性、客观性和可靠性。对数据使用了无量纲化处理，尽量减少主观因素。

第二，可操作性。设计指标体系时考虑指标解释的明确性、数据的可获取性，以及指标计算和评估流程的简洁、明确，以提高实施效率。

第三，定性与定量结合。除了客观的定量数据支持，还采用定性分析（如政策导向、主流媒体报道倾向），有助于全面把握市场运行的影响因素。

第四，可持续性与动态性。指标体系应具有一定的可持续性，以便长期跟踪和开展历时性分析，同时要能够适应外部环境变化，及时更新、改进。

（二）指标体系设计思路

1.现有的指标体系综述

关于数字内容产业投资价值的评估难以找到现成的指标体系，关于与之类似的文化产业竞争力的评价则已有许多评价模型和指标体系，典型的如钻石模型、层次模型、VRIO 模型、过程模型、指数模型。从研究层次来看，主要体现在三个层面：一是从宏观角度评估国家层面的文化产业竞争力，二是从中观层面评价区域（城市）文化产业的竞争力状况，三是从微观层面对文化产业园区或集聚区发展的评价。此外，还有一些研究对文化产业竞争力某个方面或者某个影响因素进行评估。[①] 如中国内地首个创意产业指标体系"上海城市创意指数"包括产业规模、科技研发、文化环境、人力资源、社会环境 5 个一级指标。[②] "中国省市文化产业发展指数"设置了产业生产力、产业影响力、产业驱动力 3 个一级指标，文化资源、文化资本、人力资源、经济影响、社会影响、市场环境、公共环境、创新环境 8 个二级指标，以及文化场馆资源、文化产业总产出等 24 个三级指标。[③] 谢友宁等构建的数字内容产业评估基本框架包括产业发展环境、人力资源、管理体制、企业（主体）、产品研发、平台建设、市场评估、专业化服务及产业链延伸 9 个一级指标。[④]

现有的评估框架在指标体系设计上存在共通之处，如都关注了产业环境、产业基础、产业结构、产业驱动等因素，可为本研究指标体系的制定提供参考。但现有的评估框架旨在体现产业整体的竞争力和发展潜力，对具体细分领域还未有相应的指标体系。此外，有些指标体系停留在理论层面，实际评价数据难以获取，可操作性不强；而进行了实证分析的往往以国家统计数据为主要数据来源，虽然数据容易获取，但无

① 王文锋.文化产业竞争力评价模型及指标体系研究述评 [J].经济问题探索，2014（01）：72-76.

② 任绍敏.上海力促创意产业化 [EB/OL].2006-07-25[2023-06-29]. https://finance.sina.com.cn/chanjing/b/20060725/06262759915.shtml.

③ 傅才武，彭雷霆.中国公共文化服务发展指数报告（2019）[M].北京：社会科学文献出版社，2019：18.

④ 谢友宁，杨海平，金旭虹.数字内容产业发展研究——以内容产业评估指标为对象的探讨 [J].图书情报工作，2010，54（12）：54-58+73.

法体现数字内容产业细分领域的发展特点。

2.本研究的指标体系设计

本研究基于产业组织理论和数字内容产业投资特点，参考现有指标体系共性特征，在可操作性的前提下，开展投资价值评估指标体系设计。

数字内容产业评估框架的理论基础参考了产业组织理论SCP分析范式，即将产业（市场）的分析分解为市场结构（structure）、市场行为（conduct）、市场绩效（performance）。其中，市场结构是指决定某一特定市场竞争程度的因素，主要包括市场上卖者的数量、产品差异化程度、进入条件等；市场行为是指企业在市场竞争和相互博弈中所采取的策略和行为，包括决定价格、产量、研究与开发和广告投入；市场绩效是指市场运行的效率，以价格—边际成本比、利润和收入分配、资源配置效率、创新的速度等作为衡量标准。[①]基于此，本研究重点关注市场的基本结构（规模及发展空间、竞争程度、进入壁垒等）、市场的策略和行为（商业模式及发展战略、投资并购、创新创业等）、市场的经营绩效（内容转化变现、企业经营的利润率等），并作为指标体系设计的基础参考。

从产业投资实践的思路来看，投资者在评估某个"赛道"（领域）的投资价值时，会站在更广阔的视角洞察行业走势。一般来说，首先会关注市场需求与市场容量、发展周期、增长潜力等因素；其次是竞争程度、进入壁垒、创收能力等因素；同时还会参考资本市场的态度，即该领域是否具有持续的资本吸引力。此外，数字内容产业的意识形态属性决定了其发展走势与政策和舆论的倾向强相关，政策导向对投资者的决策有直接影响，媒体舆论尤其是主流媒体网站的报道倾向也会间接影响产业"情绪"。

综上所述，投资价值评估体系应尽量反映投资者关心的市场基本情况及发展态势、竞争格局、投融资热度、外部政策与舆论环境等多方面信息，以把握未来可能的机遇与风险。

图1-3是本研究指标体系设计思路示意。由于市场千变万化、投资者风格多样，本指标体系难以全面覆盖相关因素，力求通过综合考虑市场现状和未来趋势提升评价

---

① 干春晖.产业经济学：教程与案例（第2版）[M].北京：机械工业出版社，2018：7-8.

过程及结果的科学性、客观性。指标体系未经严密学术论证，可能存在一定欠缺，后续还需继续完善，欢迎广大读者指正交流。

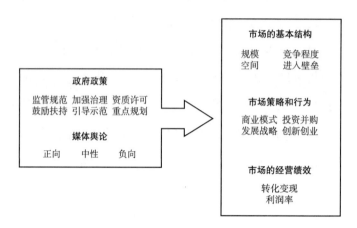

图1-3 数字内容产业投资价值评估指标体系设计思路示意

三 指标体系与评估方法

（一）指标体系

1.本研究的指标体系

为持续跟进数字内容产业各个领域投资价值和发展差异，本研究沿用了上一版的指标体系并进行了微调（见表1-2）。该指标体系从内部因素和外部因素2个维度设置了7个一级指标和12个二级指标，构成了"2-7-12"的评估架构。

内部因素旨在考察某细分领域在基础规模、发展速度、竞争程度、投资活跃程度、内容转化程度五个方面的表现，主要体现了SCP分析范式中的市场结构（structure）、市场行为（conduct）与市场绩效（performance）。市场结构方面，基础规模反映市场的基础容量，发展速度反映增长潜力与未来空间，竞争程度反映市场的竞争性与垄断程度；市场行为方面，活跃程度反映资本市场创业与投资的热度，还通过分析典型企业的商业模式与发展策略来辅助最终判断；市场绩效方面，转化程度反映内容经营转化的效率与市场盈利能力。

外部因素旨在考察某细分领域在相关政策导向、主流媒体报道倾向两个方面的表现，相关政策导向反映政府部门对该领域未来发展的管理倾向，主流媒体报道倾向反映该领域发展的主流舆论环境。

总体来看，本指标体系更关注细分领域增长能力，二级指标多为比率数据，可以更好地反映领域运行状况及发展趋势。

表1-2　数字内容产业细分领域投资价值评估指标体系

维度	一级指标	二级指标	指标含义	数据说明
内部因素	基础规模	市场规模	市场销售收入或产值规模	2022年市场销售收入或产值规模数据
		用户规模	总用户数量	2022年用户规模数据
	发展速度	市场规模增长率	市场规模增长量与基期数据的比值	2022年市场规模同比增长率
		用户规模增长率	用户规模增长量与基期数据的比值	2022年用户规模同比增长率
	竞争程度	市场集中度	头部企业规模之和占总体市场规模的比例	2022年4家龙头企业业务营收之和占当年该领域总体市场规模的比例
	活跃程度	投资数量增长率	投资事件数量增长量与基期数据的比值	2022年投资事件数量同比增长率
		投资金额增长率	投资金额增长量与基期数据的比值	2022年投资金额同比增长率
		新增企业数量增长率	新注册企业数量与基期数据的比值	2022年新增企业数量同比增长率
	转化程度	付费转化率	一段时期内付费用户规模占活跃用户规模的比例	2022年付费用户规模占当年总体用户规模的比例
		毛利率	头部企业毛利润占营业收入的比例	2022年该领域一组企业毛利润加总与营业收入加总的比例
外部因素	相关政策导向	相关政策支持程度	相关政策对该领域发展的态度，偏向于鼓励支持还是加强管控	根据2022年以来相关政策内容中反映态度的关键词所表达的倾向（如"严格控制""鼓励"）判断政策的态度倾向
	主流媒体报道倾向	主流媒体报道情感倾向	主流媒体关于该领域报道内容的情感倾向，偏向于正向还是负向	参考新华网、人民网、光明网3家主流媒体2023年3~9月的相关报道标题及内容，判断每篇报道的态度倾向（正向、中性、负向），并根据正向和负向报道占比数据评估总体倾向程度

2.与上一版的变化之处

一级指标"转化程度"下新增一个二级指标"毛利率"，用一组企业毛利润占营业收入的比例来测算。

随着流量红利的消退，内容变现越来越成为数字内容产业投资关注的重点。在上一版研究成果中，我们提出了数字内容产业呈现从"流量圈地"到"内容变现"的趋势，讨论的就是这个问题。不考虑投入产出的追求流量模式已经被投资者摒弃，能获得实际收益的可持续性经营模式成为关注点。因此，在衡量转化变现的程度方面，除了以付费转化率反映内容发展潜力，还需要考察商业模式的合理性，体现盈利能力。

衡量企业盈利能力的指标有很多，除了毛利率，还有营业利润率、净利率、净资产收益率等，侧重点各有不同。之所以选择毛利率来衡量企业盈利能力，是因为其直接反映产品生产与销售的能力，受其他经营与管理活动的影响小。

毛利率又称销售毛利率。其中毛利润是收入扣除主营业务的直接成本后的部分，它是公司经营获利的基础，公司要经营获利首先要获得足够的毛利润。毛利润与营业收入的百分比，就是毛利率。[①] 计算公式如下：

$$毛利率 = 毛利润 / 营业收入 \times 100\%$$

本指标体系中的新增指标"毛利率"指的是代表该细分领域的一组企业毛利润加总与其营业收入加总的比例。

$$毛利率 = \sum 毛利润 / \sum 营业收入 \times 100\%$$

（二）评估标准

指标体系中二级指标对应的数据类型既有数值型又有文本型，数值型数据的单位也多种多样，为便于统一计算和比较，需要对数值型数据量纲化处理，对文本数据量化处理，对一级指标和最终结果统一用一星至五星的方式表示。

---

① 上交所投教. 读懂定期报告 | 分析公司盈利能力的比率有哪些 [EB/OL]. 2023-06-02[2023-07-05]. http://www.csrc.gov.cn/ningxia/c105510/c6065522/content.shtml.

1.数值型指标的评估标准

内部因素各指标数据为数值型，除了"竞争程度"其余均为正向指标，[1]即遵从数值越大得分越高的规则，因此可以采用离差标准化转换的方式。首先，将指标的值通过标准化转换到［0，1］的范围内（用 Y 表示），以解决不同量纲的指标之间汇总计算的问题。标准化的转换公式为：

$$Y = \frac{X - X_{\min}}{X_{\max} - X_{\min}}$$

其中，X 是指标的实际值，$X_{\min}$ 是 10 个细分领域中该指标的最小值，$X_{\max}$ 是 10 个细分领域中该指标的最大值。

然后，将标准化后的分值（Y）划分星级，即将［0，1］划分为 5 个范围，分别对应一星至五星，具体如表 1-3 所示。

表 1-3　数值型指标（"竞争程度"除外）标准化后对应的评估结果

标准化之后的分值（Y）	对应的评估结果（S_{dom}）
［0.0，0.2）	★
［0.2，0.4）	★★
［0.4，0.6）	★★★
［0.6，0.8）	★★★★
［0.8，1.0］	★★★★★

竞争程度指标是适度指标，即并非值越高或越低越好，而是在一个适度的水平得分最高。为衡量市场竞争程度，本研究选取"市场集中度"这一经济指数作为统一衡量标准。市场集中度又叫行业集中度，是衡量市场结构的重要指标之一，普遍以某一特定行业内规模最大的前 n 家企业的相关指标之和占整个行业的份额来衡量，有集中率指数（CR_n 指数）和赫尔芬达尔—赫希曼指数（HI 指数）两种常用计算方法。集中率指数简单易行，是使用最广泛的市场结构指标之一。[2]本研究选择的也是集中率指

---

①　指标一般分为正向指标（越大越好）、逆向指标（越小越好）、适度指标（不能太小也不能太大），"竞争程度"指标属于适度指标。

②　干春晖.产业经济学：教程与案例（第 2 版）[M].北京：机械工业出版社，2018：22-24。

数的计算方法。

（1）集中率指数计算公式

$$CR_n = \sum_{i=1}^{n} X_i / X$$

CR_n 表示某一特定行业中市场规模最大的 n 家企业占该行业的市场份额，通常用 CR_4 和 CR_8 来表示行业集中度，X 可用销售额、增加值、职工人数、资产总额等表示。

（2）基于集中率指数划分的市场结构

美国学者贝恩根据集中率指数将市场划分为如表1-4所示的六种类型：CR_4 在 75% 以上为极高寡占型，65%~75% 为高集中寡占型，50%~65% 为中（上）集中寡占型，35%~50% 为中（下）集中寡占型，30%~35% 为低集中寡占型，30% 以下为原子型（即竞争型）。

表 1-4　贝恩对产业垄断和竞争类型的划分 [1]

市场类型	市场集中度		该产业的企业总数
	CR_4（%）	CR_8（%）	
极高寡占型	75 以上		1~40 家
高集中寡占型	65~75	85 以上	20~100 家
中（上）集中寡占型	50~65	75~85	企业数较多
中（下）集中寡占型	35~50	45~75	企业数很多
低集中寡占型	30~35	40~45	企业数很多
原子型（即竞争型）	30 以下	40 以下	企业数极多，不存在集中现象

（3）市场集中度的计算方法及评估标准

参考集中率指数的计算方式，本研究对某细分领域的市场集中度（M_{CR4}）采取以下计算方式：选取某细分领域营收规模较大、营收排名靠前的4家龙头企业，[2] 以其该细分领域业务营收（R_{dom}）之和占整体市场规模（M_{dom}）的比例，得出该细分领域的市场集中度。某细分领域某年份的市场集中度计算公式如下：

---

① 潘曦. 经济学专业综合实验及实训指导书 [M]. 四川：西南财经大学出版社,2017：19.

② 严格来说，可能并非领域营收规模最大的4家企业，这主要由于个别领域还没有上市公司，未公布营收数据。

$$M_{\mathrm{CR}4} = \sum_{i=1}^{4} R_{\mathrm{dom}} / M_{\mathrm{dom}} \times 100\%$$

产业组织理论认为市场集中程度作为市场结构的要素，对企业行为和行业绩效有很大的影响。其作用方向是市场集中度越高，大企业支配市场的能力越强，从而行业利润率越高。[①]但国内外研究者对市场集中度与利润率的众多实证研究结论并不一致，甚至差别较大。施蒂格勒的研究结论为集中度与利润率存在并不明显的线性正相关关系；德姆塞茨的研究结论为集中度与利润率之间的关系存在非线性的双 S 曲线特性；戚幸东的研究结论为集中度与销售净利率等绩效指标之间存在明显的相关关系，但当集中度超过 20%，两者的关系就变得不规则；喻利仙的研究则得出了中国银行业盈利能力与市场集中度存在反向关系的结论。考虑到之前的实证研究多集中在汽车、制造、金融行业，梁红霞对网络视频行业的集中度与龙头企业乐视的盈利能力进行了研究，发现在网络视频行业集中度得到大幅提升后，乐视的销售毛利率和销售净利率反而下降。[②]

数字内容产业的众多细分领域与网络视频类似，很多龙头企业还在亏损经营，市场集中度与利润率的关系复杂，并不能单纯参考前人在金融、制造、汽车等领域的实证研究。因此，本研究的重点不在市场集中度与利润率的关联上，而仅将市场集中度作为反映市场竞争性和垄断性的指标（即竞争程度），作为评估是否有利于投资进入的指标之一。

究竟多大范围的市场集中度适合投资进入尚无定论。研究机构或业内人士往往以经验数据作为判断标准，市场集中度太高说明行业趋于垄断，小企业生存空间有限；市场集中度太低说明进入门槛低，企业众多，容易产生恶性竞争。为进一步了解实际投资过程中的情况，笔者咨询了从事投资工作的业内人士，一般认为中等水平的集中度（40% 左右）是更适合投资的，此时的市场既有充分的竞争，又不至于丧失成长机会；集中度低于 20% 的市场以小企业居多，竞争激烈，往往缺乏标杆企业和行业统一准则，可能会出现恶性竞争，行业风险较高；集中度高于 70% 的市场则寡头垄断太明显，小企业的生存空间被大幅压缩，投资风险也很大。

---

① 马建堂 . 中国行业集中度与行业效绩 [J]. 管理世界 ,1993(01):131-136.

② 转引自梁红霞 . 行业集中度与盈利能力关系研究——以乐视网为例 [J]. 环渤海经济瞭望 ,2017(04):29-35.

参考经验数据，本研究将中等水平的市场集中度作为更适合投资进入的标准。具体范围划分上，我们参考贝恩对市场竞争类型的划分方式，将中上和中下集中寡占型设为适中水平的市场集中度，评分为五星；将高集中寡占型、低集中寡占型作为较高和较低水平的市场集中度，评分为三星；将极高寡占型、竞争型作为很高和很低水平的市场集中度，评分为一星（见表1-5）。星数越多表示越有利于投资进入。从集中度的范围与对应评估结果来看，评估标准整体呈现类"橄榄形"分布。

本研究划分以上评分范围是为了统一比较10个细分领域的市场竞争程度，但由于涉及经验数据，多少带有某种主观性，缺乏更多实证验证，关于市场集中度的影响还有待进一步探讨。

表1-5　竞争程度评估标准

评估结果	市场集中度范围（%）	竞争程度
★	>75	很高
★★★	（65，75]	较高
★★★★★	（35，65]	适中
★★★	（30，35]	较低
★	≤ 30	很低

2.文本型指标的评估标准

（1）相关政策导向评估标准

本研究根据各个领域相关政策主要内容中反映态度的关键词所表达的程度，将相关政策对该领域发展的导向分为5个层级（见表1-6），星数越多表示政策的正导向性越强，越有利于未来发展，投资价值越高。

表1-6　相关政策导向评估标准

评估结果	政策导向	政策态度关键词举例
★★★★★	强正向	鼓励与积极扶持、大力支持、积极倡导
★★★★	偏正向	引导与管理并举、推进发展、鼓励支持
★★★	中性	纳入管理、引导规范，或相关政策较少、态度不明
★★	偏负向	规范为主、要求运营资质、控制数量、强调责任
★	强负向	限制或禁止

（2）主流媒体报道倾向评估标准

主流媒体报道倾向有正向、中性、负向三种态度。本研究根据正向占比减去负向占比的值将评估范围分为 5 个层级，由于 10 个细分领域的结果分布在 −4 个百分点至 71 个百分点之间，且正值居多，为增强区分效果，制定如表 1-7 所示的划分区间与评估结果的对应关系。

表 1-7　主流媒体报道倾向评估标准

评估结果	倾向程度	正向占比减负向占比的值（个百分点）
★★★★★	强正向	≥ 50
★★★★	偏正向	[30，50)
★★★	中性	[0，30)
★★	偏负向	[−10，0)
★	强负向	< −10

（三）权重设计

指标体系权重设计采取了等权的原则。除了相关政策导向和主流媒体报道倾向 2 个外部因素指标涉及"不均等"的权重分配，内部因素 5 个一级指标权重均设置为 1，下设的二级指标的权重均等分配为 $1/n$，n 为各一级指标下设的二级指标个数（见表 1-8）。

表 1-8　指标及权重系数

一级指标	一级指标权重系数	二级指标	二级指标权重系数
基础规模	1	市场规模	1/2
		用户规模	1/2
发展速度	1	市场规模增长率	1/2
		用户规模增长率	1/2
竞争程度	1	市场集中度	1
活跃程度	1	投资数量增长率	1/3
		投资金额增长率	1/3
		新增企业数量增长率	1/3

续表

一级指标	一级指标权重系数	二级指标	二级指标权重系数
转化程度	1	付费转化率	1/2
		毛利率	1/2
相关政策导向	0.7	相关政策支持程度	1
主流媒体报道倾向	0.3	主流媒体报道情感倾向	1

等权的优势在于公平、简单，能够避免主观偏见，适用于指标之间差异不明显或指标之间的关系不太明确的情况。内部因素指标比较符合上述情况。同时，一方面限于研究能力和精力，没有再次区分孰重孰轻；另一方面考虑实际市场环境复杂多变、投资人风格各异，不同投资者重点关注的维度可能相差很大。因此，本研究仅给出一个初步、基础的判断逻辑，旨在对数字内容产业各细分领域投资价值的高低进行排序和比较分析，并不足以构成直接的投资参考依据。

相关政策导向与主流媒体报道倾向的比例关系选择"7∶3"，是因为政策对细分领域发展的影响是强制性的、直接的，主流媒体报道倾向的影响是非强制性的、间接的，两者对市场发展的影响程度不同。在本研究中有很多因素并没有被考虑在内，如人力资源情况、技术投入与发展趋势、社会经济走势等，这些因素需要投资人根据实际情况进一步调查分析。

由此，可计算出各指标的加权总计得分（S_{wt}），计算公式为：

$$S_{wt} = \sum_{i=1}^{7} F_i \times W_i \quad 其中，\quad F = \frac{1}{n}\sum_{j=1}^{n} S_{\text{dom } j}$$

其中，F 是一级指标得分，W 是一级指标权重，S_{dom} 是二级指标对应的星级，n 是各一级指标下的二级指标数量。

事实上，根据加权总计得分（S_{wt}）已经可以对 10 个细分领域的投资价值进行排序了，经评估计算后，S_{wt} 分布在 [10.50,15.50]。为直观比较各领域相对水平，下一步将 S_{wt} 进行标准化转换并分段对应一星至五星，即得到最终的综合结果（S_{end}）（见表1-9）。

表1-9　综合结果呈现方式及说明

对 S_{wt} 标准化后分段	综合结果（S_{end}）	投资价值	说明
[0.9, 1.0]	★★★★★	很高	具备很好的投资价值或投资机会，有利于投资者进入
[0.7, 0.9）	★★★★	较高	有不错的投资价值或投资机会，但没有达到很高的程度
[0.5, 0.7）	★★★	适中	有不错的机会，但也有相应的风险，评估结果偏中性
[0.3, 0.5）	★★	较低	可能有一定的投资机会，但未来发展不够明确，或者风险略高于机遇
[0, 0.3）	★	很低	风险大于机会，未来发展不确定，当前不利于投资进入

四　数据采集与处理方法

（一）数据采集方法

本研究采取的数据采集方法主要包括以下几种。

第一，从权威机构发布的公开信息中获取。如国家统计局、国家新闻出版署、国家互联网信息办公室、中国互联网络信息中心、中国新闻出版研究院、中国音像与数字出版协会、中国网络视听节目服务协会等。

第二，从第三方研究机构发布的报告中获取。如艾瑞咨询、IDC（国际数据公司）、eMarketer[①]、Pwc（普华永道）、Deloittle（德勤）、Media Makers Meet（媒体创客票会）、中国广视索福瑞媒介研究有限责任公司、比达咨询等发布的报告。

第三，从新闻媒体、专业网站发布的公开资料中获取。如新华网、人民网、光明网等新闻网站，雪球、东方财富网、卡思数据、App Annie、Senser Tower、New Zoo 等专业网站。

第四，从购买的行业数据库获取。如从 IT 桔子网站获取投资数据，从 Wind 数据库获取上市公司财报数据。

（二）数据处理方法

本研究对数据的处理主要包括以下四个方面：第一，数据核对与交叉验证。核对数据源头，确保数据来源准确；数据交叉验证，并与历史数据比较，最大限度确保数

---

① eMarketer，前身为 Insider Intelligence，是一家市场研究公司，提供与数字营销、媒体和商业相关的见解和趋势，2016年6月被 Axel Springer（阿克塞尔·施普林格）收购。

据的一致性和准确性。第二，数据计算与估算。市场集中度、付费转化率等无直接数据来源的，需要根据一定的规则和方法进行计算或估算。第三，数据预测。对未来两年的规模数据，根据细分领域实际情况和数据预测模型进行推算。第四，量纲化处理和数据转化。对投资价值评估体系中的指标数据进行量纲化处理，以便统一计算；将评估结果转化为星级表示，以便直观比较。

第二章

网络游戏市场格局与投资观察

第一节　网络游戏概述

一　网络游戏界定

网络游戏是由软件程序和信息数据构成，以互联网、移动通信网为传输媒介，面向玩家提供的游戏产品和服务。网络游戏可以满足玩家休闲娱乐、分享交流、获得成就感等多方面的精神需求，已经成为当代人重要的休闲娱乐方式之一。

按照网络游戏终端的类型，可以将网络游戏划分为三类：电脑客户端游戏（端游）、网页游戏（页游）以及移动端游戏（手游）。按照网络游戏的类型，可分为角色扮演、模拟策略、棋牌休闲、竞技冒险和社区互动五大类。

二　网络游戏发展历程

中国网络游戏始于 20 世纪八九十年代，其发展历程大致可分为红白机阶段、PC 单机游戏阶段、互联网游戏 PC 时代、PC 向移动游戏过渡时代，以及移动游戏为主、新业态兴起的时代（见图 2-1）。

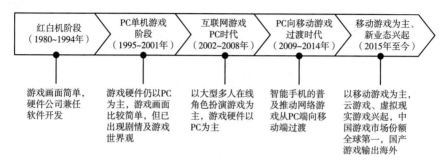

图 2-1　中国网络游戏发展历程

注：（1）发展历程是一个不断演进的过程，本书对发展历程的划分以主流业态的更新迭代为依据，在各个时期存在多个业态并存的情况，特此说明。（2）发展历程的划分来自公开资料整理，本研究制图。其他细分领域同。

第二节　发展环境

一　政策环境：持续开展未成年人防沉迷监管，推动良性发展

（一）判断方法说明

本节梳理了 2016 年 1 月至 2023 年 11 月发布的网络游戏相关政策，并提取关键信息，考虑到政策的时效性与延续性，在进行"相关政策导向"指标的判断时，重点关注了各细分领域 2022 年以来的政策内容。由于市场实际情况复杂多变，相应政策也并非一两句话能概括，为便于统一比较，仅以通俗视角观测政策内容中反映态度的一些关键词体现的支持程度，比如是倾向于鼓励发展还是加强监管，为投资者提供决策参考。

（二）网络游戏相关政策导向

未成年人沉迷问题长期是网络游戏领域的监管重点，相关监管部门出台了一系列防沉迷政策，以保护未成年人身心健康，推动行业可持续发展。2016~2021 年，网络游戏经营单位的主体责任得到明确强化，网络游戏审批趋严格。2018 年，教育部等八部门对新增网络游戏上网运营数量进行控制，引发市场震荡与调整。2019 年，国家新闻出版署发布了《关于防止未成年人沉迷网络游戏的通知》，从实名制注册、游戏时段和时长、付费服务、行业监管、适龄提示、家校等社会力量监护六个方面提出了防止未成年人沉迷网络游戏的工作事项。2020 年新修订的《中华人民共和国

未成年人保护法》从产品功能、运营推广、使用时间等方面做出更严格详尽的规定。2021 年，管理部门继续加强网络游戏的规范管理，8 月末，国家新闻出版署发布被称为"史上最严游戏监管"的《关于进一步严格管理切实防止未成年人沉迷网络游戏的通知》，严格限制网络游戏企业向未成年人提供服务的时间，并要求严格落实网络游戏用户账号实名注册和登录。同年 10 月，教育部办公厅等六部门发布《关于进一步加强预防中小学生沉迷网络游戏管理工作的通知》，对各地出版管理部门、网络游戏企业、地方教育行政部门、学校等多个角色提出了预防中小学生沉迷网络游戏的工作管理要求。

2022~2023 年，网络游戏相关政策一方面仍集中在"防沉迷"方面，不同部门提出了针对不同场景的举措。如教育部办公厅先后发布《关于印发 2022 年全国综合防控儿童青少年近视重点工作计划的通知》《关于实施全国健康学校建设计划的通知》《关于做好 2022 年中小学暑期有关工作的通知》，多次强调预防未成年人沉迷网络游戏，引导未成年人提高网络素养、形成良好用网习惯。2022 年 1 月，国家互联网信息办公室、工业和信息化部、公安部和国家市场监督管理总局联合发布《互联网信息服务算法推荐管理规定》，要求算法推荐服务提供者应便利未成年人获取有益身心健康的信息，不得利用算法推荐诱导未成年人沉迷网络。2022 年 5 月，文化和旅游部发布《关于修改〈娱乐场所管理办法〉的决定》，规定了游艺娱乐场所不得向未成年人提供电子游戏设备。2023 年 10 月，国务院发布的《未成年人网络保护条例》对未成年人网络游戏电子身份认证系统、适龄提示等提出了明确要求。这些举措都体现了管理部门将持续对网络游戏加强监管的引导方向。

另一方面，网络游戏具有产业属性和经济价值，政策鼓励其高质量发展。为加强网络游戏正向引领，推动网络游戏弘扬真善美、传播正能量，促进游戏产业健康有序发展，国家新闻出版署 2023 年 10 月发布了《关于实施网络游戏精品出版工程的通知》，提出了 5 个重点方向，要求推选一批价值导向正确、富有文化内涵、寓教于乐的网络游戏精品，让正能量成为网络游戏发展主基调。国家发展改革委、商务部 2022 年 1 月发布的《关于深圳建设中国特色社会主义先行示范区放宽市场准入若干特别措施的意见》提到，要优化网络游戏、视听、直播领域市场环境，支持深圳网络游戏产业高质量发展，为深圳网络游戏产业健康发展指明了方向。相关政策内容详见表 2-1。

表2-1 网络游戏相关政策梳理

发布时间	发布机构	文件名称	主要内容
2023年10月	国家新闻出版署	《关于实施网络游戏精品出版工程的通知》	• 重点方向：1. 传播社会主义核心价值观；2. 传承中华优秀传统文化；3. 展现新时代发展成就和风貌；4. 促进科技创新和求新技术应用；5. 具有国际市场潜力。
2023年10月	国务院	《未成年人网络保护条例》	• 网络游戏服务提供者应当通过统一未成年人网络游戏电子身份认证系统等必要手段验证未成年人用户真实身份信息。网络游戏产品和服务提供者不得向未成年人提供游戏账号租售服务。 • 网络游戏或者游戏功能，完善预防未成年人沉迷游戏内容体系建立。网络游戏服务提供者应当丰富游戏实适龄提示要求，根据不同年龄阶段未成年人身心发展特点和认知能力，通过评估游戏产品的类型、内容与功能等要素，对游戏产品进行分类，明确游戏产品适合的未成年人用户年龄阶段，并在用户下载、注册、登录界面等位置予以显著提示。
2023年6月	中央网信秘书局总局	《关于开展"清朗·2023年暑期未成年人网络环境整治"专项行动的通知》	• 针对未成年人用户数量较大、对未成年人具有显著影响的网站平台以及儿童智能设备，从深入细全面整治，从严从重处置处罚，持续净化网络生态。重点聚焦以下7方面问题：1. 有害内容隐形变异问题；2. 网络欺凌问题；3. 隔空猥亵问题；4. 网络诈骗问题；5. 不良社交问题；6. 网络沉迷问题；7. 新技术新应用风险问题。
2023年2月	国家市场监督管理总局	《互联网广告管理办法》	• 在针对未成年人的网站、网页、互联网应用程序、公众号等互联网媒介上不得发布药品、保健食品、特殊医学用途配方食品、医疗器械、化妆品、酒类、美容广告，以及不利于未成年人身心健康的网络游戏广告。
2023年1月	教育部等十三部门	《关于健全学校家庭社会协同育人机制的意见》	• 加大网络有害信息、网络游戏沉迷、不良网络行为治理力度，严肃查处违法违规网站平台，督促企业严格落实主体责任。着力打造有利于青少年健康成长的清朗社会文化及良好网络生态。
2022年5月	文化和旅游部	《关于修改〈娱乐场所管理办法〉的决定》	• 游艺娱乐场所是指通过游戏游艺设备提供游戏游艺服务的经营场所。不得设置未经文化和旅游主管部门内容审查的游戏游艺设备，除国家法定节假日外，设置的电子游戏机不得向未成年人提供。
2022年3月	教育部办公厅	《关于印发2022年全国综合防控儿童青少年近视重点工作计划的通知》	• 继续加强网络游戏管理，优化实名认证系统，扎实推进沉迷防治工作，积极引导未成年人提高网络素养，形成良好用网习惯。
2022年1月	国家发展改革委、商务部	《关于深圳建设中国特色社会主义先行示范区放宽市场准入若干特别措施的意见》	• 优化网络游戏、视听、视频等内容审核和运营监管，加快推进网络游戏内容把关和审查机制。支持深圳加强网络游戏产业高质量发展，鼓励深圳加强属地网络游戏适龄提示制度。

续表

发布时间	发布机构	文件名称	主要内容
2022年1月	国家互联网信息办公室、工业和信息化部、公安部、国家市场监督管理总局	《互联网信息服务算法推荐管理规定》	• 算法推荐服务提供者向未成年人提供服务的，应当依法履行未成年人网络保护义务，并通过开发适合未成年人使用的模式、提供适合未成年人特点的服务等方式，便利未成年人获取有益身心健康的信息。 • 算法推荐服务提供者不得向未成年人推送可能引发未成年人模仿不安全行为和违反社会公德行为、诱导未成年人不良嗜好等可能影响未成年人身心健康的信息，不得利用算法推荐服务诱导未成年人沉迷网络。
2021年12月	教育部	《关于印发〈普通高中学校办学质量评价指南〉的通知》	• 不过度使用手机，不沉迷网络游戏、不喝酒、不吸烟、不赌博，远离毒品。
2021年10月	教育部办公厅等六部门	《关于进一步加强预防中小学生沉迷网络游戏管理工作的通知》	• 各地出版管理部门要严格执行网络游戏前置审批制度，督促网络游戏企业加大内容审核力度，坚决杜绝网游内容中含有可能妨害中小学生身心健康的内容，确保网络内容优质健康干净。 • 网络游戏企业要采取技术措施，避免中小学生接触不适宜的游戏或者游戏功能。要严格落实网络游戏用户账号实名注册和登录要求，将未成年人用户纳入统一的网络游戏防沉迷管理，不得在规定时间以外向形式向中小学生提供网络游戏服务。 • 相关部门要切实加强对网络游戏企业的事中事后监管，及时处罚或责令停改相关违规的网络游戏平台和产品，鼓励相关组织或个人、举报投诉沉迷措施不力的网络游戏企业和平台。同时，要将预防中小学生网络沉迷工作纳入教育督导范围，将督导结果作为评价地方教育工作和学校管理工作成效的重要内容。
2021年8月	国家新闻出版署	《关于进一步严格管理切实防止未成年人沉迷网络游戏的通知》	• 严格限制向未成年人提供网络游戏服务的时间。自本通知施行之日起，所有网络游戏企业仅可在周五、周六、周日和法定节假日每日20时至21时向未成年人提供1小时网络游戏服务，其他时间均不得以任何形式向未成年人提供网络游戏服务。 • 严格落实网络游戏用户账号实名注册和登录要求。 • 各级出版管理部门加强对网络游戏服务提供网络游戏服务的网络游戏企业，对未严格落实网络游戏用户账号实名注册和登录，实名注册和登录、实名注册和登录，规范付费等情况的监督检查，加大检查频次和力度，对未严格落实的网络游戏企业，依法依规严肃处理。 • 积极引导家庭、学校等社会各方面营造有利于未成年人健康成长的良好环境。
2021年4月	国家发展改革委、商务部	《关于支持海南自由贸易港建设放宽市场准入若干特别措施的意见》	• 鼓励网络游戏产业发展。探索将国产网络游戏试点审批权下放海南，支持海南发展网络游戏产业。
2021年3月	中宣部出版局	《游戏审查评分细则》	• 充分发挥前置审批的"风向标"作用，使用全新游戏评分体系，从"观念导向""文化内涵""开发程度"5个方面对游戏作品进行评分，为出版社审批工作提供更加科学准确的参考依据。

续表

发布时间	发布机构	文件名称	主要内容
2020年10月	第十三届全国人民代表大会常务委员会第二十二次会议	《中华人民共和国未成年人保护法》	• 网络产品和服务提供者不得向未成年人提供诱导其沉迷的产品和服务。网络游戏、网络直播、网络音视频、网络社交等网络服务提供者应当针对未成年人使用其服务设置相应的时间管理、权限管理、消费管理等功能。以未成年人为对象的在线教育网络产品和服务，不得插入网络游戏链接，不得推送广告等与教学无关的信息。 • 网络游戏经依法审批后方可运营。国家建立统一的未成年人网络游戏电子身份认证系统。网络游戏服务提供者应当按照国家有关规定和标准，对游戏产品进行分类，作出适龄提示，并采取技术措施，不得让未成年人接触不适宜的游戏或者游戏功能。网络游戏服务提供者不得在每日22时至次日8时向未成年人提供网络游戏服务。
2019年11月	文化和旅游部	《游戏游艺设备管理办法》	• 除国家法定节假日外，娱乐场所以及其他经营场所设置的电子游戏设备（机）不得向未成年人提供。 • 鼓励企业充分挖掘中华优秀传统文化价值内涵，积极弘扬社会主义核心价值观，研发生产拥有自主知识产权、体现民族精神、内容健康向上，具有运动健身、益智教育、技能训练、亲子互动等功能的游戏游艺设备。 • 面向娱乐场所或者其他经营场所销售游戏游艺设备前，并依国家级文化和旅游行政部门确定的机型和类别，标注"游艺娱乐设备"或者"电子游戏设备（机）(除国家法定节假日外，不得向未成年人提供)"字样。 • 游戏游艺设备生产企业和进口单位应当建立内容自审管理制度，配备专职内容审核人员，加强游戏游艺设备内容自审工作。
2019年10月	国家新闻出版署	《关于防止未成年人沉迷网络游戏的通知》	• 实行网络游戏用户账号实名注册制度。所有网络游戏用户均须使用有效身份信息方可进行游戏账号注册。网络游戏企业可以对其网络游戏服务设置一定的游客体验模式。 • 严格控制未成年人使用网络游戏时段、时长，每日22时至次日8时，网络游戏企业不得以任何形式为未成年人提供游戏服务。 • 规范向未成年人提供付费服务。网络游戏企业须采取有效措施，限制未成年人使用与其民事行为能力不符的付费服务。 • 切实加强行业监管。本通知所述各项要求，均为网络游戏上网出版运营的必要条件。各地出版管理部门要切实履行属地监管职责，严格实施本通知要求做好属地网络游戏企业及其网络游戏服务的监管工作。 • 探索实施适龄提示制度。网络游戏应从内容和功能的心理接受程度、对抗激烈程度，可能引起认知混淆程度、付费消费程度等多维度综合衡量，探索对上网出版运营的网络游戏作出适合不同年龄段用户的提示，并在用户下载、注册、登录页面等显著位置标明。 • 积极引导家长、学校等社会各界力量履行未成年人监护守护职责，帮助未成年人树立正确的网络游戏消费观念和行为习惯，加强对未成年人健康合理使用网络游戏的教学引导。

续表

发布时间	发布机构	文件名称	主要内容
2019 年 4 月	国家广播电视总局	《未成年人节目管理规定》	• 未成年人节目前后播出过程中插播广告或者播出过程中播播广告，应当遵守以下规定：未成年人专门频率、专区、链接、频道、专区、链接，页面不得播出医疗、药品、保健食品、医疗器械、化妆品、酒类、美容广告，不利于未成年人身心健康的网络游戏广告，以及其他不宜未成年人观看的广告。
2018 年 8 月	教育部等八部门	《综合防控儿童青少年近视实施方案》	• 实施网络游戏总量调控，控制新增网络游戏上网运营数量。 • 探索符合国情的适龄提示制度，采取措施限制未成年人使用时间。
2017 年 4 月	文化部	《关于推动数字文化产业创新发展的指导意见》	• 推动游戏产业化健康发展。加强游戏内容价值导向管理，建立评价奖惩体系，扶持传递正能量、宣传优秀传统文化、团队和企弘扬社会主义核心价值观的游戏产品。改善游戏产品同质化、低俗化现象，培育国产原创游戏品牌产品，大力推动应用性游戏、功能性游戏和电子游戏，引导和鼓励开发具有教育、益智功能，适合多年龄段参加的网络游戏、电子游戏，家庭主机游戏。协调发展游戏产业各门类。促进电竞主机游戏、电竞直播等新模式健康有序发展。
2016 年 12 月	文化部	《关于规范网络游戏运营加强事中事后监管工作的通知》	• 首次明确规定网络游戏虚拟货币、虚拟道具不能兑换法定货币。同时指出网络游戏运营企业应当要求网络游戏用户使用有效身份证件进行实名注册，并保存用户注册信息；不得为使用游客模式登录的网络游戏内充值或者消费服务等。 • 各地文化行政部门和文化市场综合执法机构要充分利用网络文化市场执法协作机制，对网络游戏市场全面实施"双随机、一公开"监管。
2016 年 11 月	国家新闻出版广电总局办公厅	《关于实施"中国原创游戏精品出版工程"通知》	• 引导游戏企业打造更多传播中国价值观念、体现中华文化精神，反映中国人审美追求的游戏精品，为广大人民群众特别是青少年提供昂扬向上、丰富多彩、寓教于乐的精神食粮。 • 2016—2020 年，建立健全扶持游戏精品出版工作机制，落实鼓励消费，扩大精品游戏消费和扶持措施，支持优秀游戏企业做大做强。累计推出 150 款左右游戏精品。 • 国家新闻出版广电总局依照出版产业相关政策，提出"游戏精品工程"实施要求，组织集中评选工作，省级出版行政主管部门择优推荐，共同扶持发展，推进实施。
2016 年 6 月	国家互联网信息办公室	《移动互联网应用程序信息服务管理规定》	• 移动互联网应用程序提供者应强化信息安全管理，App 注册须实名制。

续表

发布时间	发布机构	文件名称	主要内容
2016 年 5 月	国家新闻出版广电总局办公厅	《关于移动游戏出版服务管理的通知》	• 规定了申请出版移动游戏的办理要求，规定了游戏出版单位对移动游戏上网出版运营的主体责任。 • 要求新上线的移动游戏先审批，后上线。 • 已经批准出版的移动游戏升级版作品及新资料片视为新作品，上线时须重新审批。
2016 年 2 月	国家新闻出版广电总局、工业和信息化部	《网络出版服务管理规定》	• 网络游戏上网出版前，必须向所在地主管部门提出申请，经审核同意后，根国家新闻出版广电总局审批。网络出版服务单位在网络上提供境外出版物，应当取得著作权合法授权。其中，出版境外著作权人授权的网络游戏，须按本规定第二十七条办理审批手续。未经批准，擅自上网出版网络游戏，由出版行政主管部门、工商行政管理部门依照法定职权予以取缔，并根据情节处以相应处罚。

二　舆论环境：主流媒体报道正负向占比基本持平

（一）判断方法说明

本研究选取了 3 家典型媒体网站——新华网、人民网、光明网作为主流媒体报道参考源，收集和分析了 2023 年（具体时间为 2023 年 3 月 25 日至 9 月 25 日）3 家媒体网站发布的 10 个细分领域的相关报道。搜集对象以关注量较高的新闻报道为主。搜集方法如下：一是使用百度搜索引擎的"搜索工具"，限定搜索起止时间为 2023 年 3 月 25 日至 2023 年 9 月 25 日；二是限定站点内检索，站点网址分别为新华网（xinhuanet.com）、人民网（people.com.cn）、光明网（gmw.cn）；[①] 三是以细分领域名称为检索词进行检索，去重后从每家媒体网站选取 15 条[②] 关注度排名靠前的相关报道，即每个细分领域共采集不重复的 45 条相关报道。

这种以领域关键词为主的搜索方式可能会遗漏一些不含明显关键词的相关报道，但考虑数量较少，对结果影响不大，而"打捞"成本很高，因此对于相关度比较低或难以搜寻的零星报道，本研究不过多关注。

接下来对报道进行情感倾向判断，分为正向、中性、负向三类，判断方式为"机器判断 + 人工修正"（见图 2-2）。

图 2-2　主流媒体报道情感倾向判断方法

---

① 此站点内的新闻也包括转发新闻，如新华网转自新京报的文章。

② 为保持比较基数一致，每个领域选取 45 条相关报道，即从每家媒体网站的检索结果中选取 15 条关注度排名靠前的相关报道。之所以选取 15 条，一是其基本可以覆盖这段时间内的主要动态资讯，足以反映出媒体的情感倾向；二是据本研究多次尝试，第 15 条相关结果（去重后）已大致位于搜索结果页第 8~10 页，再往后翻的检索结果重复较多且受关注度相对较低。

机器判断采用的是 OpenAI 开发的人工智能聊天机器人程序 ChatGPT（GPT-3.5），相比于传统的 NLP 工具，ChatGPT 在理解文本中隐含的情感倾向方面具有较高的准确率和可靠性。人工修正的判断标准由本研究设计，可能存在一定的局限性和不足，具体为：（1）如果标题能直接判断倾向，以标题为准；如果不能，参考报道的核心内容；（2）有明确的态度倾向，则根据表达态度的关键词直接判断是积极的态度，还是消极的态度；（3）如果没有明确的态度倾向，则判断报道的事件或话题是倾向于促进该领域发展，还是限制或批判该领域发展，促进为正向，限制或批判为负向；（4）若没有明确事件，仅是客观陈述行业模式、发展建议、政府规范与措施等，则情感倾向为中性。

（二）网络游戏主流媒体报道分析

2023 年，主流媒体报道网络游戏方面的高频关键词包括"未成年人""沉迷""充值""家长""预防"等（见图 2-3），未成年人游戏防沉迷问题已经连续多年成为媒体关注的热点话题；关键词"发展""技术""产业""市场"等则反映出我国网络游戏产业的积极发展态势。

图 2-3　2023 年中国网络游戏领域主流媒体报道关键词

注：词频分析的内容来自网络游戏报道的核心内容，字体越大代表该词出现的频次越高，图中展示的是词频 Top100 的关键词。其他领域方法相同，不再重复说明。

2023 年，主流媒体对网络游戏的报道情感倾向总体呈中性，中性报道占比 36%，正向报道占比 31%，负向报道占比 33%（见图 2-4）。正向报道的话题关注网络游戏在促进文化和科技探索以及人才培养等方面的作用；中性报道侧重于讨论行业发展规范及政府的监管措施；负向报道则指出了未成年人沉迷游戏、充值诱导以及广告滥用等行业痛点。报道的核心内容及倾向性判断详见表 2-2。

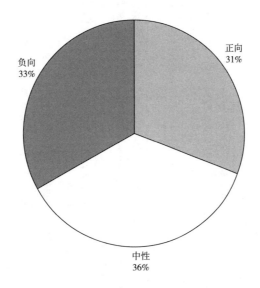

图 2-4　2023 年中国网络游戏领域主流媒体报道倾向分布

第三节　市场运行现状

一　游戏市场迎来强劲复苏，将继续稳步增长

受疫情、国际形势等多种因素叠加影响，全球游戏市场普遍下行，Newzoo 曾两次下调了对全球游戏产业规模的预测。[1]与全球趋势相同，国内游戏市场经历了版号暂停发放、新产品上线数量减少、爆款产品减少、用户消费意愿减弱，导致游戏市场规模和用户

---

① Gamelook.Newzoo：2022 全球游戏产业规模 1844 亿美元同比减 4.3%，玩家 32 亿 [EB/OL]. 2023-02-13[2023-07-10]. http://www.gamelook.com.cn/2023/02/509879.

表 2-2　网络游戏相关报道梳理及倾向性判断

发布时间	主流媒体	报道标题	报道的核心内容	ChatGPT 判断	人工修正
2023 年 9 月 17 日	新华网	《广东拟规定中小学周边 200 米内不得设立网吧游戏厅》	中小学校园周边 200 米范围内不得设立互联网上网服务营业场所、营业性歌舞娱乐场所、营业性娱乐场所以及其他法律法规规定未成年人不宜进入的场所。	中性	中性
2023 年 9 月 13 日	新华网	《南京建邺高新区百亿级游戏动漫产业破题"出圈"》	构建优质服务体系，持续拓展"游戏+"产业生态，集聚产业链上下游企业 200 余家，产业规模超百亿元，中国（南京）游戏谷拔地而起。	正向	正向
2023 年 9 月 6 日	新华网	《形成预防网络游戏沉迷的合力》	监管持续发力，企业落实义务，家校引导陪伴，共同为未成年人健康成长营造良好环境。	中性	中性
2023 年 9 月 6 日	新华网	《游戏行业上半年"联路式上新"：买量成本上升、头部失速》	从业绩来看，市场相比去年有所复苏，但头部厂商还存在增收不增利，或降本增效；号致营收规模收缩，抑或营收利润双降的情况，新游戏发行、市场推广费用增长是部分原因。	中性	中性
2023 年 8 月 31 日	新华网	《游戏成瘾背后，看到青少年的真实需求》	青少年需要被尊重和平等对待，奖励性上网和完全放飞都是危险的方法，的根源是孩子的需求没有被满足。	中性	中性
2023 年 8 月 21 日	新华网	《"830 新规"出台即将两年 相关报告称：未成年人沉迷游戏现象已有所缓解》	中国音数协游戏工委发布的《2022 年上半年中国游戏产业报告》指出，游戏行业未成年人保护相关工作成效凸显——未成年人游戏总时长、月活跃用户数、消费流水等数据，同比都有极大幅度减少。	正向	中性
2023 年 8 月 11 日	新华网	《孩子游戏成瘾，"解药"在哪里》	建立良好的亲子关系是预防游戏成瘾的最佳方法。同时，还有引导孩子培养健康多元的兴趣爱好，鼓励户外活动，给交朋友和进行面对面社交等。	中性	中性
2023 年 8 月 9 日	新华网	《什么造成了网络游戏成瘾？》	中国科大团队揭示网游成瘾的脑机制对于相关诊断、治疗具有重要意义。	中性	中性
2023 年 7 月 31 日	新华网	《赋能游戏产业 新华网助力 AI 游戏新生态》	游戏 AI 及游戏行业的文化属性和科技属性不断丰富其经济属性，成为支持数字技术与实体经济融合发展的驱动器，并正在形成"超级数字场景"。	正向	正向
2023 年 7 月 30 日	新华网	《产教合作产学融合 助力 AI 游戏人才培养 2023 中国国际 AI 游戏产业大会召开》	来自 AI 及游戏行业的专家和国内外百所高校专家学者到场参会，就"AI+游戏"未来发展和 AI 型人才培养展开探讨。"AI+游戏"具有巨大潜力，数实融合将惠及全民。	正向	正向
2023 年 7 月 20 日	新华网	《海南开展网络游戏、学习教育类移动应用程序专项治理工作》	重点打击过度收集使用公民个人信息，提供非法移动应用下载服务，传播违法违规互联网信息内容等侵害未成年人权益的网络违法行为，全力维护涉未成年人领域网络安全。	正向	中性

续表

发布时间	主流媒体	报道标题	报道的核心内容	ChatGPT 判断	人工修正
2023 年 7 月 14 日	新华网	《200 多家中外企业"竞秀"第 18 届中国国际动漫游戏博览会》	第 18 届中国国际动漫游戏博览会吸引了 200 多家中外企业参展，展示了古风角色扮演等多个方面的内容。此次博览会成为暑期青少年文化消费的热点，展示了围绕传承和弘扬中华优秀传统文化，保护非物质文化遗产等主题的一批国产动漫作品。	正向	正向
2023 年 6 月 1 日	新华网	《陕西：积极预防青少年网络游戏沉迷》	省教育厅 5 月 30 日开展西省预防未成年人网络沉迷典型案例分享会，共同探索预防青少年网络沉迷有效措施，帮助青少年向阳而生、健康成长。	负向	中性
2023 年 5 月 20 日	新华网	《暴力恋爱类网游多大的孩子适合玩? 专家：建立网络游戏分级制度》	专家建议结合国内实际情况，适度参考国外经验，制定标准清晰，符合心智发展所必要的游戏分级制度，促进游戏行业的自律和社会责任感。	负向	中性
2023 年 5 月 18 日	新华网	《"玩个游戏，隐私都被扒光了"记者调查网游过度索取权限问题》	游戏软件应当基于明确、合理的目的，严格有限地获取维持游戏正常运营所必要的权限；建立健全监管体系，专项整治强化惩处。	负向	负向
2023 年 9 月 17 日	人民网	《报告显示游戏行业技术人才紧缺 AI 应用于产业各环节》	2023 年成为 AI 赋能游戏产业的里程碑之年，近 95% 的游戏从业者正在主动拥抱 AI，随着 AI 技术逐渐应用于游戏的策划、美术、程序、运营等各个环节，AI 人才的收入也有了显著提升。	正向	正向
2023 年 8 月 23 日	人民网	《网易游戏暑期进行未成年人保护体系四维升级》	今年暑假期间，网易游戏在推出"AI 巡逻员"的基础上，进行精准识别拦截、社交防护、内容保护、黑产打击的未成年人保护体系四维升级。	正向	正向
2023 年 8 月 3 日	人民网	《未成年人大额游戏充值消费问题突出》	近日，有媒体曝光一些网络游戏存在未成年人可以"一键登录"绕过实名认证、充值后家长举证退费难等问题。	中性	负向
2023 年 7 月 31 日	人民网	《中国移动咪咕发起"游戏正能量加速计划"》	中国移动咪咕游戏产业创新生态发布会以"游戏正能量加速"为主题，发起成立游戏正能量产业链。咪咕与顺网科技合作升级、游戏社会价值创新基地、游戏正能量加速计划等一系列产业生态合作。	正向	正向
2023 年 7 月 21 日	人民网	《游戏 AI 能让听障人士用自己的声音"说话"? 》	近日，网易集团、网易公益与浙江省残疾人福利基金会发起"人生第一句"声音复原公益计划，利用网易互娱 AI Lab 和 iSpeech 技术打造 AI 复原障碍人士原声的工具。	正向	正向
2023 年 7 月 18 日	人民网	《游戏陪玩乱象丛生、学生群体应警惕被骗》	与游戏市场同步快速发展的，是一些年轻人向往的新兴职业——"游戏陪玩师"，但存在一些监管盲区也有许多问题滋生出来。	负向	负向

续表

发布时间	主流媒体	报道的标题	报道的核心内容	ChatGPT 判断	人工修正
2023 年 7 月 7 日	人民网	《游族网络吴萌：游戏作为新型文化载体，激发人们对文化的探索和兴趣》	游戏作为新型文化载体，激发人们对于文化的探索和兴趣，游族注重发掘传统文化的内涵与价值，不断地将传统文化与东方哲学融入游戏作品中。	正向	正向
2023 年 7 月 6 日	人民网	《运营南终止网游服务，购买的游戏咋办？》	近日，重庆市江北区人民法院审理一起涉网络游戏虚拟货币网络服务合同纠纷案，认定被告哈尔滨某科技公司单方面停止网络游戏服务的行为不违反合同约定，但损害了游戏用户权益，判决其退还原告杨某某 9.4 万余元。	中性	中性
2023 年 6 月 22 日	人民网	《人民财评：期待更多的游戏科技"破圈""创造价值"》	近日，中国南方航空公司联合发布"全新一代视景系统"……这个案例表明，游戏科技的外溢价值可以带来更多领域、行业的"双向奔赴"。	正向	正向
2023 年 6 月 20 日	人民网	《超 1280 亿元！上海网络游戏总营收入逆势增长》	上海网络游戏总营收逆势增长，2022 年上海整体市场规模提升的增量全部来源于国内市场。	正向	正向
2023 年 6 月 19 日	人民网	《田东县司法局：思林司法所帮助老人追回网络游戏充值款》	近日，一位老人神色慌张地到田东县思林司法所求助，称其 16 岁的儿子通过网络游戏消费近 3000 元，让老人气得几度落泪。	中性	负向
2023 年 5 月 9 日	人民网	《玩游戏还能推动人工智能发展？》	在网络游戏领域，人类为了追求更清晰的可视化效果、更流畅的交互体验、更快的运行速度和更生动的游戏角色，不断从理论、技术和伦理层面对人工智能提出新的科学问题和技术需求，从而推动人工智能持续向前发展。	中性	正向
2023 年 4 月 13 日	人民网	《代练平台、游戏通关、厘清案件中的法律与道德边界》	近日，上海市浦东新区人民法院审理了一起破坏未成年人"防沉迷"机制、组织商业代练行为的不正当竞争纠纷案，进一步维护游戏市场的公平竞争秩序，为孩子撑起网络游戏环境"保护伞"。	正向	负向
2023 年 4 月 10 日	人民网	《不法分子向未成年人出租游戏账号逃避"限游令"》	平台的设置让家长省了不少心，但仍有不法分子抓住未成年人想畅玩网络游戏的心理，出租能够无障碍玩网络游戏的账号牟利。	中性	负向
2023 年 3 月 29 日	人民网	《上海要如何培养出更多的游戏音乐创作"黑马"》	第二届上海音乐学院国际数字音乐节游戏音乐赛道，为全世界的年轻创作者提供了机会。权威平台和丰厚奖金吸引 15 个国家近 300 位参赛者提交作品。	正向	正向
2023 年 9 月 25 日	光明网	《新一期游防沉迷评测出炉》	中秋十一假期即将来临，为了防止孩子在假期间沉迷游戏，9 月 24 日，腾讯游戏发布中秋与国庆限玩通知。	正向	中性

续表

发布时间	主流媒体	报道标题	报道的核心内容	ChatGPT 判断	人工修正
2023 年 9 月 16 日	光明网	《网络公司开设游戏私服，收到律师函仍不收手，非法经营 891 万余元！》	网络公司开设游戏私服，动起游戏"私服"歪脑筋，竟将推广盗版网络游戏当作生财之路，殊不知早已走上违法之路。	负向	负向
2023 年 9 月 13 日	光明网	《鉴定师狂玩 7 天"吃鸡"游戏揭开外挂侵权内幕》	在网络游戏盛行的今天，保护知识产权人人有责，作为鉴定人则需更加努力地去提供"别样支撑"。	正向	中性
2023 年 9 月 10 日	光明网	《网易游戏〈蛋仔派对〉遭消权委点名》	近日，上海消保委公开点名了网易游戏〈蛋仔派对〉，称其存在大量未成年充值问题，并发出了"灵魂三问"。	负向	负向
2023 年 8 月 31 日	光明网	《儿童青少年是游戏成瘾高危人群，家长需高度警惕》	在发现孩子游戏痴迷时，家长应注意观察并寻求专业帮助，尤其当游戏影响到生活和学习，产生负面情绪时。	负向	负向
2023 年 8 月 4 日	光明网	《"+"出一片天 中国游戏挺进高质量发展之路》	中国游戏正以"千帆竞发、百舸争流"的姿态走向全球，并积极肩负起推动中华文化"走出去"的使命。抓住时代的机遇，走高质量发展之路的游戏之路已经成为行业共识。	正向	正向
2023 年 8 月 3 日	光明网	《多方合力防止网络沉迷 呵护未成年人健康成长》	互联网已经成为未成年人学习、娱乐和社交的重要工具，面对未成年人在网络使用中可能存在的各种风险和侵害，加强未成年人网络权益保障刻不容缓，需要政府、学校、家庭、社会、企业等各方进一步形成合力。	负向	中性
2023 年 8 月 1 日	光明网	《家长替孩子游戏升级、亲子关系的另一种解法》	要警惕游戏沉迷，但也不必污名化，把它当成一项普通的娱乐活动，视其为洪水猛兽，疏堵结合，其效果要要远比一刀切好得多。理解但不纵容，宽容但不放任。	正向	中性
2023 年 7 月 14 日	光明网	《未成年人代打游戏市场调查》	记者在调查中发现，许多未成年人深陷其中，甚至有些未成年人不惜因此荒废学业，"专职"从事游戏代打工作。	负向	负向
2023 年 7 月 13 日	光明网	《17 岁男生沉迷游戏、抢起板凳砸向父亲 专家：增强亲子间的沟通引导孩子提高自我管理能力》	〈法治日报〉调查发现，未成年人在上网倾向于观看直播、打赏主播，购买游戏道具，为了获取资金进行打赏和充值，有些人甚至采取偷窃、与家长争执取钱财等手段。	负向	负向
2023 年 6 月 25 日	光明网	《网游"过脸"当生意，触犯刑律担责》	各大网络游戏平台都推出严格管控时间，要求实名注册，设置多重"人脸验证"关卡等多项措施防止未成年人沉迷游戏，但在如此严格的"限游令"下，仍有不法分子在钻漏洞挣钱。	负向	负向

发布时间	主流媒体	报道标题	报道的核心内容	ChatGPT判断	人工修正
2023年6月21日	光明网	《网游成瘾或导致风险决策能力下降》	研究发现，与没有网络游戏成瘾的健康者相比，成瘾者在价值决策任务中表现为损失厌恶降低，意味着他们对损失的敏感程度较常人更低，在面临选择时倾向于冒险或选择潜在损失更大的选项。	负向	负向
2023年5月19日	光明网	《玩游戏还是看广告？小游戏里广告泛滥暗藏各种陷阱》	记者近日调查采访发现，广告泛滥的游戏大多为网络小游戏，很多不用下载就能玩，且这些广告中还含有不少诱导消费、低俗等不良信息。	负向	负向
2023年5月17日	光明网	《玩网络游戏时老弹出充值页面游戏诱导充值乱象调查》	调查采访发现，不少游戏都存在诱导充值的问题，游戏运营商通过设置大量优惠充值选项，高频率推送优惠充值活动甚至设立"游戏托"的方式诱导玩家充值。	负向	负向
2023年4月6日	光明网	《孩子游戏无忧背后，竟暗藏违法"生意经"》	仍有不法分子盯上了其中的利益空间，通过买卖个人信息，出租游戏账号，利用"黑科技"通过人脸认证等操作，为未成年人沉迷游戏提供"便利"。	负向	负向

规模都出现下滑，游戏行业进入低谷。中国音像与数字出版协会游戏工委发布的《2022 年中国游戏产业报告》显示，2022 年中国游戏市场实际销售收入为 2658.8 亿元，同比下降 10.33%（见图 2-5），用户规模 6.64 亿人，同比下降 0.30%（见图 2-6）。

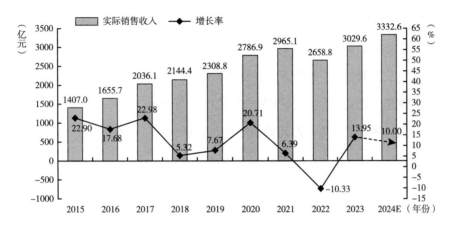

图 2-5　2015~2024 年中国游戏市场实际销售收入规模及预测

数据来源：中国音像与数字出版协会游戏工委（GPC）、2024 年数据由本研究测算。

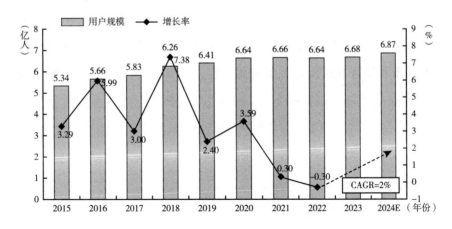

图 2-6　2015~2024 年中国游戏用户规模及预测

数据来源：中国音像与数字出版协会游戏工委（GPC），2024 年数据由本研究测算。

2023 年，版号发放常态化驱动更多新品上线，国内游戏市场迎来强劲复苏。《2023 年中国游戏产业报告》显示国内游戏市场规模在 2023 年首次突破 3000 亿元大关，增速反弹至 13.95%，韧性可观。尽管如此，本研究认为游戏企业未来发展仍面临诸多挑战，如运营成本提升、融资难度加大、用户付费转化下降等，人工智能技术的突破将为行业带来新的发展机遇。国内游戏市场经历强劲复苏之后将迎来稳步发展期，预计 2024 年游戏市场规模将继续保持稳步增长，增长率将小幅回调至 10%；用户规模仍将继续缓慢增长，预计 2024 年将突破 6.8 亿人，2022~2024 年复合年均增长率（CAGR）恢复至 2%。

市场调查公司 Grand View Research 预测 2022~2030 年全球游戏市场规模将以 10.2% 的复合年均增长率增长。[1] 长期来看，游戏的价值不仅在于满足用户的娱乐需求，游戏技术的正外部性正在凸显，游戏技术在芯片、高速通信网络、AR/VR 等产业技术进步方面的价值逐渐被认可，对游戏技术的创新研究也在持续推进，这都将推动中国游戏产业稳步发展。

二 游戏出海成绩亮眼，企业加速本地化运营

在国内市场红利消退、版号紧缩的环境下，游戏企业加快出海探索的步伐。2022 年 7 月，腾讯天美工作室的多人在线战术竞技类手游 *Honor of Kings*（《王者荣耀》海外版）先后在海外多地开启测试，并于 2023 年 3 月在巴西 App Store、Google Play 与三星应用商店上线。2022 年 8 月，完美世界的《幻塔》正式上线海外市场，取得近 40 个国家和地区 iOS 游戏免费榜第 1 名、近 30 个国家和地区 iOS 游戏畅销榜 Top10 的良好市场表现。在 Sensor Tower 发布的《2022 年中国手游发行商海外收入榜 Top20》中，拥有《原神》的米哈游占领海外市场吸金手游榜首（见图 2-7），包括腾讯、三七互娱在内的 10 家厂商海外收入都实现了同比增长。[2] 数据显示，腾讯、米哈游、网易名列 2023 年 6 月手游发行商全球收入榜 Top3，共有 39 个中国厂商入围全球手游发行商收入榜 Top100，合计吸金 18.9 亿美元，其中腾讯的《王者荣耀》以 2.13 亿美元的收入蝉联全球手游畅销榜冠军。[3]

① Grand View Research.Gaming Market Size, Share & Trends Analysis Report By Device (Console, Mobile, Computer), By Type (Online, Offline), By Region (North America, Europe, APAC, LATAM, MEA), and Segment Forecasts, 2022-2030[EB/OL]. 2022-08-01[2023-07-10]. https://www.grandviewresearch.com/industry-analysis/gaming-industry.
② 王鹏.2023，游戏出海先卷为敬[EB/OL]. 2023-02-22[2023-7-10]. https://www.iyiou.com/analysis/202302221041783.
③ 泽泷. 6 月中国手游发行商全球收入 TOP3：腾讯、米哈游、网易[EB/OL]. 2023-02-22[2023-07-10]. https://www.ithome.com/0/704/282.htm.

图 2-7　2022 年中国手游发行商海外收入榜 Top20

　　在出海方式上，国内游戏公司从早期的海外宣发，到如今越来越强调本地化运营，通过在海外成立工作室、投资并购海外游戏厂商、本土化原生等方式探索出一条更加适合的出海之路。如 2021 年腾讯旗下天美在北美成立第一家工作室 Team Kaiju，2022 年腾讯光子启动海外品牌名称 Lightspeed Studios，同年网易也宣布在美国成立一间新的第一方工作室 Jar of Sparks；米哈游早在 2014 年就开始手游出海，2022 年 1 月成立了元宇宙品牌 HoYoverse，同时在蒙特利尔、洛杉矶、新加坡、东京和首尔的办公室开展业务。此外，这些头部游戏公司在 2021~2022 年大举投资海外游戏工作室或收购海外游戏公司股权，如腾讯投资了法国最大的游戏开发商育碧（Ubisoft Entertainment）和《艾尔登法环》的开发商 From Software，收购了 Stunlock Studios 及其母公司 Slamfire，网易收购了 Quantic Dream 等。《2022 年中国游戏产业报告》显示，2022 年中国自主研发游戏海外市场实际销售收入为 173.46 亿美元，同比下降 3.70%，降幅低于国内市场；其中美国、日本和韩国三个国家依然是国内游戏企业出海的主要目标市场，合计占比达到 56.4%，而在美国、日本、韩国、欧洲之外的中东和非洲地区、拉丁美洲地区、东南亚地区收入分别预计增长 11.1%、6.9%、5.1%。

三 付费转化率稳中有降，ARPU 提升空间大

网络游戏的付费转化率长期居数字内容产业之首，付费模式灵活，变现效率极高，付费方式包括点卡、包时卡、购买道具、下载付费等。早在 2009 年艾瑞咨询的一份调研就显示曾有 69% 的人为手机单机游戏付费。[①] 根据公开数据和本研究测算，近年来中国网络游戏领域付费转化率在 65% 上下浮动，2018 年达到高峰近 80%（见图 2-8）。据统计，中国网络游戏玩家中从不充值游戏的玩家占比仅为 9%，而全球的水平是 26%，美国与日本则分别为 32% 与 39%，比中国高得多。[②]

网络游戏玩家的忠诚度高，ARPU[③] 也高。按照 ARPU= 网络游戏市场实际销售收入 ÷（网络游戏用户规模 × 付费转化率）计算，中国网络游戏玩家的 ARPU 已达到 645 元，即一年中平均每位付费玩家贡献了 645 元，他们推动中国成为全球游戏行业第一大国。虽然相比日韩国家超过 250 美元的 ARPU 水平差距仍较大，但随着中国人均收入水平的提升，网络游戏 ARPU 仍有较大提升空间。

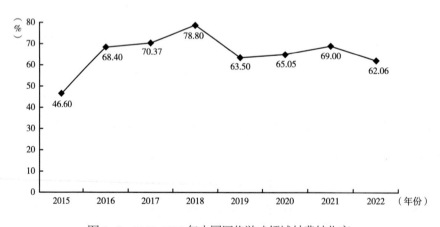

图 2-8 2015~2022 年中国网络游戏领域付费转化率

注：2015~2017 年数据来源为 CNNIC、企鹅智库，2019 年数据来源为极光，2021 年数据来源为摩根士坦利、前瞻产业研究院；2019 年数据参考手游付费转化率；2020 年和 2022 年数据为本研究根据 2021 年 ARPU 值估算。

---

① 艾瑞咨询 . 中国手机游戏用户行为调研报告 [EB/OL]. 2009-12-18[2023-07-10]. https://www.iresearch.com.cn.

② 谢彬涛 .2021 年全球游戏行业市场发展现状分析 中国玩家游戏付费意愿较强 [EB/OL]. 2021-08-10[2023-07-10]. https://www.qianzhan.com/analyst/detail/220/210810-a5c0357e.html.

③ Average Revenue Per User，简称 ARPU，指每用户平均贡献的消费金额。

四 头部格局稳固，网络游戏企业盈利能力提升

本研究选取了在国内市场营收规模排名靠前的 4 家网络游戏企业，通过计算其网络游戏业务营收之和占网络游戏市场规模的比例（即市场集中度），反映市场竞争程度（见表 2-3）。从 2019~2022 年数据看，国内网络游戏市场集中度在 75% 上下浮动，2022 年增长明显，头部 4 家企业占据近八成市场份额（见图 2-9）。在新游戏供给减少、需求下降的大环境下，头部网络游戏企业抗风险能力更强，而中小网络游戏企业的生存无疑愈加艰难。

表 2-3　2019~2022 年中国网络游戏领域龙头企业营收规模（国内市场）

单位：亿元

企业名称	2019 年	2020 年	2021 年	2022 年
腾讯游戏	1086.47	1170.75	1288.63	1239.00
网易游戏	427.09	502.40	565.25	672.13
世纪华通	118.72	128.05	114.81	88.38
三七互娱	121.78	122.60	114.39	104.12
合计	1754.06	1923.80	2083.08	2103.63

注：本表统计口径相较上一版报告有变化，本表主要统计网络游戏企业国内市场营收，而非上一版中的全部游戏业务营收，考虑到游戏出海收入占比不断提升，计算国内市场集中度时如果以全部游戏营收计算将引起误差增大，因此只关注国内部分的营收。然而，有些公司未公布网络游戏业务营收或海内外营收占比，则由本研究根据其他年份数据或公开资料进行测算。

数据来源：各公司财报、Wind 数据库、本研究估算。

从 2015~2022 年 23 家网络游戏上市企业盈利情况来看，中国网络游戏企业毛利率平均值几乎达到 60%（见图 2-9），且长期处于较为稳定的状态，网络游戏成为数字内容产业中盈利能力最强的一个领域。从变化趋势看，2018 年游戏版号加强管控之后，当年经历了转型阵痛期，23 家企业平均毛利率水平进入低谷，但很快在 2019 年及以后稳步提升到一个新台阶，这也反映出版号监管对中国网络游戏市场高质量发展的积极意义。

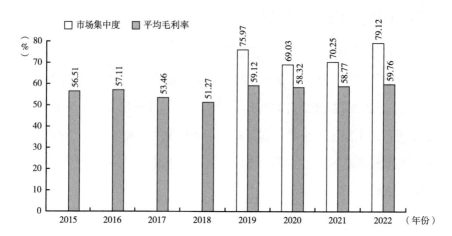

图 2-9　2015~2022 年中国网络游戏领域市场集中度及平均毛利率

注：平均毛利率来自对国内 23 家网络游戏上市公司财务数据的计算结果，计算方式为平均毛利率 =23 家网络游戏公司的毛利润之和 ÷23 家游戏公司营收之和。本研究中其他细分领域计算方法相同。

五　典型案例

（一）腾讯游戏

1.从代理到自研，从休闲游戏到重度游戏

腾讯游戏（Tencent Games）成立于 2003 年，最初主要通过代理海外网络游戏切入网络游戏市场，其代理的《穿越火线》《地下城与勇士》《英雄联盟》等网络游戏为后续自主研发网络游戏积累了大量的资本。腾讯游戏早期以轻量化游戏为主，依托 QQ 的流量支持，以"社交＋模仿"的策略快速占领休闲游戏市场，为后续向重度游戏领域进军打下了基础。截至 2023 年 7 月，腾讯游戏已经推出了《王者荣耀》《和平精英》《QQ 飞车》等多款风靡全国的自研网络游戏（见表 2-4）。腾讯游戏旗下设置了天美工作室群（TiMi Studio Group）、光子工作室群（Lightspeed Studios）、魔方工作室群（Morefun Studios）、北极光工作室群（Aurora Studios）四大工作室群，致力于制作高品质、多元化、高口碑游戏大作并全球化发行。

表 2-4　腾讯游戏产品概况

自研产品		发行产品		平台产品
客户端游戏	手机游戏	客户端游戏	手机游戏	—
《QQ 飞车》 《逆战》 《天涯明月刀》 《无限法则》	《王者荣耀》 《火影忍者》 《和平精英》 《天涯明月刀》 《欢乐斗地主》 《欢乐麻将全集》 《穿越火线：枪战王者》 《使命召唤》 《QQ 飞车》 《重返帝国》 《光与夜之恋》 《乱世王者》 《暗区突围》 《一人之下》 《秦时明月世界》 《乐高无限》 《自由幻想》 《王牌战士》 《御龙在天》 《天天爱消除》 《一起来捉妖》 《魂斗罗：归来》 《圣斗士星矢》	《英雄联盟》 《QQ 炫舞》 《艾兰岛》 《地下城与勇士》 《全境封锁2》 《NBA2K Online2》 《穿越火线》 《堡垒之夜》 《FIFA Online4》	《英雄联盟》 《金铲铲之战》 《英雄联盟电竞经理》 《FIFA 足球世界》 《天龙八部》 《完美世界》 《真·三国无双·霸》 《鸿图之下》 《玄中记》 《胡桃日记》 《卧龙吟 2》 《诺亚之心》 《劲乐幻想》 《小猫爱消除》 《指尖领主》 《红警 OL》 《剑网 3：指尖江湖》 《剑侠情缘》 《数码宝贝：新世纪》 《荣耀新三国》 《神角技巧》 《龙族幻想》 《跑跑卡丁车》 《食物语》 《妄想山海》 《黑色沙漠》 《手工星球》	《WeGame》 《QQ 游戏》 《腾讯 Nintendo Switch》

注：整理自腾讯游戏官网（https://game.qq.com/web201910/introduce.html）。

2.网络游戏营收稳步增长，在总收入中占比下降

从 2010~2022 年的数据趋势来看，腾讯网络游戏业务营收总体增长迅速，2010~2015 年，网络游戏业务营收增长较快，约占总收入的一半；2016~2022 年，网络游戏在总收入中的占比持续下滑，2022 年降至不足三分之一（见图 2-10），这也说明腾讯其他业务的收入增长，营收结构更加健康。腾讯网络游戏业务营收在 2022 年出现了首降，其财报显示，2022 年网络游戏收入为 1707 亿元，其中，本土游戏市场收入 1239 亿元，同比下降 4%，主要受到未成年人保护措施的施行及较少新游戏发布带来的影响；国际游戏市场收入 468 亿元，同比增长 3%，海外营收占比已达到

38%，这主要得益于《无畏契约》《胜利女神：妮姬》《夜族崛起》的成功带来的增量收入。

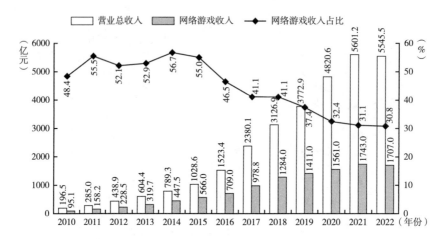

图 2-10　2010~2022 年腾讯网络游戏收入及其在总收入中的占比

数据来源：腾讯公司财报。

3.通过投资并购持续拓展海外游戏市场

除了在海外设立游戏工作室开展本土化研发和运营，腾讯加快投资兼并的步伐，通过收购国外游戏企业和工作室拓展海外游戏市场。报道称，腾讯已经投资了超过800家游戏公司，目前全资拥有的开发商包括 Funcom、Roit Games、Sumo Group、Turtle Rock、Digital Extremes 和 Splash Damage，并拥有知名游戏公司 Epic Games 48.4% 的控股权（见表2-5）。[①]通过代理、投资、收购等方式，借助海外游戏公司的技术优势和本地影响力，可以快速打开新兴市场，弥补自身实力的不足。

表 2-5　腾讯对海外游戏公司的投资情况（部分）

年份	投资事件
2012	以 3.3 亿美元获得《堡垒之夜》开发商 Epic Games48.4% 的股份
2013	获得动视暴雪 6% 的股份
2014	花费 200 亿韩元投资韩国游戏开发商 PATI Games，持股 20%

① 华尔街见闻. 腾讯正大举收购海外游戏公司，尤其注重欧洲 [EB/OL]. 2022-10-02[2023-07-10]. https://finance.sina.cn/2022-10-02/detail-imqmmtha9603415.d.html.

续表

年份	投资事件
2015	全资收购《英雄联盟》的开发商 Roit Games（拳头游戏）
2016	斥资 605 亿元收购开发了《皇室战争》的 Supercell，持股 84.3%
2018	斥资 4.47 亿美元收购《绝地求生》开发商蓝洞公司股份，共持股 10%；以 3.69 亿欧元收购育碧 5% 的股权
2019	斥资 2310 万英镑收购了 Bossa Studios10% 的股份
2020	以 1.48 亿美元收购了挪威游戏开发商 Funcom；1.5 亿美元投资了 Roblox
2021	以 9.19 亿英镑全资收购英国游戏开发公司 Sumo Group
2022	斥资 3 亿欧元，再度投资法国游戏公司育碧，持股比例增加至 9.99%
2023	投资英国的二次元游戏公司 Quell

（二）网易游戏

1.自主研发实力较强，精品化程度高

网易 2001 年正式成立在线游戏事业部，经过 20 余年的快速发展，网易已跻身全球七大游戏公司之一，一直处于网络游戏自主研发领域的前端。2013 年网易以《梦幻西游》手游为起点，引领网络游戏行业"端转手"时代发展，同时积累研发经验，打造多领域爆款。目前，网易正在运营中的游戏产品有 100 余款，自主研发了《梦幻西游》（电脑版）、《大话西游 2》（经典版）、《大话西游 2》（免费版）、《天下 3》、《新倩女幽魂》、《逆水寒》等端游大作；手游领域包括《梦幻西游》《大话西游》《倩女幽魂》《阴阳师》《率土之滨》《一梦江湖》《荒野行动》《第五人格》《明日之后》《决战！平安京》《神都夜行录》等热门游戏，独家代理了《魔兽世界》《炉石传说》《守望先锋》《我的世界》等多款风靡全球的游戏（见表 2-6）。近年来推出的《漫威超级战争》《宝可梦大探险》《永劫无间》《天谕》《游戏王：决斗链接》《忘川风华录》等作品也受到广泛关注。2023 年 5 月网易发布《逆水寒》《射雕》《九霄：岐风之旅》《三国诛将录》《代号 56》《全明星街球派对》《突袭：暗影传说》《巅峰极速》等 11 款新游戏，题材涵盖武侠、奇幻、射击、体育等类别。

表 2-6　网易游戏产品概况

客户端游戏		手机游戏	
角色扮演	竞技/休闲	热门推荐	新品推荐
《梦幻西游》（电脑版） 《大话西游2》（经典版） 《天下3》 《新倩女幽魂》 《逆水寒》 《超激斗梦境》 《泰亚史诗》 《燕云十六声》 《永劫无间》 《大话西游2》（免费版） 《射雕》 《星战前夜》 《新大话西游3》（经典版） 《新大话西游3》（免费版） 《镇魔曲》 《大唐无双》 《武魂2》 《魔兽世界》 《暗黑破坏神3》 《新飞飞》 《精灵传说》	《我的世界》 《守望先锋》 《战意》 《风暴英雄》 《星际争霸Ⅱ》 《炉石传说》	《梦幻西游》 《大话西游》 《倩女幽魂》 《阴阳师》 《率土之滨》 《天下》 《镇魔曲》 《一梦江湖》 《决战！平安京》 《明日之后》 《荒野行动》 《第五人格》 《神都夜行录》 《王牌竞速》 《实况足球》 《我的世界》 《大唐无双》	《超凡先锋》 《巅峰极速》 《逆水寒》 《暗黑破坏神：不朽》 《大话西游：归来》 《哈利·波特：魔法觉醒》 《永劫无间》 《漫威超级战争》 《忘川风华录》 《天谕》 《秘境对决》 《萤火突击》 《游戏王：决斗链接》 《星海求生》 《冰汽时代》 《绝对演绎》 《漫威对决》 《宝可梦大探险》 《绿茵信仰》 《湮灭效应》 《代号：ATLAS》 《邪神》 《零号任务》 《突袭：暗影传说》 《世界之外》 《轩辕剑龙舞云山》 《量子特攻》 《伊格效应》 《遇见逆水寒》 《第九所》 《流星群侠传》
			《有杀气童话2》 《青璃》 《节奏空间》 《隐世录》 《荒野潜伏者》 《迷室》 《永远的7日之都》 《实况：王者集结》 《战舰世界闪击战》 《坦克世界闪击战》 《战争怒吼》 《权力与纷争》 《非人学园》 《星战前夜：无烬星河》 《三国如龙传》 《网易棋牌》 《风暴对决》 《猎魂觉醒》 《狼人杀》 《影之诗》 《三国诛将录》 《劲舞团》 《坦克连》 《大航海之路》 《乱斗西游2》 《猫和老鼠》 《边境之旅》 《阴阳师：百闻牌》 《代号：OIP》 《代号·世界》

注：整理自网易游戏官网（https://game.163.com/about/），不完全统计。

2.网络游戏业务营收逐年增长，经典品类+爆款新品拉动增长

从 2010~2022 年网易网络游戏业务营收走势来看，网络游戏业务收入逐年上涨且增速较快，总体上看占营业总收入的七成以上，2018 年占比有所下降，但依然占据半壁江山（见图 2-11）。网易的营业收入由网络游戏、有道、云音乐、创新及其他业务构成，网络游戏是公司的创收大头，2022 年营收占比达到 77.3%。

网易游戏长期以大型多人在线（Massive Multiplayer Online，MMO）类型游戏为主，该类游戏流水占比超过 50%。一方面，大量经典、长生命周期存量精品游戏为公司稳健发展、研发新品打下了稳固的基本盘，如《梦幻西游》手游的流水大约占网易整体手游流水的 20%。[①]另一方面，爆款新游戏带动业务增长，2022 年春节期间爆火的《蛋仔派对》为网易带来了很多"00 后"用户，UGC 模式和高频率更新让这款游戏登顶 2022 年第一季度中国 iOS 游戏下载榜。网易在 2022 年第四季度财报指出，休闲竞技手游《蛋仔派对》在中国内地市场的收入和用户数增长强劲，成为网易游戏有史以来日活跃用户数最高的游戏。这对网易未来拓展用户群体、完善游戏生态意义重大。

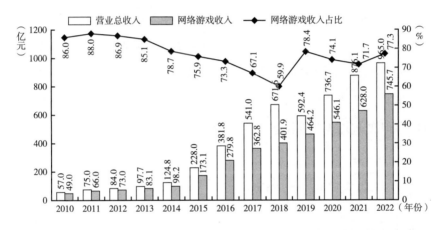

图 2-11　2010~2022 年网易网络游戏收入及其在总收入中的占比

数据来源：网易公司财报。

3.布局元宇宙游戏生态

网易游戏长期专注于 MMO 平台型游戏，这类游戏的特点在于大规模的玩家在线互动、持续性的虚拟世界、多样化的游戏内容、复杂的经济系统和社交活动，这些特点为构建元宇宙提供了重要的基础和经验。基于自主研发的技术优势和长期的技术积累，网易游戏已在 VR/AR、人工智能、游戏引擎、云游戏、区块链等元宇宙相关领域具备了一定基础，并已落地了网易星球、虚拟人、沉浸式会议系统"瑶台"等产品。成立于 2017 年的网易伏羲提供基于 AI 的技术方案并开放给更多合作伙伴，如有灵虚拟人、伏魔 AI 反外挂、AI 竞技机器人等。此外，网易还推出了 AR 内容创作

---

① 王慧莹 . 网易游戏的下一个十年，要怎么走？[EB/OL]. 2023-03-16[2023-07-10]. https://m.jiemian.com/article/9080501.html.

管理平台网易洞见，可实现跨游戏、跨服务器流通的底层架构伏羲宝，并布局消费级 AR 眼镜 "HoloKit" 和增强现实互动投影仪网易影见等，以游戏优势快速抢跑未来元宇宙世界。

第四节 投资动向与投资价值评估

一 投资数量和投资金额短暂复苏后下跌

IT 桔子网站创投数据显示，2022 年网络游戏领域有 36 起投资事件，投资金额为 39.76 亿元。分段来看，2015~2018 年，网络游戏领域投资数量持续下降，但投资金额变动的幅度相对较小；2018 年游戏版号管控政策出台，次年投资数量下降约一半，投资金额也下降明显（见图 2-12）。国内网络游戏市场经过调整期后，在 2020~2021 年得益于居家时间变长带来的流量红利，投资呈现短暂回暖的态势，投资金额于 2021 年达到峰值，但次年又迅速回落至 8 年来最低水平。

图 2-12　2015~2022 年中国网络游戏领域投资数量和投资金额

注：2015~2020 年的投资数量、投资金额、新增企业数量的数据较上一版有变动。原因是本部分数据的来源为 IT 桔子投资信息数据库处于动态更新中，采集数据源的拓展会导致历史数据增多，受投资事件相关方要求停止对外披露投（融）资信息而做出的相应处理则会导致历史数据减少。通过对两版检索结果——比对，笔者发现，数据变动幅度不大且数据趋势一致，不影响对最终结果的判断，误差在可接受范围内。因此，本版采用于 2023 年采集的 2015~2022 年数据。后续章节中该部分内容均同理。

数据来源：IT 桔子。

二　新增企业数量连年下降

自 2015 年以来，网络游戏领域新增企业数量连年下降，从 2015 年的 758 家降至 2021 年的不足百家，2022 年甚至只有 9 家。一方面，版号管控提升了游戏行业的入门门槛；另一方面，大型游戏公司已占据主要市场份额，拥有充足的资金用于研发、营销和运营，不断提升游戏质量和玩家体验，新公司如果无法获得足够的资金支持，很难在激烈的市场竞争中存活。

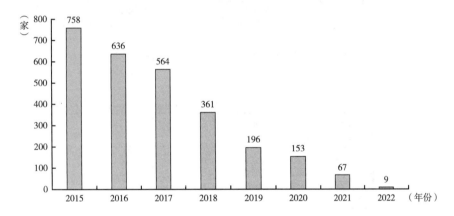

图 2-13　2015~2022 年中国网络游戏领域新增企业数量

数据来源：IT 桔子。

三　研发型企业仍为投资焦点，二次元游戏受关注

通过统计 2021 年 1 月至 2023 年 6 月网络游戏领域国内投资事件中受资企业业务方向的高频词，可以分析网络游戏领域创投市场最受资本关注的方向，统计方法如图 2-14 所示（其他领域方法相同）。

2021 年 1 月至 2023 年 6 月，国内网络游戏领域共有 173 起投资事件，游戏研发仍为最受投资者关注的热点方向，有 148 起投资事件的被投企业简介中涉及游戏研发，占比达到 85.5%（见图 2-15），这与 2017 年以来的表现一致。值得注意的是，"用户 / 玩家"这类关键词首次出现在 Top10 方向中，有 42 起投资事件的被投企业简介中提到了用户体验相关表述，在游戏市场竞争日益激烈的环境下，以高品质游戏提升用户体验成为新竞争方向。此外，"动漫／二次元"作为一种典型游戏类别跻身 Top10 投资热点。

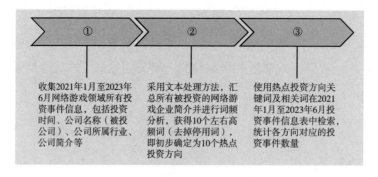

图 2-14　网络游戏领域投资热点统计方法说明

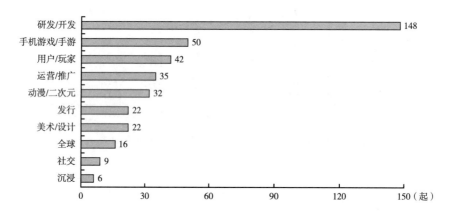

图 2-15　2021 年 1 月至 2023 年 6 月中国网络游戏领域投资事件高频词及对应的投资数量

注：由于每个被投企业简介一般有百余字，可能会包含多个热点方向的关键词，因此一条事件可能会出现在多个投资方向的统计中。

数据来源：IT 桔子。

四　网络游戏投资价值评估：较高（★★★★）

根据第一章第三节所述的投资价值评估方法，网络游戏领域的投资价值评估结果为★★★★，投资价值较高，有不错的投资价值或投资机会，但没有达到很高的程度。评估结果如表 2-7 所示。

表 2-7　网络游戏投资价值综合评估结果

序号	一级指标	一级指标得分	二级指标	二级指标原始数据	原始数据标准化	二级指标得分
1	基础规模	4.0	市场规模	2658.80 亿元	0.896	★★★★★
			用户规模	6.64 亿人	0.484	★★★
2	发展速度	1.5	市场规模增长率	−10.33%	0.002	★
			用户规模增长率	−0.30%	0.265	★★
3	转化程度	5.0	付费转化率	62.06%	1.000	★★★★★
			毛利率	59.76%	1.000	★★★★★
4	竞争程度	1.0	市场集中度	79.12%	79.12%	★
5	活跃程度	1.3	新增企业数量增长率	−86.57%	0.369	★★
			投资数量增长率	−71.88%	0.000	★
			投资金额增长率	−65.93%	0.066	★
6	相关政策导向	2.0	相关政策支持程度	规范为主，明确未成年人保护措施要求，加强管理，偏负向		★★
7	主流媒体报道倾向	2.0	主流媒体报道情感倾向	正向占比减负向占比的值为 −2 个百分点，偏负向		★★
综合结果（S_{end}）						★★★★

第五节　发展趋势

一　AIGC、元宇宙赋能网络游戏实现"开放世界"

近年来，继元宇宙之后，人工智能生成内容（AIGC）成为新的技术风口。无论是 AIGC 还是元宇宙，它们与网络游戏都有很深的关系，都源于虚拟世界与真实世界的交融。在虚拟世界中，玩家可以拥有自己的身份和属性，并与其他玩家进行互动和交流。元宇宙可以为网络游戏带来更加开放和自由的环境，支持自由地探索世界、创造物品、建立社区，创造出无限的可能性。AIGC 的加持让这些畅想更具备落地应用的可能。一方面，AIGC 可以帮助开发者提高网络游戏生产效率，通过 AI 辅助图像渲染、虚拟人设计、模型构建、语言对话生成等，降低游戏研发成本，如 2023 年 6 月微软发布的《星空》游戏中就利用 AI 深度参与星球内容生成，借力 AIGC 实现"开放世界"；另一方面，AIGC 通过塑造更广义的互动叙事，为游戏社交玩法和商业模式带来新的启发，如一些网络游戏正在尝试利用 AIGC 让每一个非玩家角色（Non-Player Character，NPC）实现拟真对话能力，促使这些 NPC 的故事相互交织，给玩家更加真实生动的游戏体验。

二 网络游戏设计更加重视社交互动和用户生成内容

自由度和社交互动程度越来越高的游戏设计带给用户足够的新鲜感，未来网络游戏将更加重视社交功能和用户生成内容（UGC）。《王者荣耀》《堡垒之夜》《守望先锋》这些热门游戏都给玩家很大的组队自由，支持自定义比赛，在玩游戏的过程中强化社交互动。同时，AIGC 将赋予用户更大的创作权利和自由，比如用户可以通过 Dall-E2、Midjourney 等图像生成工具生成可以直接使用的 3D 渲染图，可以修改游戏部分设定，自主上传故事，建立新的场景，无限拓展游戏的边界。

三 "游戏 +"模式将持续推进跨界融合

游戏引擎是虚拟世界搭建的基础，为"游戏 +"模式提供了可复制的路径，创造出新的模式和价值，产生正向社会效应。网络游戏中融入中国传统文化元素，可以让玩家更加了解中国文化，同时也可以向海外玩家推广中国传统文化；一些教育类游戏可以让学生在游戏中掌握一些基本的知识和技能，提高学习效果。游戏中的虚拟空间为大型会议、活动的组织也提供了充满想象空间的场地，实现虚拟场景与现实活动的融合，如 2022 年歌手 Travis Scott 在网络射击游戏《堡垒之夜》内举办了虚拟演唱会；网易旗下游戏《逆水寒》尝试在游戏中召开国际人工智能学术会议；国内外高校在沙盒游戏《我的世界》中举行了独特的云毕业典礼和毕业晚会，这些开放融合的环境带给观众身临其境又充满魔幻的体验，为游戏融入其他行业场景提供了更多可能性。

第三章

网络动漫市场格局与投资观察

第一节　网络动漫概述

一　网络动漫界定

网络动漫属于创意产业，以动画、漫画为核心，包括所有采用漫画和动画元素制作生产的作品，并通过互联网、移动互联网渠道发行。网络动漫按题材可以分为推理、言情、动作、战争、后宫、历史、悬疑、科幻等多种类型。通过品牌、形象和衍生品打造的巨大网络动漫产业链，涉及艺术、科技、传媒、出版、商业与制造等多个行业。网络动漫产业具有消费群体广、市场需求大、产品生命周期长、高附加值、高国际化等特点。

二　网络动漫发展历程

中国网络动漫从1999年进入萌芽期以来，市场接受度不断提升。它的发展历程大致可以分为萌芽期、探索期、发展期和成熟期四个阶段（见图3-1）。

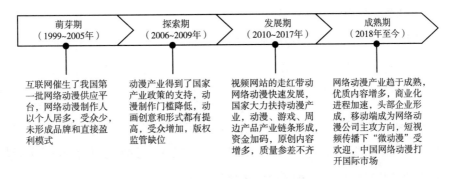

萌芽期 （1999~2005年）	探索期 （2006~2009年）	发展期 （2010~2017年）	成熟期 （2018年至今）
互联网催生了我国第一批网络动漫供应平台，网络动漫制作人以个人居多，受众少，未形成品牌和直接盈利模式	动漫产业得到了国家产业政策的支持，动漫制作门槛降低，动画创意和形式都有提高，受众增加，版权监管缺位	视频网站的走红带动网络动漫快速发展，国家大力扶持动漫产业，动漫、游戏、周边产品产业链条形成，资金加码，原创内容增多，质量参差不齐	网络动漫产业趋于成熟，优质内容增多，商业化进程加速，头部企业形成，移动端成为网络动漫公司主攻方向，短视频传播下"微动漫"受欢迎，中国网络动漫打开国际市场

图 3-1　中国网络动漫发展历程

第二节 发展环境

一 政策环境：鼓励动漫新型业态，展现中国文化魅力

2016~2021 年，中国积极支持动漫产业的发展，先后提出了动漫企业认定工作、产业规划、税收优惠政策等，动漫产业迎来发展契机。《"十三五"时期文化发展改革规划》明确提出支持原创动漫的创作、生产和推广，以培育国内动漫创意和品牌。《"一带一路"文化发展行动计划（2016~2020 年）》的实施进一步推动了动漫产业的发展。同时，国家在税收方面也采取了扶持措施，例如对自主开发动漫软件的增值税实行即征即退政策，并对软件出口免征增值税。2019 年，《关于推动广播电视和网络视听产业高质量发展的意见》提出实施"新时代精品工程"，加大对动画片等视听作品的资金扶持力度。2021 年，政策引导动漫产业提质增效，《"十四五"文化产业发展规划》提出要打造一批中国动漫品牌，促进动漫"全产业链"和"全年龄段"发展。国家广播电视总局发布的《广播电视和网络视听"十四五"发展规划》则强调大力扶持重点动漫企业发展，打造具有竞争力和影响力的中国动漫龙头企业，加强国家动画产业教学研究基地建设。

政策在引导动漫产业全产业链发展的同时，对动漫作品的内容也提出更高的要求。《广播电视和网络视听"十四五"发展规划》《"十四五"文化产业发展规划》提出要加强动画片选题规划和创作组织，扶持引导国内动画制作机构进行重大主题精品动画和优秀动画作品创作，以动漫讲好中国故事，生动传播社会主义核心价值观，增强人民特别是青少年精神力量。国务院发布的《全民科学素质行动规划纲要（2021~2035 年）》则鼓励大力开发动漫等形式的科普作品。

2022 年以来，政策鼓励以经典动漫形象展现中国文化的魅力，传承中华优秀传统文化，弘扬现代精神，展现当代中国文化的创新成果。同时，推动动漫、创意设计、工艺美术等文化产品向信息化、数字化、智能化方向发展。2022 年 2 月，国家广播电视总局办公厅发布《关于开展 2022 年度"中国经典民间故事动漫创作工程（电视动画片）"扶持项目征集活动的通知》，提出应加强新技术手段应用，塑造优质动画形象，推出更多具有影响力、感染力、传播力的优秀作品。这些政策措施共同推动了中国网络动漫产业的蓬勃发展。相关政策内容详见表 3-1。

表 3-1　网络动漫相关政策梳理

发布时间	发布机构	文件名称	主要内容
2022年8月	中共中央办公厅、国务院办公厅	《"十四五"文化发展规划》	• 加快发展数字出版、数字影视、数字演艺、数字艺术、数字印刷、数字创意、数字娱乐、高新视频等新型文化业态，改造提升传统文化业态，促进结构调整和优化升级。
2022年3月	文化和旅游部等六部门	《关于推动文化产业赋能乡村振兴的意见》	• 数字文化赋能。充分运用动漫、游戏、数字艺术、网络文学、网络表演、网络视频等产业形态，挖掘活化乡村优秀传统文化资源，打造独具当地特色的主题形象，带动地域当地形象、农产品开发、文创产品开发，带动地域当地特色的主题形象塑造。
2022年2月	国家广播电视总局办公厅	《关于开展2022年度"中国经典民间故事动漫创作工程（电视动画片）"扶持项目征集活动的通知》	• 从中国神话故事、英雄传说、民间文学、民俗传统中广泛取材，以经典内容为蓝本，坚持客观、科学、礼敬的态度，在记忆、传承、创新，传播四个方面着力，深入挖掘诠释经典民间故事的深及内涵，促进社会和谐，鼓励人们向上向善的思想文化内容，促进形成与新时代要求适应的思想观念、精神面貌、文明风尚、行为规范。
2021年10月	国家广播电视总局	《广播电视和网络视听"十四五"发展规划》	• 加强动画片选题规划和创作组织，扶持引导国内动画制作机构进行重大主题精品动漫优秀动画作品创作，深入开展"社会主义核心价值观短片扶持创作活动"。大力扶持重点动漫企业发展，打造具有竞争力和影响力的中国动漫龙头企业。加强国家动画产业教学研究基地建设。
2021年6月	国务院	《全民科学素质行动规划纲要（2021~2035年）》	• 实施繁荣科普创作资助计划。支持优秀科普原创作品。面向世界科技前沿、面向国家重大需求、面向人民生命健康等重大题材开展科普创作。大力开发动漫、短视频、游戏等多种形式科普作品。扶持科普创作领军人才。培养科普创作人才队伍。
2021年5月	文化和旅游部	《"十四五"文化产业发展规划》	• 提升动漫产业质量效益，以动漫讲好中国故事，生动传播社会主义核心价值观，增强人民精神力量。打造一批动漫品牌，发展动漫品牌授权和形象营销，延伸动漫产业链。促进动漫"全产业链""全年龄段"发展。发展动漫品牌授权和形象营销，延伸动漫产业链和价值链。开展中国文化艺术政府奖动漫奖评选。
2020年7月	国家广播电视总局办公厅	《关于做好重点动画节目、纪录片、动画片创作播出工作的通知》	• 形成主题主线作品创作出热潮。 • 抓好爱国主题作品创作编排展播。 • 加快推进脱贫攻坚作品创作供给。 • 加强暑期优秀少儿作品供给。 • 精心组织庆建党100周年作品创作。 • 切实维护广播电视作品创作播出秩序。

续表

发布时间	发布机构	文件名称	主要内容
2019年8月	国家广播电视总局办公厅	《关于做好庆祝新中国成立70周年纪录片、动画片、电视节目公益展播的通知》	• 为进一步扩大优秀纪录片、动画片、电视节目传播效应，为庆祝新中国成立70周年营造浓厚氛围，总局统筹确定了一批我国史军史题材和现实题材优秀纪录片、动画片和电视节目，统一购买了电视播映权和互联网信息传播权，用于提供全国电视上星综合频道、纪录片专业上星频道、动画和少儿专业上星频道以及"学习强国"平台进行公益展播。
2019年8月	国家广播电视总局	《关于推动广播电视和网络视听产业高质量发展的意见》	• 以实施"新时代精品工程"为抓手，谋划实施好电视剧、纪录片、动画片、广播电视节目、网络视听节目等重点创作规划，完善优秀选题项目储备，加强动态调整管理，加大专项资金扶持力度。
2018年12月	国务院办公厅	《关于印发文化体制改革经营性文化事业单位转制为企业和进一步支持文化企业发展两个规定的通知》	• 加大财政对文化科技创新的支持，将文化科技纳入国家相关科技发展规划和计划，加强国家文化和科技融合示范基地建设，积极鼓励文化与科技深度融合，促进文化产业转型升级，发展新型文化业态。 • 鼓励有条件的文化企业利用资本市场发展壮大，推动资产证券化，充分利用金融资源。
2018年4月	财政部、国家税务总局	《关于延续动漫产业增值税政策的通知》	• 自2018年5月1日至2020年12月31日，对动漫企业增值税一般纳税人销售其自主开发生产的动漫软件，按照16%的税率征收增值税后，对其增值税实际税负超过3%的部分，实行即征即退政策。 • 动漫软件出口免征增值税。
2017年5月	文化部	《"十三五"时期文化发展改革规划》	• 加快发展动漫、游戏、创意设计、网络文化等新型文化业态。推动中国国际网络文化博览会、中国国际动漫游戏博览会等重点文化产业会展市场化、国际化、专业化发展。支持原创动漫创作生产和宣传推广，培育民族动漫创意品牌，持续推动手机（移动终端）动漫等标准制定和推广。 • 推进动漫游戏产业"一带一路"国际合作。 • 推进国家文化产业创新实验区、国家动漫产业综合示范园建设，形成面向区域行业发展的协同创新中心。
2017年4月	文化部	《关于推动数字文化产业创新发展的指导意见》	• 推动动漫产业提质升级。发挥好动漫独特的艺术魅力和传播优势，创作生产优质动漫产品。坚持品牌化发展战略，促进动漫"全产业链"和"全年龄段"发展。运用信息技术手段拓展动漫表情包等各种新兴媒体，创新表现形式，拓展传播渠道，活跃动漫及衍生产品消费。促进动漫与文学、游戏、影视、音乐等内容形式交叉融合，发展动漫品牌授权和形象营销，与相关产业融合发展，延伸动漫产业链和价值链。

续表

发布时间	发布机构	文件名称	主要内容
2017年1月	中共中央办公厅、国务院办公厅	《关于实施中华优秀传统文化传承发展工程的意见》	• 加强对中华诗词、音乐舞蹈、书法绘画、曲艺杂技和历史文化纪录片、动画片、出版物等的扶持。 • 实施中国经典民间故事动漫创作工程，中华文化电视传播工程，组织创作生产一批传承中华文化基因、具有大众亲和力的动画片、纪录片和节目栏目。
2016年12月	文化部	《"一带一路"文化发展行动计划（2016~2020年）》	• 实施动漫游戏产业"一带一路"国际合作行动计划。发挥动漫游戏产业在文化产业国际合作中的先导作用，面向"一带一路"各国，聚焦重点，广泛开展。搭建交流合作平台，开展交流推广活动，构建产业生态体系。发挥中国动漫游戏产业规模大的优势，培育重点企业，实施国际产能合作，实现中国动漫游戏产业与沿线国家合作规模显著扩大，水平显著提升，为青少年民众通过发挥独特作用。 • 围绕动漫、游戏、数字文化、创意设计、文化科技装备、艺术品及授权产品等领域，开拓完善国际合作渠道。
2016年8月	财政部、海关总署、国家税务总局	《关于动漫企业进口动漫开发生产用品税收政策的通知》	• 自2016年1月1日至2020年12月31日，经国务院有关部门认定的动漫企业自主开发、生产动漫直接产品，确需进口的商品可享受免征进口关税及进口环节增值税的政策。 • 获得进口免税资格的动漫企业，进口《动漫企业免税进口动漫开发生产用品清单》范围内的商品免征进口关税和进口环节增值税。

二　舆论环境：主流媒体报道正向占比超七成

2023 年，主流媒体关于网络动漫报道的高频词有"文化""内容""创作""影视""中国""主题""国际"等（见图 3-2），显示了网络动漫在优质内容创作、影视开发、主题弘扬、传播中华优秀传统文化方面的积极作用；同时，"活动""大赛""企业""产业""发展"等关键词也体现了我国网络动漫积极发展的现状。

图 3-2　2023 年中国网络动漫领域主流媒体报道关键词

2023 年，主流媒体对网络动漫的报道以正向报道为主，占比 73%；中性报道占比为 25%，负向报道仅占 2%（见图 3-3）。其中，正向报道主要肯定了国产动漫的崛起、

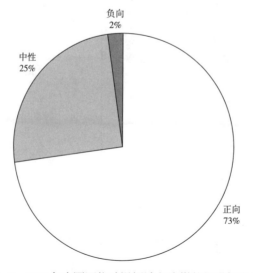

图 3-3　2023 年中国网络动漫领域主流媒体报道倾向分布

网络动漫产业蓬勃发展及其在文化传承与传播方面的积极作用；中性报道集中阐述行业活动和发展动态等；负向报道指出了诱导未成年人购买有争议的动漫游戏周边产品等问题。报道的核心内容及倾向性判断详见表3-2。

第三节 市场运行现状

一 网络动漫市场进入稳定发展期

2022年是中国动画诞生百年，中国动漫产业迎来新的发展阶段，网络动漫作为动漫产业的核心，市场规模总体实现稳步扩张，并在2022年达到新的高点（见图3-4）。根据中国新闻出版研究院测算，2022年我国网络动漫市场规模达到330.9亿元，同比增长12.8%。[①] 我国网络动漫市场日益成熟，网络动漫制作水平不断提升，2023年播出的《中国奇谭》《深海》《长安三万里》等国产动画剧集和电影取得了良好口碑，知名IP品牌化商业价值凸显，同时借助海外视频流媒体平台，我国动画作品进入全球化传播阶段。但我国网络动漫市场发展过程中也将面临多方挑战，如受经济大环境影响所导致的广告主预算削减、用户增长遇瓶颈等。根据本研究测算，中国网络动漫市场规模将保持稳步扩增，2022~2024年复合年均增长率为9%，相比2020~2022年增速放缓，市场进入稳定发展期。这个数据略低于全球动画市场增速，数据显示，全球动画的市场规模预计将从2022年的286亿美元增至2030年的600亿美元，2023~2030年将以9.8%的复合年均增长率增长。[②]

① 张立等.2020~2021中国数字出版产业年度报告 [M]. 北京：中国书籍出版社，2021.

② Global Anime Market Size, Share, Growth Analysis, By Type (Video, T.V.) – Industry Forecast 2022–2028[EB/OL].2023–04–22[2023–07–10]. https://cn.gii.tw/report/sky1270730-global-anime-market-size-share-growth-analysis-by.html.

表 3-2　网络动漫相关报道梳理及倾向性判断

发布时间	主流媒体	报道标题	报道的核心内容	ChatGPT 判断	人工修正
2023 年 9 月 23 日	新华网	《CCG Wild 云南动漫游戏博览会将在昆明世博园开幕》	云南动漫游戏博览会将于 2023 年 9 月 29 日至 10 月 6 日在昆明世博园举办，这将是云南及区域内促进文化产业发展的一场盛会。	正向	正向
2023 年 9 月 16 日	新华网	《〈动漫刀剑〉"浙江制造"团体标准发布》	该标准规定了《动漫刀剑》的术语和定义、产品型式、基本要求、技术要求、试验方法、检验规则、标志、包装、运输、贮存和质量承诺等要求，全力以标准规范提升产品品质。	中性	中性
2023 年 9 月 6 日	新华网	《2023 年动漫游戏产业发展论坛聚焦新动能新机遇》	本次论坛集了 100+ 动漫游戏企业领军人物、200+ 嘉宾同行业者，为动漫游戏企业提供更综合全面的服务，碰撞出动漫游戏产业全球化新思路，探索动漫游戏产业发展新模式，为中国文化企业"走出去"提供有力支持。	正向	正向
2023 年 9 月 6 日	新华网	《中医药文化牵手动漫"么么侠"即将上线》	动漫打造了一位中医药代言人——么么侠，将动画这种雅闻乐见的表现形式，与博大精深的中医文化结合在一起，让中医药有了自己的代言人。	正向	正向
2023 年 9 月 3 日	新华网	《破局、破圈、破界"动漫热"不止"暑期专供"》	"动漫热"跨越了播放平台、性别年龄、风格的限制，成为需要我们重新认识的 IP 类型——它不再小众，也不再受年龄、题材、风格的限制。	正向	正向
2023 年 8 月 31 日	新华网	《中国一阿拉伯国家动漫产业论坛苏州开幕》	本次论坛围绕"中阿数智共享，驱动城市未来"主题，展现中阿城市数字文化产业的最新成果和城市文化产业的投资环境与优势。	正向	正向
2023 年 8 月 28 日	新华网	《龙虎山：动漫文化赋能旅游融合发展》	近年来，龙虎山景区无分挖掘和发挥龙虎山动漫 IP 资源优势，以"优质景区载体 + 动漫文化赋能"实现优势互补，让游客深度参与互动体验，从而形成了一系列旅游新产品及消费新场景。	正向	正向
2023 年 8 月 17 日	新华网	《拼竞技 兴文化 促消费——来江西，赴一场沉浸式游园会》	"2023 江西广电电竞大赛暨动漫游戏文化节"将通过"互联网 + 二次元"的线上优从质内容平台，结合线下活动赛事，创新融合游戏电竞、宅舞、国风原创歌曲等元素，Cosplay、配合沉浸式游园会，主题文化沙龙等趣味活动，打造一场动漫的新潮嘉年华。	正向	正向
2023 年 8 月 16 日	新华网	《第二届中国（瑞安）儿童文学动漫周举办——解锁儿童文学更多可能》	多位儿童文学作家、学者和出版业从业者齐聚第二届中国（瑞安）儿童文学动漫周，共话儿童文学产业发展。	正向	正向
2023 年 8 月 3 日	新华网	《首届海峡两岸动漫配音大赛亮相台湾漫博会》	第一届海峡两岸动漫配音大赛于 7 月 27 日至 7 月 31 日亮相第 22 届台湾漫画博览会，本届漫博会迎来 64 万人次线下观看，创历年新高。	正向	正向
2023 年 7 月 26 日	新华网	《卡牌传爱心 美育载公益——卡游动漫与中国残疾人事业新闻宣传促进会启动系列公益合作》	卡牌公益助残活动在中国残疾人联合会机关启动，启动仪式上，卡游动漫向中国残疾人联合会捐赠卡牌 100 万张，并持赠 5 位孤独症孩子为"星星的神画"设计画作。	正向	正向

续表

发布时间	主流媒体	报道标题	报道的核心内容	ChatGPT判断	人工修正
2023年7月24日	新华网	《当AI绘画开始抢动漫人饭碗》	ChatGPT4的出现，将AI绘画和想象力创造到几乎零门槛，普通用户只需输入文本语句就可输出具有独特风格和想象力的图像，但由此带来的副作用则可能是动漫设计、插画、游戏设计等行业的剧烈动荡。	负向	中性
2023年7月21日	新华网	《口碑与票房双赢，动漫之都蓬勃向上》	2005年，杭州出台扶持动漫产业政策，开始"动漫之都"建设；2022年11月，杭州市动漫游戏产业专项资金支持项目多达173个。	正向	正向
2023年6月26日	新华网	《税惠助力杭产动漫交亮眼成绩单》	国家推出的一系列税费支持政策和税务部门精细贴心的税收服务，也为蓬勃发展的杭产国漫企业推新品、强竞争，走出去增添了助力。	正向	正向
2023年6月21日	新华网	《元宇宙时空"点燃"中国国际动漫节》	随着文化数字化战略的深入实施，以大数据、人工智能、AR、VR等新技术、新应用为依托的新型文化业态勃兴起，元宇宙产品频亮相动漫节。	正向	正向
2023年9月3日	人民网	《传承红色精神，做好主旋律动漫》	李岩松说，"我们有很多优秀的老电影，在过去的岁月里给予我们很多奋斗的力量，我们也要挖掘好利用好这些优秀的资源，利用最先进的故事结构和表现形式，充分传承红色精神，做好主旋律动漫"。	正向	正向
2023年8月26日	人民网	《粤港澳大湾区动漫游戏企业走访考察4企业 签约天府国际动漫城》	8月25日，粤港澳大湾区知名动漫游戏企业走访考察，在四川省旅游投资集团进行考察调研，4家企业与四川旅投集团全资子公司旗下天府国际动漫项目成功签约。	正向	正向
2023年8月2日	人民网	《苏州高铁新城持续发力影视动漫产业 累计引育企业已达130余家》	重点企业包括CCTV6电影频道制作基地、完美世界影视、红鲤影视、万维猫动画、核舟文化、优尼提传媒等。	正向	正向
2023年8月1日	人民网	《海峡两岸动漫配音大赛线上启动》	本次大赛面向海峡两岸配音爱好者征集动漫二次配音创作，采用"线上征集+线下颁奖"的形式，以普通话、闽南话为主，将邀请知名配音演员担任评委，评选出多个奖项。	正向	中性
2023年7月12日	人民网	《第十三届中国国际影视动漫版权保护和贸易博览会即将举行》	据介绍，动漫博览会将围绕影视文化强国和文化强省建设，以扶持孵化影视动漫优质内容为重点，以大力促进动漫版权保护和贸易为方为，全面助力影视动漫产业高质量发展。	正向	正向
2023年7月10日	人民网	《健康科普再升级！动漫+健康让肿瘤防治更加精准》	动漫视频有14期，包含了肺癌、胃癌、肝癌、乳腺癌、淋巴瘤、甲状腺癌等常见癌症，以及癌症早诊早治、网络谣言辟谣等肿瘤防治知识。	正向	正向
2023年6月26日	人民网	《经典动漫原画手稿作品展带观众回到童年》	本次展会呈现了36部经典动画作品在创作过程中绘制的300多幅手稿和原画，不仅集中展现了经典动漫的魅力，也向观众展示了动画艺术的魅力。	正向	正向

续表

发布时间	主流媒体	报道标题	报道的核心内容	ChatGPT判断	人工修正
2023年6月25日	人民网	《第十九届中国国际动漫节闭幕 达成意向成交额14.85亿元》	据初步统计，第十九届中国国际动漫节期间线上线下参与人数达1081万人次，现场意向签约金额14.85亿元。	正向	中性
2023年6月21日	人民网	《"原动力"共扶持原创动漫作品1010个》	截至目前，"原动力"共扶持各类优秀原创动漫作品1010个，动漫编辑和创作团队50个。	正向	正向
2023年6月5日	人民网	《广西校企共商动漫职业教育发展大计》	来自广西动漫职教集团41家成员单位的分管教学领导、专业系部负责人、相关专业骨干教师和企业负责人共商动漫职业教育发展大计。	正向	中性
2023年5月30日	人民网	《文博会动漫分会场：打造原创动漫"饕餮盛宴"》	动漫分会场精心策划十余项活动，充分展示原创动漫的科技性、趣味性和参与性，为"二次元"爱好者们打造一场原创动漫的"饕餮盛宴"。	正向	正向
2023年5月22日	人民网	《第十五届厦门国际动漫节将于5月24日举办 设置"1+1+N"系列活动》	第一个"1"为赛事活动——"金海豚奖"作品大赛；第二个"1"指论坛活动——商务大会；"N"指系列特色活动，包括"遇见金海豚"城市联动活动等。	正向	中性
2023年4月30日	人民网	《"三月三"国潮动漫节邀你潮玩过"五一"》	"三月三"国潮动漫节暨2023良牙动漫春季盛典在南宁国际会展中心B2、金桂厅两大展厅举行，在展览快玩玩乐要的同时，市民们一起感受非遗传承的魅力和广西民族特色文化。	正向	正向
2023年4月23日	人民网	《科幻动画，国潮风正起》	科幻题材动画的数量在童话、教育、文化等七大类题材中占比可观，各大视频网站上线的各类国产动画片播放量，科幻动画同样呈现热度不断攀升的趋势。	正向	正向
2023年4月12日	人民网	《广西艺术学院荣获"最佳动漫教育机构"奖》	4月6日，中国文化艺术政府奖第四届动漫奖颁奖活动共颁发了20个获奖项目，广西艺术学院荣获"最佳动漫教育机构"奖。	正向	中性
2023年9月21日	光明网	《"潮玩"密码：文化解锁制造业新赛道》	目前，东莞拥有超过4000家玩具生产企业，近1500家上下游配套企业。全球动漫衍生品中，国内近85%的潮玩产自东莞。	正向	正向
2023年9月13日	光明网	《〈异人之下〉：书写东方审美意蕴下的凡人英雄梦》	一部现象级"国民动漫"改编的网络剧《异人之下》在备受瞩目中正式推出，该剧凭借其对漫画原作的高度还原和作品中极具东方意蕴的侠义精神，赢得了广大观众的情感共鸣。	正向	正向
2023年9月7日	光明网	《〈长安三万里〉出圈，64.3%受访者感觉古诗文让人"涨知识"》	83.6%的受访者喜爱古诗文，79.5%的受访者能接受影视剧中的文言文台词，64.3%的受访者感觉"涨知识"了。	正向	正向
2023年8月14日	光明网	《国产动画如何雕琢精品》	中国动画呈现状摇直上的态势，创作活力涌动，票房口碑不俗，传递出一个鲜明信号：中国动漫市场建勃发展。	正向	正向

续表

发布时间	主流媒体	报道标题	报道的核心内容	ChatGPT判断	人工修正
2023年8月9日	光明网	《没有真人出演，忍者神龟新电影让缺人的好莱坞"喘口气"》	作为一部既没有真人出演的动画电影，由经典动漫IP改编的好莱坞动画片《忍者神龟：变种大乱斗》在发行和宣传上受美国演员、编剧大罢工的影响更小，或许能让遭受"缺人"困扰的好莱坞"喘口气"。	正向	中性
2023年8月7日	光明网	《奔赴各自的万里长安》	暑期档上映的动画电影《长安三万里》截至目前票房已突破14亿，豆瓣评分更是从上映第一天的8.0一路涨到9.6，成为又一部受到观众好评的精良制作。	正向	正向
2023年7月27日	光明网	《卡牌成为文化传承发展新载体》	近日，2023英雄对决卡游杯全国大奖赛在广州落幕，有相当比例的造手选用了《秦时明月》部分衍生的赛事，卡牌及其衍生的赛事已成为传播中华文化的重要新兴渠道之一。	正向	正向
2023年7月27日	光明网	《中国动画电影中的传统文化密码》	中国动画电影有很大一部分取材于中国古代文学作品、民间故事、神话传说，成语与寓言故事等，再加上剪纸动画、折纸动画、水墨动画等独创性表现形式，最容易成为中华优秀传统文化的代言人。	正向	正向
2023年7月24日	光明网	《北京出版集团"出版+动漫"融合成果亮相中国北京动画周》	北京出版集团以创新为主线，重点展示文创，动漫新业态，新领域的优秀成果，其中包括《小恐龙大冒险》《杰米历险记》《同桌冤家走天下》等漫画作品，以呈现集团在"出版+漫画"领域的实力和影响力。	正向	中性
2023年7月24日	光明网	《"三体"影视改编需承接住原著的厚度》	自从《三体》爆火之后，读者与观众对"三体"IP的影视化改编寄予厚望，渴盼能出现与小说艺术水平相匹配的荧幕作品。	负向	中性
2023年7月24日	光明网	《动画盛会 相约西城丨文化IP+产业扶持 西城区展台"有看头"》	有不少含有"西城元素"的展陈给参观者和展商留下深刻印象，吸引泛动画产业等数字领域顶流企业落户西城携手发展。	正向	正向
2023年7月21日	光明网	《第十三届中国国际动漫游览会开幕 东荣荣获全国唯一"中国潮玩之都"称号》	本届漫博会主题是"国漫新时代 国潮新力量"，将集中呈现国产动漫内容，以及动漫商贸渠道展三大展区，参展IP达1500余个，掀起一波动漫热潮。	正向	正向
2023年7月20日	光明网	《记者调查："蒙边"动漫游戏周边产品诱未成年人购买》	一些厂商为了刺激未成年人购买，将动漫游戏的周边产品做得十分暴露。	负向	负向
2023年7月14日	光明网	《动漫文化打破"次元壁"，推动新文化消费》	二次元主题餐厅，主题咖啡馆等层出不穷，在年轻的"后浪"群体的助推下，动漫文化进一步打破"次元壁"，显现新的文化消费动能。	正向	正向
2023年6月12日	光明网	《"熊出没"系列电影：低幼动画到成熟IP的成长之路》	作为国内最成功的动画IP，"熊出没"已成功推出11部动画剧集，11部动画电影，中国内地总票房超57亿，稳居国产动画电影首位。	正向	中性

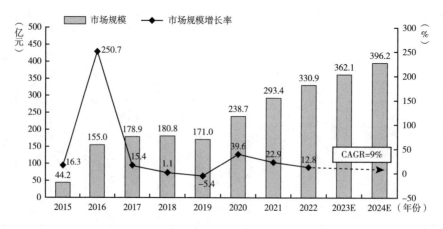

图 3-4　2015~2024 年中国网络动漫市场规模及预测

数据来源：2015~2022 年数据来自中国新闻出版研究院发布的《2021~2022 中国数字出版产业年度报告》《2022~2023 中国数字出版产业年度报告》，2023~2024 年数据由本研究测算。

　　根据对网络动漫的投入程度不同，可将网络动漫用户分为泛二次元用户和在线动画用户。泛二次元用户指那些对网络动漫基本了解，会观看热门漫画或动画改编的大电影，但投入的精力和财力相对有限的群体；[①] 在线动画用户是以"95后""00后"为代表的年轻群体，是网络动漫作品的主要消费群体。2020 年中国泛二次元用户规模首次突破 4 亿人，本研究测算 2024 年将突破 5 亿人大关，2021~2024 年 CAGR 为 3%；网络动漫用户规模也将从 2022 年的 3.38 亿人达到 2024 年的 3.74 亿人，2021~2024 年 CAGR 为 5%（见图 3-5），虽增长率都有所放缓，但规模仍将保持稳步扩增。

二　国内电视动画制作从量到质发展，非低幼向动漫 IP 电影受欢迎

　　十余年来，中国电视动画制作经历了数量快速增长、从追求数量到追求质量的过程，电视动画的备案数量和制作时长经历了波动式发展（见图 3-6）。2007~2012 年，在税收优惠和补贴的政策鼓励下，电视动画备案数量和制作时长总体上快速增长，年备案数量最高达到 601 部；2013~2017 年，随着补贴的减少，企业探索新发展道路，电视动画备案数量和制作时长总体上进入下降期；2018 年后电视动画产量开始反弹，2020 年和 2021 年电视动画备案数量和制作时长达到 2013 年以来的一个小高峰，备案数量最高达到 571 部。

---

　　① 智研咨询.2017 年中国二次元行业发展现状分析及市场发展前景预测 [EB/OL]. 2017-04-27[2023-07-18]. http://www.chyxx.com/industry/201704/517767.html.

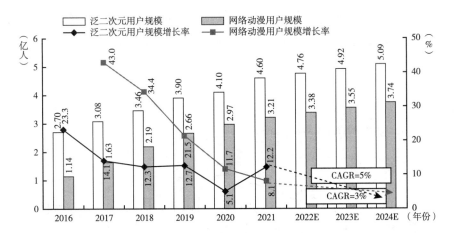

图 3-5　2016~2024 年中国泛二次元用户及网络动漫用户规模及预测

数据来源：华经产业研究院，2022~2024 年数据由本研究测算。

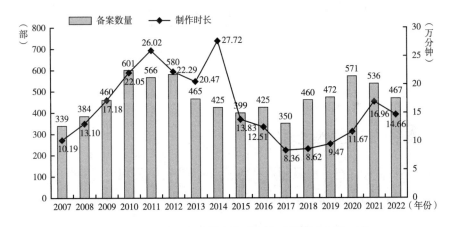

图 3-6　2007~2022 年中国电视动画备案数量和制作时长

数据来源：国家广播电视总局。

　　与日本对比来看，在电视动画作品数量方面中国已处于领先位置；在制作时长方面，2008~2016 年中国也高于日本，但在 2017~2019 年被反超（见图 3-7）。2015 年以来中国动画从追求数量增长进入重视质量阶段，出现了一批受大众欢迎又颇具商业价值的国漫 IP 和动画电影，其中又以中国经典神话人物居多。根据国家电影局发布的公告，2015~2020 年共有 878 部国产动画电影备案，其中至少有 119 部讲的是中国经典神话人物的故事。据三文娱统计数据，这 119 部动画电影中有 24 部作品以孙悟空为中心展开，其次是哪吒和二郎神，涉及作品分别为 11 部和 8 部，非低幼向国产动漫 IP 作品正在被越来越多的社会大众认可。① 从《大鱼海棠》《哪吒之魔童降世》到《白蛇：缘起》，再到 2023 年 7 月上映的《长安三万里》，国产经典动漫 IP 形象的号召力逐渐凸显。

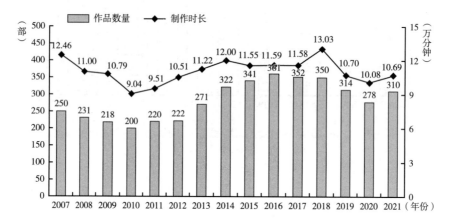

图 3-7　2007~2021 年日本电视动画作品数量和制作时长
数据来源：国家广播电视总局。

三　网络动画付费转化率波动增长

当前网络动漫领域已形成以用户付费、广告营销、IP 授权为主的营收模式，其中，用户付费包括内容解锁付费、会员付费、付费抽卡等方式。网络动漫以动画和漫画为核心，动画更接近于网络视频的付费模式，用户付费和广告收入占比大；漫画的收入方式多元且受众规模小、更加忠诚，IP 开发价值大。当前网络动漫市场规模中约 85% 为网络动画，因此我们重点关注网络动画的付费转化情况。根据国家版权局的研究数据，2019 年网络动画来自用户付费的营收占比为 39.8%，② 自 2016 年以来持续保持增长趋势。由于目前缺乏对在线动画或漫画付费转化率的直接统计，本研究通过这些相关数据测算得出，中国网络动画付费转化率已从 2019 年的 14.29% 持续增至 2022 年的 20.17%（见表 3-3）。

---

① 三文娱. 24 个孙悟空 11 个哪吒，国产动画电影只有"神仙打架"？[EB/OL]. 2021-03-04[2023-07-18]. https://www.jiemian.com/article/5757228.html.

② 国家版权局网络版权产业研究基地. 中国网络版权产业发展报告（2019）[EB/OL]. 2020-05-01[2023-07-18]. https://www.ncac.gov.cn/chinacopyright/upload/files/2020/9/17105857106.pdf.

表3-3　2016~2022年中国网络动画付费转化率测算

年份	2016	2017	2018	2019	2020	2021	2022
用户付费营收占比（%）	20.70	28.90	34.70	39.80	40.00	40.00	40.00
总营收规模（亿元）	155.00	178.90	180.80	171.00	238.70	293.40	330.90
用户付费营收规模（亿元）	32.09	51.70	62.74	68.06	95.48	117.36	132.36
年ARPU（元）	—	—	—	180.00	185.00	188.00	188.00
付费用户规模（亿人）	—	—	—	0.38	0.52	0.62	0.70
总用户规模（亿人）	1.14	1.63	2.19	2.66	2.97	3.21	3.38
付费转化率（%）	—	—	—	14.29	17.51	19.31	20.71

注：2016~2019年用户付费营收占比数据来自国家版权局，2020~2022年按40%保守估计。

2019~2022年网络动画付费转化率的测算步骤如图3-8所示。其中，用户付费营收 = 总营收 × 用户付费营收占比 = 总用户规模 × 付费转化率 × 年ARPU。

年ARPU值参考头部动漫平台的会员价，2022年腾讯动漫连续包季45元，直接购买一年是188元；哔哩哔哩的年度大会员是168元，超级大会员的年度大套餐也是188元；快看漫画连续包月是15元/月，直接购买一年也是188元。因此2022年ARPU按188元算，2021年变化不大参考2022年数据。2020年腾讯动漫会员连续包月是15元/月（一年是180元），快看漫画年费188元，快看漫画用户规模高于腾讯动漫，将2020年取值为稍高于中间水平的185元，2019年取值为180元。

图3-8　网络动画付费转化率测算步骤

四　市场竞争极度分散，受疫情冲击盈利下降

本研究选取了在国内市场营收规模排名靠前的4家动漫企业，通过计算其网络动漫业务营收之和占网络动漫市场规模的比例，来计算市场集中度。从2019年以来

的结果来看，网络动漫产业市场集中度极低，不足 5%，竞争非常分散，且有持续下降的趋势，头部企业市场主导能力弱（见表 3-4、图 3-9）。但单独从网络动画和漫画看又是另一番光景，动漫创作投入周期长、资金壁垒高（国内一般制作成本为8000~15000 元 / 分钟）、品牌壁垒高，因此主要由腾讯动漫、哔哩哔哩、快看漫画、看漫画等平台主导，已抢占了大量用户。

表 3-4　2015~2022 年中国网络动漫领域龙头企业营收规模

单位：亿元

企业名称	2015 年	2016 年	2017 年	2018 年	2019 年	2020 年	2021 年	2022 年
奥飞娱乐	25.89	33.61	36.42	28.40	27.27	23.68	26.44	26.57
美盛文化	2.88	4.19	8.10	7.31	13.46	9.45	9.80	10.93
祥源文化	2.55	5.14	4.69	4.09	1.95	不选取	2.21	1.77
华强方特	27.98	33.53	38.58	43.28	53.25	40.04	44.72	45.08
杰外动漫	不选取	不选取	不选取	不选取	不选取	1.88	不选取	不选取
合计	59.30	76.47	87.79	83.08	95.93	75.05	83.17	84.35

注：这里的营收主要是各公司的网络动漫及其衍生业务，不包括非网络动漫业务；选取每年网络动漫业务营收 Top4 的企业，如不在 Top4 中则显示"不选取"，下同。

数据来源：各公司财报。

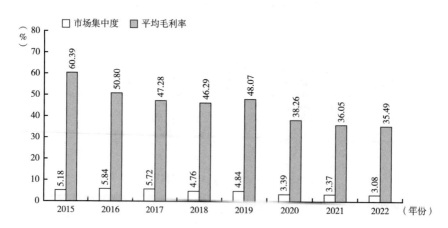

图 3-9　2015~2022 年中国网络动漫领域市场集中度及平均毛利率

注：平均毛利率来自对国内 20 家网络动漫上市公司财务数据的计算结果。

从 2015~2022 年 20 家网络动漫上市企业盈利情况来看，中国网络动漫企业毛利率平均值从 60% 逐渐降至 35% 左右（见图 3-9），以 2020 年为分水岭，前后出现了比较明显的变化。2020 年之前，平均毛利率处于 45% 以上的较高水平，2020 年以来降至 40% 以下。可见，由于疫情防控期间居家办公影响动漫创作，隔离政策导致线下主题乐园停摆、影响衍生品上市及销售等多方面不利因素，网络动漫企业承受了较大冲击，且这种冲击带来的影响仍在持续，疫情过后仍需要较长的恢复时间。

五　典型案例

（一）奥飞娱乐

1.IP资源储备丰富，开展全产业链业务

奥飞娱乐成立于 2004 年，核心业务为 3D 动画制作、漫画制作、动画形象设计、版权代理等，以优质 IP 为核心，集动漫、玩具、影视和游戏业务于一体，以"东方迪士尼"为发展方向。奥飞娱乐拥有"喜羊羊与灰太狼""巴啦啦小魔仙"等覆盖全年龄段人群的动漫 IP，具备丰富的产品系列（见表 3-5），目前已成为动漫内容制作、图书发行、衍生品开发、IP 授权等环环相扣、优势互补的全链路集团。近年来，奥飞娱乐积极拓展海外业务，公司在洛杉矶、波士顿、伦敦、巴黎、雅加达、首尔、曼谷等地均设有分支机构，海外业务覆盖 40 余个国家和地区。[1]

表 3-5　奥飞娱乐主要产品

产品类别	产品系列	具体产品
四驱车	—	《战龙四驱》 《零速争霸》
雷速登	闪电冲线系列	《雷速登闪电冲线》 《雷速登闪电冲线 2》 《雷速登闪电冲线 3》
	翼飞冲天系列	《雷速登之翼飞冲天》 《翼飞冲天之天际战骑》
陀螺	—	《战斗王 EX》（特摄） 《战斗王之飓风战魂》 《战斗王之飓风战魂 2》 《战斗王之飓风战魂 3》 《战斗王之飓风战魂 5》

---

① 资料来源为奥飞娱乐官网。

续表

产品类别	产品系列	具体产品
机甲	机甲兽神系列	《机甲兽神》 《机甲兽神 2》
	超限猎兵凯能系列	《超限猎兵凯能》
	爆裂飞车系列	《机甲兽神之爆裂飞车》 《爆裂飞车 2》 《爆裂飞车 3：兽神合体》
变身英雄	巴啦啦小魔仙系列	《巴啦啦小魔仙》（特摄） 《巴啦啦小魔仙之彩虹心石》 《巴啦啦小魔仙大电影》（电影） 《巴啦啦小魔仙之奇迹舞步》 《巴啦啦小魔仙之魔法的考验》（电影） 《巴啦啦小魔仙之音符之谜》（特摄） 《巴啦啦小魔仙之梦幻旋律》 《巴啦啦小魔仙之魔箭公主》（电影） 《巴啦啦小魔仙之飞越彩灵堡》 《巴啦啦小魔仙之魔法海萤堡》
	电击小子系列	《电击小子》 《电击小子 2》 《电击小子 3》
	铠甲勇士系列	《铠甲勇士》 《铠甲勇士之帝皇侠》 《铠甲勇士刑天》 《铠甲勇士拿瓦》 《铠甲勇士之雅塔莱斯》 《铠甲勇士捕将》 《铠甲勇士捕王》 《铠甲英雄之暗影危机》 《铠甲勇士铠传》 《铠甲勇士猎铠》
	巨神战击队系列	《巨神战击队》（特摄） 《巨神战击队之空间战击队》（特摄） 《巨神战击队之超救分队》（特摄） 《巨神战击队之轨道先锋》（3D 动漫）
悠悠球	—	《火力少年王》（特摄） 《火力少年王 2》（特摄） 《火力少年王 3》（特摄） 《火力少年王 3》（动画版） 《火力少年王之舞动火力》（特摄） 《火力少年王之传奇再现》（动画片） 《火力少年王之传奇再现续集》（动画片） 《火力少年王之悠拳英雄》（动画片） 《火力少年王之悠风三少年》（特摄）

续表

产品类别	产品系列	具体产品
其他	—	《奇博少年》 《幻变精灵之蛋糕甜心》 《翼空之巅》 《神魄》 《梁家妇女》

2.多渠道、多元化业务融合，总营收回暖

奥飞娱乐围绕动漫IP开发多元业务，其中玩具销售、婴童用品、动漫影视类是公司的主要收入来源，2016~2022年这三项业务收入占比达到约九成（见表3-6）。总体来看，2018~2020年公司总营收下降，2021~2022年有所回暖，其中玩具销售营收下降占主要部分（见图3-10）。2022年奥飞娱乐总营收为26.57亿元，随着市场需求回暖，玩具销售和婴童用品业务逐渐恢复正常。公司的玩具业务包括K12玩具、潮玩业务，婴童业务主要为北美一线婴童品牌"babytrend"和中国母婴品牌"澳贝"的研发和销售。配合《超级飞侠》《巴啦啦小魔仙之魔法海萤堡Ⅱ》《巨神战击队之轨道先锋》等动画播片，奥飞娱乐陆续推出了多个精品玩具项目。动画电影业务方面，2022年奥飞娱乐推出了《萌鸡小队：萌新闯世界》和《喜羊羊与灰太狼之筐出未来》两部电影，其中《萌鸡小队：萌新闯世界》于2022年初上映，累计票房近3500万元；《喜羊羊与灰太狼之筐出未来》票房突破1.6亿元。

表3-6 2016~2022年奥飞娱乐各类别营收及占比

单位：亿元，%

年份	总营收	项目	玩具销售	动漫影视类	婴童用品	电视媒体	游戏类	信息服务类	其他类
2016	33.61	金额	19.32	5.82	5.20	0.96	1.77	0.15	0.39
		占比	57.48	17.32	15.47	2.86	5.27	0.45	1.16
2017	36.42	金额	19.55.	5.88	8.69	0.74	0.90	0.48	0.18
		占比	53.68	16.14	23.86	2.03	2.47	1.32	0.49
2018	28.40	金额	13.78	5.30	6.88	1.03	0.74	0.45	0.22
		占比	48.52	18.66	24.23	3.63	2.61	1.58	0.77
2019	27.27	金额	12.62	3.91	8.38	0.96	0.83	0.27	0.30
		占比	46.28	14.34	30.73	3.52	3.04	0.99	1.10

续表

年份	总营收	项目	玩具销售	动漫影视类	婴童用品	电视媒体	游戏类	信息服务类	其他类
2020	23.68	金额	9.86	3.03	9.06	0.62	0.61	0.21	0.29
		占比	41.64	12.80	38.26	2.62	2.58	0.89	1.22
2021	26.44	金额	10.44	3.35	10.34	0.83	0.68	0.11	0.69
		占比	39.49	12.67	39.11	3.14	2.57	0.42	2.61
2022	26.57	金额	9.90	3.44	11.65	0.73	0.11	——	0.74
		占比	37.26	12.95	43.85	2.75	0.41	——	2.79

数据来源：奥飞娱乐历年财报。

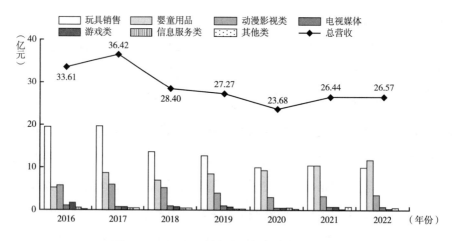

图 3-10 2016~2022 年奥飞娱乐总营收及分布

3.境外业务拓展步伐加快

近年来，奥飞娱乐境外拓展业务的步伐不断加快。根据其历年财报数据，境外营收和营收占比双双提升，2018 年至 2022 年，公司的境外营收分别为 9.89 亿元、12.48 亿元、12.13 亿元、13.48 亿元、14.48 亿元，营收占比分别为 34.82%、45.76%、51.22%、50.98%、54.50%。目前奥飞娱乐已在北美、欧洲等全球多个地区建立办事处，动画发行网络已覆盖 130 余个国家和地区，衍生品营销网络也随之进一步扩大，国际化战略持续推进中。

（二）美盛文化

1.以 IP 衍生品为支撑拓展文化板块

美盛文化成立于 2002 年 6 月，2012 年 9 月在深圳证券交易所挂牌上市。该公司主要涉足 IP 衍生品设计研发生产、动漫、宣发、游戏、影视等领域，以 IP 衍生品为支撑，向文化产业其他业务板块拓展，完善产业链布局。据公司官网介绍，公司已形成"自有IP+内容制作＋内容发行和运营＋新媒体运营＋衍生品开发设计＋线上线下零售渠道"的文化生态圈。目前，美盛文化拥有"同道大叔"等国内知名原创精品IP，《小小勇者村》《纸牌三国》《光之契约》《挂出个大侠》《陆战风云》《行星远征》等网页游戏和手机游戏，以及《莫麟传奇》《爵士兔》《坦坦小动员》《星学院》等原创动漫作品。美盛文化与全球顶级IP进行深层次的合作开发，先后获得迪士尼、杰克仕的授权，是《魔兽》大电影官方玩具产品中国地区总代理，也是中国唯一的《魔兽》正版玩具供应商。在2019年收购了New Time，在2021年与泡泡玛特开始合作生产潮流玩具。美盛文化主要产品见表3-7。

表 3-7　美盛文化主要产品及描述

产品类别	产品系列	产品描述
动漫服饰	白雪公主系列	以动画《白雪公主与七个小矮人》中的白雪公主为原型的系列动漫服饰
	冰雪奇缘系列	以电影《冰雪奇缘》中的艾莎、安娜为原型的系列动漫服饰
	灰姑娘系列	以动画《灰姑娘》中的灰姑娘为原型的系列动漫服饰
	米老鼠系列	以米奇老鼠为原型的系列动漫服饰
	睡美人系列	以动画《睡美人》中的公主为原型的系列动漫服饰
	美人鱼系列	以动画《小美人鱼》中爱丽尔为原型的系列动漫服饰
	爱丽丝系列	以电影《爱丽丝梦游仙境》中爱丽丝为原型的系列动漫服饰
	茉莉公主系列	以动画《阿拉丁》中的茉莉公主为原型的系列动漫服饰
	小仙女系列	以电影《小飞侠》中小仙女为原型的系列动漫服饰
	贝尔系列	以动画《美女与野兽》中的贝尔为原型的系列动漫服饰
	蜘蛛侠系列	以电影《蜘蛛侠》系列电影中蜘蛛侠为原型的系列动漫服饰
	钢铁侠系列	以电影《钢铁侠》系列电影中钢铁侠为原型的系列动漫服饰
	变形金刚系列	以电影《变形金刚》系列电影中变形金刚为原型的系列动漫服饰
	魔女系列	以西方传统神话中的魔女为原型的系列动漫服饰
	女巫系列	以西方传统女巫形象为原型的系列动漫服饰
	吸血鬼系列	以传统西方神话中的吸血鬼为原型的系列动漫服饰
IP衍生品	冰雪奇缘系列	以电影《冰雪奇缘》中的艾莎、安娜为原型的系列公仔、玩具
	迪士尼公主系列	以迪士尼电影中公主为原型的系列公仔、玩具
	小公主苏菲亚系列	以小公主苏菲亚为原型的系列公仔、玩具
	TSUMTSUM系列	以TSUMTSUM为原型的系列玩具
	环球礼盒系列	以环球为原型的玩具套装
互联网产品	互动广告平台	一站式互联网电视精准营销解决方案

2.动漫服饰和玩具贡献主要营收

美盛文化的业务包括动漫服饰、非动漫服饰、玩具、动漫和游戏、服务平台、IP自媒体等，2020年及之前动漫服饰和服务平台是主要的营收来源，两者贡献超六成收入。自2019年起增加了玩具和IP自媒体两项收入，其中玩具收入占比较大并逐年上升，2022年玩具业务收入5.67亿元，同比增加61.54%，占总营业收入比例达到45.91%（见图3-11、表3-8）。美盛文化的玩具销售收入来自其收购的玩具集团New Time。

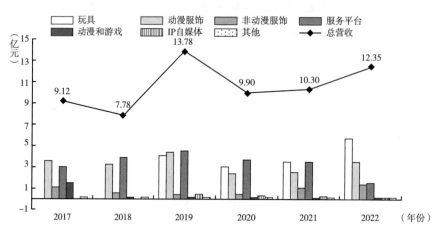

图 3-11 2017~2022 年美盛文化总营收及分布

表 3-8 2017~2022 年美盛文化各类别营收及占比

单位：亿元，%

年份	总营收	项目	动漫服饰	非动漫服饰	动漫和游戏	服务平台	玩具	IP自媒体	其他
2017	9.12	金额	3.55	1.02	1.47	2.99	—	—	0.09
		占比	38.93	11.18	16.12	32.78	—	—	0.99
2018	7.78	金额	3.26	0.47	0.09	3.85	—	—	0.11
		占比	41.90	6.04	1.16	49.49	—	—	1.41
2019	13.78	金额	4.36	0.34	0.06	4.50	4.05	0.43	0.04
		占比	31.64	2.47	0.44	32.66	29.39	3.12	0.29
2020	9.90	金额	2.38	0.45	0.10	3.66	2.95	0.32	0.04
		占比	24.04	4.55	1.01	36.97	29.80	3.23	0.40
2021	10.30	金额	2.49	0.38	0.08	3.50	3.51	0.22	0.12
		占比	24.17	3.69	0.77	33.98	34.07	2.14	1.17
2022	12.35	金额	3.51	1.38	0.13	1.49	5.67	0.13	0.04
		占比	28.42	11.17	1.05	12.07	45.91	1.05	0.32

数据来源：美盛文化公司年报。

3.部署丰富的衍生品分发平台，打造泛文化生态圈

美盛文化通过投资、收购、对外合作、搭建平台等方式部署丰富的平台资源，通过收购酷米网搭建动漫视听及娱乐服务平台，打造美盛游戏平台和游戏港口等游戏类门户网站提供运营平台，通过星梦工坊完善了演艺平台，投资瑛麒动漫建立漫画分发平台，通过收购荷兰渠道商 Scheepers B.V. 拥有了境外线上线下销售平台，与同道大叔、北京微媒合资设立北京盛媒科技开展直播带货业务，与新华书店总店签署合作协议拓展销售平台，收购原欧洲派对礼品销售公司 Rubies 的衍生品业务，进一步布局海外销售渠道。此外，美盛文化切入新媒体渠道，发展新媒体业务，投资的 WeMedia 自媒体联盟已签约各行业精英自媒体近 500 人、覆盖逾 5000 万用户，美盛文化以媒体运营、IP 内容开发与运营等形式构建泛娱乐消费平台。

第四节　投资动向与投资价值评估

一　投资数量和投资金额短暂回暖后下降

2022 年国内网络动漫领域发生投资事件 18 起，同比下降 53.85%，投资金额 13.43 亿元，同比下降 80.28%（见图 3-12）。在政策补贴和税收优惠的刺激下，网络动漫领域在 2015~2017 年经历了资本的追捧，随着 2018 年及以后投资环境愈加严峻、税收优惠政策减弱，网络动漫领域投资明显遇冷，2020 年投资数量仅有 22 起，2021 年回暖至 39 起，投资金额 2021 年也重新回到一个小高峰，但 2022 年又迅速回落至两年前的水平。2022 年投资金额比较大的典型事件如捷成股份、天地在线等对世优科技的数亿元的投资，世优科技是一家聚焦数字人、虚拟内容打造的虚拟技术提供商，拥有 15 亿元的估值；又如哔哩哔哩、天图投资对艺画开天的数亿元的投资，艺画开天是一家国内原创动画创作公司，其代表作品包括《三体》《灵笼：incarnation》《幻镜诺德琳》《疯味英雄》等，估值达到 25 亿元。

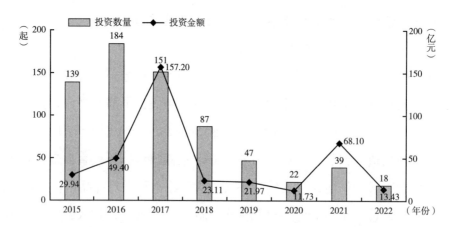

图 3-12 2015~2022 年中国网络动漫领域投资数量和投资金额
数据来源：IT 桔子。

二 新增企业数量持续下降

IT 桔子数据显示，2022 年中国网络动漫领域无新增企业。受前述多种因素影响，2015 年以后，网络动漫领域新增企业数量连年下降（见图 3-13），网络动漫创业急剧降温。

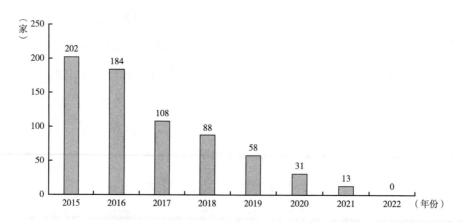

图 3-13 2015~2022 年中国网络动漫领域新增企业数量
数据来源：IT 桔子。

三 动漫制作、内容创作与 IP 类企业仍最吸金，动画游戏结合受关注

从 2021 年 1 月至 2023 年 6 月的投资事件来看，与上一版结果相同的是，动漫

制作、内容创作、IP 类企业最受资本关注，每一类均有约 20 起投资事件（未去重），内容生产与创作依然是网络动漫企业的核心竞争力所在。与此前不同的是，含有"游戏"关键词的投资事件有 17 起，排名第四位（见图 3-14）。网络动漫与网络游戏同源，都是围绕虚拟人物或 IP 形象安排故事创作，网络动漫与网络游戏业务的结合受到资本认可。如被投资企业环宇星漫形成"精品（粉丝）动画项目监制—3D 制作—衍生品开发—动漫舞台剧、游戏开发运营"的模式，构建了一个完整的动漫运营产业链。云舶科技是一家新型无穿戴 AI 视频动捕技术公司，通过人工智能和游戏动画相关技术的深度结合，开拓虚拟直播、虚拟偶像等泛娱乐内容。

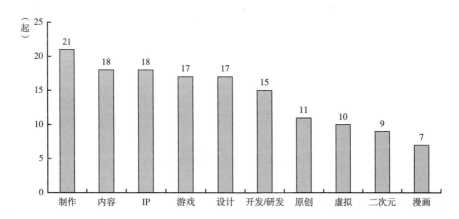

图 3-14　2021 年 1 月至 2023 年 6 月中国网络动漫领域投资事件高频词及对应的投资数量
数据来源：IT 桔子。

四　网络动漫投资价值评估：很低（★）

根据第一章第三节所述的投资价值评估方法，网络动漫领域投资价值评估结果为★，风险大于机会，未来发展不确定，当前不利于投资进入。评估结果如表 3-9 所示。

表 3-9　网络动漫投资价值综合评估结果

序号	一级指标	一级指标得分	二级指标	二级指标原始数据	原始数据标准化	二级指标得分
1	基础规模	1	市场规模	330.90 亿元	0.000	★
			用户规模	3.38 亿人	0.000	★

续表

序号	一级指标	一级指标得分	二级指标	二级指标原始数据	原始数据标准化	二级指标得分
2	发展速度	2.5	市场规模增长率	12.78%	0.301	★★
			用户规模增长率	5.3%	0.517	★★★
3	转化程度	2.0	付费转化率	20.71%	0.333	★★
			毛利率	35.49%	0.312	★★
4	竞争程度	1.0	市场集中度	3.08%	3.08%	★
5	活跃程度	1.0	新增企业数量增长率	−100.00%	0.000	★
			投资数量增长率	−53.85%	0.048	★
			投资金额增长率	−80.28%	0.035	★
6	相关政策导向	4.0	相关政策支持程度	加快发展，鼓励融合应用，培育出口优势，偏正向		★★★★
7	主流媒体报道倾向	5.0	主流媒体报道情感倾向	正向占比减负向占比的值为71个百分点，强正向		★★★★★
综合结果（S_{end}）						★

第五节　发展趋势

一　"微动漫"借助短视频迅速发展

随着短视频逐渐成为人们获取信息的主流媒介，以新奇创意或观点为核心，围绕原创IP、微漫画创作的微动漫逐渐"破圈"，出现在越来越多人手机上的视频流中。抖音百科定义其为"用简洁夸张的手法来描绘或演绎生活与社会时事，使观众在娱乐的同时揭示幽默中隐藏的悲剧、搞笑中蕴含的荒谬，动漫之间传导着丰富的潜台词"。[①] 微动漫短小精悍，长度一般为2分钟左右，具有生产成本低、传播范围广、创意新奇等特点。创作者多为年轻人，符合碎片化的视频消费习惯，将有更大的传播和消费空间。

二　AI技术推动动漫创作升级

动画制作是劳动密集型工作，普通的12帧率动画，按25分钟计算，需要18000

---

① 微动漫 [EB/OL].[2023−7−18]. https://www.baike.com/wikiid/2709717933428684465?view_id=1vf3pz37lt3400.

张图画。对于一个 10 人规模的团队来说，约需要 2 个月才能完成。[1]AI 可以将人力从繁重的原画创作等工作中解放出来，实现动漫生产的半自动化。光线传媒董事长王长田在 2023 年上海国际电影节上表示，在整个动画电影制作周期中，AI 技术的应用可以提高 30% 的效率。同时，AI 可以帮助动漫企业更高效地运营，在快看漫画平台 Top30 的作品里，有 60% 接受过 AI 辅助，这些作品上架前通过 AI 分析出流行趋势、标签评级辅助制定选题，上架后指导作品修改和 IP 运营，AI 可以帮助打造更受读者欢迎的故事方式。虚拟形象、虚拟场景、数字人也正在加速应用于动漫创作，甚至突破圈层走向办公、教育、医疗等领域。

三　动漫全球化布局持续推进

相比成立于第二次世界大战期间的漫威、普遍有四五十年历史的日本知名动漫公司，国内动漫产业起步晚，发展水平和供给能力与国外相比仍有较大差距。国内网络动漫企业在参与全球化的早期阶段，长期以外包商的身份作为日本、美国等发达国家动画代工的对象，受文化政策、本地化翻译、推广资源等方面的限制，能够输出海外的网络动漫作品寥寥无几。近年来，随着国产动画及动画电影制作技术不断突破，作品口碑不断提升，不少优秀作品走向海外。如漫画《一人之下》在日本漫画平台 jump+ 上连载，动画《一人之下 2》日语版也在日本东京 MX 电视台黄金档播出；腾讯视频打造的海外传播平台 WeTV 实现平台出海，《魔道祖师》《斗罗大陆》《快把我哥带走》等国内高人气动画节目均在 WeTV 实现播出。网络动漫的全球化发展可以在拓展市场空间的同时促进不同文化交流，向世界传播中国优秀文化，但也面临更加激烈的竞争与挑战。

---

[1]　AI 之势 .AIGC 能给动漫行业带来哪些改变？画师会被取代吗？ [EB/OL]. 2023-03-27[2023-07-20]. https://www.8btc.com/article/6806110.

第四章
网络视频市场格局与投资观察

第一节 网络视频概述

一 网络视频界定

网络视频是指由网络视频服务商提供的以流媒体为播放格式，可以在线直播或点播的声像文件。其主要来源于用户上传原创内容、向专业影像生产机构和代理机构购买版权内容以及网络视频企业自制内容。

按视频内容的来源，网络视频大致可以分为用户原创内容（UGC）视频、专业生产内容（PGC）视频、网络视频企业自制视频三大类。本研究所指的网络视频为长视频[①]，以电影、综艺、电视剧、网剧等类型为主。

二 网络视频发展历程

中国网络视频的发展开始于 2004 年，经过 20 年的发展已经步入成熟期，形成较清晰的商业模式和稳定的市场格局。网络视频的发展阶段大致可以分为探索期、发展期和成熟期（见图 4-1）。

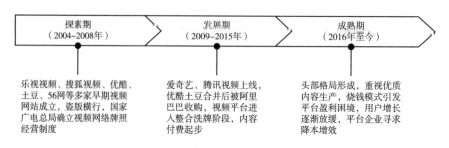

图 4-1　中国网络视频发展历程

---

① 为与短视频进行区分，本研究中将长视频界定为时长在 5 分钟以上的视频。

第二节　发展环境

一　政策环境：加强内容监管和服务标准规范，促进高质量创新发展

2016~2021 年，网络视频领域风波不断。从明星限薪令、税收新政到信息备案，政策监管力度加强，主要表现在两个方面：一是对网络视频内容的规范引导，重点在于引导网络视频健康有序发展，具体措施有加强行业管理、突出强调内容把关、注重网络视频内容的价值观导向、强调落实主体责任、加强行业自律等。二是对影视剧、综艺节目制作成本配置和明星片酬的规定。如 2018 年下半年，国家广播电视总局印发通知，要求对影视行业天价片酬、"阴阳合同"、偷逃税等问题严加治理，控制不合理片酬。2019 年，国家广播电视总局新增了"重点网络影视剧信息备案系统模块"，要求重点网络影视剧在制作前登录该系统登记节目名称、题材类型、内容概要、制作预算等规划信息，这些方面的监管对于肃清行业乱象、规范市场秩序产生了重要影响。2020 年，一批涉及网络视听的政策规定相继出台，对内容生产、传播、数据安全、版权保护以及产业发展、制度体系等方面都做出了相应的规定。在产业发展方面，政策鼓励加大优质网络视听内容供给，为精品项目提供资金支持，推进项目合作，同时加快推进广播电视媒体深度融合发展，坚持广播电视和网络视听实行一个标准、一体管理。2021 年，国家广播电视总局发布了一系列举措，进一步规范广播电视和网络视听节目制作经营活动。2021 年发布的《关于开展智慧广电服务乡村振兴专项行动的通知》中强调充分发挥广播电视和网络视听宣传主渠道作用，做好宣传工作，发挥正向引领作用。

2022~2023 年，坚持正确导向、促进繁荣发展、满足人民群众精神文化需求仍是政策关注重点。中共中央办公厅、国务院办公厅印发的《"十四五"文化发展规划》提出要提升公共文化数字化水平，建设网络视听产业公共服务平台。为规范市场秩序，优化营商环境，促进行业的健康繁荣发展和安全创新，《关于国产网络剧片发行许可服务管理有关事项的通知》中提出对国产网络剧片发行实行许可制度，网络视听节目服务机构应严格履行主体责任，实行先审后播的管理制度。文化和旅游部出台的《关于规范网络演出剧（节）目经营活动 推动行业健康有序发展的通知》

强调经营单位必须建立健全内容管理制度，配备专业人员负责网络演出剧目的内容管理，同时加强对用户生成内容如评论和弹幕的实时监控。《关于深圳建设中国特色社会主义先行示范区放宽市场准入若干特别措施的意见》中指出优化网络游戏、视听、直播领域市场环境，鼓励网络视听节目精品创作，加大高质量视听内容供给。相关政策内容详见表 4-1。

二 舆论环境：主流媒体报道正向占比超六成

2023 年，主流媒体关于网络视频报道的高频词中，"精品""内容""创作""优秀"等词说明高质量网络视频作品频出，优质内容受到更多关注。同时，"产业""传播""发展""增长"等词反映出我国网络视频领域发展呈现积极态势（见图4-2）。

图 4-2　2023 年中国网络视频领域主流媒体报道关键词

2023 年，主流媒体对网络视频的报道以正向报道为主，占比 62%；中性报道占比为 36%，负向报道仅占 2%（见图 4-3）。其中，正向报道主要肯定了网络视频高质量发展及其在讲好新时代中国故事、展现新形象、传承优秀文化方面的作用；中性报道主要呈现行业活动和发展动态等资讯；负向报道仅有一条，关注了不良行为艺人重返舞台可能对青少年产生的负面影响。报道的核心内容及倾向性判断详见表 4-2。

表 4-1 网络视频相关政策梳理

发布时间	发布机构	文件名称	主要内容
2023年10月	国务院	《未成年人网络保护条例》	● 网络游戏、网络直播、网络音视频、网络社交等网络服务提供者应当针对不同年龄阶段未成年人使用其服务的特点，坚持融合、友好、实用、有效的原则，设置未成年人模式，在使用时段、时长、功能和内容等方面按照国家有关规定和标准提供相应的服务，并以醒目便捷的方式为监护人履行监护职责提供时间管理、权限管理、消费管理等功能。 ● 网络游戏、网络直播、网络音视频、网络社交等网络服务提供者应当采取措施，合理限制不同年龄阶段未成年人在使用其服务中的单次消费数额和每日累计消费数额。 ● 网络游戏、网络直播、网络音视频、网络社交等网络服务提供者应当采取措施，防范向未成年人提供诱导其沉迷的网络服务，不得向未成年人提供诱导其参与非理性消费、打赏等危及其身心健康的服务。 ● 网络游戏、网络直播、网络音视频、网络社交等网络服务提供者应当采取措施，防范和抵制流量至上等不良价值倾向，不得设置以应援集资、投票打榜、刷量控评等为主题的网络社区、群组、话题，不得诱导未成年人实施上述行为。
2023年9月	国家广播电视总局	《关于开展广播电视网络视听虚拟现实制作技术应用示范有关工作的通知》	● 鼓励具备条件的企事业单位，开展虚拟现实制作关键技术攻关、重要标准研制、应用场景创新、业务流程示范、研发成果推广等，形成若干创新联合体，在一定区域内开展技术应用示范，形成虚拟现实制作行业集群，推动广电行业虚拟现实产、传播、呈现产业链快速成熟，促进广播电视和网络视听行业高质量发展。
2023年9月	国家广播电视总局	《关于印发〈广播电视和网络视听标准化管理办法〉的通知》	● 鼓励广播电视和网络视听领域相关单位构建技术、标准、专利联动创新体系，同步推进科技研发和标准研制，提高科技成果和标准研制，促进创新成果产业化应用。 ● 鼓励广播电视和网络视听领域相关标准制定过程中知识产权保护，促进创新成果产业化应用。加强标准转化的时效性，行业标准转化的时效性，国家标准、行业标准转化的时效性。
2023年7月	国家互联网信息办公室等七部门	《生成式人工智能服务管理暂行办法》	● 生成式人工智能技术，是指具有文本、图片、音频、视频等内容生成能力的模型及相关技术。 ● 国家坚持发展和安全并重、促进创新和依法治理相结合的原则，采取有效措施鼓励生成式人工智能创新发展，对生成式人工智能服务实行包容审慎和分类分级监管。 ● 提供者应当按照《互联网信息服务深度合成管理规定》对图片、视频等生成内容进行标识。
2023年6月	中央网信办秘书局	《关于开展"清朗·2023年暑期未成年人网络环境整治"专项行动的通知》	● 有害内容隐形变异问题。一是以谐音、变体字、动漫改编等方式集中展示未涉未成年人血腥暴力等画面；二是通过色情低俗、赌博迷信等内容二创，表情符号形式传播色情低俗、赌博迷信等内容；三是通过外链、浮窗、二维码、账号引流等进行色情引流；四是儿童智能设备自带及第三方 App、语音、文字搜索结果中存在色情涉黄涉暴内容。 ● 网络沉迷问题。一是诱导未成年人长时间观看娱乐功能诱导未成年人沉迷；二是利用算法向未成年人集中推送诱导未成年人消费，形成信息茧房；三是通过聊天交友、虚拟空间打赏等娱乐功能诱导未成年人消费。 ● 新技术新应用风险问题。一是利用"AI换脸""AI绘图""AI一键脱衣"等技术生成未成年人低俗色情图片视频；二是利用生成式人工智能技术实施违法行为；三是利用生成式人工智能技术制作发布未制作发布未成年人有害信息。所谓"阅后即焚"的密聊软件诱骗未成年人提供个人信息，诱导未成年人有害信息。

续表

发布时间	发布机构	文件名称	主要内容
2023年4月	国家广播电视总局办公厅	《关于开展全国广播电视和网络视听行业深化人才发展体制机制改革案例征集评选工作的通知》	• 征集广播电视和网络视听机构（包括各级广播电视行政部门、各类广播电视和网络视听节目制作、播出、传输等机构）在人才培养、引进、使用、评价、激励、流动、保障等某方面或多方面改革的改革案例，如各地出台的广播电视和网络视听制度改革创新案例。案例应坚持问题导向，针对破解媒体制度障碍，打通人才政策和制度堵点，各单位制定的内部人才制度创新项目，谋划实施改革难点堵点，取得积极成效。有关举措应符合国家有关政策规定，并具有典型代表性和借鉴意义。
2023年1月	文化和旅游部	《关于规范网络演出剧（节）目经营活动 推动行业健康有序发展的通知》	• 网络演出剧（节）目经营单位应当建立健全内容管理制度，配备适应内容审核工作需要的专业人员负责网络演出剧（节）目的内容管理，加强对评论、弹幕等用户产生内容的实时监控。采用直播方式提供网络演出剧（节）目的，应当采取实时直播方式播出，并进行实时监看。发现内容问题应当第一时间阻断并处置。 • 各省级文化和旅游主管部门应当加强对网络演出剧（节）目市场的动态监测和执法检查，及时查处违法违规行为。 • 鼓励和支持网络演出剧（节）目平台经营单位为经营优质、符合社会主义核心价值观的网络演出剧（节）目、演出场所经营单位利用互联网提供网络演出剧（节）目，推动演出新业态发展。
2022年12月	国家广播电视总局	《关于印发〈全国广播电视和网络视听"十四五"人才发展规划〉的通知》	• 年等把握媒体深度融合大背景下新时代网络视听在壮大主流思想舆论、传播繁荣先进文化、促进经济社会发展等方面的重要使命作用，打造一支立足新阶段、展现新姿态、推动新传播的网络视听领域先进人才队伍，推动网络视听精品不断推出，更好服务和引领国家工作大局。支持网络视听领域开展统一广播电视和网络视听领域多方面深度交流合作，技术创新等多方面开展人才智力、内容供给、技术创新等多方面深度交流合作，培养全媒型媒体人才。
2022年10月	工业和信息化部等五部门	《关于印发〈虚拟现实与行业应用融合发展行动计划（2022—2026年）〉的通知》	• 虚拟现实+融合媒体。推广虚拟现实全景摄像机、三维扫描仪、虚拟现实拍摄技术，在新闻报道、体育赛事、游戏社交、影视制作等领域发展，以虚拟现实技术助力广播电视和网络视听业态更新，支持建设虚拟现实演播室、声场麦克风、视眼沉浸式呈现等设备，探索新型导演叙事、大众化与影院，门槛播级高品质、大众化与影院，支持建设虚拟现实演播室、声场麦克风等领域。探索基于虚拟化身等新形式的互动社交新业态。
2022年9月	国家广播电视总局办公厅	《关于使用国产电视剧片头片尾统一标识的通知》	• 国产电视剧播出时，须使用片头标识、标识，准确标注国产电视剧发行许可证号。放置于每集电视剧片头之前展示。各备出机构须确保保留完整、规范使用。
2022年8月	中共中央办公厅、国务院办公厅	《"十四五"文化发展规划》	• 加快发展数字出版、数字影视、数字演播、数字艺术、数字创意、数字娱乐、数字动漫、高新视频等新型文化业态，改造提升传统文化业态，促进结构调整和优化升级。推动文化与旅游、体育、教育、信息、建筑、制造等融合发展，延伸产业链。建设国家文化产业发展项目库、全国广播电视和网络视听产业公共服务平台。 • 推动产学研相结合，注重原始创新、集成创新，加强制约文化产业发展的共性关键技术研发、智能印刷等高端文化装备技术。在影院放映、影视摄录、电影特效、高清制播、舞台演艺、智能印刷等高端文化装备技术。

续表

发布时间	发布机构	文件名称	主要内容
2022 年 8 月	国家广播电视总局	《广播电视和网络视听节目制作经营管理规定（征求意见稿）》	• 完善节目制作经营业务范围规定。在管理对象方面，按照"网上网下一个标准、一体管理"的要求，明确将网络剧片等网络视听节目纳入管理范畴，明确将经纪机构、网络视听节目服务经纪机构等从事与节目制作经营活动的主体以及在他人组织下参与节目制作的主体纳入管理范畴。 • 完善节目制作经营行为规定。包括对于行业组织及从业主体提出自律要求，完善节目禁载内容，增加有关片酬管理规定，禁止开展收视率等方面的虚假宣传等。 • 在行政许可设定方面，根据国家"放管服"改革精神进行了优化，包括委托实施相关行政许可，取消逐级审核环节、合并电视剧片制作许可，进一步明确许可条件、简化申报材料等。 • 完善对节目制作经营违法行为的处理。在监督管理方面，明确了广播电视行政部门管理职责有关机构、个人的配合义务，进一步充实行政处罚种类。在法律责任方面，明确对具体违法行为设定的处罚措施。行政为投诉、举报制度，明确对具体违法行为设定的处罚措施。
2022 年 5 月	文化和旅游部办公厅	《关于开展 2022 年"文化和自然遗产日"非遗宣传展示活动的通知》	• 支持网络视频平台联合举办 2022 年"云游非遗·影像展"活动，集中展播各类优质非遗资源，让更多社会公众关注、了解生活中丰富多彩的非遗和生动活泼的非遗文化保护实践，激发全社会的文化自信和文化自豪感，营造全社会积极参与非遗保护传承实践的浓厚氛围。 • 丰富活动形式，利用新媒体和网络平台，策划组织线上宣传传播活动。
2022 年 4 月	国家广播电视总局办公厅	《关于国产网络剧片发行许可服务管理有关事项的通知》	• 国家对国产网络剧片发行实行许可制度。 • 国务院广播电视主管部门负责制定国产网络剧片发行许可实施规范。各省级广播电视主管部门应依照实施规范制定相应的办事指南，严格遵照办事指南，加强本地区国产网络剧片许可管理。结合工作实际，采取有针对性的措施，推进相关政务服务标准化、规范化、便利化。 • 广播电视主管部门应不断完善国产网络剧片事中事后全链条监管。根据互联网规律和网络剧片管理工作实际，广播电视主管部门采取分级监管、重点监管、动态监管、主体监管相结合的策略，实施有针对性、差异化、精准化的管理措施。 • 广播电视主管部门对国产网络剧片实施重点监管。国产重点网络剧片上线播出时，准确标注节目发行许可证号、固定于节目片头的显著位置展示。
2022 年 3 月	工业和信息化部办公厅，国家广播电视总局办公厅	《关于征集超高清视频典型应用案例的通知》	• 广播电视视频领域。聚焦超高清电视频道、有线电视、互联网电视、IPTV、互联网电视、网络视听等领域，特别是在采集、制作、播出、媒资、编码、传输、终端等方面的超高清视频技术应用。

续表

发布时间	发布机构	文件名称	主要内容
2022年1月	国家发展改革委、商务部	《关于深圳建设中国特色社会主义先行示范区放宽市场准入若干特别措施的意见》	·优化网络游戏、视听、直播领域市场环境。支持建立网络视听内容创新基地，鼓励网络视听节目精品创作，加大高质量视听内容供给，推动网络视听关键技术自主研发。
2021年10月	国家广播电视总局办公厅	《关于征集2021年度优秀海外传播作品的通知》	·价值引领导向"正"。重点扶持围绕庆祝中国共产党成立100周年、全面建成小康社会、中国梦等主题创作的视听节目。 ·紧跟时代潮流"新"。重点扶持以北京冬奥、脱贫攻坚（乡村振兴）、共建人类命运共同体、抗击新冠疫情等为主题的视听节目。 ·传承中国文化"实"。鼓励创作具有中国精神、中国特色、中国风格和中国气派的视听作品，鼓励反映优秀中国企业、中国员工唱响"一带一路"的作品创作。 ·海外传播效果"好"。重点支持创新方式方法，通过新媒体对外传播的节目作品；支持中外合作合拍，面向国际市场，符合国际传播规律的优秀作品；鼓励在电视剧、纪录片、动画片和网络视听节目创作中增加中外文化关联元素，缩小文化差异，促进理念认同。
2021年10月	国家广播电视总局	《广播电视和网络视听"十四五"发展规划》	·广播电视和网络视听节目收视综合评价大数据系统升级建设，基于"全网络、全样本、大数据、云计算"的节目收视综合评价体系，实现全国收视数据汇聚，全面覆盖有线电视、直播卫星电视、互联网电视以及网络视听节目领域，对节目开展全网络、全形态的整体传播效果评价。 ·坚持正能量充沛要求，建好用好网络影视剧IP征集平台，打造网络影视剧、网络纪录片、网络动画片等网络视听节目的规范管理。推动网络视听节目量质齐升。 ·聚焦电视剧、纪录片、动画片、网络视听等网络内容产业，以及网络应用、超高清、高新视频等数字经济重要领域，加强政府统筹规划和引导指导，选择产业基础、发展环境、人才技术储备等具有突出优势的地区，强化政策支持和资源配置，着力推动技术创新、业态培育、模式推广，做强做优已有产业基地，新培育打造一批内容资源丰富、技术优势突出、产业集聚效应明显、融合发展引导力强的产业基地高地。
2021年6月	国家广播电视总局	《关于开展智慧广电服务乡村振兴专项行动的通知》	·高度重视正面宣传引领、统筹广播电视和网络视听，唱响乡村振兴战略的重要论述，统筹网络上网下和声频大屏、宣传阐释习近平总书记关于实施乡村振兴战略的重要论述，传达解读中共中央、国务院关于乡村振兴战略部署，持续做好乡村振兴巩固拓展脱贫攻坚成果和全面实施乡村振兴战略路径。 ·充分发挥广播电视和网络视听宣传主渠道作用，持续推动习近平新时代中国特色社会主义思想进乡村，推动中国梦宣传教育进群众，推动社会主义核心价值观进群众，推动社会主义核心价值教育进群众，推动社会主义核心价值践行进生活。

续表

发布时间	发布机构	文件名称	主要内容
2021年2月	国家广播电视总局办公厅	《关于发布视音频内容分发数字版权管理体系的通知》	• 视音频内容分发数字版权管理（Digital Rights Management，DRM）标准体系贯彻落实媒体融合、超高清电视、5G、商用密码应用等要求，针对广播电视网络视听行业视音频内容分发业务场景下数字版权管理实际需求，覆盖有线数字电视、IPTV、互联网电视、互联网视频等视听内容分发数字版权管理化运行。 • 视音频内容分发数字版权管理标准体系框架分为基础、业务集成、测试、系统实施4类，共12项标准。本标准体系规定的视音频内容分发数字版权管理是指有线数字电视、IPTV、互联网电视、互联网视频等业务场景下视音频内容从分发到终端接收播放以及终端之间传递过程中的视音频内容版权保护。
2021年2月	国家广播电视总局办公厅	《关于做好广播电视和网络视听文化供给服务人民群众就地过年的通知》	• 积极营造就地过年良好氛围。要加强舆论引导，充分发挥主流媒体和新媒体新平台优势，做好疫情防控政策、措施解读宣传，加大各地各部门节日物资供给，方便群众出行，关心关注就地过年等措施的宣传报道力度，密切关注群众就地年中的热点难点问题，及时应对人民群众关切，讲好节日期间坚守各行各业坚守岗位、志愿服务、互帮互助等暖人故事，稳定人心，温暖人心，努力营造良好节日氛围。 • 精心排播丰富多彩的广播电视节目。要根据新情况新要求统筹节目排播，让更多好节目进入好时段。做好春节联欢会等类纪录片、动画片播出，音乐、民俗、脱贫攻坚、体育类，生活服务类纪录片、少儿等主题晚会节目和优秀纪录片、动画片播出，满足观众多样化多层次文化需求。
2020年12月	中共中央	《法治社会建设实施纲要(2020—2025年)》	• 在网络视听领域，要通过立改废释并举等方式，完善网络信息服务方面的法律法规，修订互联网信息服务管理办法，制定完善对网络直播、自媒体、知识社区问答等新媒体业态和算法推荐、深度伪造等新技术应用的规范治理，推动互联网信息服务领域严重失信"黑名单"制度和惩戒机制，督促网信企业落实主体责任。
2020年11月	国家广播电视总局	《关于加快推进广播电视视听媒体深度融合发展的意见》	• 加大高新视听内容供给。加快建设全媒体内容供给体系，统筹考虑音频节目、短视频、竖屏节目等形式，针对不同场景和需求，提供丰富多彩的内容。强化艺术与技术深度融合，加大移动端内容产品制播力度，加强超高清视频、互动视频、VR/AR/MR视频超高新视听内容供给，提供全息化、沉浸式、交互式视听支持云端化、专业化、社会化生产，提高内容质量和供热效率。用新理念新技术支持云端化、智能化、社会化生产，提高内容质量和供热效率。
2020年10月	国家广播电视总局	《防范和惩治广播电视和网络视听统计造假、弄虚作假责任制规定》	• 建立健全防范和惩治统计造假、弄虚作假责任制。防范和惩治统计造假、弄虚作假，注重预防、严惩造假，按照"集体领导与个人负责相结合"的原则，建立"谁主管、谁负责，谁统计、谁负责"责任制，建立"一级抓一级、一级一级、层层抓落实"的责任体系。应当坚持党的领导，坚持标本兼治，惩防并举，注重预防，严惩造假。

续表

发布时间	发布机构	文件名称	主要内容
2020年4月	国家广播电视总局办公厅	《关于印发〈广播电视和网络视听统计调查制度〉的通知》	• 明确纳入统计范围的持证及备案网络视听机构、重点新媒体视听机构以及各级各类部门（基地）等，纳入行业统计基本单位信息库，做到应统尽统，不缺不漏。 • 统计分析既要充分反映广播电视公共服务事业发展情况，也要科学反映产业发展现状，尤其要抓好电视剧、动画片、纪录片、园区基地等具有广播电视产业发展特点的数据分析，以及网络视听等对广播电视行业发展具有引领性带动作用的新增长点分析。要通过统计分析，研判广播电视业发展趋势和规律，引导广播电视和网络视听高质量发展。
2020年2月	国家广播电视总局	《关于进一步加强电视剧网络剧创作生产管理有关工作的通知》	• 加强源头引导，完善拍摄制作备案公示管理。在申报备案公示时，制作机构须向有关广播电视主管部门承诺已基本完成剧本创作；内容涉及政治、军事、外交、统战、民族、宗教、公安、司法、反腐等敏感内容的，申报拍摄制作备案公示前须征得省、自治区、直辖市以上人民政府有关主管部门或者有关专项部门的书面同意意见。 • 反对内容"注水"，规范集数长度。电视剧网络剧拍摄制作提倡不超过40集，鼓励30集以内的短剧创作。要加强对"注水"问题的综合施策、协同治理，相关行业协会要进一步研究制定更加科学合理、符合实际的行业标准。 • 做好制作成本配置比例情况报告工作。在电视剧网络剧须完成片审备案阶段，制作机构须将演员片酬比例情况报告，提交有关广播电视主管部门备案。每部电视剧网络剧全部演职员片酬总额不得超过制作总成本的40%，其中主要演员片酬不得超过总片酬的70%。
2019年11月	国家互联网信息办公室、文化和旅游部、国家广播电视总局	《网络音视频信息服务管理规定》	• 网络音视频信息服务提供者应当依法取得法律、行政法规规定的相关资质，行政法规规定须基于行业组织机构认证的相关资质、落实信息内容安全管理主体责任。应当依照《中华人民共和国网络安全法》的规定，对用户进行基于移动电话号码、身份证件号码等方式的真实身份信息认证，移动电话号码、移动电话号码或者社会动员功能的音视频服务。 • 网络音视频信息服务提供者基于深度学习、虚拟现实等新技术新应用上线具有媒体属性或者社会动员功能的音视频信息服务，或者调整增设相关功能的，应当按照国家有关规定开展安全评估。
2019年2月	国家广播电视总局	《关于网络视听节目信息备案系统升级改版的通知》	• 新增"重点网络影视剧信息备案系统模块"，并对相关信息报备方式做出相应调整。 • 重点网络影视剧（包括网络剧、网络电影、网络动画片）在制作前，需要由制作机构登录"重点网络影视剧信息备案系统"登记节目名称、题材类型、内容提要、制作预算等规划信息。
2018年11月	国家广播电视总局	《关于进一步加强广播电视和网络视听文艺节目管理的通知》	• 加强对影视行业天价片酬、"阴阳合同"、偷逃税等问题的治理，控制不合理片酬，推进依法纳税。 • 要制定出台影视节目片酬执行标准，明确不合理片酬额，现阶段，严格控制嘉宾最高片酬额度，每部电视剧、电视电影、网络剧、网络影片全部演职员片酬不得超过制作总成本的40%，主要演员片酬不得超过总片酬的70%。 • 严格执行网络视听节目审批制度，严格规范影视剧、网络视听节目管理，加大对偷逃税行为的惩处力度。

续表

发布时间	发布机构	文件名称	主要内容
2017年9月	国家新闻出版广电总局等五部门	《关于支持电视剧繁荣发展若干政策的通知》	· 建立和完善科学合理的电视剧投入、分配机制。综艺节目、网络剧参照电视剧的规定执行。 · 统筹电视剧、网络剧管理。对重点网络剧创作规划实行备案管理，加强节目上线前在思想性艺术性上的内容把关，进一步强化播出平台网站创作的主体责任。鼓励电视网站积极投入网络剧制作，提升网络剧整体创作水平。鼓励各视听节目网站投资制作、购买、播出国产电视剧。规范网上播出电视剧行为，未取得新闻出版广电部门颁发许可证的影视剧一律不得上网播放。
2017年6月	国家新闻出版广电总局	《关于进一步加强网络视听节目创作播出管理的通知》	· 各类网络视听节目的创作和生产要都要紧紧围绕培育和弘扬社会主义核心价值观。 · 各类网络视听节目必须坚守文明健康的审美底线。 · 各类网络视听节目必须规范使用国家通用语言文字。 · 网络视听节目要坚持与广播电视节目同一标准、同一尺度，把好政治关、价值关、审美关，实行统筹管理。 · 网络视听节目服务机构要全面落实编采制播各个环节，要全面做好播出前的把关机制，建立健全有效的把关机制，总编辑负责内容审核，总编辑负责制等规章制度，把导向责任落实到各个环节，具体到岗位。

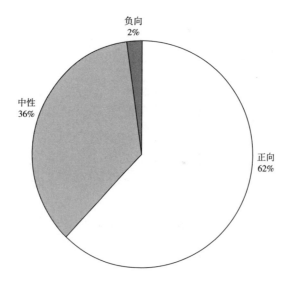

图 4-3　2023 年中国网络视频领域主流媒体报道倾向分布

第三节　市场运行现状

一　市场回调后将恢复增长，用户规模进入平台期

2022 年，中国网络视频市场经历了回调进入"冷静期"，市场规模同比下降 10.5%，降至 1246.5 亿元，打破了自 2017 年以来 15% 左右的增幅（见图 4-4）。受宏观经济环境影响，加上长期以来备受诟病的亏损压力，网络视频平台改变"跑马圈地"高价买内容的策略，"降本增效"成为业务调整的目标。据云合数据统计，2022 年各网络视频平台上新剧部数缩减 7%~28% 不等，其中爱奇艺上新国产连续剧 200 部，同比减少 14 部；腾讯视频上新 135 部，同比减少 30 部；优酷上新 125 部，同比减少 37 部；芒果 TV 上新 60 部，同比减少 23 部。① 爱奇艺 2022 年财报显示，当年爱奇艺的营收成本同比减少 19%，其中内容成本同比减少 20%，宣发、营销、管理成本和研发成本则分别减少 27% 和 32%。爱奇艺 CEO 龚宇表示，2023 年爱奇艺的目标是"高质量增长"，确保效率前提下，适当加大市场投入。

---

① 观研天下 .2022 年我国四大长视频平台上新连续剧数量及削减幅度情况 [EB/OL]. 2023-04-25[2023-07-18]. https://www.chinabaogao.com/detail/633546.html .

表 4-2 网络视频相关报道梳理及倾向性判断

发布时间	主流媒体	报道标题	报道的核心内容	ChatGPT 判断	人工修正
2023 年 9 月 25 日	新华网	《首届北京网络视听艺术大会：促进网络视听领域创新融合发展》	首届北京网络视听艺术大会以"新领域新文艺·好内容新未来"为主题，展望网络视听艺术前景，促进网络视听领域创新融合发展。	正向	中性
2023 年 9 月 14 日	新华网	《"时代光影 百部川扬"网络视听作品征集活动办得到中央网信办主办》	近日，由中央网信办主办的"2022 中国正能量网络精品集展播活动"揭晓结果，550 件网络精品脱颖而出。	正向	正向
2023 年 9 月 1 日	新华网	《兰州倚能电力集团公司：〈你好，莫高〉获评原创网络视听展播活动优秀节目》	9 月 1 日，兰州倚能电力集团公司创作的首部微电影《你好，莫高》获评国家广播电视总局 2023 年"弘扬社会主义核心价值观 共筑中国梦"主题原创网络视听节目征集展播活动优秀节目。	正向	正向
2023 年 8 月 31 日	新华网	《展现新时代电工作者的精神风貌——全国广播电视和网络视听精品创作进基层速报告会侧记》	本次报告会多角度呈现了主题宣传、精品创作、科技创新、融合发展、国际传播等领域取得的成绩。	正向	正向
2023 年 8 月 28 日	新华网	《"源头活水"哪里来——从网络视听精品创作看中华优秀传统文化传承创新》	网络视听精品创作推动中华优秀传统文化的创造性转化、创新性发展，为我国网络视听产业的蓬勃发展提供了宝贵的借鉴和启示。	正向	正向
2023 年 8 月 26 日	新华网	《"黑科技"赋能"新探索"——数实融合推动网络视听高质量发展》	我国网络视听领域正围绕科技赋能内容创作，数实融合创新探索，进一步推动内容与科技相互驱动。	正向	正向
2023 年 8 月 25 日	新华网	《130 余部网络视听作品讲好新时代中国故事》	6 大板块，涵盖了网络剧、网络电影、网络动画片、网络微短剧等 11 个类型的优秀网络视听作品，共 130 余部。	正向	正向
2023 年 8 月 15 日	新华网	《深耕现实 创新表达——解读 2023 年上半年电视和网络视听文艺创作》	2023 年 1 月 1 日至 6 月 30 日，电视剧播出总量跟去年同期持平，上半年一共播出电视剧 682 部，大约 116 万集，累计时长 7000 余小时。	正向	中性
2023 年 7 月 14 日	新华网	《光影长三角·创美向未来 2023 长三角白鹭原原创网络视听大赛启动》	大赛以"光影长三角·创美向未来"为主题，设置主单元和特别单元，"我们的新征程"为主线，聚焦短视频、网络微短剧、网络微纪录片等。	正向	中性
2023 年 6 月 26 日	新华网	《涉毒艺人回归舞台或变相复出会遭业内专家称禁止涉毒艺人登上底线红线》	前不久，"酒吧擅自邀请涉毒艺人孙兴被罚 5 万元"话题登上热搜。	负向	负向
2023 年 6 月 7 日	新华网	《用户规模达 10.4 亿，市场规模超 7000 亿元 网络视听蓬勃发展》	以短视频应用为代表的网络视听行业蓬勃发展，新场景、新业态不断涌现，不仅丰富了人们的生活，也深刻改变着文化的生产、传播和消费方式。	正向	正向
2023 年 5 月 10 日	新华网	《上海北外滩：汇聚网络视听新力量 这场跨次元"对话"首次举办》	这场跨次元"对话"聚焦网络视听内容创作者现状，向国内外展现上海城市形象和内涵，也将全面彰显上海文化软实力。	正向	正向

续表

发布时间	主流媒体	报道标题	报道的核心内容	ChatGPT 判断	人工修正
2023 年 4 月 27 日	新华网	《网络视听让中国传统文化 "活" 起来》	短视频和直播助力中国传统文化传播，让创作在网民中 "热" 起来，让传统文化在网络中 "活" 起来。	正向	正向
2023 年 4 月 6 日	新华网	《网络视听新市场催生新业态》	网络视听平台发展迅速，行业生态逐渐向好，拓展行业发展 "新赛道"。	正向	正向
2023 年 4 月 4 日	新华网	《B 站发布〈知识学习与网络视频社区研究报告〉共有 2.43 亿人和你一起 "云端学习"》	李旎介绍，过去几年，知识类内容在 B 站生态里持续繁荣案增长，三年来，B 站的知识类创作者数量增长 86%，知识类视频投稿量增长 199%。	正向	正向
2023 年 9 月 24 日	人民网	《2023 黄河流域视听合作发展大会在洛阳举行》	本次大会以 "视听合作新征程，大河奔腾奋进歌" 为主题，举行重点视听合作项目发布，主旨演讲，并举行黄河流域视听高质量发展座谈会议。广播电视台跨区域制播合作，有线电视和 5G 发展合作研讨会等活动。	正向	中性
2023 年 9 月 4 日	人民网	《网络视频儿近成全民化应用》	截至 2023 年 6 月，中国网络视频（含短视频）用户规模为 10.44 亿人，较 2022 年 12 月增长 1380 万人，网民使用率达到 96.8%，继续保持在高位的增长态势，几近成为全民化应用。	正向	中性
2023 年 7 月 1 日	人民网	《第二届山东网络视听大会 7 月 4 日临沂启动》	第二届山东网络视听大会按照网络视听 "政策宣讲平台、精品展示平台、业务交流平台、产业聚合平台" 的定位，打造省级网络视听行业活动标杆，推动山东建设全国网络视听产业高地。	正向	中性
2023 年 6 月 25 日	人民网	《百余部 "北京大视听" 精品项目亮相上海电视节》	"北京大视听" 精品项目展台展示了 110 部重点项目片单，40 余部重点项目在全景 LED 屏中集中展示，内容显眼足。	正向	正向
2023 年 6 月 10 日	人民网	《网络视听构建城市新形象》	深圳设计周开幕式上首发 2023 深圳城市网络视觉大片《敢向敢说》，这部网络视觉大片为我们以新媒介以新形象建筑城市新形象提供了一个很好的思路。	正向	正向
2023 年 6 月 7 日	人民网	《网络视听 蓬勃发展》	截至 2022 年 12 月，我国网络视听用户规模达 10.4 亿，成为第一大互联网应用，泛网络视听领域市场规模超 7000 亿元。	正向	正向
2023 年 5 月 12 日	人民网	《网络视听创作者集聚沪上，大视听产业快速演进》	作为国内网络视听产业高地，上海既是网络视听产业之地，更是产业聚集的创新之地。	正向	正向
2023 年 4 月 24 日	人民网	《网络视听出海展新姿》	中国网络视听机构积极开拓国际市场，传播内容、出口形式、运营主体等呈现多元化、多样化趋势，国际传播力、影响力不断提升。	正向	正向

续表

发布时间	主流媒体	报道标题	报道的核心内容	ChatGPT 判断	人工修正
2023 年 4 月 23 日	人民网	《第五届中国高校网络视听论坛举行》	论坛主题为"全媒体传播体系下的网络视听生态建设",来自全国各大知名院校学者、行业专家相聚川蜀,进行深入交流和讨论。	正向	中性
2023 年 4 月 1 日	人民网	《人民网评:让网络视听更好造福中国网民》	当前,我国网络视听从"涓涓细流"发展成"大江大河",类型丰富、题材全面,几乎包罗万象。	正向	正向
2023 年 3 月 31 日	人民网	《成都网络视听产业产值超 1200 亿元》	2022 年,成都文创产业进一步上升至 2261.27 亿元,同比增长 9.04%,占全市 2022 年 GDP 的 10.86%,其中网络视听产值 1230.96 亿元,同比增长 6.79%。	正向	中性
2023 年 3 月 30 日	人民网	《企业代表与张凯丽、刘昊然等演员代表共同签署网络视听承诺书》	行业从业者要要厚植爱国为民情怀、明大德、担使命,热忱描绘新时代新征程的恢宏气象。	正向	正向
2023 年 3 月 30 日	人民网	《人民网评:群策群力,助力网络视听"新征程再出发"》	我国网络视听行业已进入高质量发展的关键时期,站在新征程的关头上,相关监管部门、网络视听企业、社会民众一起整装"再出发",推动我国网络视听在新征程上实现高质量发展。	正向	正向
2023 年 3 月 29 日	人民网	《人民网评:推动网络视听实现高质量发展》	本届中国网络视听大会聚焦网络视听发展的新模式、新内容、新文化、新业态、新格局,深入交流"行业发展与社会责任"和"高质量发展"重要问题。	正向	正向
2023 年 3 月 29 日	人民网	《四川雅安依托数字技术推介当地文旅资源 网络视听赋能文旅产业发展》	以网络视听赋能文旅产业发展为主线,聚焦网络视听发展的新模式、新内容、新文化、新业态、全方位、立体化展现雅安数字+文旅产业蓬勃发展的繁荣景象。	正向	正向
2023 年 9 月 25 日	光明网	《致敬伟大时代的追光者:〈追光者 3:这就是高手〉上线启动仪式在京举行》	《追光者 3:这就是高手》以青春视角、细微视角对宏大议题进行创新讲述,以凡人微光点燃情感共鸣,用"小人物"承载时代的"大命题"。	中性	中性
2023 年 9 月 21 日	光明网	《〈零碳之路〉9 月 22 日播出 首部聚焦中国碳达峰碳中和的国际合拍纪录片》	《零碳之路》将在全国家地理频道,面向 170 多个国家和地区播出,向世界广泛宣介绿色低碳发展的中国智慧、中国方案。	中性	中性
2023 年 9 月 13 日	光明网	《繁荣我国电视艺术事业 开创高质量发展新局面——专访中国电视艺术家协会新任主席阎晓明》	中国视功能的工作是以"做人的工作"为核心,要把服务作为工作的重要抓手,让电视艺术家、网络视听从业人员与党和政府所有机联系在一起。	中性	中性
2023 年 9 月 6 日	光明网	《北京新视听展|各赛道精品内容成绩斐然 "北京大视听"文艺精品展讲述中国好故事》	本次展会彰显新时代文艺工作者坚持以人民为中心的创作导向,聚焦现实题材创作,讲好新时代中国故事的责任与担当。	正向	正向

续表

发布时间	主流媒体	报道标题	报道的核心内容	ChatGPT 判断	人工修正
2023 年 8 月 31 日	光明网	《成果丰硕 完美收官 2023 首届中国纪录片大会总结暨成果发布》	本届大会共举办了 50 余场线下活动、40 余场线上活动，邀请 100 余位专家学者、头部机构代表演讲与交流，吸引超 10000 人次现场参与，1.2亿人次线上参与。	中性	中性
2023 年 8 月 27 日	光明网	《网络纪录片扎根中华文化沃土》	国家广播电视总局公布 2023 年第一季度优秀网络视听作品，在 13 部入选网络纪录片中，约三成聚焦展现中华优秀传统文化铺陈开来。	正向	正向
2023 年 8 月 22 日	光明网	《国家广播电视总局联合多部门治理电视"套娃"收费和操作等问题》	电视"套娃"收费现象得到明显改观，大力改善用户开机看电视的体验，基本实现有线电视和 IPTV 开机即看首播电视频道。	正向	中性
2023 年 8 月 14 日	光明网	《"脱水"电视剧，更能赢得观众》	国家广电总局发布《关于进一步规范电视剧、网络剧、网络电影规划备案和内容审查等有关事项的通知》，明确提出继续加强"注水剧"治理，引导提升质量。	正向	中性
2023 年 8 月 7 日	光明网	《北京市广播电视局举办首次"北京大视听"高层次人才研修班》	来自全市 16 区和经开区融媒体中心、抖音、快手、爱奇艺等主要视听平台以及全国广播电视和网络视听"两个人才"工程代表共计 40 人参加培训。	中性	中性
2023 年 7 月 26 日	光明网	《爱奇艺：8 月 1 日起获"行政许可"新片均可上线播出》	满足会员首播条件的电影、各电视台和网络视听平台，爱奇艺将取消成片平台审核环节。	正向	中性
2023 年 7 月 21 日	光明网	《电视剧高质量发展步伐加快》	今年上半年，各电视台和网络视听平台播出了一批高质量的现实题材电视剧佳作，创造了近年来的收视新纪录，汇聚成声调启迪、声浪澎湃的创作主流。	正向	正向
2023 年 7 月 7 日	光明网	《融合发展、创新运营、激活广电媒体平台价值》	搭建矩阵、构建媒体平台"新闻+"新空间；服务用户，构建更加开放、互动的现代传播体系；激活价值，创新体制机制丰富运营模式。	正向	正向
2023 年 7 月 2 日	光明网	《北京中轴线文化成为网络视听创作新焦点》	迈入数字文明的时代，网络视听文艺与北京中轴线故事互动互为，用新颖的形式和内容展现出新时代北京的首都风范、古都风韵、时代风貌，助力中华文明薪传承，树立中华民族文化自信。	正向	正向
2023 年 6 月 28 日	光明网	《深化京津冀大视听协同发展 "浓墨重彩"书写三地故事新篇章》	京津冀协同国发展战略实施以来，三地广播电视网络视听领域推出一系列落地生花，在大视听高质量发展中创造协同之美、融合之美。	正向	正向
2023 年 6 月 6 日	光明网	《数字演艺加速"奔跑"》	近日，中国国家话剧院推出线上演播品牌"CNT 现场"并发布首部"CNT 现场"作品，观众在全网上就可观看话剧。	正向	正向

从行业发展方向来看，随着网络基础设施的不断完善，5G+4K/8K 成为网络视频平台的标配，高清视频流媒体播放流畅，基本不再受到网速的限制，用户体验大幅提升。而 AIGC 在剧本创作、智能制作和后期宣发方面的应用将进一步降低网络视频生产与运营的成本。本研究预计未来几年我国网络视频市场规模将恢复稳步增长态势，预计2024 年网络视频市场规模将突破 1500 亿元大关，2022~2024 年 CAGR 将恢复至 11%。

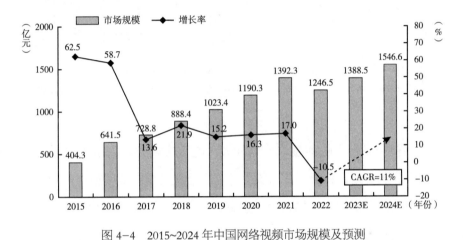

图 4-4　2015~2024 年中国网络视频市场规模及预测

数据来源：中国网络视听节目服务协会《中国网络视听发展研究报告》(2018~2023)，2023~2024 年数据由本研究测算。

中国网络视频用户规模基数大，2022 年国内网络视频用户规模达 7.19 亿人，对比 2019 年（实际为 2020 年 3 月数据）的用户高峰 7.26 亿人，还有一定的增长空间（见图 4-5）。本研究预计 2024 年中国网络视频用户规模将达到 7.54 亿人，但增速已放缓，预计 2022~2024 年 CAGR 为 2%，用户增长进入平台期。

二　按观看时长分账新规则，释放优质内容价值

2016 年，爱奇艺首先提出了分账剧的概念，推出了网络剧付费分账模式，设立初衷是网络视频平台与内容制作方风险共担与利益共享。首部分账网剧《妖出长安》最终以 450 万元的低成本获得了 2000 万元的分账收益。2018 年，优酷和腾讯视频也先后推出了分账剧。分账剧的剧集定价是以集为单位，一部剧以 12 集居多，短小精悍，可最大限度地控制成本，如广受好评的《我是余欢水》《隐秘的角落》《沉默的真相》等剧集。

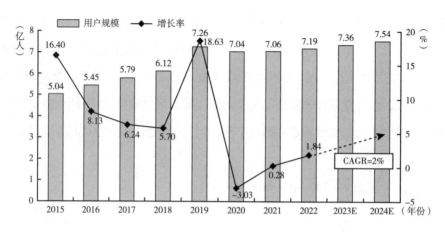

图4-5　2015~2024年中国网络视频用户规模及预测

数据来源：中国网络视听节目服务协会《中国网络视听发展研究报告》（2018~2023）、Mob研究院，2023~2024年数据由本研究测算。

随着网络视频平台面临的挑战日益加大，内容版权成本高昂压力不减，2021年各大平台升级分账规则，将会员分账收入计算标准从会员有效播放次数转变为会员观看时长，把投票权交给观众。如腾讯视频2021年6月提出按会员累计观看时长分账，单价一小时2元；爱奇艺在2021年12月提出按观影时长分账，2022年10月取消了对分账剧的平台定级，增加了会员拉新分账，按播放表现给予相应的推广资源；优酷在2022年1月正式推出"播后定级"的模式，将内容的收益权交给观众。在这一新标准下，内容质量成为衡量作品优劣的最关键因素，这将大大地刺激分账剧的创作创新。

三　付费转化率持续提升，通过提价、点映等方式深挖用户价值

网络视频早期是盗版问题最严重的领域之一，国家版权局不断加大网络版权治理力度，联合国家互联网信息办公室、工业和信息化部、公安部连续19年开展打击网络侵权盗版"剑网"专项行动。随着监管部门对盗版打击力度的加大，尊重原创、保护版权的网络氛围逐渐形成，用户付费习惯逐渐养成。本研究根据腾讯视频、爱奇艺、芒果TV三家网络视频平台的数据，测算出网络视频平台的平均付费转化率从2018年的17.48%已持续增长至2022年的24.33%（见图4-6），其中腾讯视频平台的付费转化率引领增长，2021年和2022年都达到28%左右的水平（见表4-3）。

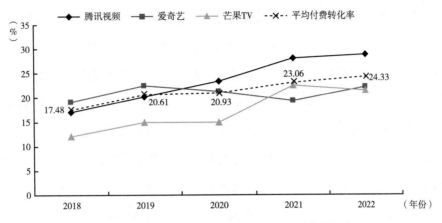

图 4-6 2018~2022 年中国网络视频平台付费转化率

数据来源：本研究根据公开资料测算。

表 4-3 2018~2022 年中国头部网络视频平台付费用户、月活跃用户及付费转化率数据汇总

类别	年份	腾讯视频	爱奇艺	芒果 TV
付费用户 （亿人）	2018	0.89	0.87	0.11
	2019	1.06	1.07	0.18
	2020	1.23	1.02	0.36
	2021	1.24	1.02	0.50
	2022	1.19	1.03	0.59
月活跃用户 （亿人）	2018	5.24	4.55	0.91
	2019	5.25	4.76	1.20
	2020	5.27	4.80	2.40
	2021	4.43	5.30	2.24
	2022	4.14	4.65	2.76
付费转化率 （%）	2018	16.98	19.12	12.09
	2019	20.19	22.48	15.00
	2020	23.34	21.25	15.00
	2021	27.99	19.25	22.32
	2022	28.74	22.15	21.38

数据来源：腾讯视频、爱奇艺、芒果 TV 三家公司 2018~2022 年财报、易观数据、QuestMobile，本研究测算。

网络视频平台以在线广告、会员服务为主要营收来源，近年来会员服务营收占比逐渐提升，2018 年爱奇艺会员服务营收首次超过在线广告，占比 42.51%，到 2022 年会员收入占总收入比重已超 60%，同比增长 6%，广告收入受整体经济环境和疲软的广告市场影响同比下滑 25%。[①] 为进一步深挖用户价值，头部网络视频平台纷纷进行提价、超前点播等操作，爱奇艺到 2022 年 12 月已连续三次涨价，会员最低价从 15元涨到 25 元；2021 年 4 月，腾讯视频也发布了 VIP 会员价格调整的消息，2022 年 4月再次提价，包月会员价提至 25 元；优酷在 2022 年 6 月进行了 5 年来的首次涨价；芒果 TV 在 2022 年两次提价。在超前点播被叫停后，网络视频平台积极探索新的变现方式，如腾讯视频推出"《梦华录》大结局点映礼"，用户通过购买礼包可以得到大结局观看券与点映礼直播观看券。

四 "3+2+N"格局稳固，盈利水平稳步提升

中国网络视频领域已形成以爱奇艺、腾讯视频、优酷三个超级平台为第一梯队，芒果 TV、哔哩哔哩"两强"为第二梯队，搜狐视频、PPTV、咪咕视频、多多视频、风行网等为第三梯队的竞争格局。体现在用户规模方面，数据显示，2022 年第三季度爱奇艺季均日活跃用户数达到 8388 万，接着是腾讯视频 7943 万、优酷 3709 万，随后是芒果 TV2428 万、搜狐视频 441 万。[②]

本研究选取了国内市场营收规模排名靠前的 4 家网络视频企业，通过计算其网络视频业务营收之和占网络视频市场规模的比例，计算市场集中度。从计算结果来看，头部 4 家企业已占据七成以上的市场份额，同时网络视频领域市场集中度在 2018 年达到高点 85.4% 之后，2021 年和 2022 年已回调至 70% 左右（见表 4-4、图 4-7）。这说明随着市场多元化发展，以及头部企业降本增效的战略调整，头部平台主导地位弱化，腰部及尾部平台发展空间有所拓展。

---

① 数据来源于爱奇艺公司财报。

② MoonFox. 2022 年 Q3 移动互联网行业数据研究报告 [EB/OL]. 2022-10-26[2023-07-18]. https://news.iresearch.cn/yx/2022/10/450653.shtml.

表 4-4 2015~2022 年中国网络视频头部企业营收规模测算汇总

单位：亿元

企业名称	2015 年	2016 年	2017 年	2018 年	2019 年	2020 年	2021 年	2022 年
爱奇艺	53.19	112.37	173.78	249.89	289.94	297.07	305.54	289.98
腾讯视频	62.00	99.64	196.00	283.76	269.95	316.39	313.66	295.83
优酷	120.00	77.00	116.00	150.77	169.48	187.12	193.63	188.89
芒果 TV	不选取	不选取	33.85	74.28	102.20	118.26	131.39	115.36
乐视网	37.82	67.83	不选取	不选取	不选取	不选取	不选取	不选取
合计	273.01	356.84	519.63	758.70	831.57	918.84	944.22	890.06

注：这里的营收都是指在线视频业务营收（包括会员及发行业务、广告及增值服务）。爱奇艺数据来自其公司财报；由于腾讯未拆分腾讯视频营收数据，根据季度数据、付费会员数、腾讯音乐广告营收等数据估算；芒果超媒（芒果 TV）2018 年经历了资产重组，从 2018 年财报中开始有新媒体平台运营、新媒体互动娱乐内容制作两项业务数据，视频业务营收采取这两个数据之和；优酷未公布营收数据，由本研究根据阿里巴巴财报估算。

从 11 家网络视频上市企业盈利情况来看，2017 年以来，中国网络视频企业平均毛利率稳步提升，从 7.2% 逐渐提升至 2022 年的 24.49%（见图 4-7），头部企业实现了有序扩张，尤其 2020 年以来，平均毛利率水平上了一个新台阶。爱奇艺 2021~2023 年财报显示，该公司毛利率从 2021 年的 9.95% 提升至 2022 年的 23.03%，2023 年继续增至 27.52%；哔哩哔哩公司财报显示，2023 年第四季度其毛利率达 26.1%，较去年同期的 20.3% 有所增长。

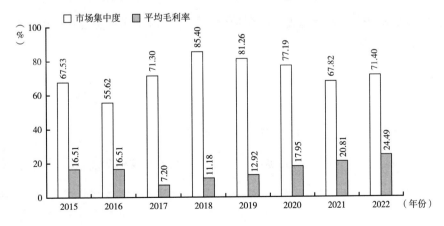

图 4-7 2015~2022 年中国网络视频领域市场集中度及平均毛利率

注：平均毛利率来自对国内 11 家网络视频上市公司财务数据的计算结果。

五 典型案例

（一）爱奇艺

1. 剧场模式发力自制高品质内容，科技赋能影视工业化进程

爱奇艺上线于 2010 年 4 月 22 日，2014 年公司确定了内容为王的发展方向，除了正版影视综内容采购，还进行内容自制，启动了工作室战略。2015 年网剧《盗墓笔记》正式开启了国内付费会员的先河，2016 年爱奇艺首次公布网剧付费分账模式，并逐步完善了自己的网络大电影的分账体系。2020 年以来，爱奇艺推出了迷雾剧场、恋恋剧场、小逗剧场，打造了一系列品质在线的作品，迷雾剧场主打悬疑类电视剧，作品如《隐秘的角落》《非常目击》《在劫难逃》《沉默的真相》等；恋恋剧场主打情感类剧集，作品如《一生一世》《满月之下请相爱》《世界微尘里》《苍兰诀》等；小逗剧场主打轻松幽默的喜剧片，作品如《瓦舍江湖》《医是医二是二》《破事精英》等。

除了发力高品质内容，爱奇艺不断将科技创新运用于视频娱乐之中，基于人工智能、大数据和云计算技术搭建起影视工业化系统，推进影视虚拟制作和数字资产的积累和复用。爱奇艺副总裁、智能制作部负责人朱梁在公开演讲中提到，爱奇艺在拍摄《风起洛阳》期间，搭建"不良井"，通过实景扫描留存为数字资产，并摄制了 4K 影视级虚拟制作测试片《不良井之风云再起》和纯虚拟动捕拍摄动画 MV《心念》，首次跑通了"实景扫描—资产重建—虚拟拍摄—精修入库—多业务复用"的流程。[①] 在数字技术融合应用方面，爱奇艺进行了"云影院"、XR 虚拟制作、奇遇 VR、投资 AR 眼镜公司 Nreal 等多种探索，其愿景是"做一家以科技创新为驱动的伟大娱乐公司"。

2. 2022 财年首次全年盈利，降本初见成效

爱奇艺 2022 财年年报数据显示，爱奇艺当年总营收 289.98 亿元，基于非美国通用会计准则财务指标的运营利润为 22 亿元（见图 4-8），运营利润率 7.59%，且连续

---

① 舒文琼. 爱奇艺朱梁：以科技创新为引擎，探索影视工业化转型之道 [EB/OL]. 2022-10-10[2023-07-24]. http://www.cww.net.cn/article?id=569146.

4 个季度实现盈利，加上 2023 年第一季度，实际上已实现连续 5 个季度的正营业利润。截至 2022 年 12 月 31 日，爱奇艺会员数涨至 1.2 亿，日均付费订阅的会员数为 1.03 亿。

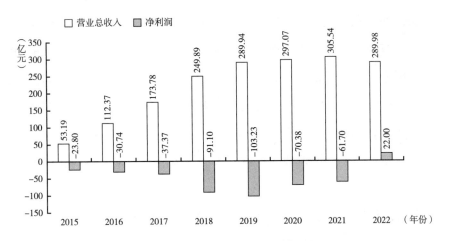

图 4-8　2015~2022 年爱奇艺营业总收入和净利润

数据来源：爱奇艺历年财报。

爱奇艺主营业务构成按业务类型分为四部分，即在线广告服务、会员服务、内容发布和其他业务。爱奇艺内容制作的成本控制持续优化，其财报显示，2022 年全年营收成本共计 223 亿元，同比下降 19%，营收成本的下降主要源于内容成本的下降。

3. 布局"苹果园"和"一鱼多吃"多赢生态系统

爱奇艺最初的商业模式定义为"苹果树"模式，作为提供视频娱乐服务的网络平台之一，爱奇艺所有的业务类型形成"苹果树"的主体部分，现金流结构是支撑，关键资源和能力为"苹果树"提供竞争保障，定位则是"苹果树"的起点。随着行业的演变和业务的发展，爱奇艺发现单一的商业模式难以支撑发展，只有一棵苹果树无法壮大，因此提出了"苹果园"和"一鱼多吃"的商业模式，打造多赢的生态系统。其中，组成"苹果园"的业务类型包括小说、漫画、游戏、线下娱乐、秀场、衍生品、影视播放等；"一鱼多吃"则是将 IP 通过文学、漫画、游戏、影视等形式进行转化，再通过广告、用户付费、出版、发行等多种方式变现。如爱奇艺围绕《风起洛阳》发行了《风起洛阳》主题数字藏品盲盒，打造了《风起洛阳》VR 全感剧场等项目，推出了《登场了！洛阳》综艺，实现"一鱼多吃"。

（二）腾讯视频

1. 泛娱乐生态全面覆盖多元题材

腾讯视频于 2011 年 4 月正式上线运营，截至 2022 年底，腾讯视频拥有 1.19 亿付费会员。腾讯视频是腾讯"泛娱乐"战略部署的成员，此外还有音乐、网络文学、资讯、游戏、体育等内容领域。依托阅文集团、腾讯游戏等积累的 IP 资源，进行电影、剧集、综艺三线开发，实现内容联动，成为腾讯视频成熟的模式，腾讯视频播出的《全职高手》《择天记》《庆余年》均改编自阅文集团的头部网络文学作品。2023 年 1 月，腾讯的自制剧《三体》成为过去 5 年在中国发行的评分最高的本土科幻剧。同时，腾讯视频依托腾讯强大的资金能力，采购热门版权，丰富内容储备。

剧集方面，腾讯打造了《扫黑风暴》《开端》《云南虫谷》《鬼吹灯之精绝古城》等精品内容；综艺方面，题材多元，紧跟时代潮流，推出了《超新星运动会》《德云斗笑社》《脱口秀大会》《创造 101》《明日之子》《拜托了冰箱》《吐槽大会》《令人心动的 offer》等系列王牌综艺节目；动漫方面，推出的《斗罗大陆》《一人之下》《斗破苍穹》《全职高手》《魔道祖师》等国漫作品受观众喜爱；电影方面，在覆盖国内院线电影新媒体版权同时，与派拉蒙、迪士尼、索尼、环球、华纳开展合作；纪录片方面，除了引进 BBC、NHK、NG、Discovery、ZDF 等公司的优质纪录片，还推出了《敦煌》《紫禁城》《风味人间》《风味原产地》《早餐中国》等弘扬中华优秀传统文化的作品。

2. 盈利模式：多种广告方式+差异化会员定价

会员付费和广告收入是腾讯视频的主要营收来源。对于免费用户，通过投放多种类型的广告，通过点击和转化获得收入；对于付费会员，设置了不同级别的会员特权。腾讯视频广告产品按载体不同可分为大剧营销产品和 OTT 营销产品，按类型又可分为硬广投放、创意广告、包装资源类。其中，创意广告通过演员将广告与剧情相结合，将广告丝滑地融入剧情之中，实现了 IP、演员、品牌三者的无缝结合，给观众留下深刻的印象，提升广告效果。

在会员设置上，腾讯视频采取了差异化定价策略，设立两种 VIP 会员，分别是腾讯视频 VIP 和超级影视 SVIP（见图 4-9）。其中腾讯视频 VIP 只可以在手机、电脑、

iPad 端观看，超级影视 SVIP 是腾讯视频在极光 TV（腾讯视频 TV 端）上推出的会员服务，权益覆盖了电视、电脑、平板、手机四屏。与其他视频网站类似，腾讯视频推出了多种定价方式，包括 1 个月、3 个月、12 个月、连续包月、连续包季、连续包年等。

会员权益对比

超级影视SVIP在内容、视听、身份特权全面升级

	腾讯视频VIP	超级影视SVIP
超级剧场	折扣购	免费看
付费内容	折扣购	折扣购+15元超享券/月
家庭共享	2台同播	3台同播
可用设备	手机 电脑 Pad	电视 手机 电脑 Pad
等级成长	常规V力值	V力值+10%
福利活动	正常参加	抢先体验
身份标识	▽	◆

原有抢先看、极速下载、1080P等权益不变　　　　详情 >

图 4-9　腾讯视频 VIP 与超级影视 SVIP 会员权益对比

来源：腾讯视频截图。

3. 五大战略践行"长期主义"理念

在 2022 年腾讯在线视频 V 视界大会上，腾讯公司副总裁、腾讯在线视频首席执行官孙忠怀公开了腾讯在线视频提出并升级的五大战略，包括艺术战略、科技战略、IP 战略、矩阵产品战略以及变现战略，这些战略的核心是围绕优质 IP 进行深层次的内容开发。在 2023 年 3 月的第十届中国网络视听大会上，孙忠怀通过回答"如何践行长期主义"的问题，进一步阐述了腾讯视频对长视频 IP 内容的坚持。长视频是腾讯视频平台的核心，腾讯视频通过剧集《三体》《庆余年》《雪中悍刀行》、综艺《脱口秀大会》、纪录片《风味人间》等长线 IP 聚集了一批高情感黏性的用户，体现出"内容长期主义"。

第四节　投资动向与投资价值评估

一　投资热度持续下降

2018 年以来，国内网络视频领域一级市场投资事件数量和投资金额连年下降，2022 年共有 21 起投资事件，据 IT 桔子网站测算的投资金额仅有 15.32 亿元，远低于巅峰期（见图 4-10）。与 2018 年动辄亿美元或亿元的大额投资相比，2021 年以来，随着降本增效、减量提质的业务要求强化，网络视频领域投资热度下降明显。

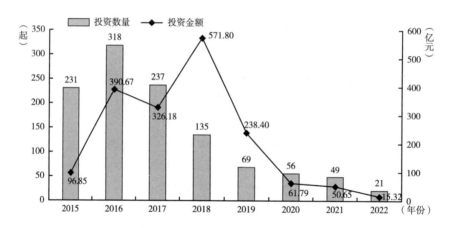

图 4-10　2015~2022 年中国网络视频领域投资数量和投资金额

注：图中统计的是以视频业务为主的企业，此类企业往往也包含短视频、直播业务，无法严格区分仅从事网络视频（长视频）的企业，因此短视频、直播类企业也会被统计在内。

数据来源：IT 桔子。

二　新增企业持续减少

2022 年网络视频领域新增企业数量下降至个位数，延续了自 2016 年以来的下降趋势（见图 4-11）。网络视频平台长期以来内容成本高、投资回报周期长、市场竞争激烈，而短视频和直播格局也已基本定型，较高的进入壁垒让新进入者面临越来越大的竞争压力，网络视频创业进入谨慎期。

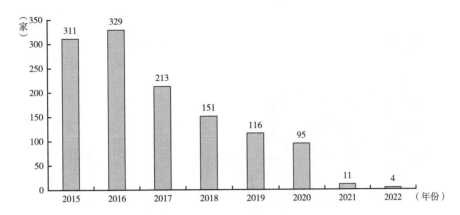

图 4-11 2015~2022 年中国网络视频领域新增企业数量

注：图中统计的是以视频业务为主的企业，此类企业往往也包含短视频、直播业务，无法严格区分仅从事网络视频（长视频）的企业，因此短视频、直播类企业也会被统计在内。

数据来源：IT 桔子。

三 平台型企业成投资热点，虚拟科技崭露头角

从 2021 年 1 月至 2023 年 6 月网络视频领域的投资热点来看，平台型企业最受资本关注，共有 42 起相关投资事件（见图 4-12），被投资的企业业务类型有综合服务平台、新媒体影视平台、创作交易平台、社区交友平台、IP 创新服务平台、视频数据服务平台、PaaS 平台、MCN 平台等；其次是短视频类企业，与短视频、直播相关的投资热点分析详见二者的章节报告；与 2019~2020 年投资热点类似，视频科技与技术研发、视频运营方向的企业持续受到关注，相关投资事件分别为 32 起和 27 起。与此前不同的是，关键词"虚拟""用户""游戏"出现在投资热点中，涉及的业务方向有虚拟人、虚拟偶像、虚拟主播、虚拟活动、虚拟空间、虚拟娱乐生态、元宇宙等。典型的如云舶科技，它是一家新型无穿戴 AI 视频动捕技术公司，结合游戏化体验，不断开拓虚拟直播、虚拟偶像等泛娱乐内容；境相宇宙致力于建立大型虚拟互动空间，以直播、短视频、舞台表演等视听演艺活动场景为主；次世文化传媒布局了细分领域的虚拟人 IP 矩阵，包括迪丽热巴的虚拟形象"迪丽冷巴"、黄子韬的虚拟形象"韬斯曼"等。

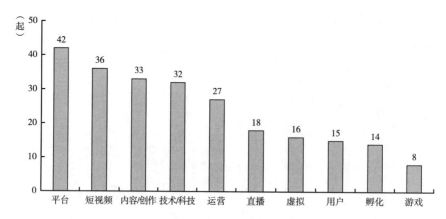

图 4-12　2021 年 1 月至 2023 年 6 月中国网络视频领域投资事件高频词及对应的投资数量

注：图中统计的是以视频业务为主的企业，此类企业往往也包含短视频、直播业务，无法严格区仅从事网络视频（长视频）的企业，因此短视频、直播类企业也会被统计在内。

数据来源：IT 桔子。

四　网络视频投资价值评估：较高（★★★★）

根据第一章第三节所述的投资价值评估方法，网络视频领域的投资价值评估结果为★★★★，投资价值较高，有不错的投资价值或投资机会，但没有达到很高的程度。评估结果如表 4-5 所示。

表 4-5　网络视频投资价值综合评估结果

序号	一级指标	一级指标得分	二级指标	二级指标原始数据	原始数据标准化	二级指标得分
1	基础规模	2.5	市场规模	1246.50 亿元	0.353	★★
			用户规模	7.19 亿人	0.565	★★★
2	发展速度	1.5	市场规模增长率	−10.47%	0.000	★
			用户规模增长率	1.84%	0.361	★★
3	转化程度	2.0	付费转化率	24.33%	0.391	★★
			毛利率	24.49%	0.000	★
4	竞争程度	3.0	市场集中度	71.40%	71.40%	★★★
5	活跃程度	2.3	新增企业数量增长率	−63.64%	1.000	★★★★★
			投资数量增长率	−57.14%	0.040	★
			投资金额增长率	−69.75%	0.058	★
6	相关政策导向	3.0	相关政策支持程度	规范监管，强化内容管理，引导示范，鼓励新业态，中性		★★★
7	主流媒体报道倾向	5.0	主流媒体报道情感倾向	正向占比减负向占比的值为 60 个百分点，强正向		★★★★★
综合结果（S_{end}）						★★★★

第五节　发展趋势

一　合作共赢成为长短视频的共同选择

当前，短视频已成为抢占用户时长最多的应用类型，为应对此挑战，长视频平台一方面推出自己的短视频产品，另一方面加强与短视频头部平台合作，尤其是在版权授权及二次创作方面，探索出相对成熟的合作路径。2022 年 3 月，抖音与搜狐视频达成合作，获得搜狐视频全部自制影视作品二次创作的授权；2022 年 6 月，快手与乐视视频在剪辑与二次创作方面也达成了合作；2022 年 7 月，抖音与爱奇艺在信息网络传播与转授权方面达成了合作；2023 年 4 月，抖音与腾讯视频"世纪大和解"，双方将围绕长短视频联动推广、短视频二次创作等方面展开探索……合作共赢、融合共生成为长短视频平台应对外界不利环境的共同选择。

二　自制内容成为长视频平台破局之道

高昂的内容成本一直是阻碍长视频平台实现正向盈利的关键因素，破解此难题的有效途径之一就是发力自制内容。Netflix 就是以精品自制剧为品牌，不断发展壮大，成为全球视频平台标杆的。过去两年，长视频平台经历了"降本""挤泡沫"的阵痛期，排片量下降引发观众"剧荒"，成本的限制让长视频平台对剧本质量把关更加谨慎、更加重视精品化创作，行业回归理性发展。事实上，早在 2014 年，爱奇艺就陆续成立了 4 家工作室制作自制内容，2023 年初爱奇艺自制剧《狂飙》成为现象级热剧，云和数据显示其市场占有率最高达 67.9%，成为自制剧的一个成功典范。长视频平台发力自制内容，版权掌握在平台自己手中，为后续开发衍生产品也打下基础，有利于拓展更多元化的营收渠道。

三　AI 助力影视制作流程工业化

2023 年 7 月 13 日，随着 SAG-AFTRA（美国演员工会及广播电视艺人联合工会）与好莱坞制片公司的劳资谈判宣告失败，好莱坞迎来了演员和编剧的历史性大罢工。虽然这场罢工的真正起因在于行业利益分配的不均，但是 AI 给影视创作带来的影响已经引起从业人员的重点关注。从积极方面看，AI 技术的应用可以大大提升影视创作的效率，推动影视制作的工业化进程，帮助生产更多受观众喜爱的爆款产品。如 2023 年开年两部科幻大片《三体》《流浪地球》引发科幻迷狂欢，这两部影片的创作就借助了大量计算机模型制作的特效。腾讯视频、爱奇艺都在不断积累自己的视频数据资产库，减少重复制作，提升生产效率，不断推进影视制作工业体系的建立和完善。

四　视频出海寻找新的增长点

Netflix、Disney+ 全球化战略的成功为网络视频企业提供了内容出海运营的典范。随着国内新增流量逐渐到达瓶颈，视频厂商放眼海外市场，首选的是文化较为相近的东南亚。腾讯视频的海外版 WeTV 自 2018 年上线以来持续拓展国际市场，根据 Media Partners Asia 调查数据，2022 年第一季度 WeTV 在泰国的市场占有率达到 22%，紧随 Netflix 的 24% 之后。[①] 爱奇艺的海外版 iQIYI 在海外市场也进一步强化了其自制策略，基于电影、电视剧、综艺等优质内容实现产品和文化输出。

---

① 大娱乐家 . 长视频平台出海＋本土自制，是否可持续？ [EB/OL]. 2023-07-25[2023-08-10]. https://letschuhai.com/zh angshipinpingtaichuhaibentuzizhishifoukechixu.

第五章

短视频市场格局与投资观察

第一节　短视频概述

一　短视频界定

短视频是指播放时长在5分钟以下，基于PC端和移动端传播的视频内容形式。其"短平快"的特点符合当下用户的消费习惯，满足人们碎片化的娱乐需求。从现阶段的短视频应用发展来看，短视频平台可以分为独立平台和综合平台两类。严格来说，短视频也是网络视频的一种，但行业通常以时长来划分短视频和网络视频。短视频是数字内容产业中热门的细分领域，备受市场关注，因此本研究将短视频单独作为一个细分领域进行分析。

二　短视频发展历程

中国短视频在经过萌芽期、成长期和爆发期之后，现已进入成熟期（见图5-1）。短视频在多元化发展的同时，其内容也变得越来越精品化、专业化，受众群体越来越精细化。

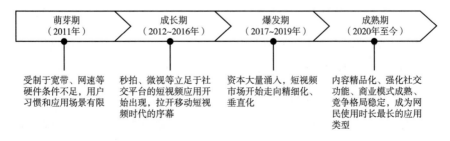

图 5-1　中国短视频发展历程

第二节　发展环境

一　政策环境：强化内容监管，规范行业秩序

2016~2021 年，政策对包括短视频在内的网络视听的内容规范和市场秩序进行了监管，行业生态逐渐规范。2018 年国家版权局等单位联合开展"剑网 2018"专项行动，打击网络侵权行为；2019 年中国网络视听节目服务协会联合国内主要视频网站制定了《网络短视频平台管理规范》和《网络短视频内容审核标准细则》，标准细则内容加起来超过 100 条，对短视频领域出现的问题进行了全面规范。2020 年短视频最引人注目的问题当属内容"搬运"侵权，2020 年 4 月 9 日，逾 70 家影视传媒单位及企业联合发布声明，抵制短视频"搬运工"。2021 年，相关部门综合治理短视频内容乱象，压实平台管理主体责任，对内容和平台进行监管和规范。国家互联网信息办公室发布的《互联网用户公众账号信息服务管理规定》、国家互联网信息办公室等三部门发布的《网络音视频信息服务管理规定》等一系列文件对短视频内容制作、审核、发布提出了明确的规范要求。

2022~2023 年，管理部门持续健全网络直播、短视频综合治理体系，进一步压实平台信息内容管理主体责任。2022 年 4 月，国家互联网信息办公室发布的《关于开展"清朗·整治网络直播、短视频领域乱象"专项行动的通知》明确指出聚焦各类网络直播、短视频行业乱象，分析背后深层次原因，着力破解平台信息内容呈现不良、功能运行失范、充值打赏失度等突出问题。2022 年 8 月，中共中央办公厅、国务院办公厅印发《"十四五"文化发展规划》，旨在推出更多高品质的短视频、网络剧、网络纪录片等网络视听节目，发展积极健康的网络文化，压实网络平台主体责任、属地管理和主管主办责任，加强和改进内容监管。2023 年 7 月，中央网信办秘书局发布《关于加强"自媒体"管理的通知》，明确了多项管理要求，包括强化账号信息审核、严格核验特定领域的"自媒体"、加强信息真实性管理、标记虚构或争议信息、完善谣言标签功能、限制账号数量、明确营利权限开通条件、完善粉丝数量管理、加大 MCN 机构管理、加强违规"自媒体"处置和曝光等，旨在有效防止自媒体违规行为，保障网络信息的真实性和合法性。相关政策内容详见表 5-1。

表 5-1 短视频相关政策梳理

发布时间	发布机构	文件名称	主要内容
2023年7月	中央网信办秘书局	《关于加强"自媒体"管理的通知》	1. 严防假冒仿冒行为。网站平台应当强化注册、拟变更账号信息、动态核验环节账号信息审核，有效防止"自媒体"假冒仿冒行为。对账号信息中含党政军机关、新闻媒体、行政区划名称或标识的，必须人工审核，发现假冒仿冒的，不得提供相关服务。
			2. 强化资质认证展示。对从事金融、教育、医疗卫生、司法等领域信息内容生产的"自媒体"，网站平台应当进行严格核验，并在账号主页展示其服务资质、职业资格、专业背景等认证材料名称，加注所属领域标签。对未认证资质或资质认证已过期的"自媒体"，网站平台应当暂停提供相应领域信息发布服务。
			3. 规范信息来源标注。"自媒体"在发布涉及国内外时事、公共政策、社会事件等相关信息时，网站平台应当要求其准确标注信息来源。发布时在显著位置展示。使用网上获取的图片、视频的，必须明确所属领域相关信息及拍摄的时间、地点等标注信息发生的时间、地点。引用旧闻旧事的，必须明确说明当时事件真实性发生的时间、地点。
			4. 加强信息真实性管理。网站平台应当要求"自媒体"对其发布转载的信息负责。"自媒体"发布信息时，网站平台应当以显著方式标记信息来源、视频的，不得以置名用户等代替。发布信息不得无中生有、不得断章取义、歪曲信息发布页面信息真实性。曲事实、不得以拼凑剪辑，合成伪造等方式，影响信息真实性。
			5. 加注虚构内容或争议信息标签。网站平台对存在争议信息记争议标签，剧情演绎的内容，并对相关信息限流。或演绎标签，鼓励网站平台对有虚构情节、剧情演绎的信息发布合有虚构情节、重大突发事件等领域信息。在持定谣言搜索呈现页面置顶辟谣信息，运用算法推荐方式提高辟谣信息触达效率，提升辟谣效果。
			6. 完善谣言标签功能。涉公共政策、社会民生、重大突发事件等领域谣言，在持定谣言搜索呈现页面置顶辟谣信息，运用算法推荐方式提高辟谣信息触达效率，提升辟谣效果。
			7. 规范账号运营行为。网站平台应当严格执行"一人一号"、一企两号"账号注册数量规定，严禁个人或企业操纵"自媒体"账号矩阵发布传播违法和不良信息，消费灾难事故、蹭炒社会热点事件。网站平台依法依规开展账号运营活动，不得集纳负面信息、翻炒旧闻旧事、诱导用户关注其他地账号等方式，提前关注、故留悬念念等方式、"自媒体"生产高质量内容。网站平台防止以防止失踪，故留悬念念等方式、诱导用户关注其他地账号重新注册。
			8. 明确营利权限开通条件。"自媒体"申请开通营利权限的，需3个月内无违规记录。账号主体变更的，自变更之日起3个月内，营利权限应当暂停或不得赋予其营利权限。营利方式包括但不限于广告分成、内容分成、电商带货、直播打赏、文章或短视频赞赏、知识付费、品牌合作等。
			9. 限制违规行为获利。网站平台对违规"自媒体"采取禁言措施的，应当同步暂停其营利权限，时长为禁言期限的2至3倍。对打造低俗人设、违背公序良俗网红形象，多账号蹭炒或炒社会热点事件进行恶意营销等的"自媒体"，网站平台进行取消或不得赋予其营利权限。网站平台应当定期向网信部门报备限制违规"自媒体"营利权限的有关情况。
			10. 完善粉丝数量管理措施。"自媒体"因违规被网站平台给予推荐、榜单等重点环节呈现。对频繁蹭炒社会热点事件博取关注的"自媒体"，网站平台应当及时核实并子以清除。禁言期间"自媒体"，永久不得新增粉丝，历史违规行为不得在网站平台给予推荐，网站平台不得提供粉丝数量转移服务。禁止新增粉丝、情节严重的，清空全量粉丝。

续表

发布时间	发布机构	文件名称	主要内容
2023 年 7 月	中央网信办秘书局	《关于加强"自媒体"管理的通知》	• 11. 加大对"自媒体"所属 MCN 机构管理力度。网站平台应当健全 MCN 机构管理制度，对 MCN 机构及其签约账号实行集中统一管理。在"自媒体"账号主页，以显著方式展示该账号所属 MCN 机构名称。对于利用签约账号联动炒作、多次出现违规行为的 MCN 机构，网站平台应当采取暂停营利权限、限制提供服务、入驻清退等处置措施。 • 12. 严格违规行为处置。网站平台应当及时发现并严格处置"自媒体"违规行为。对制作发布谣言、蹭炒社会热点事件或矩阵式发布违法违规和不良信息造成恶劣影响的"自媒体"，一律予以关闭，纳入平台黑名单数据库并上报网信部门。对转发谣言的"自媒体"，应当采取取消营利权限、清理粉丝、清理账号等措施。禁言、关闭等处置措施。对未通过资质认证从事金融、教育、医疗卫生、司法等领域信息发布的"自媒体"，应当采取清理互动功能、禁言、关闭等措施。 • 13. 强化典型案例处置曝光。
2022 年 11 月	国家广播电视总局办公厅	《关于进一步加强网络微短剧管理 实施创作提升计划有关工作的通知》	• 聚焦色情低俗、血腥暴力、格调低下、审美恶俗等内容的"小程序"类网络微短剧，开展专项整治，依法依规进行重点整改、严肃处置。指导重点视听平台完善算法和推送机制，加大对优质网络微短剧推送，营造更加清朗的网络视听空间。 • 依法依规纳入管理。对网络微短剧管理。在内的各网络微短剧服务的开办各主体、各环节，遵循网络管理一致性原则，须取得《信息网络传播视听节目许可证》或依规纳入广播电视行政管理的包括"小程序"类网络微短剧在内的所有微短剧，须通过广播电视行政管理部门内容审查并获得《网络剧片发行许可证》或按拢网网站网络剧片管理的有关规定。对未持有《信息网络传播视听节目许可证》的网络平台应对相关接入、分发、链接、聚合、传播的网络微短剧，不得为违规微短剧提供相关服务。对设用户个人上传的微短剧，或者用户主体职责或生产制作机构的责任，落实审核后播出的管理制度，发现问题的，立即实施断开链接、下线、停止接入等处置措施。 • 加大精品扶持力度。依托网络视听节目创作指导委员会、精品创作扶持等机制，支持创作更多人民群众喜闻乐见的网络微短剧。将网络微短剧创作为子项，积极申报总局精品网络视听节目创作传播工程、"中国梦"主题优秀网络视听节目季度和年度推优等活动，对思想性、创新性、艺术性、文化达到较高水准的网络微短剧，在内容审核、发行许可证发放、评奖评优、文艺阅评、算法推荐等方面予以支持。 • 强化内容审核。严把好网络微短剧的导向关、片名关、内容关、审美关、人员关、宣传关、片酬关、播出关。
2022 年 8 月	中共中央办公厅、国务院办公厅	《"十四五"文化发展规划》	• 鼓励文化单位和广大网民依托网络平台依法进行文化创作表达，推出更多优秀的网络文字、综艺、影视、动漫、音乐、体育游戏产品和数字出版产品、服务，推出更多高品质的短视频、网络剧、网络纪录片等网络视听节目，发展积极健康的网络文化。

续表

发布时间	发布机构	文件名称	主要内容
2022年6月	文化和旅游部等十部门	《关于推动传统工艺高质量传承发展的通知》	• 支持新闻媒体和相关机构宣传传统工艺的当代价值及保护成果，鼓励传承人、项目保护单位及相关企事业单位、行业组织通过媒体平台发布有内容、有深度的直播或短视频作品，营造传统工艺传承发展的良好社会氛围。
2022年4月	国家互联网信息办公室	《关于开展"清朗·整治网络直播、短视频领域突出问题"专项行动的通知》	• 聚焦各类网络直播、短视频行业乱象，分析背后深层次原因，着力破解平台信息内容呈现不良、功能运行失范、充值打赏失度等突出问题。创新规范管理方式方法，健全综合治理体系，进一步压实平台信息内容管理主体责任。统筹行业发展与行业规范，坚决打击各种违法违规行为，推动行业健康有序发展。 • 以集中整治"色、丑、怪、假、俗、赌"等违法违规内容呈现乱象为切入点，进一步规范重点环节功能失范、"网红乱象"、打赏失度、违规营利、恶意营销等突出问题。
2022年1月	文化和旅游部办公厅	《关于开展"打卡旅游休闲·打开欢乐春节"——2022年新春旅游宣传推广活动的通知》	• 通过图文、短视频等多种形式参与展示本地、本单位、家乡、居住地及自己春节就地就近参与旅游休闲和旅游休闲活动，所开展的春节民俗文化活动；对于有一定"粉丝"基础、直播经验较为丰富的旅游账号支持开展直播活动，开设活动专题页面。
2021年1月	国家互联网信息办公室	《互联网用户公众账号信息服务管理规定》	• 建立公众账号监测评估机制，防范账号订阅数、用户关注度、内容点击率、转发评论量等数据造假行为，建立生产运营者信用等级管理体系，根据信用等级提供相应服务。建立健全网络谣言等虚假信息预警、发现、甄别、溯源、辟谣、消除等处置机制，对制作发布虚假信息的公众账号生产运营者降低信用等级或者列入黑名单。 • 规范管理电商销售、广告发布、知识付费、用户打赏等经营行为，不得发布虚假广告，进行夸大宣传，实施商业欺诈及商业贿赂等，保障用户知情权。加强对原创信息内容的著作权保护，防范盗版侵权行为。平台不得利用优势地位干扰生产运营者合法合规运营、侵犯用户合法权益。加强对本平台公众账号信息服务活动的监督管理，及时发现和处置违法违规信息或难行为。公众账号信息服务平台和生产运营者应当自觉接受社会监督。
2020年12月	中共中央	《法治社会建设实施纲要（2020~2025年）》	• 在网络视听领域，要通过立改废释并举等方式，完善网络信息服务方面的法律法规，修订互联网信息服务管理办法，制定完善对网络直播、自媒体、知识社区问答等新媒体业态和算法推荐、深度伪造等新技术应用的规范管理办法，加强和创新互联网内容建设，推动互联网信息服务领域严重失信"黑名单"制度和惩戒机制，督促网络企业落实主体责任等。

续表

发布时间	发布机构	文件名称	主要内容
2019年11月	国家互联网信息办公室、文化和旅游部、国家广播电视总局	《网络音视频信息服务管理规定》	• 落实信息内容安全管理主体责任，配备与服务规模相适应的专业人员，建立健全用户注册、信息发布审核、信息安全管理、应急处置、从业人员教育培训、未成年人保护、知识产权保护、防范网络违法犯罪活动、维护网络数据的完整性、安全性和可用性。 • 依照《中华人民共和国网络安全法》的规定，对用户进行基于组织机构代码、身份证件号码、移动电话号码等方式的真实身份信息认证。任何组织和个人不得利用网络音视频信息服务以及相关信息技术从事危害国家安全、破坏社会稳定、扰乱社会秩序、侵犯他人合法权益等法律法规禁止的活动，不得制作、发布、传播煽动颠覆国家政权、危害国家和社会稳定、网络谣言、淫秽色情，以及侵犯他人名誉权、肖像权、隐私权、知识产权和其他合法权益等法律法规禁止的信息内容。 • 加强对网络音视频信息服务使用者发布的信息内容的管理，部署应用违法违规及非真实音视频鉴别技术，发现音视频信息服务使用者利用基于深度学习、虚拟现实等的虚假图像、音视频生成技术制作、发布、传播谣言的，应当及时采取相应的辟谣措施，并将相关信息报网信、文化和旅游、广播电视等部门备案。在与网络音视频信息服务使用者签订的服务协议中，明确双方权利、义务，要求网络音视频信息服务使用者遵守本规定及相关法律法规。 • 建立健全辟谣机制，应当及时采取相应的辟谣措施，并将相关信息报网信、文化和旅游、广播电视等部门。自觉接受社会监督，设置便捷的投诉举报入口，公布联系方式，及时受理并处理社会公众投诉举报。
2018年3月	国家新闻出版广电总局	《关于进一步规范网络视听节目传播秩序的通知》	• 坚决禁止非法抓取、剪拼改编视听节目的行为，所有节目网站不得制作、传播歪曲、恶搞、丑化经典文艺作品的节目；不得擅自对经典文艺作品、广播影视节目、网络原创视听节目作重新剪辑、重新配音、重配字幕，不得截取若干节目片段拼接成新节目播出；不得传播此类被重新剪辑、篡改原意的作品节目片段。 • 加强网络上片花、预告片等视听节目管理。各视听节目网站对播出的片花、预告片所对应的广播影视节目必须是合法的，网络原创视听节目的片花、预告片等不得做剧透，不能断章取义、恶搞断意，不能为吸引眼球，以低俗的创意吸引点击。不得出现包含"未审核"版或"审核删节"版等内容。 • 加强对各类节目接受冠名、赞助的管理。网络视听节目接受冠名、赞助等，要事先核验冠名或赞助方的资质，不得为未取得《信息网络传播视听节目许可证》非法开展网络视听节目服务的机构进行任何形式的合作。
2017年6月	国家新闻出版广电总局	《关于进一步加强网络视听节目创作播出管理的通知》	• 各类网络视听节目必须坚持弘扬健康的审美价值观，网络综艺节目、网络剧、网络电影等要反对天价片酬、无聊游戏、奢华盛宴等不良风气，避免内容过度娱乐化和低俗之风。网络电影要坚决抵制低俗媚俗庸俗之风，绝不能用作假作秀、故意激化矛盾、放大非理性情绪等错误方式误导受众，混淆是非，要维护公序良俗，要坚持把社会效益放在首位，绝不能制造低俗噱头，展示丑行恶态，呈现丑行恶态。 • 坚决杜绝包装炒作明星子女和侵害未成年人权益的现象。网络视听节目服务机构要全面落实主体责任，建立健全完善有效的未成年人权益保护机制。要全面落实好播出前的内容审核。要全面实现好采编制播各个环节，把导向责任落实到各环节，总编辑负责制等规章制度，把关到位，具体岗位。

二　舆论环境：主流媒体报道正向占比较高

2023 年，主流媒体关于短视频报道的高频词"阅读""公益""知识""需要""直播""创作者""内容"等，说明主流媒体关注短视频发展特点和积极意义，而"未成年人""青少年"沉迷""侵权""问题"等词则反映了短视频发展的行业痛点（见图 5-2）。

图 5-2　2023 年中国短视频领域主流媒体报道关键词

2023 年，主流媒体关于短视频的报道以正向报道为主，占比 45%，中性报道占比为 42%，负向报道占比为 13%（见图 5-3）。其中，正向报道肯定了短视频以小而美的方式呈现当代生活、从小规模内容中展现大视野的功能，短视频在促进文旅融合、展现中国形象、促进网络经济发展、推进数字阅读和知识传播方面有积极意义；中性报道关注短视频的监管措施及应对工作，以规范行业发展；负向报道则指出了虚假制作、侵权、沉迷以及刻意引导流量等现存问题。报道的核心内容及倾向性判断详见表 5-2。

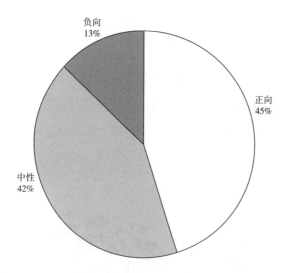

图 5-3　2023 年中国短视频领域主流媒体报道倾向分布

第三节　市场运行现状

一　市场规模逼近 3000 亿元关口，将持续扩增

在政策引导、技术推动、经济发展等多种因素作用下，中国短视频历经多年蓬勃发展，积累了庞大的产业规模，且仍保持增长态势，已成为数字内容产业发展的主引擎。2022 年中国短视频市场规模达到 2928.3 亿元，逼近 3000 亿元大关，同比增长 13.5%（见图 5-4），尽管纵向来看增速有所放缓，但与其他细分领域相比，在市场普遍进入回调期的背景下，短视频已成为增长较快的领域。随着近年来互联网巨头不断加码短视频业务，短视频内容生态进一步规范，内容质量不断提升，与长视频的版权纠纷逐渐和解，"短视频 +"跨界渗入各行各业发展场景中，行业进入发展成熟期。同时，短视频平台变现模式逐渐成熟，并在积极拓展广告营销、本地化生活服务、直播带货等多元化业务，以实现新的增长点。

微短剧的蓬勃发展再次点燃了短视频市场的热情，超过 800 部微短剧竞相亮相 2024 年春节档，受到大量用户的热烈关注。艾瑞咨询发布的《2023~2024 年中国微短剧市场研究报告》显示，2023 年中国微短剧市场规模达到 373.9 亿元，同比增长 267.65%。本研究预计，在微短剧火热发展的促进下，短视频市场规模将继续保

表 5-2　短视频相关报道梳理及倾向性判断

发布时间	主流媒体	报道标题	报道的核心内容	ChatGPT 判断	人工修正
2023 年 9 月 23 日	新华网	《李光斗：用高端化科短视频促进文旅融合》	一方面，可以通过乡村旅游带动当地的饮食；另一方面，可以通过乡村旅游带火当地的土特产和产品。	正向	正向
2023 年 9 月 20 日	新华网	《收获百万点赞！88 岁院士，成了短视频博主》	有报道称，金涌院士在抖音上的短视频累计播放量超 1.6 亿，他账号上的科普短视频合集 # 金涌谈创新教育，播放量就已超过 2200 万。	正向	正向
2023 年 9 月 19 日	新华网	《反诈短视频播放量超两亿，反诈横幅"有趣又有灵魂"》	反诈短视频播放量超两亿，反诈横幅"有趣又有灵魂"，因这些用心用情用力的反诈宣传举措的支撑，鄞州区成为自 2021 年以来电诈案件发案连续下降的区域。	正向	正向
2023 年 9 月 18 日	新华网	《〈颗粒度报告〉：科普短视频的"标准模式"》	《颗粒度报告》是由央视新闻客户端推出的单集时长 4 分钟左右的系列科普短视频，高精度地呈现了新能源汽车、绿色建筑等前沿科技进展背后的知识谱系。	正向	正向
2023 年 9 月 14 日	新华网	《三分钟看完〈红楼梦〉短视频正摧毁阅读？》	当下，短视频阅读正成为一种新的阅读方式，不过也有读者认为，看短视频让人容易上瘾，长期进行会摧毁原有的阅读能力。	中性	中性
2023 年 9 月 13 日	新华网	《以公益短视频发现三种"美"展现"可信，可爱，可敬"的中国形象》	由央视网发布的短视频《共"筑"好生态，引得"稀客"来。首个全国生态日，让我们跟随"国聘"一起飞越美丽中国》通过纪实拍摄，讲述了在栖息繁殖地为中华秋沙鸭搭建、增挂人工鸟巢的动人故事。	正向	正向
2023 年 8 月 10 日	新华网	《"说大人话"的孩子成赚钱工具——些短视频把孩子带歪》	现在一些拍短视频的人，不断编出一些剧本来让孩子来当主角。有些剧本内容三观不正，把该孩子带歪。	负向	负向
2023 年 8 月 4 日	新华网	《中共孙吴县委网信办开展集中整治网络直播、短视频乱象专项行动》	8 月 4 日，中共孙吴县委网信办联合县公安局网络安全保卫大队开展集中整治网络直播、短视频乱象专项行动，对辖区内 5 家网络直播传媒公司开展网络安全执法检查。	正向	中性
2023 年 7 月 31 日	新华网	《"打工赚钱给爷爷治病"？短视频博主被警方约谈》	朱某文向博入眼球、杜撰了"卖惨"故事，并饰演"卖惨"的主角。	负向	负向
2023 年 7 月 28 日	新华网	《近八成受访未成年人曾用短视频学习知识》	受访未成年人通过短视频接触更大知识圈；促进未成年人从短视频中学习需要家校引导；未成年人的精神需求需要被关注。	中性	中性
2023 年 7 月 27 日	新华网	《直播"带房"，房产中介卷进短视频赛道》	直播成为房产线上经营的新窗口，2022 年抖音房产创作者开播率达到 20%，房产直播间被用户观看分享，带来超过 1300 亿次观看量。	中性	中性

续表

发布时间	主流媒体	报道标题	报道的核心内容	ChatGPT 判断	人工修正
2023 年 7 月 25 日	新华网	《逄文斌："象舞指数"，发现短视频更好的样子》	为引领带动媒体主力军进入网络主战场，中央广播电视总台着力构建短视频融媒体传播评价体系，"象舞指数"以"思想＋艺术＋技术"融合传播理念深刻洞察行业发展态势。	正向	正向
2023 年 7 月 12 日	新华网	《夏斌丨张磊："对短视频爆款逻辑，我们需要再认识"》	在张磊看来，这些"破题密码"就藏在作品的标题、热点、话题、趣味性，共情力里。	正向	中性
2023 年 7 月 7 日	新华网	《重庆首例短视频剪辑平台之争不正当竞争纠纷案宣判》	两江新区（自贸区）法院审结了一起获取使用贴纸、特效、模板等数据集合的侵权案件。该案是重庆市首例短视频剪辑平台不正当竞争纠纷案。	正向	中性
2023 年 6 月 26 日	新华网	《发布虚假短视频 400 多条？警方：拘留！》	网民陈某为博取流量关注，在多个网络视频平台发布歪曲事实视频共计 435 条，目前，该名违法嫌疑人已被依法行政拘留。	负向	负向
2023 年 9 月 18 日	人民网	《"二创"短视频如何常创新》	在一系列管理规范、审核细则相继出台后，近一段时间涌现不少优质二创作品。它们超越了传统形式和宣发价值，在不对版权方著作权造成侵害的前提下，成为针对原作进行主题深化、文化解读、趣味加持的"助推器"。	正向	正向
2023 年 9 月 12 日	人民网	《用好短视频，讲好中国故事》	大型融媒体节目《中国短视频大会》引发网友热议，相关话题微博阅读量近 6 亿，全网视频播放量超 7.8 亿，让人们看到短视频具有讲好中国故事的澎湃能量。	正向	正向
2023 年 9 月 1 日	人民网	《"我想去中国"短视频创意大赛在曼谷启动》	参赛者需以泰国人视角制作短视频，展示中国丰富的文化和旅游资源，这为泰国民众提供了一个更好地了解和感受中国的机会，进一步激发了民众赴华旅游的兴趣。	正向	正向
2023 年 7 月 19 日	人民网	《主播离职后，原公司能否继续使用其出镜带货的短视频？》	一公司在主播离职后未征得其同意的情况下，继续使用主播的肖像用于宣传，侵害了该主播的肖像权，舟山中院最终裁判公司承担侵权责任。	正向	中性
2023 年 7 月 17 日	人民网	《炫富抄袭虚假营销、短视频乱象在"老一小"》	虚假营销、不良价值观引导以及短视频沉迷等问题让青少年和老年人最感困扰。	负向	负向
2023 年 6 月 29 日	人民网	《让短视频与现实生活同频共振》	短视频行业的持久发展，有赖于切实贴近日常生活，与时代同频共振，深度释放生产要素潜能。	正向	正向
2023 年 6 月 29 日	人民网	《"探店"等营销短视频须标明"广告"》	今年 5 月 1 日起施行的《互联网广告管理办法》明确提出，通过体验分享等形式推销商品或服务的视频如果附加购物链接等购买方式，发布者必须显著标明该视频为"广告"。	负向	中性
2023 年 6 月 26 日	人民网	《引导青少年健康使用短视频》	一方面，需要加强青少年的媒介素养教育。另一方面，需要强化短视频创作者和平台的责任意识。	中性	中性

续表

发布时间	主流媒体	报道标题	报道的核心内容	ChatGPT 判断	人工修正
2023 年 6 月 15 日	人民网	《防范短视频沉迷，还需加强"青少年关怀"》	要提升青少年媒介素养，引导他们合理触网，在面对短视频时，既不主动发现美好又拒绝沉迷网络。	中性	中性
2023 年 5 月 29 日	人民网	《如何让短视频助力青少年成长》	中国青年报社举办"探索短视频助力青少年发展研讨会"，来自业界、学界的一些学者尝试探讨短视频和青少年的关系，并提出一些问题的解决办法。	中性	中性
2023 年 5 月 19 日	人民网	《"短视频 +"乡村文创电商项目〈乌江记忆〉》	《乌江记忆》立足新媒体平台，以"城市文化形象微纪录片"的创作方式，着眼于用影像记录乌江流域城市（重庆辖区内）的社会面貌和人民生活方式，梳理与乌江有关的记忆。	正向	正向
2023 年 5 月 7 日	人民网	《优秀传统文化短视频何以"破圈"传播》	中华优秀传统文化正搭乘短视频的东风，加速"破圈"，真正"飞入寻常百姓家"，使大众通过掌上小屏就可感受传统文化之魅力。	正向	正向
2023 年 4 月 14 日	人民网	《合力防范青少年短视频沉迷》	帮助未成年人防沉迷、关键在疏导。未成年人是网络建设的重要主体，防止网络沉迷是未成年人网络保护工作的一个重要方面。	中性	中性
2023 年 4 月 11 日	人民网	《玩转短视频，万千网店做升级》	本次京津冀（保定定衡）电商培训，就是电商"新军埔"的"领头雁"。以致用，迅速成为"新军埔"的"领头雁"。	正向	正向
2023 年 3 月 31 日	人民网	《短视频创作者潘雅雯：红星照耀青春路》	从 2021 年 3 月 8 日第一期短视频上线，至今《雅雯讲故事》已推送 5 分钟档红色节目 100 多期，全网浏览量超过 900 万人次，点赞 89 万，抖音 400 多期，点赞 89 万，粉丝 37 万。	正向	正向
2023 年 9 月 25 日	光明网	《虚假视频"误伤"公益、平台应该做点什么？》	"凉山、攀枝花、老人卖石榴要遭拒？"真相：主播带货，视频全是摆拍！"这些热门视频的背后，实则为摹带货的营销套路。"	负向	负向
2023 年 9 月 21 日	光明网	《99 公益日：视频号公益直播助力筹款 250 万元 公益视频曝光量近 25 亿》	视频号官方对外公布 99 公益日期间，累计吸引超 14 万视频创作者参与，相关公益主题短视频吸引 25 亿人次浏览；共计 1300 场视频号公益直播，引发 570 万用户点赞超 4500 万次；公益机构通过视频号跳转腾讯公益募集善款超 250 万元，捐款人数超 6 万。	正向	正向
2023 年 9 月 21 日	光明网	《不虚此行》：作为短视频时代矫正装置的慢电影	《不虚此行》虽然是一部在创作上需要继续打磨的电影，但更是一部真切而有创造力的电影。	正向	中性
2023 年 9 月 20 日	光明网	《方言传承 短视频来助力》	近日，抖音上线格地方言自动翻译成字幕功能，用科技解决对方言类内容的交流障碍，将对方言传播产生重要作用。	正向	正向
2023 年 9 月 16 日	光明网	《网络微短剧："小体量"追求"大格局"》	网络微短剧的发展是短视频向高阶的递进，既符合大众填补碎片化时间的需求，也借助影视这一喜闻乐见的形式。	正向	正向

续表

发布时间	主流媒体	报道标题	报道的核心内容	ChatGPT 判断	人工修正
2023年9月14日	光明网	《短视频里学知识不能只是一乐》	在目前知识短视频专业化、标准化程度良莠不齐的情况下，学习复杂知识、思考深度问题，恐怕还是得尊重传统学习方式，下一番苦功夫。	负向	中性
2023年9月7日	光明网	《〈逃出大英博物馆〉火出圈的背后》	这种用"文物拟人"的方式，巧妙讲述关于文化、历史和责任的故事，用心的制作和深厚的文化情怀引发观众强烈共鸣。	正向	正向
2023年9月4日	光明网	《三分钟速读，能治好"名著恐惧症"吗》	速读内容同质化，好似只展示了书皮与腰封。真正具有竞争力的优质内容创作才能沉淀下来。	正向	中性
2023年9月1日	光明网	《短视频时代，阅读方式悄在改变》	促进而非替代，短视频拓展阅读人群，助力知识传播。短视频时代，"阅读"概念有了更多打开方式，优质短视频内容"回流"促进传统出版业发展。	正向	正向
2023年8月31日	光明网	《"小而美"地呈现这个时代》	这些优秀短视频作品、题材类型涵盖纪实、微电影、公益宣传、动漫等，体现出鲜明的艺术个性和当代美学，"小而美"地呈现这个时代的生活与精神。	正向	正向
2023年8月31日	光明网	《西安警方揭秘特大"网络水军"团伙》	2023年，陕西西安网警发现多个短视频平台账号以新闻或某公众号的名义发布消息，这些账号频繁利用各种各样社会敏感事件炮制话题，策划文案，制作视频，严重扰乱网络秩序和社会稳定。	负向	中性
2023年8月30日	光明网	《上万个账号关闭！324个App下架！官方出手了》	网信部门督促短视频等平台，对创作者加强教育引导，对违法设置违规账号等措施，累计处置违规账号4700余个。	中性	中性
2023年8月29日	光明网	《国家版权局等四部门启动"剑网2023"专项行动》	自2005年起，国家版权局等部门针对网络盗版的热点难点问题，聚焦网络视频、网络音乐、网络文学等领域，连续开展专项整治。	正向	中性
2023年8月25日	光明网	《"悲修遭遇系"等摆拍视频惹争议 短视频摆拍引流的法律界限在哪里？》	今年以来，接连不断有热门短视频被曝造假摆拍，引发舆论持续关注，这种为流量不择手段的行为也广受网友批评。	负向	负向
2023年8月24日	光明网	《加强"自媒体"管理、守护互联网清明》	中央网信办发布《关于加强"自媒体"管理的通知》提出"严防假冒仿冒行为""规范信息来源标注""规范账号运营行为"等13条工作要求。	中性	中性

持稳步扩增，2024年将超过3400亿元，增速方面继续保持放缓步伐，2022~2024年CAGR为9%。

2022年中国短视频用户规模突破10亿人大关，达到10.12亿人，同比增长8.35%（见图5-5），远高于中国网民规模2.6%的增长速度。中国网络视听节目服务协会发布的《2023中国网络视听发展研究报告》数据显示，中国短视频人均单日使用时长超过2.5个小时，遥遥领先于其他应用，短视频平台已经成为网民获取新闻资讯的首要渠道。随着用户数量逐渐饱和，预计短视频用户规模增速将放缓至2%左右。

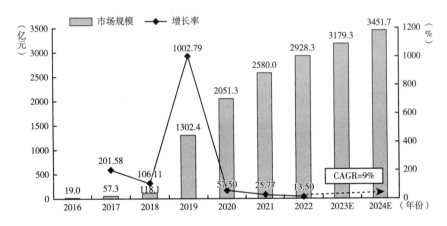

图 5-4　2016~2024 年中国短视频市场规模及预测

数据来源：中国网络视听节目服务协会《中国网络视听发展研究报告》（2018~2023）、头豹研究院，2023~2024年数据由本研究测算。

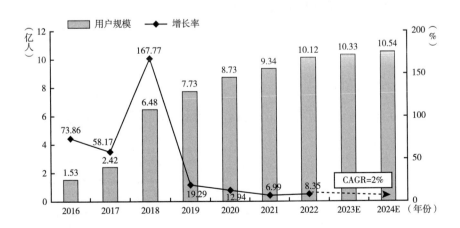

图 5-5　2016~2024 年中国短视频用户规模及预测

数据来源：CNNIC 第 38~52 次《中国互联网络发展状况统计报告》、艾媒咨询，2023~2024年数据由本研究测算。

二 营销、电商、直播等多元变现模式挖掘内容商业价值

经过早期的流量积累后，短视频平台探索出多元变现模式。短视频平台的内容来自用户上传，这大大降低了平台的版权采购成本，创作者本身也是消费者，商业价值的实现都围绕内容展开。目前，广告营销、电商分成、直播带货是短视频平台最常见的变现模式，其中广告营销属于最主流的方式。据快手财报，2022 年快手线上营销（广告）营收占比达到 52%，是第一大收入来源。短视频平台通过原生广告信息流或软性植入的方式，在不影响用户体验的前提下，将品牌内容融入短视频情境。

直播变现方面，抖音、快手、视频号都已开通直播平台。快手基于社区属性已经培养了成熟的直播生态，大量不同风格类型的主播积累了高价值的私域流量，通过直播带货、打赏实现营收。抖音于 2017 年 12 月推出直播功能，音乐、传统文化、"三农"、旅游等内容在直播平台上展现活力。视频号于 2020 年 10 月开通直播功能，并开通了购物车和小店，据微信公开课讲师介绍，2022 年视频号直播看播规模增长 300%，看播时长增长 156%，直播带货规模高速增长，商品交易总额比 2021 年增长超过 8 倍，消费品类主要集中在服饰、食品和美妆。[1] 视频号直播正在成为短视频营收新的增长点。

电商分成目前占短视频平台营收的比重还较小，普遍不及上述二者，但其商业价值潜力正在显现。2022 年，抖音电商商品交易总额高达 1.41 万亿元，同比增长 76%。[2] 腾讯正在积极推动电商成为视频号的第二收入来源，做好电商的最后一环。2022 年底，视频号向商家发出公告，于 2023 年 1 月 1 日起面向商家收取技术服务费，费率标准在 1% 至 5% 之间。[3] 在线下端，抖音、快手都在积极推进本地生活服务，快手基于庞大的下沉市场推出了官方本地生活小程序，抖音则布局外卖业务，推出外卖小程序，并与饿了么合作，《2022 抖音生活服务数据报告》显示，抖音生活服务覆盖城市已超 370 个。

---

① 马宁宁. 腾讯电商押宝视频号：直播带货成交额增 8 倍，客单价超 200 [EB/OL]. 2023-01-10[2023-08-10]. https://m.mp.oeeee.com/a/BAAFRD000020230110755908.html.

② 亿邦动力. 抖音电商 1.41 万亿 哪些品牌将成平台标杆？[EB/OL]. 2023-05-15[2023-08-10]. https://m.ebrun.com/518249.html.

③ 马宁宁. 腾讯电商押宝视频号：直播带货成交额增 8 倍，客单价超 200[EB/OL]. 2023-01-10[2023-08-10]. https://m.mp.oeeee.com/a/BAAFRD000020230110755908.html.

开展个人或品牌 IP 化运作则是更深入的短视频玩法，比如打造时尚穿搭达人、育儿专家、护肤专家等标签，通过矩阵式分发积累更多的流量与曝光度，如"Papi 酱""年糕妈妈""罗永浩""董宇辉"等知名 IP，在多个平台上积累了大量垂直圈层的用户，为实现高效变现打下了基础。

三　庞大流量助力短视频带货潜力释放

与其他领域追求付费转化的方式不同，当前主流短视频平台通过免费为用户提供内容来实现流量的价值，例如提高广告曝光率、增加电商业务商品交易总额和提升带货转化率[①]等。带货是广大视频博主最主要的创收方式，带货转化率则是衡量博主商业价值的重要指标。带货通过直观展示商品特点、使用方法、搭配方式或以情景式的短剧嵌入等激发观众购买欲，实现"种草"目标，促进销售增长或提升品牌的影响力。当前，越来越多的品牌方重视短视频博主的商业价值，并积极选择与品牌调性相符、性价比高的博主合作，实现共赢。

抖音和小红书是短视频"种草"的主流平台，快手则以直播带货为主，因此本研究主要参考抖音和小红书的带货转化率数据。根据 QuestMobile2022 年发布的数据，小红书带货转化率为 21.4%，而抖音的带货转化率为 8.1%。2023 年 2 月，抖音月活跃用户数达到 7.55 亿，[②] 小红书的月活跃用户数则为 4312 万，[③] 据此估算抖音和小红书的下单人数，通过与月活跃用户规模相比可粗略推算出头部短视频平台平均带货转化率在 8.82% 左右。短视频作为消费者和商家的联结平台，随着电商基础设施不断成熟、交易秩序不断完善，商业潜力有望进一步释放。

四　市场集中度持续提升，盈利能力稳中有升

短视频市场已形成以抖音集团和快手系"两强"占据大部分市场、视频号奋起直追、其他平台瓜分剩余市场的格局。2023 年 6 月，抖音月活跃用户规模为 7.23 亿，

---

① 参考付费转化率的概念，这里的"带货转化率"是指下单人数和实际观看人数之间的比例。为与下节直播付费转化率做出区分，这里仅关注短视频的带货转化率。

② 胖胖. 抖音发力短图文，翻的不是小红书 [EB/OL]. 2023-05-09[2023-08-10]. https://www.jiemian.com/article/9368540.html.

③ QuestMobile. 2023 中国移动互联网春季大报告：银发群体助推总用户同比再增长 2%，线上高消费群体中 90 后、00 后破 4 成 [EB/OL]. 2023-04-25[2023-08-10]. https://www.questmobile.com.cn/research/report/1650755531067985922.

月人均单日使用时长达到 1.89 小时，排名第二的快手月活跃用户规模为 4.51 亿，月人均单日使用时长也达到 1.72 小时。① 微信视频号于 2020 年 1 月推出，内嵌于微信的"发现"页面中，微信庞大的用户基础为视频号起到显著的引流效果，视频号诞生一年半就达到 3 亿日活跃用户规模，这是快手花费 9 年、抖音花费 3 年才达到的水平。2022 年 6 月，视频号月活跃用户规模就已突破 8 亿，后来者居上，发展潜力巨大。

中国网络视听节目服务协会发布的《2023 中国网络视听发展研究报告》数据显示，短视频第一梯队抖音和快手两个平台占据了 59.5% 的市场份额，第二梯队快手极速版、抖音极速版、西瓜视频占据了 31.1% 的市场份额，第一、第二梯队合计占比 90.6%；第三梯队抖音火山版、好看视频、微视、优哩视频、爱奇艺随刻合计占比 8.1%，其余平台占比仅 1.3%。可以看出，前三个梯队中，属于抖音集团和快手旗下的短视频产品就有 6 个。从以头部短视频平台市场份额计算的市场集中度来看，2016~2022年，短视频市场持续向头部集中，头部平台在流量、内容资源方面占有绝对优势。

经过多年发展，短视频平台凭借多元化商业模式，已形成较稳定的盈利能力。从快手、微盟、有赞等 7 家短视频企业的平均毛利率看，自 2017 年以来，短视频领域平均毛利率逐步提升至 38.25%（见图 5-6），并保持较为稳定的水平。

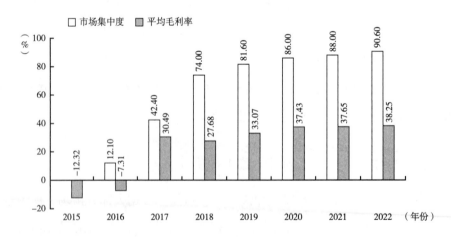

图 5-6 2016~2022 年中国短视频领域市场集中度及平均毛利率

注：市场集中度来自中国网络视听节目服务协会、恒大研究院、猎豹大数据，按 Top4 独立短视频平台市场份额计算；平均毛利率来自对国内 7 家短视频领域上市公司财务数据的计算结果。

---

① Mr.QM.QuestMobile 2023 中国移动互联网半年大报告：大厂重回快速增长，11 家去重用户破 5 亿，行业新动能显现，人群差异特性明显 [EB/OL]. 2023-08-02[2023-08-10]. https://mp.weixin.qq.com/s/l5gjF8BcBCISDckIMEoaNg.

五　典型案例

（一）抖音

1. "推荐算法+大规模商业推广"实现快速崛起

抖音上线于2016年9月20日，是一款面向全年龄段的短视频社区平台，用户可以通过选择音乐、特效等快速拍摄自己的短视频作品。抖音早期主打不超过15秒的短视频，后又将视频时长限制延长至60秒，向知识类创作者开放了5分钟的录制时长。抖音发挥了字节跳动的算法推荐优势，通过分析用户基本信息和观看行为，积累用户画像，根据用户兴趣为其推荐可能感兴趣的内容，实现内容与人的精准匹配。

2017年，抖音开始邀请国内头部MCN机构入驻。当年11月，今日头条10亿美元收购北美音乐短视频社交平台Musical.ly，与抖音合并，为其出海战略打下了基础。2018年，抖音在春节期间大规模开展推广拉新活动，沿京九铁路线选择性投放抖音广告，开展邀请迪丽热巴等明星加入的红包推广，日活跃用户规模从3000万猛增至7000万。抖音分别在2019年、2021年、2023年与《中央广播电视总台春节联欢晚会》达成合作，开展社交媒体传播、红包互动等形式推广。2020年1月，抖音整合火山小视频拓宽用户群体；2022年6月，抖音官宣与中国足球超级联赛达成合作，正式成为新赛季"中超联赛官方短视频合作平台"。

在内容治理方面，2018年4月，抖音正式上线防沉迷系统；2021年6月，抖音因提供含有禁止内容的短视频被罚，9月抖音发布《关于进一步加强"饭圈"乱象专项整治的公告》；2022年7月，抖音围绕长视频内容的二次创作与推广，与爱奇艺达成合作；2023年4月，又与腾讯视频"世纪大和解"，获得大量长视频资源的网络传播权及转授权。2023年6月，抖音月活跃用户规模为7.23亿，月人均单日使用时长达到1.89小时，已成为用户规模最大的独立短视频平台。

2. 广告和直播业务高速增长，电商和本地生活业务未来可期

抖音平台上汇集了社会各个阶层、不同圈子的用户，积累了大量的流量和用户数据，用户既是内容的创作者，也是商品的推荐者和消费者。抖音精准的用户画像为

品牌方在选择线上广告投放时提供了良好的效果保障，由此产生了巨大的商业价值。根据 AppGrowing 2022 年 3 月的数据，抖音平台广告投放量达 100 万条，同比增长 150%，投放广告行业占比前五名分别为综合电商、彩妆护肤、服饰鞋包、文化娱乐、游戏。[①]抖音平台的广告形式主要包括信息流广告、贴片广告、原生广告，其中信息流广告是盈利能力最强的方式；收费方式主要包括 CPM（按千人成本收费）和竞价（按效果收费）两种。

直播业务方面，抖音于 2017 年 11 月上线直播功能，抖音对直播业务的重视程度逐渐提升，如页面设置上提供了多种进入方式，可通过首页"同城"、"关注"、搜索 Tab 页等方式选择直播间；开发了多种功能玩法，如优惠券、礼物投票、连麦、贴纸、冲榜、抽奖等。抖音对新人扶持力度大，对满足条件的新人主播给予流量倾斜，帮助新人主播快速获得曝光率。在分成模式上，抖音 2020 年取消了公会的固定分成，推行更具有弹性的任务制，以提升直播的活跃度。

电商化、本地生活服务成为近两年内容平台变现的大趋势。从给电商导流到"自立门户"发展电商业务，抖音仅用了不到两年的时间。抖音 2019 年上线了抖音小店和商品搜索功能，2020 年成立了电商部门，实现平台内电商交易闭环，逐渐形成建立在对达人信任基础之上的电商模式。本地生活服务则是抖音近两年的新尝试，如餐饮团购、探店、外卖等，在"本地化 + 社交属性 + 算法推荐"三重优势叠加下，业务潜力巨大。

3. 全球化战略创下出海新纪录

抖音国际版 TikTok 顺应互联网出海大趋势，短短几年内创下中国互联网产品出海新纪录。2020 年上半年，TikTok 的月活跃用户数和下载量均创历史新高，受美国、印度等国制裁后，转向南美地区和东南亚地区等新兴市场继续保持稳步扩张，2022 年 12 月登上全球综合下载量排行榜榜首，虽在 2023 年 4 月滑落榜首，但仍保持在 Top3 位置。[②]TikTok 的商业化路径与抖音相似，将国内成熟的商业模式复制到海外市场，并根据各地特色进行本地化调整，以适应当地的文化和需求。目前

---

① 中信建投证券.2022 年字节跳动发展现状及业务布局分析 2021 年三季度字节跳动广告收入增速明显下滑 [EB/OL].2022-05-19[2023-08-10].https://www.vzkoo.com/read/202205190a91e4593d74252f069edfde.html.

② Henry. TikTok 全球下载量排名下降，电商业务恐受影响 [EB/OL].2022-05-16[2023-08-10].https://www.baijing.cn/article/44179.

TikTok 变现业务尚处于起步发展阶段，变现效果区域分化较明显，如电商业务在欧美市场反响平平，自 2022 年 11 月 TikTok Shop 在美国开放后，到 2023 年 4 月在该平台上销售商品的美国卖家还不足 100 家；但在东南亚市场发展迅速，如在印尼直播电商市场中排名第一，2022 年其在东南亚的商品交易总额更是达到 44 亿美元。[①]随着投入不断增加和海外经营策略的调整，未来社交电商将成为海外购物的新趋势。

（二）快手

1. 短视频+直播双轮驱动，注重社区生态建设

快手于 2011 年 3 月上线，从最初的制作、分享 GIF 图片转型为短视频应用，搭乘移动互联网的"东风"，用户规模在 2015 年从 1 亿快速暴涨到 3 亿。2016 年推出直播功能，从此发展成"短视频 + 直播"双轮驱动模式，并持续拓展多元化营收。2019 年 11 月，快手携手春晚正式签约"品牌强国工程"强国品牌服务项目，并成为《中央广播电视总台 2020 年春节联欢晚会》独家互动合作伙伴，开展春晚红包互动。2021 年 2 月 5 日，快手正式在香港上市。

快手平台注重社区生态建设，去中心化的机制和推荐策略让更多有共同兴趣的人连接在一起，在互动中加强社交印象。《2022 快手创作者生态报告》显示，快手社区互动氛围良好，截至 2022 年 6 月，快手万粉创作者人数超过 200 万；2022 年，快手用户发布的评论，有 72.3% 贡献给了万粉以下创作者。[②]

2. 营收持续快速增长，首次实现全年盈利

2017~2022 年快手总营收实现了高速增长，2022 年总营收达到 942.03 亿元，2023 年突破千亿元大关；净利润也在 2022 年实现回正（见图 5-7），扭转了长期以来的亏损局面。快手的业务主要包括线上营销服务、直播服务和其他服务（包含电商）三大板块，从占比来看，直播服务占比从 2017 年的超过 90% 逐渐下降至 40%以下（见图 5-8），线上营销服务和其他服务占比提升较快，快手推进多元化业务营收效果明显。

---

① Henry. TikTok 全球下载量排名下降，电商业务恐受影响 [EB/OL]. 2022-05-16[2023-08-10]. https://www.baijing.cn/article/44179.

② 新榜有数 . 2022 快手创作者生态报告：快手万粉创作者人数超过 200 万 [EB/OL]. 2022-07-29[2023-08-10]. https://data.newrank.cn/article/article-detail/a597e8628f7043c5.

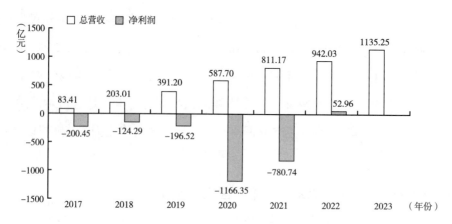

图 5-7　2017~2023 年快手总营收及净利润

数据来源：快手招股说明书、历年财报。

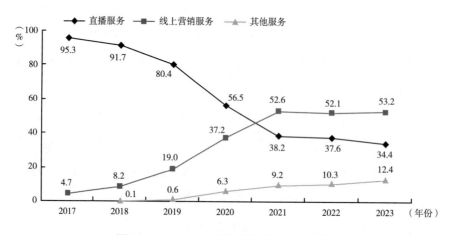

图 5-8　2017~2023 年快手各业务营收占比

数据来源：快手招股说明书、历年财报。

得益于丰富内容的持续供给及算法持续迭代，快手的业务版图仍在扩张。2023 年，快手在"618"大促（6 月 1 日~18 日）中表现亮眼，电商订单量同比增长近四成，买家数量同比增长约三成。[①] 此外，快手获得了杭州亚运会的转播权，并将针对节假日推出更多互动玩法，未来将实现流量持续增长。

3. "川流计划"将带动电商业务新增长

"川流计划"是快手电商 2023 年重点提及的新战略，快手电商称 2023 年将拿出

① 关聪 . 直播电商 618 销量提升　抖音快手部分指标增速放缓［EB/OL］. 2023-06-21 ［2024-06-13］. https://m.caixin. com/m/2023-06-21/102067771.html.

至少 600 亿流量用于激励商家和达人协作。这个战略的目标是借助达人的号召力吸引粉丝，帮助品牌商家分销，定位精准客户，同时达人获得流量倾斜的奖励。此战略既能帮助商家解决增长瓶颈问题，提高其销售额，又能增加达人的流量，实现共同利益的最大化。已有商家试点后带动整体月销单量环比增长超过 700%，[①] 规则升级的效果初现，快手电商在激烈的电商竞争中或许探索出一条适合自己的增长之路。

第四节　投资动向与投资价值评估

一　投资数量和投资金额下降约一半

受全球经济下行、信贷紧缩、新冠疫情冲击、政策监管趋严等多种外部因素影响，近年来国内资本市场情绪较悲观。在此环境下，短视频领域投资创业也受到一定影响。2022 年短视频领域发生投资事件 16 起，同比下降约一半，延续了 2017 年以来的持续走低的趋势。投资金额也随之下降至 10.77 亿元，延续了自 2018 年以来的下降趋势（见图 5-9）。2016~2018 年是短视频创投火热发展期，涌现不少大额投资事件，如软银中国、春华资本等机构对字节跳动的 40 亿美元 F 轮投资，腾讯对快手的 4 亿美元 E 轮投资，雄牛资本等对二更的 1.2 亿元 B+ 轮投资等。2022 年鲜有大额投资事件，投资者更加注重风险控制和收益预期，投资更加谨慎。

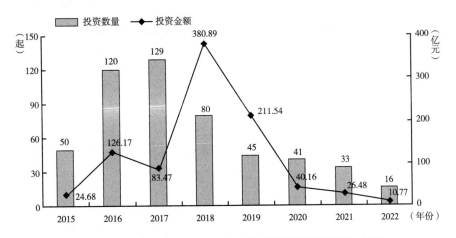

图 5-9　2015~2022 年中国短视频领域投资数量及投资金额

数据来源：IT 桔子。

---

① 文路. 快手电商推出"川流计划"全域流量激励商家生意稳增长 [EB/OL]. 2023-01-18[2023-08-10]. https://news.mydrivers.com/1/886/886535.htm?ref=.

二　短视频创业热度下降明显

2021 年和 2022 年，短视频领域创业热度迅速下降，IT 桔子网站数据显示，2021年短视频领域新增企业数量为 16 家，2022 年仅为 5 家（见图 5-10），远不及 2019 年及之前上百家的水平。多方面原因造成短视频创业走低，一是随着监管规范的落实，短视频平台开展业务的资质要求逐渐完备，如网络文化经营许可证、广播电视节目制作经营许可证、信息网络传播视听节目许可证，门槛提升；二是短视频市场竞争日益激烈，头部格局已定，市场集中度高，新进企业立足变得越来越难；三是一些创业者受严峻大环境影响可能推迟或放弃了创业计划。

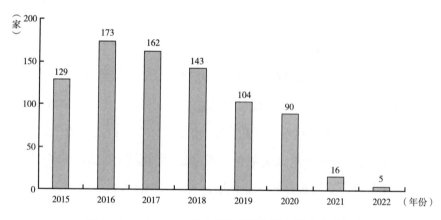

图 5-10　2015~2022 年中国短视频领域新增企业数量

数据来源：IT 桔子。

三　短视频运营服务最受关注，直播与电商展现潜力

从 2021 年 1 月至 2023 年 6 月的投资事件来看，短视频运营及营销类企业成为最受投资人关注的方向，共 29 起相关投资事件，其次是短视频创作，有 20 起相关投资事件（见图 5-11）。提供运营或营销服务的短视频企业的业务类型可分为三类：一是通过短视频内容创作、IP 运作为品牌提供推广服务；二是通过数据中台为卖家提供数据运营、数据监控等服务，辅助选品和精准投放；三是专注于垂直领域的产品营销与变现，如美妆、房地产等领域，或提供短视频平台店铺代运营服务。与此前不同的

是，"直播"和"电商"作为新的投资热点方向出现，展现出投资人对短视频平台开展此两项业务潜力的认可。

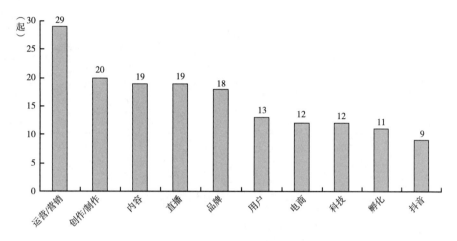

图 5-11　2021 年 1 月至 2023 年 6 月中国短视频领域投资事件高频词及对应的投资数量
数据来源：IT 桔子。

四　短视频投资价值评估：很高（★★★★★）

根据第一章第三节所述的投资价值评估方法，短视频领域的投资价值评估结果为★★★★★，具备很好的投资价值或投资机会，有利于投资者进入。评估结果如表 5-3 所示。

表 5-3　短视频投资价值综合评估结果

序号	一级指标	一级指标得分	二级指标	二级指标原始数据	原始数据标准化	二级指标得分
1	基础规模	5.0	市场规模	2928.30 亿元	1.000	★★★★★
			用户规模	10.12 亿人	1.000	★★★★★
2	发展速度	3.0	市场规模增长率	13.50%	0.310	★★
			用户规模增长率	8.35%	0.655	★★★★
3	转化程度	1.0	付费转化率	8.82%	0.141	★
			毛利率	38.25%	0.390	★★
4	竞争程度	1.0	市场集中度	90.60%	90.60%	★

续表

序号	一级指标	一级指标得分	二级指标	二级指标原始数据	原始数据标准化	二级指标得分
5	活跃程度	2.3	新增企业数量增长率	−68.75%	0.859	★★★★★
			投资数量增长率	−51.52%	0.055	★
			投资金额增长率	−59.33%	0.080	★
6	相关政策导向	2.0	相关政策支持程度	加强管理，落实责任，明确惩戒措施，规划引导，偏负向		★★
7	主流媒体报道倾向	4.0	主流媒体报道情感倾向	正向占比减负向占比的值为32个百分点，偏正向		★★★★
综合结果（S_{end}）						★★★★★

第五节　发展趋势

一　AI 技术加持下短视频创作将迎来爆发

短视频凸显的变现能力激发了越来越多创作者的热情，越来越多自由职业的创作者将其作为一份全职工作，生产更多原创内容。智能手机摄像技术、视频编辑工具以及 AI 技术的加持，为创作高质量短视频提供了更多可能性。在 AIGC 浪潮下，人工智能、虚拟技术在视频创作与编辑中的作用凸显，在 Sora、Runway、Pika 等多模态 AI 工具的助力下，短视频创作门槛及广告营销成本将进一步降低，产能有望出现飞跃式增长。

二　高质量短视频内容需求不断增强

随着大量的创作者以及 AI 生成视频涌入市场，内容质量参差不齐不可避免，加之短视频平台为寻求商业化变现植入信息流广告，导致用户体验受损，人们对高质量短视频的需求将不断增加。一方面，随着用户审美能力和知识层次的提升，他们对短视频内容的要求也水涨船高，除了追求娱乐，用户也希望从短视频中获得更多有用的信息，比如新闻资讯、生活常识、知识技能、语言学习等；另一方面，短视频平台已经成为广告主和品牌商不可或缺的推广渠道之一，他们渴望找到高质量的视频内容吸引更多流量、提升品牌形象并促进产品销售。在内容供给大爆发之下，那些保持自有"调性"的高质量内容和服务提供方将迎来更大发展空间。

三　平台将更加注重社交生态和直播互动

随着用户的社交和互动需求不断增加，短视频平台更加注重营造良好的社交生态，提升用户黏性及活跃度，并基于此拓展直播、社交电商、本地化生活服务等多元变现方式。直播实时互动为用户带来更强烈的参与感和社交认同，同时拓宽了平台的变现渠道，因此平台也乐于引入更多虚拟礼物和游戏元素，激发用户的互动欲望，未来随着 AI 数字人加入"直播大军"，这一趋势将继续推动短视频平台创新，以更好地适应快速变化的数字内容市场。

第六章

直播市场格局与投资观察

第一节　直播概述

一　直播界定

本书研究的直播是指通过互联网进行的直播，即网络直播。网络直播建立在通信技术升级、智能设备普及的基础上，是一种即时同步的内容展现方式。它比文字、图片、语音更为生动且具有时效性，同时也是一种非常高效的通过 UGC、PGC 内容吸引流量并快速变现的方式。网络直播可以分为秀场直播、泛娱乐直播、游戏直播、企业直播和"直播+"等垂直领域。

二　直播发展历程

直播从起步到爆发不过短短十余年时间，却已经历起步期、发展期、爆发期三个阶段，随着商业模式的成熟和行业发展的规范化，中国直播发展进入成熟期（见图6-1）。

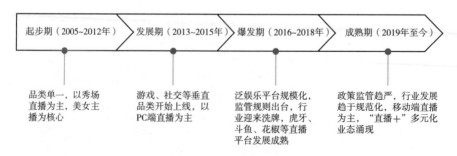

图 6-1　中国直播发展历程

第二节　发展环境

一　政策环境：强化网络内容治理，规范市场交易秩序

2016~2021 年，主管部门针对网络直播领域出台的政策以规范性文件为主，不断强化行业管理力度，特别注重对直播内容和平台资质的监管。2016 年国家互联网信息办公室发布的《互联网直播服务管理规定》对互联网直播服务提供者提出了资质要求，同年由国家新闻出版广电总局发布的《关于加强网络视听节目直播服务管理有关问题的通知》不仅强调了主播和平台应履行的责任义务，也提出要加强对直播用户互动环节的管理。2018 年，全国"扫黄打非"办公室会同工业和信息化部、公安部等部门联合发布《关于加强网络直播服务管理工作的通知》，要求网络直播服务提供者向电信主管部门履行网站 ICP 备案手续，并落实实名制度。2020 年相关规范性意见相继出台，明确网络直播营销活动中相关主体的法律责任，未实名制注册的用户不能打赏，未成年用户不能打赏，支持微商电商、网络直播等多样化的自主就业、分时就业。2021 年，管理部门陆续出台政策规范网络主播行为及加强未成年人保护，净化网络空间，规范平台经济，积极引导网络直播行业健康有序发展。国家互联网信息办公室、全国"扫黄打非"工作小组办公室等七部门联合发布《关于加强网络直播规范管理工作的指导意见》，旨在进一步加强网络直播行业的正面引导和规范管理，促进网络直播行业高质量发展。中共中央办公厅、国务院办公厅发布的《关于加强网络文明建设的意见》要求深化公众账号、直播带货、知识问答等领域不文明问题治理，开展互联网领域虚假信息治理。2021 年 11 月，文化和旅游部办公厅发布了《关于加强网络文化市场未成年人保护工作的意见》，对网络直播平台未成年人保护工作提出了严格要求，禁止为未满十六周岁的未成年人提供网络直播发布者账号注册服务，不得以虚假消费、带头打赏等方式诱导未成年人用户消费。

2022~2023 年，管理部门加强对网络主播及网络视听平台的监管，建立长效监管工作机制，切实规范直播秩序，坚决遏制不良倾向、行业乱象，以促进网络直播行业规范有序发展。2022 年发布的《关于加强网络视听节目平台游戏直播管理的通知》旨在进一步加强直播内容管理，规范网络主播行为。《关于进一步规范网络直播营利行为促进行业

健康发展的意见》旨在加强网络直播营利行为规范性引导，鼓励支持网络直播依法合规经营，促进网络直播行业在发展中规范。《关于规范网络直播打赏 加强未成年人保护的意见》聚焦未成年人保护，坚持问题导向、重拳出击，标本兼治、综合施策，协同配合、齐抓共管。《关于印发〈网络主播行为规范〉的通知》旨在进一步加强对网络表演、网络视听平台和经纪机构的执法巡查，依法查处提供违法违规内容的网络表演和网络视听平台。2023 年，管理部门通过多项政策举措，强化网络平台的责任落实和互联网广告监管，积极推进网络生态治理工作，同时加强国际数字领域合作，构建开放共赢的国际合作格局。2023 年 10 月国务院发布的《未成年人网络保护条例》提出网络直播服务提供者应当建立网络直播发布者真实身份信息动态核验机制，不得向不符合法律规定情形的未成年人用户提供网络直播发布服务。《新时代的中国网络法治建设》白皮书提出针对"直播带货"、微店营销等新型网络交易形式，严管网络招徕渠道。2023 年 2 月，中共中央、国务院发布的《数字中国建设整体布局规划》在强调网络空间生态治理的同时，还提出拓展数字领域国际合作空间，这为直播行业发展创造更多机会。相关政策主要内容详见表 6-1。

二 舆论环境：主流媒体报道正负向占比基本持平

2023 年，主流媒体关于直播领域报道的高频词如"主播""直播间""电商""观看""跨境"等，说明直播带货成为媒体关注的焦点；同时，关键词"赌博""利用""涉案"等反映出媒体对直播发展存在的一些负面问题的关注（见图 6-2）。

图 6-2　2023 年中国直播领域主流媒体报道关键词

表 6-1 直播相关政策梳理

发布时间	发布机构	文件名称	主要内容
2023 年 10 月	国务院	《未成年人网络保护条例》	• 网络直播服务提供者应当建立网络直播发布者真实身份信息动态核验机制，不得向不符合法律规定情形的未成年人用户提供网络直播发布服务。 • 网络游戏、网络直播、网络音视频、网络社交等网络服务提供者应当采取措施，合理限制不同年龄阶段未成年人在使用其服务中的单次消费数额和每日累计消费数额，不得向未成年人提供与其民事行为能力不符的付费服务。 • 网络游戏、网络直播、网络音视频、网络社交等网络服务提供者应当采取措施，防范和抵制流量至上等不良价值倾向，不得设置以应援集资、投票打榜、刷量控评等为主题的网络社区、群组、话题，不得诱导未成年人参与应援集资、投票打榜、刷量控评等网络活动，并预防和制止其用户诱导未成年人实施上述行为。
2023 年 3 月	国务院新闻办公室	《新时代的中国网络法治建设》	• 规范网络交易活动，让网络交易活动在规范中运行，是营造良好网络市场环境、维护广大网络交易主体权益的必然要求。开展"网剑行动"，集中治理网上销售假冒侵权产品等违法行为，重拳打击网上非法交易野生动植物及其制品活动。严格规范网络交易平台责任，强化互联网广告监管。针对"直播带货"、微店营销等新型网络交易形式，严管网络招商渠道。 • 提升治理水平、健全网络综合治理体系，提升全方位多维度综合治理能力，构建科学、高效、有序的管网治网格局。净化网络空间，深入开展网络生态治理工作，推进"清朗""净网"系列专项行动，创新推进网络文明建设。
2023 年 2 月	中共中央、国务院	《数字中国建设整体布局规划》	• 构建开放共赢的数字领域国际合作格局。统筹谋划数字领域国际交流合作体系，高质量共建"数字丝绸之路"，积极发展"丝路电商"。拓展数字领域国际合作空间，积极参与联合国、二十国集团、亚太经合组织、金砖国家、上合组织等多边框架下的数字领域合作。高质量建设数字领域开放合作新平台，积极参与数据跨境流动等相关国际规则构建。
2023 年 2 月	中共中央、国务院	《质量强国建设纲要》	• 提高生产服务专业化水平。规范发展网上销售、直播电商等新业态新模式。
2022 年 12 月	中共中央、国务院	《扩大内需战略规划纲要（2022~2035 年）》	• 深入发展在线文娱。鼓励线下文化娱乐业态上化，支持打造线上新兴内容和新型文化资源传播平台。 • 加快培育数字新型消费。发展新个体经济，支持社交电商、网络直播等多样化经营模式，鼓励发展基于知识传播、经验分享的创新平台，支持线上多样化社交、短视频平台规范有序发展，鼓励微应用、微产品、微电影等创新。

续表

发布时间	发布机构	文件名称	主要内容
2022 年 8 月	中共中央办公厅、国务院办公厅	《"十四五"文化发展规划》	• 鼓励引导网络文化创作生产。加强各类网络文化创作生产平台建设，鼓励对网络原创作品进行多层次开发，引导和规范网络直播健康发展。
2022 年 6 月	国家广播电视总局、文化和旅游部	《关于印发〈网络主播行为规范〉的通知》	• 坚持以习近平新时代中国特色社会主义思想为指导，加强对网络表演、网络视听平台经纪机构以及网络主播的监督管理。切实压实主管主办责任和主体责任，发现网络主播违规行为，及时责成相关网络表演、网络视听平台予以处理。 • 进一步加强对网络表演、网络视听平台和经纪机构的执法巡查，依法查处提供违法违规内容的网络表演和网络视听平台，并督促平台和经纪机构及时处置违法违规行为及相关网络主播。 • 网络表演、网络视听平台和经纪机构要严格落实主体责任。根据本行为规范，加强对网络主播的教育培训，日常管理和规范引导。 • 对违法违规、失德失范、造成恶劣社会影响的网络主播要定期向社会公布，引导各平台联合抵制，严肃惩戒。
			• 坚持以社会主义核心价值观为引领，聚焦未成年人保护，坚持问题导向，重拳出击，标本兼治，综合施策，协同配合，齐抓共管。通过大力度的规范整治各方责任，建立长效监管工作机制，切实规范直播秩序，坚决遏制不良倾向、行业乱象，促进网络直播行业规范有序发展，共建文明健康的网络生态环境。 • 禁止未成年人参与直播打赏。 • 严控未成年人从事主播。 • 优化升级"青少年模式"。 • 建立专门服务团队。网站平台应建立未成年人专属客服团队，优先受理，及时处置未成年人相关投诉和纠纷。
2022 年 5 月	中央文明办等四部门	《关于规范网络直播打赏 加强未成年人保护的意见》	• 规范重点功能应用。榜单、"礼物"、"围观"互动的重要功能应用。网站平台应在本意见发布 1 个月内全部取消打赏榜单，禁止以打赏额度为唯一依据对网络主播排名、引流、推荐，禁止以打赏额度为标准对用户进行排名。 • 加强高峰时段管理。每日 20 时至 22 时是青少年上网的高峰时段，也是规范网络直播的重要时点。 • 加强网络素养教育。鼓励学校开展未成年人网络素养教育，围绕网络道德意识和行为准则、网络法治观念和行为规范，网络使用能力建设，人身财产安全意识、文明素养、行为习惯和防护技能。引导未成年人主动学习网络知识，加强对未成年人使用网络行为的教育、示范、引导和监督。

续表

发布时间	发布机构	文件名称	主要内容
2022年4月	国家广播电视总局网络视听节目管理司、中共中央宣传部出版局	《关于加强网络视听节目平台游戏直播管理的通知》	• 严禁网络视听平台传播违规游戏。网络影视剧、网络综艺、网络直播、短视频等各类网络视听节目均不得直播、经主管部门批准通过直播间等形式为各类违规游戏内容进行引流。 • 加强游戏直播内容出管理。各网络直播平台、特别是游戏直播平台应从内容设置、宣传互动等方面严格把关、加强对节目的管理。切实把好导向关、内容关、宣传关、建立健全游戏直播节目相关的信息发布、跟帖评论、应急处置等管理制度。完善节目监看和舆情监测机制。 • 加强游戏直播行为规范引导。各平台应引导主播与用户文明互动、理性表达、合理消费、共同维护文明健康的网络视听生态环境。网络主播应坚持传播健康的格调情趣、自觉摒弃低俗、媚俗等趣味、自觉反对流量至上、畸形审美、"饭圈"乱象、拜金主义等不良现象、自觉抵制网络道德、有害网络和谐的行为。 • 严禁违法失德人员利用直播发声出镜。网络直播平台在主播和嘉宾选用上要严格把关、坚持把政治素养、道德情况、艺术水准、社会评价作为选用的标准。对政治立场不正确、违反法律法规、违背公序良俗的失德违法人员坚决不用。 • 督促网络直播平台建立并履行未成年人保护机制。网络直播平台或平台的网络平台设立未成年人防沉迷机制、采取有效手段确保"青少年模式"发挥实际效用、落实实名制要求、客观呈现游戏实际要求、并为未成年人打赏返还建立专门处置通道。 • 严格履行分类审片报备制度。游戏直播节目上线、播出及版面应按直播节目相关要求报送广电行政管理部门。网络视听平台（包括在相关平台开设的各类境内外个人和机构账号）直播境外游戏等类比赛应经批准后方可开展相关活动。
2022年3月	国家互联网信息办公室、国家税务总局、国家市场监督管理总局	《关于进一步规范网络直播营利行为促进行业健康发展的意见》	• 着力构建跨部门协同监管长效机制、加强网络直播营利行为规范性引导、鼓励支持网络直播依法合规经营、促进网络直播行业发展中规范、规范中发展。 • 网络直播平台要认真落实主体责任、加强网络直播账号注册管理和网络账号分级分类管理、每半年向网信、税务部门报送存在直播营利行为的网络直播发布者个人身份、直播账户、网络昵称、取酬账户、收入类型及营利情况等信息、配合监管部门开展执法活动。网络直播平台和网络直播发布者要维护网络直播公平竞争环境、不得通过虚假宣传、自我交易等方式吸引流量、诱导消费者打赏和购买商品。
2022年3月	文化和旅游部等六部门	《关于推动文化产业赋能乡村振兴的意见》	• 数字文化赋能。推广社交电商、直播支农等营销模式、促进特色农产品销售。
2022年1月	国家发展改革委、商务部	《关于深圳建设中国特色社会主义先行示范区放宽市场准入若干特别措施的意见》	• 优化网络游戏、视听、直播领域市场环境。支持深圳建设国际化网络直播电商服务平台、注重发挥全国性行业协会作用。

续表

发布时间	发布机构	文件名称	主要内容
2022 年 1 月	国家发展改革委等九部门	《关于推动平台经济规范健康持续发展的若干意见》	• 强化平台广告导监管，对重点领域广告加强监管。重点规制以减配降质产品误导消费者，平台对销售商品的市场准入资质资格实施审查等问题，对存在缺陷的消费品落实线上经营者产品召回相关义务。 • 从严管控非必要采集数据行为，依法依规打击黑市数据交易，大数据杀熟数据滥用行为。
2021 年 11 月	文化和旅游部办公厅	《关于加强网络文化市场未成年人保护工作的意见》	• 切实强化用户识别。网络文化服务提供者不得为未满十六周岁的未成年人提供网络直播发布者账号注册服务，对年满十六周岁的未成年人提供注册服务应当依法实名认证身份信息并征得监护人同意。 • 坚决阻断有害内容。禁止直播间以低俗图片、"福利"、"资料"等暗示性信息和电话号码、微信号、二维码等私密联系方式诱导未成年人前往获取有害内容。 • 严禁借"网红儿童"牟利。严管严控未成年人参与网络表演，诱取利益的直播间或者由成年人携带出镜超过一定时长且经核定为借助未成年人积累人气、带货牟利的账号依法予以严肃处理。摆出不雅姿势，做性暗示动作等诱导引流量。
2021 年 9 月	中共中央办公厅、国务院办公厅	《关于加强网络文明建设的意见》	• 深入推进"清朗""净网"系列专项行动，深化打击网络违法犯罪，深化公众账号、直播带货、知识问答等领域不文明问题治理，开展互联网领域虚假信息治理。
2021 年 4 月	国家互联网信息办公室、公安部等七部门	《网络直播营销管理办法（试行）》	• 《办法》要求，直播营销平台应当建立健全账号及直播营销功能注册注销、信息安全管理、营销行为规范、未成年人保护、消费者权益保护、个人信息保护、网络和数据安全管理等机制、措施。同时，《办法》还对直播营销平台合相关安全评估、备案许可、技术保障、平台规则、身份认证和动态核验、高风险应急和违法违规行为识别处置、新技术和新应用转服务风险防范，构成商业广告的付费导流服务等作出详细规定。
2021 年 2 月	国家互联网信息办公室等七部门	《关于加强网络直播规范管理工作的指导意见》	• 网络直播平台要建立健全直播账号分类分级规范管理制度。针对不同类别级别的网络账号在单场受赏总额、直播热度等方面合理设置，直播打赏服务面合理设置，单次打赏金额合理设置上限，对单日打赏额度累计触发相应消费提醒，必要时设置打赏冷静期和延时到账期。
2021 年 1 月	国家互联网信息办公室	《互联网用户公众账号信息服务管理规定》	• 与生产运营者开展内容供给与账号推广合作，应当规范管理电商销售、广告发布、知识付费、用户打赏等经营行为，不得发布营销广告，进行专业培训，进行专业大营销，实施商业违法违规等。加强对原创信息内容的著作权保护，防范版权侵权行为。平台不得利用优势地位不当生产运营者合法合规运营，侵犯用户合法权益。

续表

发布时间	发布机构	文件名称	主要内容
2020年11月	国家市场监管总局	《关于加强网络直播营销活动监管的指导意见》	• 明确网络直播营销活动中相关主体的法律责任，特别是明确直播营销者和网络直播者的法律责任和义务。
2020年11月	国家广播电视总局	《关于加强网络秀场直播和电商直播管理的通知》	• 网络秀场直播平台要对网络主播和"打赏"用户实行实名制管理。未实名制注册的用户不能打赏，未成年用户不能打赏。对发现相关低俗内容，有组织炒作、雇佣水军刷礼物等手段，暗示、诱惑或者放应用户大额"打赏"，或引诱未成年用户以虚假身份信息"打赏"的，平台须对主播及其经纪代理进行处理，列入关注名单，并向广播电视主管部门书面报告。
2020年7月	国家发展改革委等十三部门	《关于支持新业态新模式健康发展激活消费市场带动扩大就业的意见》	• 积极培育新个体，支持自主就业。进一步降低个体经营者线上创业就业成本，提供多样化的就业机会。支持微商电商、网络直播等多样化的自主就业，分时就业。着力激发各类主体的创造活力，打造兼职就业、副业创业等多种形式蓬勃发展格局。
2019年11月	国家广播电视总局办公厅	《关于加强"双11"期间网络视听电子商务直播节目和广告节目管理的通知》	• 网络视听电子商务直播节目和广告节目内容既要遵守广告管理法律法规，也要符合网络视听节目管理相关规定。 • 应对大公益广告节目播出比例，均衡配置公益视听广告节目和商业视听广告节目。 • 要积极服务国家经济社会发展总体战略，当前特别是要影响应国家脱贫攻坚重大部署，通过直播电商、短视频等手段，让网络视听电商服务成为推介贫困地区农特产品的重要渠道，扩大覆盖面和影响力，助力产业扶贫。充分利用大数据、人工智能、区块链等新技术，针对不同贫困地区、群众的特点，把扶贫产品精准推送到有需求的用户，让网络视听电商更好地服务基层、服务群众。
2018年8月	全国"扫黄打非"办公室等六部门	《关于加强网络直播服务管理工作的通知》	• 网络直播服务提供者应向电信主管部门履行网站ICP备案手续，涉及经营电信业务及互联网信息服务、网络表演、网络视听节目直播等业务的，应分别向相关部门申请取得许可，并向属地公安机关履行公安备案手续。 • 落实用户实名制管理、加强网络主播管理，建立主播黑名单制度、健全完善直播内容监看、审查制度和违法有害内容处置措施。
2016年11月	国家互联网信息办公室	《互联网直播服务管理规定》	• 互联网直播服务提供者为用户提供互联网新闻信息服务的，应当依法取得互联网新闻信息服务资质，并在许可范围内开展互联网新闻信息服务；开展互联网新闻信息服务，应当依法取得互联网新闻信息服务资质并在许可范围内提供服务。

续表

发布时间	发布机构	文件名称	主要内容
2016年9月	国家新闻出版广电总局	《关于加强网络视听节目直播服务管理有关问题的通知》	• 互联网视听节目服务机构开展直播服务，必须符合《互联网视听节目服务管理规定》和《互联网视听节目服务业务分类目录》的有关规定。 • 开展网络视听节目直播服务应具有相应资质。不符合相关条件的机构及个人，包括开设互联网直播间以个人网络演艺形式开展直播业务但不持有《信息网络传播视听节目许可证》的机构，均不得通过互联网开展相关的视音频直播服务，也不得利用网络直播平台（直播间）开办新闻、综艺、体育、访谈、评论等各类视听节目，不得开办视听节目直播频道。未经批准，任何机构和个人不得在互联网上使用"电视台""广播电台""TV"等广播电视专有名称开展业务。
2016年7月	文化部	《关于加强网络表演管理工作的通知》	• 网络表演经营单位对本单位提供的网络表演承担主体责任，对所提供的产品、服务和经营行为负责，确保内容合法、经营有序、来源可查、责任可究。网络表演经营单位要健全内容管理制度，配足内容审核人员，严格监督表演者演出行为，加强对用户互动环节的管理。 • 表演者对其开展的网络表演承担直接责任。表演者应当依法依规从事网络表演活动，不得开展含有低俗、色情、暴力等国家法律法规禁止内容的网络表演。加强道德自律，自觉开展内容健康向上的网络表演。

2023 年，主流媒体对直播的报道中正向报道和负向报道占比基本持平，分别为 40% 和 42%，中性报道占比为 18%（见图 6-3）。其中，正向报道肯定了直播对促进就业、知识传播和非遗传承的积极效应，以及直播电商对经济发展的推动作用等；中性报道主要关注直播行业的监管规范，例如分类分级管理以确保直播内容健康发展；负向报道则指出了直播中的诈骗行为、低俗内容、盲目打赏造成损失等情况。报道的核心内容及倾向性判断详见表 6-2。

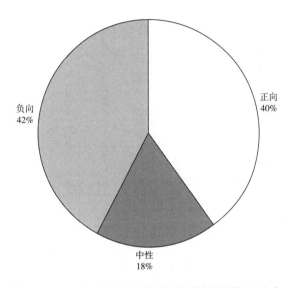

图 6-3　2023 年中国直播领域主流媒体报道倾向分布

第三节　市场运行现状

一　直播市场韧性发展，用户规模稳健扩张

中国网络视听节目服务协会发布的《2023 中国网络视听发展研究报告》显示，2022 年中国直播市场规模达到 1249.6 亿元，同比增长 7.1%。另有数据显示，截至 2022 年末，中国具有网络表演（直播与短视频）经营资质的经营性互联网文化单位有 6263 家，其中 2022 年新增企业 1959 家。[①] 直播领域在发展承压的经济环境下，显

①　中国演出行业协会网络表演（直播）分会，南方都市报，南都大数据研究院. 中国网络表演（直播与短视频）行业发展报告（2022~2023）[EB/OL]. 2023-05-15[2023-08-10]. https://www.ccmapp.cn/news/detail?id=1d5750a2-55c4-4043-8a0b-bba1316c091e&categoryid=&categoryname=%E6%9C%AC%E7%BD%91%E5%8E%9F%E5%88%9B.

表6-2 直播相关报道梳理及倾向性判断

发布时间	主流媒体	报道标题	报道的核心内容	ChatGPT 判断	人工修正
2023年9月25日	新华网	《拼音携手中央民族乐团发布数据报告：近一年民乐直播场次超414万》	过去一年，抖音平台上的民乐直播场次超过414万，同比增幅均超200%。超过10万名民乐主播获得直播打赏收入，其中1.3万人为国家级非遗民乐的演奏者。	正向	正向
2023年9月22日	新华网	《女子网购手机"刷粉"打击直播刷粉乱象刻不容缓》	黎布尔各县反诈中心及时发现了一起涉嫌购买社交账号违规行为，实名账户14个、非法账号1个。	中性	负向
2023年9月22日	新华网	《扫描巾帼"字号"产品联袂走进直播间》	北疆巾帼"妇"字号产品联动直播在呼和浩特举行，首场直播3小时销售额近60万元，观看人数近72万。	正向	正向
2023年9月21日	新华网	《一叶恐龙园推出首个数字虚拟人直播大秀》	主播"龙傲天"一经上线，就吸引了众多网友的关注，直播间观看人数突破100万，互动量突破5000万。	正向	正向
2023年9月21日	新华网	《姜柔直播间输错价格亏损千万，承诺全部发货》	国货品牌洁柔官方直播间因员工操作失误，将原价56.9元1箱的纸巾设置为了10元6箱，引发大量用户下单抢购，最终成交订单数超过4万单，损失金额超千万元。	中性	负向
2023年9月15日	新华网	《网友喊话："这道进直播间的入亏了"！》	在"东方甄选看世界"抖音直播间开启两个半小时的直播活动，向全国网友推介赛里木湖美景，受到众多网友关注。	正向	中性
2023年9月14日	新华网	《直播带货竟然卖"军用品"？严查!》	近年来，不良商户违规生产销售"军"字号假冒伪劣商品，严重损害军队声誉形象。	中性	负向
2023年9月5日	新华网	《过度宣传"保险直播同权益"等乱象犹存 多方合力净化互联网保险市场》	自7月8日起，抖音启动了保险修合治理专项行动，重点针对"1元保""低价保"等消费者持续投诉及演员陆续入驻"抖音"等知名网络平台进行集中治理。	中性	中性
2023年8月31日	新华网	《相声直播，能"火"多久？》	不少相声团队及演员陆续入驻"抖音""快手"等知名网络平台，既涨补了因线下演出的停滞而带来的损失，也在一定程度上维系与新老观众的联系。	正向	中性
2023年8月24日	新华网	《二手电商前景可观 直播助镜环时尚高速发展》	预计2023年二手电商交易规模达5486.5亿元，同比增长14.25%，预期到2025年，循环时尚产业规模将超千亿元。	正向	正向
2023年8月24日	新华网	《当"阳光司法"遇上"VR庭审直播"，会擦出怎样的火花？》	珲春市人民法院对一起诈骗、隐瞒犯罪所得案件依法公开开庭审理。该庭审使用VR技术同步进行网络全媒体直播。	正向	正向
2023年8月13日	新华网	《"贵州电商"直播大赛吸"睛"又吸"金"》	本届直播大赛由大学生赛道和社会赛道组成，400余支团队将在8月至12月通过直播带货和短视频制作展开比拼。	正向	正向

续表

发布时间	主流媒体	报道标题	报道的核心内容	ChatGPT判断	人工修正
2023年8月9日	新华网	《网络直播编造事实"抹黑"同业公司》	浙江省义乌市人民法院审结了一起因在某平台散粉丝群、直播间内发表"抹黑言论"而引发的商业诋毁纠纷案。	正向	负向
2023年7月31日	新华网	《斩断网络直播"黑产链"》	重庆警方近期侦破一起特大网络直播跨境赌博案，查证涉案资金流水4亿多元。	中性	中性
2023年7月24日	新华网	《重庆沙坪坝区警方侦破一特大网络直播跨境赌博案》	重庆沙坪坝区警方近期侦破一特大网络直播跨境赌博案，打掉跨境赌博犯罪团伙13个，抓获违法犯罪嫌疑人近300人。	负向	中性
2023年9月14日	人民网	《直播宣讲送政策 税费红利解民忧》	天津市北辰区税务局的一场直播活动吸引了600多名纳税人在线观看，针对税务干部讲解的政策，大家踊跃提问，现场气氛热烈。	正向	正向
2023年9月12日	人民网	《信访接待室"搬"进直播间》	陕西省紫阳县充分利用抖音直播平台，注册"陕西·紫阳·民情114"账号，将信访接待室"搬"进了网络直播间，通过抖音直播开展访谈工作。	正向	正向
2023年8月22日	人民网	《"就业直播大篷车"，送岗到身边！》	就业车开进集市，直播间搭进商圈，宣传板清晰摆放，政策清单发放到位……丰富展示形式处处展示着长春新区在不断探索新就业服务模式。	正向	正向
2023年8月10日	人民网	《严管重罚，打击无良直播的流量梦》	日前，网红在正期救援中徒榷水救援队员家门口，终奖现场所等处围观开直播，被网友怒斥"毫无底线"。	负向	负向
2023年8月7日	人民网	《"理响工会"直播间让正能量有"大流量"》	山东省济宁市任城区总工会于今年4月开始打造"理响工会"直播间，每周二、周四直播，传播党的创新理论，弘扬劳模工匠精神，唱响时代主旋律。	正向	正向
2023年8月7日	人民网	《直播卖假货 赔本又担责》	商户在直播间卖的货可谓"高端大气上档次"，却未取得品牌方的授权，侵害了品牌方的利益。	中性	负向
2023年8月4日	人民网	《看！直播间里好戏开场》	如今，直播间里出现了许多戏曲演员的身影，不仅让老戏迷们足不出户欣赏爱听戏曲表演，还吸引了不少年轻人。	正向	正向
2023年7月14日	人民网	《大山深处直播电商 "火出圈"》	2022年，团山村助农直播间累计销售总额达1400多万元。	正向	正向
2023年7月11日	人民网	《直播间开到工厂里》	正在中国制造业领域兴起的工厂直播，让天南地北的消费者和生产企业直接"见面"。	正向	正向
2023年6月26日	人民网	《高招直播间有"高招"》	不少高校利用视频平台开展线上招生直播，创新宣介方式，全方位展示学校风貌，吸引考生报考。	正向	正向

续表

发布时间	主流媒体	报道标题	报道的核心内容	ChatGPT 判断	人工修正
2023年6月25日	人民网	《直播间里不带货 只为企业找门路 东北林业园推出的"服务直播"》	6月20日，东北林业园推出的"服务直播"正在进行。	正向	正向
2023年6月16日	人民网	《开展针对性监管，让直播带货走上正轨》	短视频直播带货监管更复杂。分级分类管理利于净化环境。	正向	中性
2023年6月7日	人民网	《一年直播超24万场 陕西非遗借直播"破圈"传播》	仅过去一年，陕西地区非遗直播超24万场，共6.5亿人次观看；1.9万名陕西非遗主播在抖音开播，带来超264万小时技艺演出。	正向	正向
2023年4月25日	人民网	《直播间里的"变异"盲盒抽奖》	有市民发现，有商家在直播间里以售卖盲盒为由，疑似进行抽奖"赌博"。	负向	负向
2023年4月24日	人民网	《直播带货干劲足》	通过直播带货，梁祯祥帮助周边镇生产的甜玉米、老椒等农产品打开了市场，2022年销售额约500万元。	正向	正向
2023年9月22日	光明网	《直播间混入"假助手"，警惕电信诈骗"引流"新套路！》	上海市静安区检察院办理了一起充某短视频平台直播间助手平台诈骗团伙引流的非法利用信息网络案。	负向	负向
2023年9月21日	光明网	《"赵灵儿"直播脚本曝光！》	近段时间，四川省凉山州多名粉丝数百万的"网红"，因虚假宣传、销售假货被查的消息传出后，备受网友关注。	负向	负向
2023年9月17日	光明网	《"退货速度跟不上奶奶被骗买速度"，专家呼吁平台提供适老化服务》	千里寻爱、重金打赏……这些不可思议的追星举动正发生在中老年的互联网世界里，如何让中老年人享受丰富精彩的同时守"安全""冲浪"成了亟须解决的问题。	负向	负向
2023年9月15日	光明网	《让农技人搭上直播短视频"快车"，快手三支助力乡村振兴》	据了解，未来三年，快手将投入100亿流量、5000万现金，培养100万村播，为160个国家重点扶县输送人才，进一步提升乡村人才密度，促进就业创业与产业发展。	正向	正向
2023年9月15日	光明网	《分类分级管理让直播眼睛更健康》	分类分级管理对主播账号实行基于主体属性、运营内容，属于抽核，对违法违规主播实施合理建设，对不同类别级别账号级别的警示措施。	正向	中性
2023年9月14日	光明网	《"网红"用无人机直播跟踪女性回家，将面临什么法律后果？》	利用无人机直播跟踪女性回家，属于偷拍、窥视、窃听，公开他人的私密活动，是侵犯他人隐私权的违法行为。	负向	负向
2023年9月13日	光明网	《沈阳男子通过"直播间"购买二手车，送检后的结果让他大吃一惊！》	在沈阳"中车检"对车进行检验，结果让自己吓一跳，火烧、水泡、大事故全有。	负向	负向

续表

发布时间	主流媒体	报道标题	报道的核心内容	ChatGPT判断	人工修正
2023年9月2日	光明网	《千万粉丝主播"秀才"账号被封！》	颇受关注的主播"秀才"账号已被封禁。对比，抖音相关负责人表示，该账号违反平台相关规定，已封禁。	中性	负向
2023年9月1日	光明网	《抖音推出知识公开课内容扶持计划，面向高校学者征集优质知识直播》	"抖音知识公开课内容扶持计划"面向全国高校教师及知识名人，征集优质知识直播课程内容，并提供流量和运营支持。	正向	中性
2023年8月31日	光明网	《伤心的"榜一大哥"》	他先后打赏充值2万多元怎么还未捕获芳心？她的IP属地明明同城为何迟迟不予相见！在直播间里相谈甚欢，却为何突然被禁言拉黑？	负向	负向
2023年8月25日	光明网	《打赏女主播败光百万积蓄，没了钱的他竟然持刀抢劫》	前不久，吉林省一男子为打赏女主播，挥霍掉百万积蓄，没了钱的他心灰意冷，竟然策划并实施了一起抢劫案……	负向	负向
2023年8月25日	光明网	《女子无意间发现，这场"探访凶宅"的直播，播的竟是自己家……》	拥有250余万粉丝的网络博主，擅自闯入他人房屋拍摄视频，并把房屋渲染成"鬼屋""凶宅"，房主周女士和弟弟要求对方删除，却被拒绝。	负向	负向
2023年8月24日	光明网	《女主播被粉丝偷了家……》	8月9日傍晚，孟某通过观看视频，发现付女士正在户外直播，便趁其不在家，实施盗窃。	中性	负向
2023年8月24日	光明网	《这个直播间专设诈骗小组，两人一组攻陷"榜一大哥"》	宋某等人利用某知名短视频平台，在8个多月里以暧昧聊天、发送虚假照片等方式骗取"大哥"刷礼物，涉案金额达500余万元。	负向	负向
2023年8月22日	光明网	《存在低俗、恶俗等不良内容，2名女主播被约谈！》	近日，霍邱县公安局联合网信办对存在低俗、媚俗、庸俗问题的网络主播周某和蔡某进行约谈。	负向	负向

示出较强的韧性，保持了稳健扩张的步伐（见图6-4）。我国直播市场在2016年出现爆发式增长，随着"千播大战"的落幕，行业发展趋于理性，市场增速放缓，但相比数字内容产业其他领域仍处于较高水平。2020年新冠疫情期间，在线购物需求爆发，主播带货优势凸显，抖音、快手等短视频平台纷纷加强了直播业务，各地方政府也积极推动直播电商的发展以带动当地产品销售。随着5G网络和4K超高清视频成为视频基础设施标配，以及VR技术为直播提供更身临其境的沉浸式体验，直播市场将迎来质量提升、形态创新、商业化加速的新局面。本研究预计2023~2024年直播市场规模将持续扩张，于2024年突破1400亿元，2022~2024年CAGR将恢复至9%。

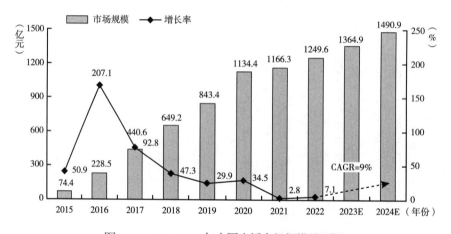

图6-4　2015~2024年中国直播市场规模及预测

数据来源：中国网络视听节目服务协会《中国网络视听发展研究报告》（2018~2023），2021年、2023~2024年数据由本研究测算。

用户规模方面，在经历了直播平台激烈竞争和行业规范化调整后，2018年直播用户规模降至3.97亿人，2019年实现反弹，2021年突破7亿人大关，2022年持续增至7.51亿人（见图6-5）。直播用户规模庞大，网民渗透率已达到70%，但相比短视频95%的高渗透率还有进一步的拓展空间。本研究预计，2023年和2024年直播用户规模将进一步增长，突破8亿人，并保持8%左右的CAGR稳健发展。

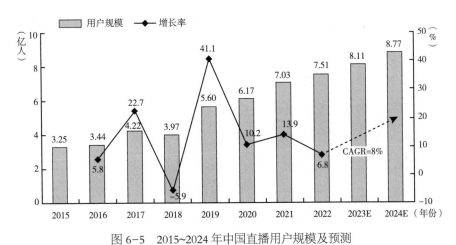

图 6-5 2015~2024 年中国直播用户规模及预测

数据来源：CNNIC 第 38~52 次《中国互联网络发展状况统计报告》，2023~2024 年数据由本研究测算。

二 娱乐类直播需求最高，主播类型多样化

我国直播市场以娱乐类内容消费为主，数据显示，2022 年我国直播用户最常观看的节目类型是娱乐类，占比为 75.5%；其次是生活类，占比为 73.6%，体育类和电子竞技类紧排其后（见图 6-6）。娱乐类直播以满足观众的休闲娱乐需求为主，内容形式多样，包括音乐、舞蹈、美食等多种主题，互动性强，许多知名歌手、音乐组合、脱口秀艺人都开通了自己的直播间，吸引大量粉丝关注。直播商业化运作成熟，可通过打赏、广告、带货等多种方式实现变现。

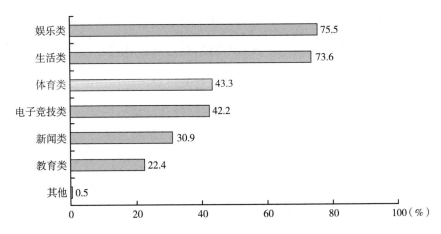

图 6-6 2022 年中国直播用户观看的直播类型分布

数据来源：艾媒咨询。

　　随着开播门槛的降低，全民直播时代已经到来，主播的身份越来越多样化，直播内容类型已涵盖语言互动、商品销售、媒体资讯、运动、舞蹈、时尚、美食、户外、音乐等多种类别。从直播形式上看，既有视频直播，又有音频直播，虎牙、斗鱼、快手等直播平台都以视频直播为主，荔枝（原荔枝 FM）走的是音频直播的路数，将自己定义为 UGC 在线音频平台，打造了一个"声音"的直播间，成为中国在线音频第一股。从生产方式上看，可分为 PGC、UGC、PUGC、OGC 等类型。以游戏直播为例，PGC 是指平台自制或是平台自主衍生的内容，UGC 是用户生产的内容，PUGC 是以签约主播、明星主播为代表的专业用户在平台生产的内容，OGC 则以平台对外购买的赛事、版权等内容为主。由于直播用户存在重叠，多种直播类型之间的竞争也将越来越激烈，直播内容质量仍是促进直播消费的根本动力。在用户观看游戏直播消费的原因调研中，认为"直播的内容符合我的需求"（45.7%）、"主播才艺多才艺好"（42.5%）、"直播的内容有价值"（35%）更容易促进消费行为。[①]

三　新晋"两强"带动直播付费用户规模迅速增长

　　2021~2022 年，得益于视频号和快手直播的带动，直播付费用户规模和月活跃用户规模增长迅速。视频号于 2020 年 10 月开通直播功能，QuestMobile 的数据显示，截至 2022 年 6 月，视频号月活跃用户规模达到 8.13 亿，根据华安证券的测算，2022 年视频号直播付费用户规模达到 5200 万；快手财报显示，2022 年快手平均月活跃用户规模达 6.4 亿，平均每月付费用户规模为 5320 万。与之相反的是，虎牙直播、陌陌、斗鱼、天鸽互动等老牌直播平台的月活跃用户规模和付费用户规模在下降。

　　根据本研究对视频号（直播）、快手（直播）、虎牙直播、陌陌、斗鱼、天鸽互动等头部平台数据的测算，2022 年中国直播领域的付费转化率为 7.35%，与过去几年相比平稳中略有下降（见表 6-3、图 6-7）。这主要由视频号（直播）付费转化率较低导致，作为综合短视频平台兼具直播功能，视频号上存在大量直播低频活跃用户，但付费用户规模并未得到同比例提升。

---

① 观研天下. 2023 年我国游戏直播行业用户画像及消费偏好分析：25~34 岁的男性是主力军 [EB/OL]. 2023-03-28[2023-08-10]. https://www.chinabaogao.com/detail/630045.html.

表6-3　2021~2022年中国头部直播平台付费转化率测算

直播平台名称	付费用户数量（万人）		月活跃用户数量（万人）		付费转化率（%）	
	2021年	2022年	2021年	2022年	2021年	2022年
视频号（直播）	3513.0	5200.0	60300.0	81300.0	5.83	6.40
快手（直播）	4850.0	5320.0	54420.0	64000.0	8.91	8.31
虎牙直播	560.0	560.0	8540.0	8430.0	6.56	6.64
陌陌	890.0	780.0	11410.0	9460.0	7.80	8.25
斗鱼	730.0	560.0	6240.0	5740.0	11.70	9.76
天鸽互动	16.1	9.7	164.1	125.5	9.81	7.73
合计	10559.1	12429.7	141074.1	169055.5	7.48	7.35

数据来源：各公司财报、QuestMobile。

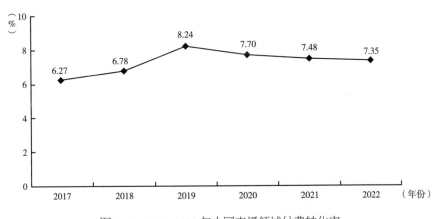

图6-7　2017~2022年中国直播领域付费转化率

注：2020年以来，由于个别直播平台业务变动及新旧平台交替，2021~2022年测算对象相比2017~2020年有调整，并对历史数据进行了修正。

四　直播老品牌艰难抗衡"新势力"，盈利能力下降

本研究选取了当年在国内市场营收规模排名靠前的4家直播平台，通过计算其直播业务营收之和占直播市场规模的比例，计算市场集中度。从结果来看，2016~2022年，头部4家直播平台营收之和始终占据超一半的市场份额，最高时将近66%（见表6-4、图6-8）。

2020年及以后，直播市场风云变幻，短视频平台如快手、视频号、抖音加速入

局，陆续开通直播功能，并基于庞大的流量基础迅速抢占大量用户，直播市场主体更加多元，市场集中度稳中有降，2022 年降至 53.62%，与 2019 年相比下降 14.25%。老牌直播平台如斗鱼、映客、陌陌艰难抵抗，但仍无法扭转营收下跌的趋势。2022 年头部 4 家平台中，快手直播业务营收高于其他 3 家之和，直播市场格局正在经历新旧势力的转换，随着短视频平台用户向自有平台的直播业务渗透，老牌直播平台将面临更加激烈的竞争环境。

表 6-4　2016~2022 年中国直播龙头公司营收规模测算汇总

单位：亿元

公司名称	2016 年	2017 年	2018 年	2019 年	2020 年	2021 年	2022 年
欢聚	70.27	106.71	148.78	240.29	124.95	170.20	152.93
挚文集团（陌陌）	26.15	72.05	107.09	124.48	不选取	不选取	不选取
映宇宙（映客）	43.35	39.42	38.61	不选取	不选取	91.77	不选取
斗鱼	不选取	18.86	36.54	72.83	不选取	不选取	71.08
虎牙直播	不选取	不选取	不选取	89.75	109.14	113.51	92.20
快手（直播）	——	——	——	——	332.09	309.96	353.88
YY 直播	——	——	——	——	99.50	不选取	不选取
六间房	10.90	不选取	不选取	不选取	不选取	不选取	不选取
合计	150.67	237.04	331.02	527.35	665.68	685.44	670.09

注：这里的营收数据都是指直播业务营收。标记为"不选取"的是因为该企业当年营收数据小于前 4 家。2020 年 10 月，欢聚时代拆分出售了 YY，因此后续单独列出；视频号（直播）未公布营收数据，因此未将其计入。

数据来源：各公司财报、Wind 数据库。

从 10 家直播上市企业盈利情况来看，头部直播平台 2022 年的平均毛利率为29.9%（见图 6-8），自 2018 年以来持续下降，其中 2020 年成为一个快速下降的"分水岭"。由于快手未单独公布直播业务毛利率，平均毛利率的统计仍以老牌直播平台为主。随着新势力的崛起，老品牌市场份额被抢占，盈利能力不断下降。

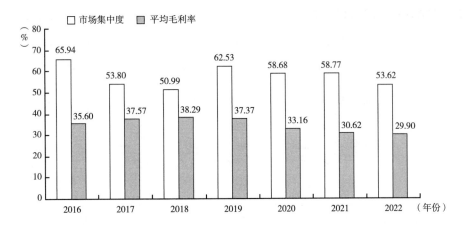

图 6-8　2016~2022 年中国直播领域市场集中度及平均毛利率

注：平均毛利率来自对国内 10 家直播上市公司财务数据的计算结果。

五　典型案例

（一）映宇宙

1. 基于全新技术构建"社交新次元"

映宇宙原名映客互娱集团，2015 年上线了首款产品映客直播，2018 年在香港上市，2022 年正式更名为映宇宙。围绕社交方向，映宇宙致力于打造直播、社交、相亲三大业务板块，基于全新技术形态，融入元宇宙元素，布局虚拟与现实融合的社交产品体系，为用户提供沉浸式的社交体验。

2022 年，映宇宙推出了元宇宙独立场景及相关产品，如沉浸式 KTV 功能的"全景 K 歌"、元宇宙恋爱社交产品"情侣星球"。随着 AIGC 的快速发展，2023 年 4 月，映宇宙正式开启其在 AIGC 领域的探索，4 月初集团接入 GPT3.5 Turbo，7 月与昆仑万维达成 AI 技术服务合作，并在 ChinaJoy 首次对外亮相了零感数字分身生成系统，该系统仅需用户自拍一张照片，即可现场生成数字分身，并可在虚拟场景中与虚拟代言人"映映"互动。

2. 业绩波动中增长，首次面临亏损

映宇宙业务营收分为增值业务（直播为主）和其他（网络广告），2017~2021 年，映宇宙总营收在波动中达到高峰，但在 2022 年快速回落（见图 6-9）。映宇宙自 2019 年起布局社交、相亲等多元产品矩阵，明确了"互动娱乐 + 社交"的发展战略，深耕垂直产品，以稳定的现金流支持公司发展，营业收入在 2021 年创下新高。映宇宙推

出的"对缘 App"稳居线上相亲行业第一梯队。2022 年，映宇宙总营收 63.19 亿元，同比下滑 31%，净亏损 1.66 亿元，为 2017 年以来的首次亏损。对此，其财报解释称主要由商誉减值所致。对于主营业务的下滑，财报解释为主要由于行业竞争加剧，公司对旗下产品采取更为谨慎的运营策略以应对市场变化。

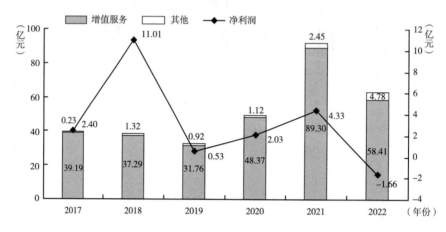

图 6-9　2017~2022 年映宇宙营收结构及净利润

数据来源：映宇宙历年财报。

3. "元宇宙+出海"战略挖掘增长潜力

在短视频平台的冲击下，单纯依靠直播这一条路径风险较大，映宇宙基于社交领域优势，拓展第二、第三增长曲线，发掘新兴产业和市场机会。Web3.0 下的元宇宙将为沉浸式互动娱乐提供新的想象空间，突破次元壁，带来新的社交模式。映宇宙希望通过技术和产品，在虚拟世界里构建人与人之间的关系。继 Facebook 改名 Meta 之后，映客改名为映宇宙，可见其进军元宇宙的决心和战略。映宇宙已落地多款元宇宙产品，如映客直播 App 内的沉浸式 KTV 功能"全景 K 歌"、元宇宙恋爱社交产品"情侣星球"、海外 3D 虚拟形象社交产品"The Place"等。出海方面，映宇宙已在欧美地区上线阅读产品、在东南亚上线社交产品，拓展海外市场新机会。映宇宙在财报中表示，2023 年将继续加强海外市场拓展，深度实践本地化，更快进入海外市场新阶段。

（二）虎牙直播

1. 以游戏直播为核心，拓展内容生态

虎牙直播前身是 2012 年欢聚时代推出的"YY 游戏直播"业务，2014 年更名为虎牙

直播，它是国内首家开展游戏直播业务的公司，凭借多年深耕游戏领域，虎牙直播覆盖超过 3300 款游戏，拥有多项国际顶级赛事的直播和独播版权，如《英雄联盟》的 S 系列赛、季中赛，《王者荣耀》KPL 职业联赛等；拥有豪华主播阵容，签约了包括电竞女神 -Miss、国服第一露娜、电竞 BB- 机孤影等明星主播。2018 年 5 月，虎牙直播在美国纽交所上市，成为中国第一家上市的游戏直播公司。2020 年 4 月 3 日，虎牙直播宣布腾讯成为其最大股东，腾讯投票权提高到 50.1% 进一步巩固了虎牙直播在游戏版权上的优势。

近年来，虎牙直播不断拓展业务范围，除了游戏直播，还逐步覆盖了娱乐、综艺、教育、户外、体育等多元化的弹幕式互动直播内容，如开创了全球首个户外直播节目《荒野狂人》，拓展了新型娱乐直播"星秀直播"，实施明星主播化战略，进一步增加用户黏性。

2. 营收依赖直播打赏，业绩现颓势

2022 年虎牙直播总营收 92.21 亿元，同比下滑 18.76%，净利润 –4.87 亿元，为 5 年来首次亏损（见图 6-10）。虎牙直播的营收绝大部分依赖直播打赏，2022 年直播打赏收入为 81.96 亿元，占比近九成，变现渠道较为单一。随着打赏规范化要求的提升、用户打赏意愿的下降，以及主播流失，虎牙直播用户规模下滑，2021 年虎牙直播月活跃用户数为 8540 万，2022 年降为 8430 万，到 2023 年第一季度继续下降至 8210 万。[①]

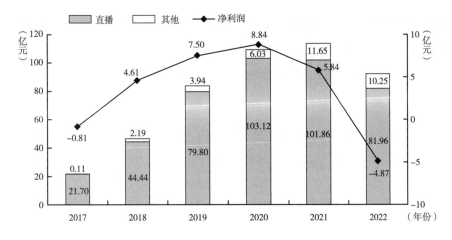

图 6-10　2017~2022 年虎牙直播营收结构及净利润

数据来源：虎牙直播历年财报。

---

① 数据来源为虎牙直播 2021~2023 年财报。

电竞行业的不景气对虎牙直播业绩陷入低迷也产生了一定影响。《2022 年中国电子竞技产业报告》数据显示，2022 年我国电竞产业收入 1445.03 亿元，同比下降 14.01%，为 5 年来首次下降；电竞游戏收入 1178.02 亿元，同比下降 15.96%。市场整体低迷，用户付费能力和意愿下降为主要原因。[①]

3. 战略转型，寻求内容生态新机遇

2023 年 8 月，虎牙直播 CEO 董荣杰离职，董事长林松涛宣布战略转型，探索契合虎牙直播用户社群和内容生态的新机遇，并宣布制定了一项三年计划，主要目标是"通过提供更多游戏相关服务，例如游戏分发、游戏道具销售和游戏广告等，来推动我们商业化重点的转变；同时，将优化内容创作者的收入结构，以提高他们的收入水平，并使公司的内容成本与收入进一步关联"。[②] 受大环境低迷的影响以及短视频平台的冲击，虎牙游戏直播业务营收下滑，寻求新的增长渠道已迫在眉睫。从三年计划来看，一方面，虎牙直播将持续深耕电竞市场，筑牢优势，并围绕游戏拓展营收渠道；另一方面，将通过调整内容成本与收入结构，提升营收能力。

第四节 投资动向与投资价值评估

一 投资热度短暂回暖后下降，资本趋于理性

2022 年直播领域发生投资事件 24 起，投资金额 6.21 亿元（见图 6-11）。直播领域在 2021 年投资回暖后，2022 年再次出现下滑。2016 年是直播领域投资高峰，2018 年资管新规《关于规范金融机构资产管理业务的指导意见》引导资金更多投向实体经济，市场流动性趋紧，包括直播在内的众多线上领域投资热度迅速下降。近两年，随着移动互联网、大数据和 AI 技术的发展，加之线上消费时长增长，线上经济迎来爆发式增长，商业变现能力强的直播领域仍然受到资本方的青睐，但投资行为更加理性。

---

① 崔鹏.《2022 年中国电子竞技产业报告》正式发布，电竞产业收入五年来首次下降 [EB/OL]. 2023-02-17[2023-08-10]. https://www.jiemian.com/article/8920644.html.
② 环球网. 虎牙宣布管理层变化与战略转型计划 [EB/OL]. 2023-08-09[2023-09-10]. https://tech.huanqiu.com/article/4E3MozT9rcA.

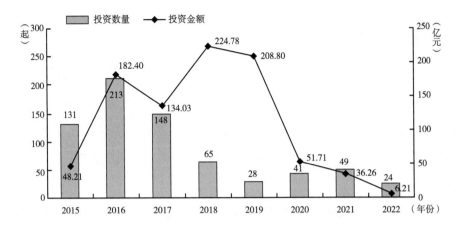

图 6-11　2015~2022 年中国直播领域投资数量及投资金额

数据来源：IT 桔子。

二　新增企业数量大幅下降

2021 年以来，直播领域创业活跃程度大不如之前，当年新增 39 家直播企业，不及 2020 年的 1/3，而 2022 年仅新增 9 家。随着直播市场饱和度增加及竞争加剧，头部平台拥有主播及内容的绝对优势，加之创业大环境遇冷，直播领域创业热度大幅下降。

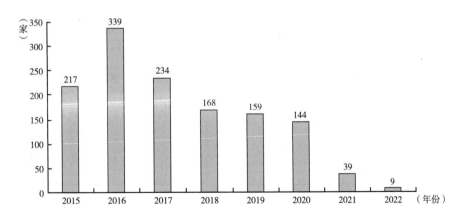

图 6-12　2015~2022 年中国直播领域新增企业数量

数据来源：IT 桔子。

三 AI 直播、虚拟数字人受资本关注

2021 年 1 月至 2023 年 6 月，从热门投资方向来看，直播运营及营销类企业仍最受资本关注，"主播／网红／达人""电商""IP／孵化""短视频"等高频关键词仍在 Top10 热门方向中；与此前不同的是，直播科技、直播技术类企业热度飙升，"虚拟人／数字人"出现在热门方向中，此外"品牌"服务类也首次成为热门投资方向（见图 6-13）。

直播科技方面的被投资企业业务方向以 AI 直播技术为主，如蜜悦科技通过 AI 数字人直播技术帮助小微企业开展电商服务，布鲁米亚专注于将机器学习、数据挖掘等人工智能和数据技术运用到 AI 直播解决方案中，跳悦智能推出了在直播带货场景通过 3 分钟图灵测试的 AI 数字人产品，尼斯未来是一家专业致力于虚拟艺人 IP 打造与运营的新型互动娱乐公司等。

业务中包含"品牌"服务的被投资企业主要通过直播业务为客户提供品牌拓展服务，如可尼集团旗下可尼文化以 IP 联名为品牌提供创新服务，推出"IP＋品牌＋直播"的品牌联名新模式；土星文化是一家 MCN 品牌直播服务商；一树百获是一家直播电商教育服务商，跨境电商品牌出海是其业务范围之一。

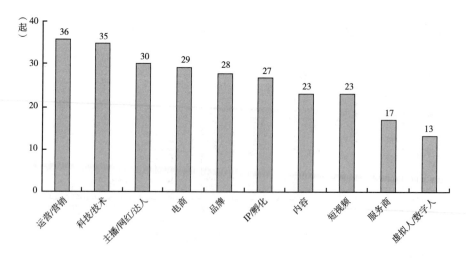

图 6-13　2021 年 1 月至 2023 年 6 月中国直播领域投资事件高频词及对应的投资数量

数据来源：IT 桔子。

四　直播投资价值评估：很高（★★★★★）

根据第一章第三节所述的投资价值评估方法，直播领域的投资价值评估结果为★★★★★，具备很好的投资价值或投资机会，有利于投资者进入。评估结果如表6-5所示。

表6-5　直播投资价值综合评估结果

序号	一级指标	一级指标得分	二级指标	二级指标原始数据	原始数据标准化	二级指标得分
1	基础规模	2.0	市场规模	1249.60亿元	0.354	★★
			用户规模	7.51亿人	0.613	★★★★
2	发展速度	2.0	市场规模增长率	7.14%	0.228	★★
			用户规模增长率	6.83%	0.586	★★★
3	转化程度	1.0	付费转化率	7.35%	0.117	★
			毛利率	29.90%	0.153	★
4	竞争程度	5.0	市场集中度	53.62%	53.62%	★★★★★
5	活跃程度	2.0	新增企业数量增长率	−76.92%	0.635	★★★★
			投资数量增长率	−51.02%	0.056	★
			投资金额增长率	−82.87%	0.030	★
6	相关政策导向	2.0	相关政策支持程度	规范发展，加强治理，支持新业态，偏负向		★★
7	主流媒体报道倾向	2.0	主流媒体报道情感倾向	正向占比减负向占比的值为−2个百分点，偏负向		★★
			综合结果（S_{end}）			★★★★★

第五节　发展趋势

一　"直播+"由"虚"向"实"融入各行各业场景

随着通信技术、高清视频技术、人工智能等技术的不断进步和社会大众对直播形态的接受度越来越高，直播已经从数字内容领域逐渐延伸到各行各业。在数字内容领域，"直播＋游戏""直播＋教育""直播＋短视频""直播＋音乐"等打破边界的创新商业模式日趋成熟；在实体经济领域，"＋直播"渐成趋势，为传统行业带来了创新、增值和改善用户体验的机会。如直播电商成了图书销售的新渠道，2022 年 6 月，董宇辉在东方甄选直播间推荐了茅盾文学奖获奖作品《额尔古纳河右岸》，4 个月的销量相当于小说 2005 年首版后 17 年销量的总和。[①] 旅游直播已成为拉动本地经济增长的新引擎，景区通过直播展示当地风景和文化；游客通过直播体验虚拟旅游，为未来的旅行计划提供灵感。在医疗领域，医生可以通过直播平台为患者提供远程诊断和医疗咨询，还可以通过直播分享医疗知识，以提高公众的健康意识等。直播从一种简单的娱乐形态转变为一种促进知识传播、提高社会互动、创新商业模式、跨越地域限制的基础设施型媒介传播形态，具有显著的正外部性。

二 内容平台加速直播电商化进程

内容平台开展直播电商业务成为水到渠成的选项。内容平台通常拥有庞大的流量基础和各行各业创作者培养的优质粉丝群体，这为直播电商提供了精准的潜在顾客，为产品推广和销售创造了有利条件。如抖音基于兴趣标签推荐个性化商品的"兴趣电商"模式和快手注重主播私域流量带货的"信任电商"模式，都是在内容生态发展成熟的基础上激发用户购买欲望。不同于传统电商平台的商业逻辑，用户在内容平台上购物的需求往往是不明确的，更多的是受兴趣驱动或出于对主播的信任。随着越来越多的名人明星成为带货主播，以及数字人等虚拟主播进入直播间，商品种类、直播场景更为丰富，内容平台的直播电商服务在"人、货、场"方面呈现多元化趋势。

---

① 查睿 . 4 天赚 2000 万元"救命钱"，一场直播救了中图网，但图书电商日子仍不好过 [EB/OL]. 2023-06-05[2023-08-10]. https://finance.sina.cn/2023-08-09/detail-imzfpunk1290746.d.html?vt=4&cid=76524&node_id=76524.

第七章

在线音乐市场格局与投资观察

第一节　在线音乐概述

一　在线音乐界定

在线音乐又叫网络音乐，是以数字格式存储并可以通过网络来传输的音乐，即以数字形式制作、存储、复制、传输的非物质形态音乐。根据不同的技术服务特点，它可以分为下载音乐和流媒体音乐两类。

二　在线音乐发展历程

中国在线音乐从免费在线试听到产业链生态建立，一步步走向发展的高峰。回首中国在线音乐20余年的发展历程，可以将其大致分为起步阶段、发展阶段、成熟阶段和稳定阶段（见图7-1）。

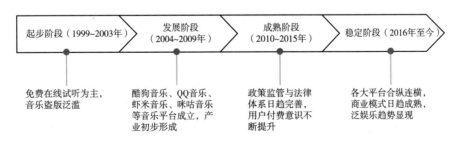

图7-1　中国在线音乐发展历程

第二节　发展环境

一　政策环境：鼓励精品力作和复合型业态，实施产业扶持计划

2016~2021 年，在线音乐相关政策并不多，相关政策一方面鼓励音乐企业和音乐平台多元发展，另一方面强化网络音乐版权和内容的管理，着重制止未经授权传播音乐作品的行为，这一举措对我国音乐正版市场产生了深远影响。2017 年 1 月，中共中央办公厅、国务院办公厅发布《关于实施中华优秀传统文化传承发展工程的意见》，提出实施网络文艺创作传播计划，推动网络文学、网络音乐、网络剧、微电影等传承发展中华优秀传统文化。2017 年 5 月，《国家"十三五"时期文化发展改革规划纲要》明确提出将音乐产业发展列入"重大文化产业工程"，释放音乐创作活力、促进产业融合发展，并再次强调加强版权保护，以版权保护促进文化创新。2019 年 11 月，中共中央办公厅、国务院办公厅发布的《关于强化知识产权保护的意见》，完善了对新业态新领域的保护制度。2020 年 11 月，第十三届全国人民代表大会常务委员会第二十三次会议通过的《全国人民代表大会常务委员会关于修改〈中华人民共和国著作权法〉的决定》，规定视听作品中的剧本、音乐等可以单独使用的作品的作者有权单独行使其著作权，进一步加强了对音乐著作权的保护。文化和旅游部发布的《关于推动数字文化产业高质量发展的意见》提出要充分运用动漫游戏、网络文学、网络音乐、网络表演、网络视频、数字艺术、创意设计等产业形态，推动中华优秀传统文化创造性转化、创新性发展，指出了在线音乐高质量发展方向。

2022~2023 年，政策鼓励推出更多精品力作，扶持网络音乐产业发展。2022 年 7 月，国家新闻出版署组织申报中华民族音乐传承出版工程精品出版项目，深入挖掘民族音乐里的红色基因，系统梳理散存于各民族各地区的珍贵资源，积极对中华民族音乐进行创造性转化和创新性发展，鼓励推出更多民族音乐精品。2022 年 8 月，中共中央办公厅、国务院办公厅印发的《"十四五"文化发展规划》指出加强对音乐、曲艺、民间文艺等创作的规划引导，鼓励文化单位和广大网民依托网络平台依法进行文化创作表达，推出更多优秀的音乐作品，实施对网络音乐产业的扶持计划。2023 年有关在线音乐的政策多出现于网络音视频、网络视听的相关条例中，如国务院发布的《未成

年人网络保护条例》中提到网络音视频服务在未成年人消费、使用时长、权限管理等方面的规定。相关政策主要内容详见表7-1。

二　舆论环境：主流媒体报道以中性和正向为主

2023年，从主流媒体关于在线音乐领域报道的高频词来看，"民族音乐""文化""直播""创作""短视频""音乐会""互联网""用户""音乐剧"等词（见图7-2）显示媒体关注的话题主要聚焦在线音乐在短视频、直播等新媒体形态下的发展路径，以及在线音乐对文化传承与发展的积极作用。

图7-2　2023年中国在线音乐领域主流媒体报道关键词

2023年，主流媒体关于在线音乐的报道中，中性报道占比最高，达到56%，正向报道占比为40%，负向报道占比为4%（见图7-3）。其中，正向报道肯定了在线音乐产业的蓬勃发展以及数字音乐对民族音乐、文化传播发展的推动作用；中性报道主要阐述了在线音乐企业和行业发展动态、音乐节目的上线、音乐版权等；两条负向报道指出了智能音箱的"套娃式"收费问题以及实体专辑的搭售问题。报道的核心内容及倾向性判断详见表7-2。

表 7-1　在线音乐相关政策梳理

发布时间	发布机构	文件名称	主要内容
2023 年 10 月	国务院	《未成年人网络保护条例》	• 网络游戏、网络直播、网络视频、网络社交等网络服务提供者应当采取措施，合理限制不同年龄阶段未成年人在使用其服务中的单次消费数额和单日累计消费数额，不得向未成年人提供与其民事行为能力不符的付费服务。 • 网络游戏、网络直播、网络视频、网络社交等网络服务提供者应当采取措施，防范和抵制流量至上等不良价值倾向，不得设置以诱导集资、投票打榜、刷量控评等为主题的网络社区、群组、话题，不得诱导未成年人参与应援集资、投票打榜、刷量控评等网络活动，并预防和制止其用户诱导未成年人实施上述行为。
2022 年 8 月	中共中央办公厅、国务院办公厅	《"十四五"文化发展规划》	• 加强对文字、电影、电视、音乐、舞蹈、美术、摄影、书法、曲艺、杂技以及民间文艺、新时代题材、国家重大战略题材、青少年题材、军事题材的创作生产，推出更多讴歌党、讴歌祖国、讴歌人民、讴歌英雄的精品力作。 • 鼓励文化单位和广大网民依托网络平台依法进行文化创作表达，推出更多优秀的网络文学、综艺、影视、网络剧、网络纪录片等网络视听节目，发展积极健康的网络文化。实施网络精品出版、网络音乐产业扶持计划。
2022 年 7 月	国家新闻出版署	《关于开展中华民族音乐传承出版工程精品出版 2022 年度申报工作的通知》	• 阐发民族音乐文化精髓。坚定文化自信，坚守中华文化立场，提炼中华各民族各历史时期的音乐精华，探寻民族音乐历史渊源，发展脉络，梳理民族音乐理论依据、艺术实践，阐发民族音乐文化精髓、价值内涵，以音乐为载体，充分表现中华优秀传统文化的历史传统，文化积淀和审美风范。 • 展现民族音乐时代价值。坚持古为今用，推陈出新，把民族音乐中蕴含的有益思想、艺术价值与时代特点和要求相结合，积极融入现代精神和审美追求，在观念手段、内容形式上积极探索，运用主题丰富形式进行当代表达，赋予其当代价值和世界意义，对民族音乐进行创造性转化和创新性发展。
2022 年 6 月	文化和旅游部办公厅	《关于印发〈群星奖评奖办法〉的通知》	• 群星奖评奖对象是由群众文化工作者和群众文艺爱好者创作和表演的音乐（含合唱）、舞蹈（含广场舞）、戏剧、曲艺类作品。 • 鼓励参评作品上线下积极参与为基层群众演出服务，原则上作品报送前为基层演出场次应不少于 50 场。
2022 年 5 月	文化和旅游部	《关于修改〈娱乐场所管理办法〉的决定》	• 歌舞娱乐场所是指提供伴奏音乐、歌曲点播服务或者歌舞服务的营业性场所。 • 文化和旅游主管部门应当对歌舞娱乐场所使用的歌曲点播系统和游戏游艺设备进行内容核查。 • 不得将场所所使用的歌曲点播系统连接至境外曲库。

续表

发布时间	发布机构	文件名称	主要内容
2022 年 3 月	文化和旅游部等六部门	《关于推动文化产业赋能乡村振兴的意见》	• 音乐产业赋能。鼓励音乐工作者、音乐企业、音乐院校、音乐类行业组织等深入乡村采风、展演和对接帮扶，加强对乡村传统音乐作品、内容健康的音乐作品、创作一批形式多样、整理和活化利用。提升乐器制造业专业化、品牌化水平，推动乐器生产向乐器音乐培训、互动体验等复合型业态。鼓励有条件的地方发展音乐节、音乐会、音乐园区（基地）等特色项目，打造音乐主题特色文化乡村。
2020 年 11 月	文化和旅游部	《关于推动数字文化产业高质量发展的意见》	• 加强内容建设。深刻把握数字文化内容属性，加强原创能力建设，创造更多能满足人民文化需求、又能增强人民精神力量的数字文化产品。培育和塑造一批具有鲜明中国文化特色的原创 IP，加强 IP 开发和转化，充分运用动漫游戏、网络音乐、网络文学、网络表演、网络视频、创意设计等产业形态，推动中华优秀传统文化创造性转化、创新性发展，继承革命文化，发展社会主义先进文化，打造更多具有广泛影响力的数字文化品牌。
2020 年 11 月	第十三届全国人民代表大会常务委员会第二十三次会议	《全国人民代表大会常务委员会关于修改〈中华人民共和国著作权法〉的决定》	• 视听作品中的剧本、音乐等可以单独使用的作品的作者有权单独行使其著作权。 • 电视台播放他人的视听作品、录像制品，应当取得视听作品著作权人或者录像制作许可，并支付报酬；播放他人的录像制品，还应当取得著作权人许可，并支付报酬。
2019 年 11 月	中共中央办公厅、国务院办公厅	《关于强化知识产权保护的意见》	• 完善新业态新领域保护制度。针对新业态新领域发展现状，研究加强专利、商标、著作权、植物新品种和集成电路布图设计等的保护。
2017 年 5 月	中共中央办公厅、国务院办公厅	《国家"十三五"时期文化发展改革规划纲要》	• 音乐产业发展：释放音乐创作活力，建设现代音乐产业综合体系，推动音乐产业与其他产业融合发展。 • 加强版权保护：全面实施国家知识产权战略，以版权保护促进文化创新。
2017 年 1 月	中共中央办公厅、国务院办公厅	《关于实施中华优秀传统文化传承发展工程的意见》	• 实施中华民族音乐传承出版工程。 • 实施网络文艺创作传播计划，推动网络文学、网络音乐、网络剧、微电影等传承发展中华优秀传统文化。

表 7-2　在线音乐相关报道梳理及倾向性判断

发布时间	主流媒体	报道标题	报道的核心内容	ChatGPT 判断	人工修正
2023 年 8 月 29 日	新华网	《探索民族音乐新发展，〈远山〉破次元出圈》	近年来，流行音乐将其新颖的演奏形式和发音方式融入民族音乐中，使歌曲传唱度更高，更具有记忆点。在抖音、在小红书等新兴媒体平台上迅速传播，被听众自发分享，让民族音乐迸发出更巨大的能量。	正向	正向
2023 年 8 月 23 日	新华网	《庄音乐点亮方言 快手助力地域文化绽宝彩》	以"3 个话题挑战赛 +4 场直播 PK 竞演 +1 场线下音乐会"形式为方言音乐达人们打造专属舞台。	正向	正向
2023 年 8 月 15 日	新华网	《腾讯音乐娱乐集团二季度总收入增至72.1亿元》	2023 年第二季度，腾讯音乐娱乐集团总收入、在线音乐付费用户，调整后净利润以及利润率等多项核心数据增长。	正向	中性
2023 年 8 月 11 日	新华网	《音乐挑战真人秀〈浔风赤子心〉开播》	音乐挑战真人秀〈浔风赤子心〉开播，2013 年《快乐男声》前十强成员左立等 6 人组成浔风兄弟团，在南浔开启了一次音乐战之旅。	正向	中性
2023 年 8 月 3 日	新华网	《"音综 2023"们，如何回归音乐本质？》	节目制作方显然需要明晰：提供高品质作品才是吸引和维持观众注意力的抓手。	中性	中性
2023 年 7 月 24 日	新华网	《自制短视频配乐不能"想配就配"》	在未取得音乐合法授权的情况下，自制视频擅加背景音乐上传平台，无论个人目的如何，都有可能构成侵权。	中性	中性
2023 年 7 月 18 日	新华网	《缅杯音乐先驱 咨音乐架桥新人——冀中唐难 88 周年纪念活动在日本举行》	中日各界有余人聚集在冀耳音乐纪念广场，向冀耳共和国国歌作曲者聂耳爱的音乐先驱，中华人民共和国国歌作曲者聂耳。	正向	中性
2023 年 7 月 13 日	新华网	《昙视频〈山海有歌声·海岛音乐会〉"音乐 +"开创文旅融合新路径》	《山海有歌声·海岛音乐会》通过"探访直播和音乐综艺的直播"的表观形式和综艺、将福建文化与旅游资源进行多维度呈现。	正向	正向
2023 年 7 月 10 日	新华网	《天赐的声音 4》用音乐为不同群体发声》	音乐合伙人们继续向"金曲"冲刺，用音乐传达初心情感，借歌曲为不同群体发声，打造了一场直击人心的音乐盛宴。	正向	正向
2023 年 7 月 10 日	新华网	《音乐综艺掀起"说唱"热》	继《中国新说唱》《说唱新世代》等综艺节目打开说唱音乐的新局面之后，2023 年又一波"说唱热"综艺即将问世荧幕。	正向	中性
2023 年 7 月 6 日	新华网	《专家研讨〈声生不息·宝岛季〉：搭建两岸音乐文化交流平台》	《声生不息·宝岛季》通过传唱具有审美价值和时代底蕴的优秀台湾音乐作品，搭建起两岸音乐文化交流平台，强化了两岸民众的共同记忆和情感联结。	正向	正向
2023 年 7 月 4 日	新华网	《3cat 行业新风向 网易云音乐"电商仁"运营交易平台》	记者实地走访国内主流网易云音乐交易平台云音乐"BEATSOUL 激灵"探寻热闹短视频市场之外，这个隐藏在幕后的巨大上游市场。	正向	中性

续表

发布时间	主流媒体	报道标题	报道的核心内容	ChatGPT判断	人工修正
2023年6月30日	新华网	《先锋音乐打造多元创意》	继去年成功推出品牌开创性的全球音乐平台——［雪碧］酷光灯之后，雪碧再次集结先锋艺术家，重磅续作第二季。	正向	中性
2023年6月22日	新华网	《电影〈封神第一部〉音乐配乐再现3000年前乐器音色》	导演乌尔善、音乐总监／作曲蒙柯卓兰等主创出镜，分享了探索呈现殷商时期音乐形态和音乐演奏场面的创作经历，带观众走进三千年前的神话史诗世界。	正向	正向
2023年6月13日	新华网	《QQ音乐"古典焕新"推出星海音乐厅25周年特别企划》	为庆祝星海音乐厅成立25周年，用户可在QQ音乐通过"臻品全景声"享受音乐厅级别的品质音效。	正向	中性
2023年9月25日	人民网	《音乐剧〈风声〉启动 打造中国自己的音乐剧IP》	从成名已久的小说到舞台上的音乐剧，对于不少音乐剧行业的人来说，这部作品值得期待。而火热的音乐剧市场，也越来越期待能早日做出中国自己的音乐剧IP。	正向	正向
2023年9月13日	人民网	《用现代音乐彰显古建筑之美》	近年来，无形的音乐与有形的古建筑，从相交到相拥再到相融，创造出独特的艺术体验，也开辟出古建筑活化利用的新路径。	正向	正向
2023年9月4日	人民网	《以音乐致敬森林之路 山西古建创意推介会走进晋祠》	重走榛林晋古建创意推介会是山西省文化和旅游厅联动遇晋和晋商景区，跨界QQ音乐，打造的一场轻量化的古建创意推介会。	正向	正向
2023年7月27日	人民网	《"听见大运 全球唱享——大运云上音乐会"上线》	为庆祝即将开幕的成都第31届世界大学生夏季运动会，"听见大运 全球唱享——大运云上音乐会"已正式上线。	正向	中性
2023年7月10日	人民网	《重庆警方侦破一起网络盗版电影音乐案 涉案金额千万》	重庆大足警方成功侦破一起网络盗版电影音乐案，抓获犯罪嫌疑人5名，涉案金额1000余万元，有力维护了影视企业合法权益和营商环境。	中性	中性
2023年6月14日	人民网	《数字技术让音乐有了新的"打开方式"》	数字技术的进步，为音乐艺术提供了新的"打开方式"——让音乐的创作、演出、传播手段日益丰富，同时也催生出新的音乐样式和音乐形态。	正向	正向
2023年6月12日	人民网	《大型音乐文化节目"定风波"诗词共唱》火出圈	节目上线后火出圈，不到10分钟观看量破百万，截至发稿时间，有1172.8万用户观看了直播。	正向	正向
2023年6月9日	人民网	《请听 AI 交响音乐会》	经过训练后的"AI歌手"能模仿明星歌手的独特音色与唱腔，翻唱许多大家耳熟能详的歌曲，受到不少网友的追捧。	中性	中性
2023年5月20日	人民网	《"AI歌手孙燕姿"引热议 音乐版权应该如何被保护》	近日，"AI出来后第一个失业的是孙燕姿"的话题被推上了热搜，人们对于人工智能下的音乐创作和版权保护问题也开始了热烈的讨论。	中性	中性
2023年5月12日	人民网	《网络短视频里的背景音乐可不能乱用》	值得注意的是，音乐创作是有边界，小心一不留神就踩了背景音乐侵权的"坑"。	中性	中性

续表

发布时间	主流媒体	报道标题	报道的核心内容	ChatGPT判断	人工修正
2023年4月21日	人民网	《影视歌曲：情潮奔涌 余韵悠长》	影视作品中的音乐能推动叙事、营造情境、启发哲思，同时温润观众心灵，使他们收获意味隽永的诗意浪漫。	正向	正向
2023年4月18日	人民网	《"中国音乐地图"记录满载记忆的民族音乐》	近40个民族、约680位民间音乐人、230余种民间乐器、1300首民间音乐、2万张图片、100万字中英文文字资料，这是由民族音乐制作人叶云川搭建的"中国音乐地图"体系。	正向	中性
2023年4月16日	人民网	《内蒙古流行音乐火出圈》	《2022年内蒙古流行音乐发展报告》显示，去年11月20日，腾讯乐不抖音线上音乐会直播观看人数达到2260万+，直播点赞数超过1116万+，总播放量超过2个亿。	正向	正向
2023年4月12日	人民网	《在"云"上感受音乐魅力》	不少人通过方便快捷的互联网感受音乐的魅力，为用户带来更新奇更丰富的体验。	正向	正向
2023年3月29日	人民网	《上海要如何培养出更多的游戏音乐创作"黑马"？》	游戏音乐形式越来越丰富并随着游戏"出海"提升中国文化国际传播力，上海如何培养出更多游戏音乐空间？	正向	中性
2023年9月16日	光明网	《网络音乐散开直播空间》	数字音乐通过云平台演出的形式，营造音乐娱乐消费的线上线下融合传播新场景。	正向	中性
2023年9月16日	光明网	《智能音箱"套娃式"收费合理吗》	用户在无意间发现，家中的智能音箱必须开通专属会员才可以播放以前免费就能听到的音乐内容。	负向	负向
2023年8月31日	光明网	《实体专辑花样百出售卖周边 明星出专辑卖实力还是卖情怀》	类似"专辑+周边"的搭售方式，可谓屡见不鲜，目周边的售价远远超过专辑本身，究竟是卖实力还是卖情怀？	中性	负向
2023年8月17日	光明网	《消费"活水"推动音乐产业蓬勃发展》	腾讯音乐在线音乐付费用户数量在今年6月突破了1亿。这一数据的公布不仅进一步强了中国音乐行业从业者的信心，也让更多人看到了中国音乐市场广阔的发展前景。	正向	正向
2023年8月15日	光明网	《数字媒体时代，应做好民族音乐的传承与保护》	要充分利用数字技术，创造更多适应数字媒体时代需求的传承和保护手段，凝心聚力，让民族音乐在数字媒体时代持续传承、发展、创新。	正向	正向
2023年6月7日	光明网	《专统钢琴教育与现代信息技术的融合探析》	传统钢琴教育与现代信息技术的融合是钢琴教育发展的重要方向。	正向	中性
2023年5月26日	光明网	《曲科技之力绽放民族音乐光彩》	数字技术正给民族音乐创作、演出，传播带来新的机遇，推动民族音乐文化的创造性转化、创新性发展，让传统音乐形式迸发生机活力，"圈粉"越来越多的当代受众。	正向	正向

续表

发布时间	主流媒体	报道标题	报道的核心内容	ChatGPT 判断	人工修正
2023 年 5 月 25 日	光明网	《以党的二十大精神为指引 奋力谱写数字音乐新篇章》	酷狗音乐成立近 20 年，始终坚持"听党话、跟党走"的发展理念，特别是在党的二十大召开期间，酷狗党支部高位统筹，实现了"用原创音乐唱响党的二十大"的积极成效。	正向	正向
2023 年 5 月 16 日	光明网	《聆听光影中的音符，浙江国际电影音乐节开幕》	通过这个平台，观众有机会聚焦于音乐本身，进一步感受音乐在电影中的重要地位和艺术魅力。	中性	中性
2023 年 5 月 11 日	光明网	《数字版权为原创音乐赋能》	保护原创者的权益，平衡权利人与受众的利益，对音乐数字资产带来的经济收益进行合理分配，传播和消费，将有力地推动音乐的创作、生产，为原创音乐创作繁荣"护航"。	正向	中性
2023 年 5 月 4 日	光明网	《加快推进数字文化治理现代化》	面对数字科技、文化数字化以及数字文化经济的浪潮，文化治理现代化无疑是重要的战略选择。	正向	中性
2023 年 4 月 14 日	光明网	《当 AI 开始歌唱，人类的歌声还能否被听到? 》	AI 唱歌虽然已经不是新鲜事，但是由专业歌手正式发行 AI 歌曲还是震惊了许多人。	正向	中性
2023 年 4 月 8 日	光明网	《探索互联网时代音乐教育的德育功能和实现路径》	互联网技术的应用，使音乐教育更加丰富多元的资源，成功实现了音乐的数字化存储和网络化传播。	正向	中性
2023 年 3 月 30 日	光明网	《复古潮流席卷数码界 这些红极一时的产品有了"接班人"》	CCD 相机、CD 光盘、3DS 游戏掌机……这些红极一时的数码产品有了"接班人"。	中性	中性
2023 年 3 月 30 日	光明网	《"全球第一"！周杰伦回应》	3 月 27 日，国际唱片业协会（IFPI）公布了"2022 年全球最畅销专辑排行榜"，周杰伦的专辑《最伟大的作品》拿下冠军。	中性	中性

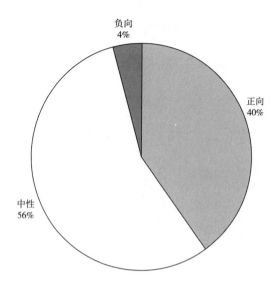

图 7-3　2023 年中国在线音乐领域主流媒体报道倾向分布

第三节　市场运行现状

一　市场规模蓄势恢复，用户增长进入平台期

在经历 2015 年"最严版权令"之后，中国在线音乐市场发展逐渐步入正轨，市场规模稳步提升。从 2018 年到 2021 年，在线音乐市场规模从 314.8 亿元提升至 512.3 亿元，增长了 62.7%。2022 年，受大环境收缩影响，中国在线音乐市场规模下降至 494.7 亿元，同比下降 3.44%（见图 7-4）。2023 年 3 月 21 日，国际唱片业协会（IFPI）发布的《全球音乐报告》指出，2022 年全球录制音乐市场增长 9.0%，其中亚洲增长 15.4%，中国大陆作为亚洲第二大市场增长高达 28.4%，首次成为全球第五大音乐市场；全球订阅音频流媒体收入增长 10.3%，而实体收入已恢复至疫情前水平。[1] 参考全球音乐发展趋势，随着中国经济环境恢复向好，未来在线音乐市场将继续保持稳步增长态势。根据本研究测算，至 2024 年中国在线音乐市场规模将达到 605.2 亿元，2022~2024 年 CAGR 将恢复至疫情前水平，在 10% 左右。

---

① 中国音像著作权集体管理协会.IFPI 全球音乐报告：2022 年全球录制音乐收入增长 9.0%，中国大陆首登全球第五大音乐市场 [EB/OL].　2023-03-21[2023-08-10].　https://www.cavca.org/newsDetail/1881.

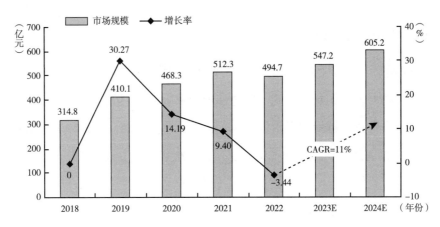

图 7-4　2018~2024 年中国在线音乐市场规模及预测

数据来源：Fastdata 发布的《2022 年中国数字音乐行业洞察报告》，2023~2024 年数据由本研究测算。

中国在线音乐用户规模在 2021 年达到高峰至 7.29 亿人，2022 年回落至 6.84 亿人，同比下降 6.17%（见图 7-5），用户规模的高增长期已经结束。本研究预计 2023 年和 2024 年在线音乐用户规模将恢复增长，但增速将减缓至 2%，2024 年中国在线音乐用户规模将再次突破 7 亿人。其中，年轻用户成为增量的主要来源，数据显示，音乐平台新增用户中超一半为"00 后"，其次是"90 后"，占比 20%。[①] 年轻用户在音乐平台表达真实情感，并基于文化认同和兴趣爱好形成泛娱乐社交圈已成为重要趋势。

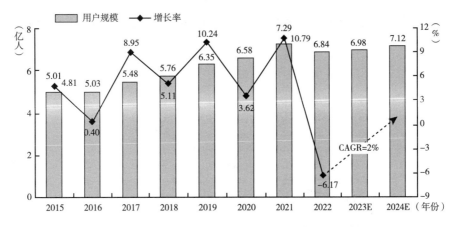

图 7-5　2015~2024 年中国在线音乐用户规模及预测

数据来源：CNNIC 发布的第 38~52 次《中国互联网络发展状况统计报告》，2023~2024 年数据由本研究测算。

---

① Fastdata. 2022 年中国数字音乐行业洞察报告 [EB/OL]. 2023-02-05[2023-08-10]. https://zhuanlan.zhihu.com/p/ 603593038.

二 音乐"视频化"，短视频音乐服务崛起

随着5G网络、高清视频技术的发展，人们对视听体验的要求不断提升，在线音乐用户的内容消费习惯正在发生改变，加之音乐独家版权的解除，让以抖音、视频号为代表的短视频平台越来越受到音乐创作人、音乐用户的青睐，短视频平台带火了《起风了》《漠河舞厅》《学猫叫》等一众"神曲"，2022年抖音上线了"汽水音乐"。

短视频平台凭借基于熟人关系或共同兴趣形成的社交生态，以及大数据推荐算法机制的优势，一方面为用户提供更符合个人兴趣的音乐视听体验，音乐与视频结合为用户带来更丰富的娱乐内容和更深刻的情感共鸣，"音乐＋视频场景"成为用户享受音乐和实现自我表达的新方式；另一方面，音乐的"视频化"为音乐人、歌手以及各种创作者提供了更多的展示机会和高流动性、高社交互动性的传播渠道，有助于吸引跨领域粉丝、扩大影响力范围。

三 在线音乐付费转化率快速提升，免费模式"圈"新用户

根据本研究测算，中国在线音乐领域用户付费转化率持续攀升，从2018年的4.17%提升至2022年的16.76%，用户付费习惯显著增强（见图7-6）。头部两大音乐集团腾讯音乐（包括QQ音乐、酷我音乐、酷狗音乐）和网易云音乐已占据超八成的月活跃用户份额，根据二者用户数据测算付费转化率具备一定的可参考性（见表7-3）。

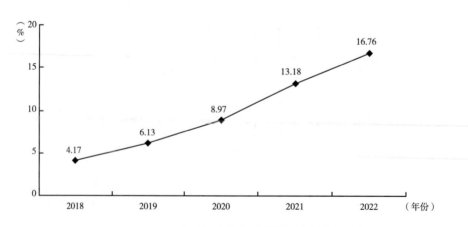

图7-6　2018~2022年中国在线音乐领域用户付费转化率

数据来源：本研究测算。

表7-3 2018~2022年中国头部音乐集团付费转化率测算

音乐集团名称	年份	付费用户（亿人）	月活跃用户（亿人）	付费转化率（%）
腾讯音乐	2018	0.27	6.44	4.19
	2019	0.40	6.44	6.21
	2020	0.56	6.22	9.00
	2021	0.76	6.15	12.36
	2022	0.89	5.67	15.70
网易云音乐	2018	0.04	1.05	3.81
	2019	0.09	1.47	6.12
	2020	0.16	1.81	8.84
	2021	0.29	1.83	15.85
	2022	0.38	1.89	20.10

数据来源：腾讯音乐、网易云音乐公司财报及招股说明书。

免费音乐的兴起改变了音乐付费的趋势，早在2022年初，腾讯音乐和网易云音乐就开始试水免费模式，到2022年底已大规模上线。用户通过看广告可以免费听30分钟VIP歌曲，多看则继续累计免费时长。这一方面给价格敏感的非付费用户一个体验VIP模式的机会，有助于挖掘潜在付费人群；另一方面提升了音乐广告服务收入，腾讯音乐2022年第二季度财报电话会中曾透露，当时有近10%的广告收入来自基于激励广告的免费收听模式。[1]但免费收听模式对原付费人群的影响尚无定论。

四 "一超一强"格局稳固，盈利能力稳中有升

中国在线音乐领域已形成腾讯音乐、网易云音乐两大音乐平台占据主要市场份额的"一超一强"竞争格局，短期内难以撼动。从用户规模来看，2022年，腾讯音乐旗下QQ音乐、酷狗音乐、酷我音乐占据了月活跃用户规模Top3榜单，累计活跃用户规模超6亿人；网易云音乐紧随其后，活跃用户规模达到1.5亿人

---

[1] 智商税研究中心. 穷人在QQ音乐看广告听歌[EB/OL]. 2023-09-15[2023-09-25]. https://new.qq.com/rain/a/20230915A05MXH00.

左右；随后是咪咕音乐、快音、爱音乐、千千音乐等中小平台，用户规模在百万
级别以上。①

　　腾讯音乐、网易云音乐是目前国内两家上市的在线音乐平台企业，根据两家
公司财报数据，截至 2023 年上半年，腾讯音乐付费用户数量突破 1 亿人，网易
云音乐在线音乐服务月付费用户数达 4175 万人。从近年来两家公司营业收入之
和占整体市场规模的比值来看，二者已稳定占据约 75% 的市场份额（见表 7-4、
图 7-7）。

表 7-4　2018~2022 年中国在线音乐头部企业营收规模测算汇总

单位：亿元

企业名称	2018 年	2019 年	2020 年	2021 年	2022 年
腾讯音乐	189.85	254.34	291.53	312.44	283.39
网易云音乐	11.48	23.18	48.96	69.98	89.95
合计	201.33	277.52	340.49	382.42	373.34

数据来源：腾讯音乐、网易云音乐公司财报及招股说明书。

　　从两家在线音乐上市企业盈利情况来看，2016~2022 年，在线音乐企业平均毛利
率总体稳定在 30% 以下，仅在 2017 年突破至 34.70%，2020~2022 年平均毛利率稳中
有升，2022 年达到 26.96%（见图 7-7）。在线音乐平台盈利来源主要包括在线音乐
服务、社交娱乐服务两大板块，长期以来后者占比高于前者。网易云音乐 2022 年 90
亿元的营收中，社交娱乐及其他服务占比近 59%，腾讯音乐 2022 年营收中其他娱乐
服务占比近 56%，同样也超过在线音乐服务。不过在 2023 年情况有所转变，2023 年
上半年，腾讯音乐在线音乐服务收入占比已超过其他娱乐服务，达到 54%，网易云
音乐的在线音乐服务营收占比也过半，达到近 52%，付费用户贡献的营收比重逐渐
提升。②

---

　　① 易观分析 . 2022 年中国在线音乐市场年度综合分析 [EB/OL]. 2023-03-17[2023-08-10]. https://www.analysys.cn/
article/detail/20020398.

　　② 数据来源于网易云音乐、腾讯音乐公司财报。

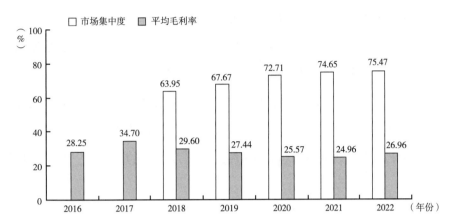

图 7-7　2016~2022 年中国在线音乐领域市场集中度及平均毛利率

注：平均毛利率来自对国内 2 家在线音乐上市公司财务数据的计算结果。

五　典型案例

（一）腾讯音乐

1. 生态优势+多方合作推进长音频发展

腾讯音乐娱乐集团（以下简称"腾讯音乐"）成立于 2016 年 7 月，2018 年 12 月 12 日在纽约证券交易所上市交易（代码：TME），旗下包括音乐流媒体、社交娱乐两大主要业务，涵盖酷狗音乐、QQ 音乐、酷我音乐、全民 K 歌四大产品，目前已成为中国音乐娱乐服务领航者。腾讯音乐通过保持各个产品的独立发展为用户提供多元化服务，旗下的 QQ 音乐以音乐科技创新为特点，打造多元玩法，为用户提供新潮音乐娱乐体验；酷狗音乐是多元的在线音乐服务平台，提供多种在线娱乐功能；酷我音乐当前正大力布局车载场景，已与 60 余家车企达成合作，覆盖市面八成以上汽车品牌；全民 K 歌是线上 KTV 平台，已发展成为用户广泛的音乐娱乐社交平台。

腾讯音乐布局长音频发展战略，利用自身的内容生态优势，联合环球音乐、索尼音乐、Apple Music、Spotify、瑞迪欧、经典唱片公司丰华唱片、韩国 SM 娱乐有限公司等多位合作伙伴，推进长音频进入新时代。2022 年 11 月，腾讯音乐和全球最大的独立音乐数字版权代理机构 Merlin 续签了多年的授权和合作协议，可以使用 Merlin 曲库中的各种歌曲，进一步扩大了流媒体服务范围。

2. 业绩波动中增长，在线音乐营收持续发力

腾讯音乐业务营收分为在线音乐（订阅收入，非订阅收入如数字音乐销售、转授权、广告收入等）和社交娱乐服务及其他（在线 K 歌、音乐直播、高级会员订阅、硬件销售等）。2017~2021 年，腾讯音乐总营收在波动中达到高峰值 312.5 亿元，2022年有所回落（见图 7-8），回落主要由疫情防控期间广告收入缩减、抖音及视频号冲击所致。其中，在线音乐业务保持健康增长，在总营收中的占比有望进一步扩大。

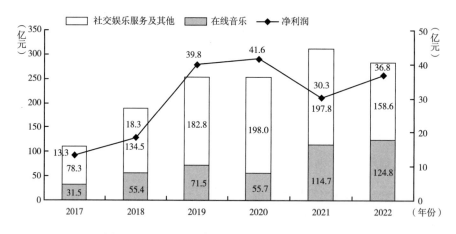

图 7-8　2017~2022 年腾讯音乐营收结构及净利润

数据来源：腾讯音乐历年财报。

3. 内容与平台"一体两翼"提供全方位服务

腾讯音乐以内容与平台为两大核心方向，形成了"一体两翼"的战略布局。内容方面，发挥平台引导作用，与音乐品牌深度合作，为有才华、有天赋的独立音乐人提供资源和宣传渠道，引入、共创、推广优质音乐内容。平台方面，布局长音频业务线，提升音乐视频、音乐演出等业务战略高度，融入懒人听书业务，进一步拓展音乐产品场景；开展组织机构升级，成立整合协调跨平台长音频业务的管理团队，并与微信生态展开深入合作；通过不断打造完整的生态系统，为音乐人和用户提供全链条的服务。2022 年，腾讯音乐全面延伸了与微信视频号的合作生态系统，探索分发音乐和视频内容的新路径。2022 年 5 月在微信视频号上线的崔健、罗大佑线上演唱会为极狐汽车带来了巨大的网络曝光量，促使大量品牌纷纷寻求线上演唱会冠名。2022 年，腾讯音乐推出了多项产品升级，从虚拟偶像、音质、视觉效果、社交功能、虚拟娱乐体

验等方面对产品进行了重大提升。腾讯音乐还在进行 AIGC 工具的研发，以提高音乐相关内容的创作和制作效率。腾讯音乐将持续探索 AI 技术在图片、文本、视频等内容领域以及在音乐推荐搜索场景的应用，从而进一步提升用户体验。①

（二）网易云音乐

1. 巩固"内容+社区"属性，加快版权合作步伐

网易云音乐是由网易开发的音乐产品，于 2013 年 4 月 23 日正式发布，2021 年 12 月 2 日以"云敲锣"方式在香港联交所主板挂牌上市。"内容 + 社区"建设是网易云音乐实现差异化竞争的核心手段，通过升级"关注""主创说""村民证""听歌看评"等产品功能，巩固社区氛围，增强用户归属感和使用黏性。网易云音乐主打歌单、社交、大牌推荐和音乐指纹，目标群体为音乐发烧友、音乐热爱者，具有即时通信、搜索、阅读、娱乐等功能，用户可以通过分享歌单动态、评论歌曲等与其他用户进行交互。"音乐社交"在网易云音乐的发展过程中起到了重要的作用，增强了用户黏性，形成了自己独特的社交生态圈，使网易云音乐在短期内迅速崛起。网易云音乐的另一个重要特点是其音乐人战略，通过与音乐人合作，为音乐人提供了一个展示才华和分享音乐的空间。音乐人可以在平台上发布自己的作品、分享创作过程和背后的故事，并与粉丝进行互动和交流。这种合作模式不仅可以帮助平台打造差异化的内容和服务，还可以提高音乐人的知名度和影响力。

与腾讯音乐满足全年龄段用户需求的特点不同，网易云音乐版权能力较弱，主要通过优质内容和社区属性吸引用户，实现用户的高留存、高忠诚度、高转化率；在流行、说唱、民谣、K-POP 等品类方面，持续扶持优秀音乐原创人才，增强用户吸引力。2023 年上半年，网易云音乐自制歌曲爆款频出，《精卫》《向云端》多次出圈引爆全网，年轻化、本地化优势显著。此外，网易云音乐拓展直播和短视频业务，借助精准营销，扎根年轻用户，推进云村生态完善和繁荣发展。近年来，网易云音乐持续加快非独家版权合作步伐，先后与腾讯音乐、阿里音乐达成音乐版权互相转授权的合作；与华研国际、索尼音乐、Loen Entertainment、滚石唱片、韩国 YG 娱乐公司、韩国 SM 娱乐有限公司等多元主体在音乐版权、艺人发掘培养、音乐 IP 开发、音乐演出等方面开展深层次合作。

① 绿岛. 腾讯音乐需要新的"用户攻略"[EB/OL]. 2022-09-23[2023-08-10]. https://mp.pdnews.cn/Pc/ArtInfoApi/article?id=31430283.

2. 营收迅速增长，经营利润指标由负转正

网易云音乐主要从直播平台、电台、手游公司、票务网站和娱乐公司获取利润，业务营收分为在线音乐服务和社交娱乐服务及其他，2018~2022 年，网易云音乐总营收持续快速增长至 89.9 亿元（见图 7-9）。其中，社交娱乐服务及其他业务营收占比逐渐增大，从 2018 年的 10.4% 增至 2022 年的 58.8%，以音乐为导向的内容娱乐业务持续增强。在线音乐用户规模实现新的增长，根据网易云音乐 2023 年上半年财报，2023 年上半年网易云音乐在线音乐服务月活跃用户数稳步增长至 2.067 亿人，同比增长 13.7%；在线音乐服务月付费用户数达 4175 万人，同比增长 11%。利润方面，2021 年以来，网易云音乐亏损大幅收窄，2023 年上半年实现首次利润回正，达到 2.94 亿元。

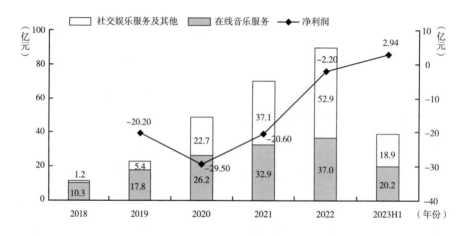

图 7-9　2018~2023 年网易云音乐营收结构及净利润
数据来源：网易云音乐历年财报及招股说明书。

3. 提升音乐服务体验，加强独立音乐人孵化合作

网易云音乐通过持续优化产品功能，提升其内容和社交生态系统。2022 年，网易云音乐上线拥有更高解析度的 Hi-Res 音质，新增了黑胶 SVIP、黑胶 VIP 和音乐包等会员服务类型，其首款音乐社交应用 MUS 也正式开放注册。2023 年，网易云音乐将通过进一步强化产品功能，为用户带来更多优质音乐体验。同时，网易云音乐还将进一步拓展物联网领域布局，探索更多的业务机会，培养用户付费和订阅优质产品的意愿，提升用户参与度，扩大消费场景。音乐人培育方面，2022 年，网易云音乐上线了一站式 Beat 交易平台 Beat Soul，音乐人可在 Beat Soul 上售卖原创 Beat，其收益完全

归音乐人所有。在 2023 年，网易云音乐计划深化与版权持有人的合作，加强独立音乐人的孵化和独立音乐的制作。

第四节　投资动向与投资价值评估

一　投资数量和投资金额总体持续下滑

2022 年在线音乐领域发生投资事件 5 起，投资金额 1.35 亿元，双双降至近年来谷底。自 2015 年中国规范在线音乐版权市场以来，在线音乐获得了良性发展，一级市场投资金额在 2018 年达到了峰值。随着信贷收紧、企业融资成本提升，加之头部企业建立起竞争壁垒，新进入者机会减少，行业发展回归理性，2018 年后在线音乐投资数量和投资金额总体呈现持续下滑趋势（见图 7-10）。

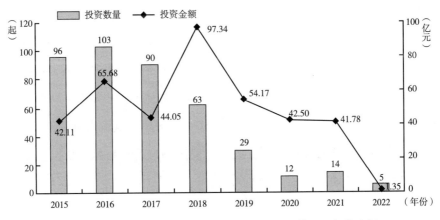

图 7-10　2015~2022 年中国在线音乐领域投资数量及投资金额

数据来源：IT 桔子。

二　新增企业数量快速下滑

在线音乐领域近年来新增企业数量连续下滑，2020 年及以后情况更甚，2022 年甚至无新增企业（见图 7-11）。在线音乐领域市场饱和度较高，尤其在版权积累方面，中小企业难以与头部企业竞争，加之外界资本环境降温，投资者更加看重商业变现能力更强的领域，多种原因导致在线音乐创业活跃度下降明显。

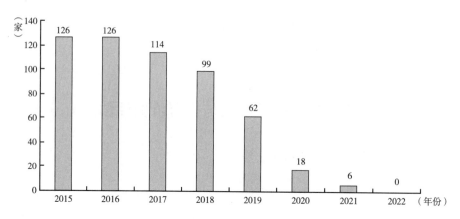

图 7-11　2015~2022 年中国在线音乐领域新增企业数量

数据来源：IT 桔子。

三　智能技术赋能音乐创作持续成为投资热点

回顾 2019~2020 年在线音乐领域的投资热点，音乐科技是最热门的投资方向；基于 VR、区块链、人工智能技术的音乐创作与制作，音乐版权保护，音乐培训等业务备受关注。2021 年以来的投资事件中，被投资企业业务含有智能技术、科技赋能音乐创作的仍是最受资本关注的热点（见图 7-12）。如 DeepMusic 基于人工智能技术提供音乐创作服务，运用神经网络学习现存的音乐作品并从中寻找规律，从而进行音乐创作；ACE 虚拟歌姬为用户提供多个 AI 虚拟歌手，用户可以输入歌曲的旋律、歌词，并且选择 AI 虚拟歌手进行歌曲演唱。此外，提高用户的参与和互动程度受到更大的重视，比如分享、参与创作、社区互动等。

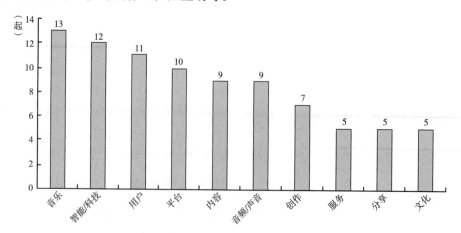

图 7-12　2021 年 1 月至 2023 年 6 月中国在线音乐领域投资事件高频词及对应的投资数量

数据来源：IT 桔子。

四 在线音乐投资价值评估: 很低(★)

根据第一章第三节所述的投资价值评估方法,在线音乐领域的投资价值评估结果为★,风险大于机会,未来发展不确定,当前不利于投资进入,具体如表7-5所示。

表7-5 在线音乐投资价值综合评估结果

序号	一级指标	一级指标得分	二级指标	二级指标原始数据	原始数据标准化	二级指标得分
1	基础规模	2.0	市场规模	494.70 亿元	0.063	★
			用户规模	6.84 亿人	0.513	★★★
2	发展速度	1.0	市场规模增长率	−3.44%	0.091	★
			用户规模增长率	−6.17%	0.000	★
3	转化程度	2.0	付费转化率	16.76%	0.269	★★
			毛利率	26.96%	0.070	★
4	竞争程度	1.0	市场集中度	75.47%	75.47%	★
5	活跃程度	1.0	新增企业数量增长率	−100.00%	0.000	★
			投资数量增长率	−64.29%	0.020	★
			投资金额增长率	−96.77%	0.000	★
6	相关政策导向	4.0	相关政策支持程度	加强规划引导,实施网络音乐产业扶持计划,鼓励复合型业态,偏正向		★★★★
7	主流媒体报道倾向	4.0	主流媒体报道情感倾向	正向占比减负向占比的值为36个百分点,偏正向		★★★★
综合结果(S_{end})						★

第五节 发展趋势

一 短视频音乐服务将重构音乐媒介格局

从消费端来看,以抖音为代表的短视频平台将音乐视频化,用户不仅可以听,还可以直观看到与音乐匹配的视频场景,享受更加丰富的感官体验,用户的音乐消费习惯正在发生深刻的变革,从单纯的听音乐到"听音乐+看视频场景"。从供给端来看,抖音曲库里有大量的歌曲片段供用户选择创作自己的音乐短视频,并推出了热歌榜、飙升榜、原创榜帮助用户筛选心仪的背景音乐,用户也可以选择视频里的音乐"拍同款"，加上大数据精准推送机制和社交分发的效应，可在短期内为一首单曲带来巨大的流量和商业价值，甚至影响音乐创作方向。此外，网易云音乐、酷狗音乐、QQ 音乐以及大量的音乐创作人也已在抖音开通自己的官方账号，发布音乐视频，吸引越来越多音乐用户迁移至短视频平台，形成新的音乐聚集中心。

二 AI 及虚拟技术拓展音乐服务场景

智能技术变革音乐创作模式，升级音乐消费体验。在音乐创作方面，2023 年 5 月，"AI 孙燕姿"火爆全网，每天可以创作数十首"新作"。腾讯的 AI Lab 实验室推出 AI 数字人"艾灵"进行音乐演唱，网易也推出 AI 音乐品牌、一站式音乐创作平台"网易天音"并上线了云村首款虚拟歌手工具"网易云音乐·X Studio"。除了头部企业，Boomy、Muru、AIVA 等一众初创 AI 音乐公司也投身 AI 赛道。在音乐消费体验方面，2022 年首个元宇宙虚拟跨年演唱会登上了微博热搜，腾讯音乐推出了首个虚拟音乐嘉年华 TMELAND 的首届"虚拟跨年音乐节"，QQ 音乐上线"无缝播放"功能，消除了歌曲切换时的常规卡顿。AI 及虚拟技术正在大幅降低音乐创作门槛，并催生更多音乐消费场景，深入发掘音乐商业价值。

第八章
数字阅读市场格局与投资观察

第一节　数字阅读概述

一　数字阅读界定

广义的数字阅读，主要包括阅读内容的数字化和阅读媒介的数字化。前者指阅读对象是以数字化的方式呈现的内容，比如网络小说、数据库、电子书报刊、电子地图等；后者指阅读终端为数字化的设备，如电脑、手机、iPad、电子书阅读器等。

本研究所指的数字阅读是通过电脑、手机、iPad、电子书阅读器等数字化终端阅读网络文学、电子书报刊、数据库等内容的行为，也包括有声书等有声阅读，但不包括新闻资讯类内容，该部分将单独分析。

二　数字阅读发展历程

中国数字阅读的发展在经历了萌芽期、探索期、爆发期之后，随着移动互联网渗透率的提升、头部企业的成功上市，现已进入成熟期（见图8-1）。

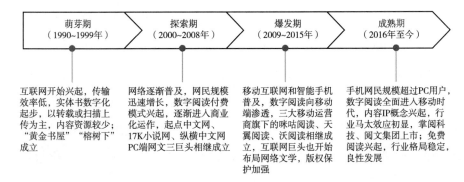

图8-1　中国数字阅读发展历程

第二节　发展环境

一　政策环境：以精品示范带动高质量发展，鼓励提升数字文化服务能力

2016~2021 年，党中央和相关管理部门对数字阅读的发展给予高度重视，相关政策密集出台，多项政策均提及要大力发展包括网络文学、移动出版在内的网络文艺事业。相关管理部门积极部署，推动数字化平台建设，促进优质内容数字化传播。2017年文化部发布的《关于推动数字文化产业创新发展的指导意见》提出鼓励生产传播健康向上的优秀网络原创作品，并提出保护和激励原创作品生产，促进数字文化产业与其他产业融合发展。2020 年，国家新闻出版署发布《进一步加强网络文学出版管理的通知》，旨在规范网络文学行业秩序，引导网络文学出版单位坚持正确的出版导向，推动网络文学繁荣健康发展。对于传统出版发行单位，政策提出要利用互联网、大数据、物联网、云计算、人工智能等技术，推动资源充分整合、线上线下深度融合。尤其是在新冠疫情期间，政策鼓励加强电子图书、影视、游戏等数字文化产品和服务的开发。文化和旅游部《关于推动数字文化产业高质量发展的意见》提出顺应文化产业化和数字化发展趋势，实施文化产业数字化战略，加快发展新型文化产业、文化业态、文化消费模式。2021 年，相关管理部门实施公共数字文化工程，支持借助现代信息技术加快推进公共数字文化资源建设。中共中央宣传部办公厅发布的《关于做好2021 年全民阅读工作的通知》提出主动适应信息技术条件下数字阅读方式更便捷、更广泛的特点，积极推动全民阅读工作与新媒体技术紧密结合。

2022~2023 年，政策鼓励出版内容向数字化、网络化、智能化、精品化方向发展，推动出版融合高质量发展。中共中央宣传部发布的《关于推动出版深度融合发展的实施意见》从加强出版融合发展战略谋划、强化出版融合发展内容建设、充分发挥技术支撑作用、打造出版融合发展重点工程项目、建强出版融合发展人才队伍、健全出版融合发展保障体系六大方面强调出版深度融合的未来发展方向。数字阅读作为文化产业的重要组成部分，文化产业数字化战略的推进为其发展提供良好的机遇。中共中央办公厅、国务院办公厅印发的《"十四五"文化发展规划》提出实施网络精品出版扶持计划，加强数字版权保护、规划引导和政策指导，打通各层级公共文化数字平台，

打造公共文化数字资源库群，建设国家文化大数据体系。2023年3月，国家新闻出版署发布《关于组织实施2023年度出版融合发展工程的通知》，旨在推出一批导向正确、内容优质、创新突出、双效俱佳的数字出版精品和一批技术领先、融合度高、精品聚集、示范性强的出版单位，促进出版行业的融合发展；《关于实施2023年出版业科技与标准创新示范项目的通知》聚焦新一代信息技术的应用，包括5G、大数据、云计算、人工智能等的应用，推动出版业的数字化转型升级和融合发展。数字阅读在教育领域应用广泛，教育部等八部门在《全国青少年学生读书行动实施方案》中提出加强数字资源建设，包括开设国家智慧教育读书平台，提供优质数字阅读资源，以满足学生的阅读需求。相关政策内容详见表8-1。

二 舆论环境：主流媒体报道以正向为主

2023年，主流媒体关于数字阅读报道的高频词如"全民""数字""书香""提升""读书""文化""出版""建设"等，凸显了全民阅读和数字阅读对提升全民阅读素养、普及文化知识的关键作用；"图书馆""书房""市民""图书馆""城市""打造""书屋"等高频词反映了中国为推进全民阅读发展所采取的一系列举措（见图8-2）。

图8-2 2023年中国数字阅读领域主流媒体报道关键词

表 8-1 数字阅读相关政策梳理

发布时间	发布机构	文件名称	主要内容
2023 年 7 月	国家新闻出版署	《关于进一步规范期刊经营合作活动的通知》	• 期刊及其新媒体内容的初审、复审、终审均应由期刊出版单位执行，不得以终审代替全程审核把关。期刊新媒体账号及网络文献数据库账号应由期刊出版单位注册和管理，不得由经营合作方掌控。网络数据库平台收录期刊时，应认真查验《期刊出版许可证》原件以及逐年加盖年度审验章证明原件，在日常管理中逐期严格核对收录期刊网络版本与期刊纸质版本，对版本内容不一致的立即下架调查，并向属地新闻出版管理部门书面报告。
2023 年 3 月	教育部等八部门	《全国青少年学生读书行动实施方案》	• 加强数字资源建设。充分发挥数字化支撑作用，开设国家智慧教育读书平台，提供优质数字阅读资源，丰富阅读形式。有效利用"学习强国"、中国语言文字数字博物馆及各地各校数字平台，加强国家、优质、优良、多样、健康的阅读资源建设，服务学生处处可读、时时能读。
2023 年 3 月	国家新闻出版署	《关于组织实施 2023 年度出版融合发展工程的通知》	• 着重深入实施数字出版精品遴选推荐计划和出版融合发展示范单位遴选，推出一批导向正确、内容优质、创新突出、双效俱佳的数字出版精品和一批旗舰单位、示范性强的出版单位。数字出版精品分为重大类项目，出版融合发展类项目，开展分类遴选。 • 对已入选出版融合发展工程的精品、平台、单位、人才，持续开展培育建设和应用推广工作。委托有关机构培育建设示范和应用推广示范项目，逐步推动一批重点科技项目，形成一批核心科技成果，培育一批青干科技企业，持续提升出版业科技创新和成果转化能力，助力出版业高质量发展。
2023 年 3 月	国家新闻出版署	《关于实施 2023 年出版业科技与标准创新示范项目的通知》	• 以习近平新时代中国特色社会主义思想为指导，深入贯彻党的二十大精神，贯彻落实习近平总书记关于宣传思想工作的重要思想，围绕《出版业"十四五"时期发展规划》提出的目标任务，聚焦 5G、大数据、云计算、人工智能、区块链、物联网、虚拟现实、数字孪生等新一代信息技术，突出科技创新在推动出版业数字化转型升级、实现深度融合发展中的重要作用，通过推荐遴选、奖励扶持、推广应用，培育一批骨干科技企业，培养一批优秀科技人才，持续提升出版业科技创新和成果转化能力，助力出版业高质量发展。
2023 年 2 月	中共中央、国务院	《数字中国建设整体布局规划》	• 打造自信繁荣的数字文化。大力发展网络文化，加强优质网络文化产品供给，引导各类平台和广大网民创作生产积极健康、向上向善的网络文化。推进文化数字化发展，深入实施国家文化数字化战略，建设国家文化大数据体系，形成中华文化数据库。提升数字文化服务能力，打造若干综合性数字文化展示平台，加快发展新型文化企业、文化业态、文化消费模式。
2022 年 11 月	国家新闻出版署	《关于公布 2021 年"优秀现实题材和历史题材网络文学出版工程"入选作品的通知》	• 各地要继续加强组织协调，推动网络文学出版单位始终坚持以习近平新时代中国特色社会主义思想为指导，深入学习宣传贯彻党的二十大精神，坚定道路自信、理论自信、制度自信、文化自信，深情礼赞新时代 10 年的伟大变革，生动反映新时代新征程的重大备斗，广泛传播社会主义核心价值观，大力弘扬以伟大建党精神为源头的中国共产党人精神谱系，弘扬劳动精神、奋斗精神、奉献精神、创造精神、勤俭节约精神，积极展现时代新风新貌，生动展示中华文明的精神标识和文化精髓，创作更多增强人民精神力量的优秀网络文学作品，更好发挥以文立心、以文铸魂的铸魂作用。

续表

发布时间	发布机构	文件名称	主要内容
2022年8月	中共中央办公厅、国务院办公厅	《"十四五"文化发展规划》	• 鼓励文化单位和广大网民依托网络平台依法进行文化创作表达，推出更多优秀的网络文学、网络音乐、综艺、影视、动漫、音乐、体育、游戏等网络数字出版产品、服务。实施网络精品出版、网络音乐产业扶持计划。 • 加强规划引导和数字出版政策指导，打造各层级公共文化数字平台，建设国家文化大数据体系。统筹推进公共文化数字化重点工程建设，把服务农村特别是欠发达村特别是农村作为着力点，不断缩小城乡之间的数字鸿沟。建设智慧图书馆体系和国家公共文化云，建设国家智慧博物馆，打造智慧广电、电影数字节目管理等信息数字化服务平台。积极发展云展览、云阅读、云视听、云体验、云课堂，促进供需在"云端""指尖"对接。推进农家书屋数字化建设，建立智能化管理体系。
2022年4月	中共中央宣传部	《关于推动出版深度融合发展的实施意见》	• 扩大优质内容供给。坚持内容为王、把握数字化、网络化、智能化方向，大力推进出版供给侧结构性改革，优化出版融合发展内容结构，加强网络原创优质内容建设。 • 创新内容呈现传播方式。积极贴近读者，增强服务意识，适应用户画像、差异化趋势，探索通过用户画像、数据分析等方式，充分把握数字时代不同受众群体的新型阅读需求，推出更多广为读者接受、适合网络传播的数字出版产品和服务。 • 打造重点领域内容精品。大力实施精品战略，坚持精品引领、精品带动，质量上乘的出版融合发展精品力作，构建主题突出、精品荟萃的出版精品体系。 • 加强前沿技术探索应用。紧盯技术发展前沿，用好信息技术革命成果，强化大数据、云计算、人工智能、区块链等技术应用，创新驱动出版融合深度发展。 • 促进成熟技术应用推广。着眼适合管用，充分挖掘满足出版融合发展业务需求的各类适配技术，促进数字出版内容的多介质、多角度延伸，打造出版融合发展新产品、新服务、新模式。
2022年4月	国家新闻出版署	《关于开展2022年优秀现实题材网络文学出版工程评选工作的通知》	• 为深入学习贯彻习近平新时代中国特色社会主义思想，发挥优秀作品的引领示范作用，推动网络文学热潮描绘新时代新征程的恢宏气象，创作出版更多饱含精神力量、富有艺术魅力的网络文学精品，激荡起奋进新征程、建功新时代的强大力量，以新风貌新作为迎接党的二十大胜利召开，国家新闻出版署启动2022年优秀现实题材网络文学出版工程评选工作。 • 鼓励网络文学从新时代新征程的伟大实践中，精选优质题材，挖掘精彩故事，提炼丰富素材，展现新时代的原创性思想、变革性实践、突破性进展、标志性成果，反映时代之变、中国之进、人民之呼，抒写中国人民备斗之志、创造之力、发展之果。
2022年3月	国家新闻出版署	《关于组织实施2022年度出版融合发展工程的通知》	• 2022年度出版融合发展工程优先启动实施2个子计划。一是数字出版优秀平台选推荐计划，重点遴选推荐一批方向正确、优质内容集聚、技术应用领先、两个效益俱佳、资源储备丰厚的数字出版优秀平台。二是出版融合发展优秀人才遴选培养计划，重点遴选发展表现出色的出版融合发展优秀人才遴选培养计划，重点遴选培养一批思想政治素质过硬、创新创造能力突出的出版融合发展复合型人才。

续表

发布时间	发布机构	文件名称	主要内容
2021年12月	国家新闻出版署	《关于公布2021年全民阅读优秀项目推介工作入选名单的通知》	积极聚焦主题阅读，充分挖掘自身特色，面向基层或重点人群创新阅读推广和服务模式，引导人民群众提升阅读兴趣，养成阅读习惯，提高阅读能力。反映了全国全民阅读工作的特色与成效。各地各部门要组织做好特色阅读工作，以优秀项目为示范，更好地总结经验、开拓思路、创新举措，持续深入推进全民阅读工作，提升效能，进一步在全社会营造爱读书、读好书、善读书的良好氛围。
2021年9月	国家新闻出版署	《关于开展2021年全民阅读优秀项目推介工作的通知》	数字传播类项目。适应信息技术条件下数据化、智能化的阅读趋势，移动化。主动应用阅读新技术新模式，打造阅读新场景新体验，推进全民阅读的多媒体、多平台融合。探索读者阅读行为和阅读习惯的数字化转型，改善数字内容消费服务方式，为人民群众提供更便捷更人性化的数字阅读服务。
2021年3月	中共中央宣传部办公厅	《关于做好2021年全民阅读工作的通知》	创新方法手段，主动适应信息技术条件下数字阅读方式更便捷、更广泛的特点，积极推动全民阅读工作与新媒体技术紧密结合。扩大对全民阅读的宣传报道力度，推动全社会形成爱读书、读好书、善读书的新风尚。
2020年11月	文化和旅游部	《关于推动数字文化产业高质量发展的意见》	顺应文化产业化和数字化发展趋势，实施文化产业数字化战略，加快发展新型文化业态、文化消费模式，改造提升传统业态，提升质量效益和核心竞争力，健全现代文化产业体系。
2020年6月	国家新闻出版署	《关于进一步加强网络文学出版管理的通知》	建立健全内容审核机制。网络文学出版单位要设立总编辑、总编辑委员会，建立健全内容质量负责制。内容导向问题的事项具有否决权，对发布作品实行实名注册制度，按照"后台实名、前台自愿"的原则，网络文学出版单位必须要求创作者提供实名身份信息，不得为未使用真实身份信息注册的创作者提供相关服务，并对收集的信息严格保密，确保创作者信息安全。
2020年2月	工业和信息化部	《关于运用新一代信息技术支撑服务疫情防控和复工复产工作的通知》	支持完善疫情防控期间网络零售服务和物流配送体系，加强电子图书、影视、游戏等领域数字文化产品和服务的开发，形成丰富多样的"零接触"购物和娱乐体系，确保百姓生活必需品和精神产品供应。
2019年4月	文化和旅游部办公厅	《关于印发〈公共数字文化工程融合创新发展实施方案〉的通知》	实现工程的统筹管理，建立统一的标准规范框架，推出统一的基层服务界面，统筹开展基层数字文化资源配送，做好工程平台、资源、服务的融合创新发展工作。初步形成公共数字文化资源服务总目录。
2019年4月	国家新闻出版署	《关于加强新华书店网络发行能力建设的通知》	到2023年，形成1家具有重要影响力和综合实力的全国统一新华书店网络发行平台，扶持3~4家技术雄厚、管理先进、带动力强的骨干网络运营企业，培育若干家具有区域优势、特色突出、特色鲜明、技术先进、协同互补、功能互补，体系完善的特色网络服务系统，打通线上线下特色数字文化创新发展优势，影响广泛的新华书店网络发行服务体系，逐步形成服务体系。

续表

发布时间	发布机构	文件名称	主要内容
2018年2月	国家新闻出版广电总局	《关于开展2018年全民阅读工作的通知》	• 加大优质内容推介力度，进一步完善面向不同读者群体的优秀出版物推荐工作。积极做好宣传习近平新时代中国特色社会主义思想宣传推广工作机制。 • 大力支持实体书店发展，形成布局合理、功能完善、主业突出、多元经营的实体书店发展格局。加快推进公共数字化阅读平台建设。
2017年6月	国家新闻出版广电总局	《网络文学出版服务单位社会效益评估试行办法》	• 评估考核共设置了5个一级指标，22个二级指标和77项评分标准，主要包括出版质量、传播能力、内容创新、制度建设、社会和文化影响等指标，将从文化影响工作及社会评价、文化价值引领和文化传承、网络文学出版服务编辑责任制度、党建和思想政治工作等方面进行具体打分。《办法》明确规定，在平台首页或重点栏目推介导向有严重问题的作品、违反政治纪律政治规矩等重大问题，社会效益评估实行"一票否决"，评估结果即为不合格。
2017年4月	文化部	《关于推动数字文化产业创新发展的指导意见》	• 扩大和引导数字文化消费需求。把握知识产权环境改善、用户付费习惯养成、网络支付手段普及的有利机遇，充分挖掘消费潜力和市场价值。创新数字文化等数字文化内容产品付费模式，将广泛用户基础转化为有效消费需求。加强质量与品牌建设。 • 丰富网络文化内容形式。大力发展网络文艺，丰富网络文化内涵，推动优秀文化产品网络传播。鼓励生产健康向上的优秀网络原创作品，提高网络文学原创的原创能力和水平。保护数字文化产业链相关环节的融合与沟通。
2016年12月	国家新闻出版广电总局	《全民阅读"十三五"发展规划》	• "十三五"期间将建设3至4家国家级公益性数字化阅读推广、优质阅读内容数字化传播、移动阅读数字化传播平台，向读者提供数字化阅读服务。 • 适应数字化新趋势，充分利用数字技术，大力推进数字阅读资源平台，推进数字化阅读服务。建立内容丰富的数字阅读资源库群，加强公共电子阅览室建设计划和全国文化信息资源共享工程建设，加强数字图书馆建设，形成覆盖全国的全民数字服务网络。 • 加快推进传统出版单位数字化转型升级，通过制订配套政策、专项资金资助、推介示范单位等多种方式，推动出版与科技融合发展。实施网络文艺精品创作和传播计划，加强网络文学出版传播的管理和引导，推出更多网络原创精品力作。
2016年11月	国家版权局办公厅	《关于加强网络文学作品版权管理的通知》	• 明确了规范的两类对象。一类是通过信息网络直接提供网络文学作品的网络服务商，另一类是为用户通过信息网络传播文学作品提供相关网络服务以及提供相关网络服务的网络服务商在版权管理方面的责任和义务。
2016年9月	国家新闻出版广电总局	《新闻出版业数字出版"十三五"时期发展规划》	• 大力发展网络游戏、网络文学、移动出版等优势产业，拓展服务领域和市场。

2023 年，主流媒体对数字阅读的报道以正向报道为主，占比高达 51%；中性报道占比为 47%，负向报道仅占 2%（见图 8-3）。其中，正向报道的话题主要包括数字阅读行业的蓬勃发展和创新模式，数字阅读对促进文化消费、推进全民阅读的积极作用，以及"农家书屋""城市书房""数智图书馆""书香巴士""视障阅览室"等在促进高质量阅读中的作用；中性报道主要为数字阅读行业的相关资讯；负向报道则指出阅读类 App 存在侵害用户权益的问题。报道的核心内容及倾向性判断详见表 8-2。

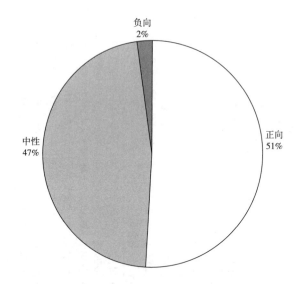

图 8-3　2023 年中国数字阅读领域主流媒体报道倾向分布

第三节　市场运行现状

一　数字化阅读偏好推动行业规模持续扩张

根据中国音像与数字出版协会《2022 年度中国数字阅读报告》，2022 年中国数字阅读市场规模达到 463.5 亿元，同比增长 11.5%，增速放缓（见图 8-4）。根据 Orion Market Research 预测数据，全球在线阅读平台市场规模在 2022~2028 年将以 8.9% 的

表8-2 数字阅读相关报道梳理及倾向性判断

发布时间	主流媒体	报道标题	报道的核心内容	ChatGPT判断	人工修正
2023年9月14日	新华网	《"一部手机游甘肃"数字阅读馆上线》	近日，由甘肃省文旅厅与读者出版集团联合主办的"一部手机游甘肃"数字阅读上线仪式在兰州举行。	正向	中性
2023年8月18日	新华网	《上海书展浦东分会场开幕，打造数字阅读新体验》	作为主会场之外"一区一特色"的阅读体验，浦东新区分会场活动今天起在浦东图书馆举行，为推进全民阅读，建设书香中国贡献力量。	正向	中性
2023年8月3日	新华网	《浙江温州图书馆｜构建数字阅读生态圈》	从2021年起，温州市图书馆以市民阅读需求为导向，建立"书香门递"线上线下一体化新服务。	正向	中性
2023年7月10日	新华网	《2023数字阅读经验交流会在苏州举办》	来自全国出版社、新华书店、各级各类图书馆、馆配行业及科技企业近300位代表，围绕"提升数字素养 引领智慧阅读"主题，共同探讨数字化时代资源建设与阅读推广的新思路。	正向	中性
2023年7月1日	新华网	《城市书房为什么成为"网红"》	沈阳已建设完成26座城市书房，120间城市书屋，开放运营20座城市书房，108间城市书屋，总藏图书81.37万册，累计接待读者超千万人次，在提升城市文化品位、促进现代文明城市建设中发挥着重要作用。	正向	正向
2023年6月29日	新华网	《昆曲走出"深闺" 古籍送到"指尖"》	《江苏文库》数据库目前可在线浏览前四批出版的所有图书，共726册，普通读者通过电脑、手机浏览，古往今来大量的经典著作变得"触手可及"。	中性	中性
2023年6月28日	新华网	《电子书市场，谁来填补》	Kindle退出后，市场空白由谁来填补？促进电子书市场健康发展的关键是什么？如何激发国内品牌企业发展活力？	正向	中性
2023年6月27日	新华网	《开展全民阅读，举办活动周……教育部这样部署全民终身学习活动》	举办全民终身学习活动周，营造全民阅读氛围，打造全民阅读生态，学习型大国建设，为助力人人皆学、处处能学、时时可学营造学习型社会，探索新路径、探索新模式。	正向	正向
2023年5月30日	新华网	《安徽首个乡村爱心有声图书馆落户岳西》	由安徽省爱心助学协会捐资援建的全省首个乡村爱心有声图书馆项目在安庆市岳西县冶溪辅导小学落成开馆，为农村孩子们送上一份六一儿童节礼物。	正向	正向
2023年4月27日	新华网	《数字阅读撑起全民阅读"半边天"》	随着大数据、云计算、人工智能和区块链等新技术的广泛应用，"一屏万卷"的数字阅读时代已经到来。	正向	正向
2023年4月25日	新华网	《iEnglish2022数字阅读报告：技术拓展数字阅读新方式》	《iEnglish2022数字阅读报告》发布，通过分布于全国34个省、自治区、直辖市的iEnglish智能英语学习解决方案全量用户2022年全年阅读数据，重点分析了年龄、性别、地域及阅读形式等多个维度的数字阅读趋势和差异。	正向	中性
2023年4月25日	新华网	《数字阅读为文化消费提供新选择》	数字阅读作品已成为新时代展现中国形象、提升中华文化海外传播力的重要力量，成为提升中华文化影响力的一种新符号和表现形式。	正向	正向

续表

发布时间	主流媒体	报道标题	报道的核心内容	ChatGPT判断	人工修正
2023年4月24日	新华网	《"数字阅读，与你一同成长" 全民阅读公益项目——"阅读经典，悦享童年" 展示体验活动在京启动》	"阅读经典，与你一同成长" 全民阅读公益项目是"数字阅读，与你一同成长" 全民阅读公益项目年度重点活动，以线上线下形式展示《中华古代传统文化百部丛书》，读以及优秀出版物相关内容。	正向	中性
2023年4月22日	新华网	《Z世代数字阅读报告》发布，去年他们人均累计线上阅读超20亿小时》	Z世代已成数字阅读主力军。仅阅文集团，过去一年新增用户中Z世代占比66%，线上阅读时间累计超20亿小时，累计评论超3000万。	正向	中性
2023年4月13日	新华网	《数字阅读行业迎来了高速发展期》	数字阅读正成为越来越多人的重要阅读方式。据专家预测，2023年我国数字阅读市场规模有望突破455亿元。	正向	正向
2023年9月20日	人民网	《打通乡村阅读"最后一米" 江苏数字农家书屋用户达659万人》	各地广泛开展"扫码听书"、"码"上阅读、云直播、云讲座等活动，全力打通乡村阅读"最后一米"。	正向	正向
2023年8月7日	人民网	《咖啡+阅读、城市漫步……"书香长宁"为市民和游客开启了阅读的新模式》	长宁区践行"人民城市人民建，人民城市为人民"重要理念，持续推进"书香长宁"阅读品牌建设和文旅深度融合，在开展全域、全景、全程式阅读推广方面进行了有益探索，为市民游客打开了"城市阅读新方式"。	正向	正向
2023年7月19日	人民网	《普洱：点亮阅读"地图" 掀起阅读热潮》	普洱各地着眼于时代特点和群众阅读需求，建设了一批阅读区、书屋、书吧等，持续提升服务保障能力。	正向	正向
2023年7月7日	人民网	《2023数字阅读经验交流会举办 聚焦"提升数字素养 引领智慧阅读"》	来自全国出版社、新华书店、各级各类图书馆，馆配行业及科技企业近300位代表，围绕"提升数字素养 引领智慧阅读"主题，共同探讨数字化时代资源建设与阅读推广新思路、新提升。	正向	中性
2023年6月28日	人民网	《大中小校园阅读空间将提质改造》	未来3年至5年，北京"书香校园"建设水平将显著提高，更完善的阅读教育服务将覆盖不同学段、不同类型的学校。	正向	正向
2023年5月22日	人民网	《"云"上阅读书香夜》	通勤路上看一本小说，睡前听一段有声书，闲暇时间上一节在线课……随着数字技术的不断发展，中国数字阅读场景日益丰富，数字阅读需求更大。	正向	正向
2023年5月18日	人民网	《老年人数字阅读培训开班 石滩镇推动乡村数字建设》	"常青e路 幸福夕阳"老年人数字阅读培训班正式开班，帮助老人不断熟练掌握智能手机的使用，让大家日常生活更加便捷。	正向	正向
2023年5月3日	人民网	《推动全民阅读高质量发展》	近年来，我国打造了一批以公共图书馆（公共阅读空间）、数字阅读平台、农家书屋为代表的公共文化设施，为全民阅读提供了舒适的阅读环境和丰富的阅读资源。	正向	正向

续表

发布时间	主流媒体	报道标题	报道的核心内容	ChatGPT判断	人工修正
2023年4月30日	人民网	《阅读的春天永不落幕》	在杭州举行的第二届全民阅读大会落下帷幕，三十余项主题活动，展现出汇全民阅读的浓厚氛围。	正向	正向
2023年4月28日	人民网	《今天，为什么我们仍然需要阅读？》	人民网教育频道推出"阅读，是最好的遇见"特别策划，邀请出版行业专家、资深编辑等以自身体验讲述读书故事，分享阅读经验。	正向	正向
2023年4月26日	人民网	《数字时代阅读的变与不变》	世界读书日当天发布的第二十次全国国民阅读调查结果显示，2022年我国成年人数字化阅读方式的接触率为80.1%。	正向	中性
2023年4月25日	人民网	《智享阅读 第九届数字阅读年会举行》	第九届数字阅读年会以"数创未来·智享阅读"为主题，围绕阅读产业热点话题展开交流，共同探讨全民阅读趋势，为推动全民阅读注入强动动力。	正向	正向
2023年4月23日	人民网	《让阅读抵达更广 阅人群——多地打造提升城市公共阅读空间观察》	面对人民群众多样化需求，多地因地制宜打造"小而美"、多样式的新型公共文化设施，推动城市书房、社区图书馆等公共阅读空间建设，不断提升公共文化服务水平。	正向	正向
2023年4月23日	人民网	《城市中阅读随处可见 上海全民阅读主题活动举行》	上海全民阅读主题活动举行，活动中发布的《2022年上海市民阅读状况调查》显示，市民年平均阅读量为13.37本，实体书店成为市民社交新场景。	正向	正向
2023年4月22日	人民网	《"山东全民阅读在线"数字平台正式上线》	在"世界读书日"即将来临之际，"山东全民阅读在线"数字平台正式上线，读者只需要登录微信小程序，即可浏览海量阅读资源。	正向	中性
2023年9月21日	光明网	《中国网络文学价值社会认同度提高海外"Z世代"读者多》	2022年，中国网络文学海外市场规模突破30亿元，海外用户超过1.5亿人，主要集中于"Z世代"。	正向	正向
2023年9月13日	光明网	《国家图书馆上线10万册中文电子图书》	国家图书馆在建馆114周年之际上线10万册中文电子书资源，供读者免费在线阅读。	正向	中性
2023年9月13日	光明网	《图书馆集能否点燃对阅读的热望》	大家广泛关注的图书市集究竟是什么样子？去市集淘书体验如何？它能否成为阅读消费领域的新潮流。	中性	中性
2023年8月20日	光明网	《全民阅读如何深耕 未来书香飘向何方？》	2023"书香岭南"全民阅读论坛以"阅读岭南·书香无界"为主题，多位专家学者聚焦业界和学界关注的热点话题，探讨出版与阅读领域的理论和实践问题。	中性	中性
2023年8月15日	光明网	《城市书房：寻觅触手可及的"诗和远方"》	老旧历史建筑摇身变为特色阅读空间，在文化展示、公共活动、智慧服务等方面各具特色，成为读者享受文化生活的新选择。	中性	中性
2023年8月14日	光明网	《"数智"图书馆为读者带来"花式"体验》	温州市图书馆全新上线的"智慧城市书房"数字化改革项目，打造了一个基于数字孪生精准映射的城市书房虚拟空间。	正向	正向

续表

发布时间	主流媒体	报道标题	报道的核心内容	ChatGPT判断	人工修正
2023年8月10日	光明网	《媒介融合时代，文学"出圈"》	今天，文学不仅不再局限于纯文字，也不再是静态的客体对象或文本结构，而是媒介融合时代的动态事件，甚至有着比以往更加丰富包容的形态。	中性	中性
2023年8月2日	光明网	《书香齐鲁 书韵琅琊》	本届书博会，临沂分会场联合省内外500多家出版社，集中提供10万余种图书，展区面积约3000平方米，分为图书展区、特色文化、主题活动三大功能区，设置沂蒙精神图片展区、鲁版精品图书展区、青少年优秀读物展区、儿童绘本展区、山东手造非遗展区、多元文创展区和数字阅读展区等10余个主题展区。	正向	正向
2023年7月17日	光明网	《"书香巴士"首发 浦东再添移动文明实践点》	首辆将公交与阅读融为一体的"书香巴士"成为又一处移动文明实践点，让市民在移动的书香中读懂浦东发展脉络。	正向	正向
2023年7月17日	光明网	《媒体融合时代，文学如何"新变"》	媒体融合时代，文学如何"新变"？文学破圈如何影响当代文学的生态？	正向	中性
2023年7月13日	光明网	《阅读类App的"坑"亟待填平》	近年来，阅读类App因内容丰富，符合网络时代阅读习惯而受到众多消费者喜爱。但在快速发展的同时，一些侵害消费者权益的做法也随之出现。	负向	负向
2023年7月5日	光明网	《融阅读，未来阅读有哪些新方式？——一起听听这些老师的建议》	本次"童心读书汇"校园专场，走进广东省佛山市南海区狮山镇联和吴汉小学，让学生在"融阅读"新时代，全方位地爱泡书香。	正向	中性
2023年6月14日	光明网	《人工智能会否带来"超级阅读"》	作为数智化建设各类应用场景探索中最为前沿的领域，人工智能在推动高质量阅读方面能发挥怎样的作用，是既令人期待又值得深入思考的课题。	正向	中性
2023年4月20日	光明网	《视障阅览室：让阅读为生命点亮一束光》	推动数字化帮助视障人士养成良好的阅读习惯，同时也能为他们铺设一条"文化盲道"。	正向	正向
2023年4月11日	光明网	《曾经被寄予厚望的潮流事物——电子书未来何去何从》	是时候告别电子书了吗？这个多年前被寄予厚望的潮流事物，如今正面临一些新的挑战。	中性	中性

复合年均增长率增长。[①] 有声阅读使用时长增长明显，2022 年 9 月用户平均每天有声阅读时间达到 46.4 分钟，较 2021 年 9 月增加 13.2 分钟。[②] 智能手机和平板电脑等便携式阅读设备的普遍使用，以及消费者数字化的阅读偏好，将推动数字阅读市场规模继续增长。根据本研究测算，至 2024 年中国数字阅读市场规模将突破 550 亿元，2022~2024 年 CAGR 为 10%。

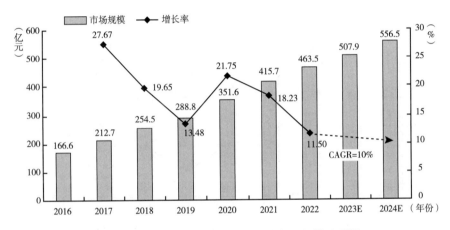

图 8-4　2016~2024 年中国数字阅读市场规模及预测

数据来源：中国音像与数字出版协会《中国数字阅读报告》（2018~2022 年度），2023~2024 年数据由本研究测算。

2022 年，中国数字阅读用户规模达到 5.30 亿人，同比增长 4.7%，增速有所回升（见图 8-5），本研究预计 2023 年和 2024 年数字阅读用户规模将继续增长，但 2022~2024 年 CAGR 将减缓至 3%。年轻用户群体对数字阅读的需求较大，《2022 年度中国数字阅读报告》显示，19~45 岁人群是数字阅读的主力，在读学生、企事业单位职员、专业技术人员等职业占比较高。[③] 从主流在线阅读 App 的用户年龄分布来看，番茄免费小说、多看阅读、七猫免费小说、得间小说、掌阅、微信阅读 6 个平台 35

① Orion Market Research. Global Online Reading Platform Market Size, Share & Trends Analysis Report by Application (Personal, and Commercial), by Deployment Mode (Cloud-based, and Website-based), and by Subscription Type (One Time License, Yearly, Quarterly, and Monthly) Forecast Period (2022-2028)[EB/OL]. 2023-07[2024-6-17]. https://www.omrglobal.com/industry-reports/online-reading-platform-market.

② MoonFox. 2022 年 Q3 移动互联网行业数据研究报告 [EB/OL]. 2022-10-26[2023-08-10]. https://news.iresearch.cn/yx/2022/10/450653.shtml.

③ 韩寒. 数字阅读为文化消费提供新选择 [EB/OL]. 2023-04-25[2023-08-12]. https://baijiahao.baidu.com/s?id=17640944 95225670658&wfr=spider&for=pc.

岁及以下的年龄段占比均超过五成，用户群体以年轻人为主。[①] 同时，60 岁以上数字阅读人群占比相较 2021 年增长超过一倍，[②] 这一方面由于银发人群移动终端使用率不断提升，另一方面也与新冠疫情期间居家加速了人们对数字化阅读方式的采用有关。随着有声书、有声剧、短视频等多元媒介触达更多用户，数字阅读的用户规模还将继续扩增。

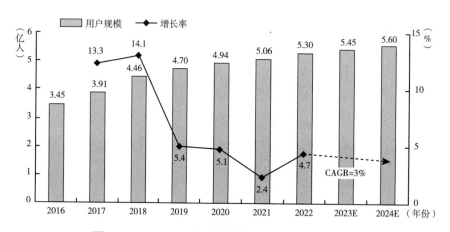

图 8-5　2016~2024 年中国数字阅读用户规模及预测
数据来源：中国音像与数字出版协会《中国数字阅读报告》（2018~2022 年度），2023~2024 年数据由本研究测算。

二　视频阅读趋势显现，引领阅读新形式

短视频已成为当下社会大众的一种生活方式，正在影响着人们的阅读习惯，视频阅读趋势显现，短视频阅读、视频讲书、书本内容视频化等在视频平台蔚然成风，这种更直观、场景化、趣味性强、互动性强的知识获取方式得到大量用户尤其是年轻用户的喜爱。2022 年哔哩哔哩发布的《BILIBILI 读书生态报告》显示，2021 年 B 站读书类视频总播放量超 58 亿，同比增长 118%；约 9060 万人在 B 站观看读书类视频，其中 74.3 万人每天在 B 站观看至少一个读书视频，同比增长 779%。[③] 抖音发布的《2023

　　① MoonFox. 2022 年 Q3 移动互联网行业数据研究报告 [EB/OL]. 2022-10-26[2023-08-10]. https://news.iresearch.cn/yx/2022/10/450653.shtml.
　　② 中国音像与数字出版协会 .2022 年度中国数字阅读报告 [EB/OL].2023-06-28[2023-08-12].http://www.cadpa.org.cn/3277/202306/41607.html.
　　③ 哔哩哔哩 . 今天是世界读书日，B 站首份读书生态报告来了！[EB/OL]. 2022-04-24[2023-08-10]. https://www.digitaling.com/articles/761697.html.

抖音读书生态数据报告》显示，2022 年有 2.5 亿单图书在抖音售出，49% 的消费者是首次在抖音购买图书，成年后的"00 后"成了抖音买书的主力军，占据 52% 之多。入驻抖音的出版社超过 300 家，文学、历史、心理是抖音上最受欢迎的读书视频类型。[①]

也有人对此现象持不同态度，认为短视频阅读实则是一种娱乐，无法深入地理解书本内容的深层含义，这种以碎片化、被动接受为特点的短视频阅读不能够代替阅读本身。为此，上海理工大学发起了一项名为"短视频时代的阅读"的实证研究，用数据论证出当下人们观看短视频和阅读书籍之间实为互促关系。[②]无论如何，新媒体时代，内容传播方式不再是一维度的，用户需求的差异化程度也越来越高，短视频阅读为人们提供了一种门槛更低的触达渠道，对于促进阅读推广无疑有一定积极意义。

三　免费模式冲击力强，与付费模式协同驱动业务增长

数字阅读版权环境的改善与用户付费习惯逐渐养成，为付费赛道打下了良好的基础，催生出多元付费模式，如按章节付费、购买会员资格、按整本付费、打赏作者等。2021 年，按章节付费仍是主流的付费方式，意愿度占比高达 66.87%；其次为购买会员资格，意愿度占比 36.07%。[③]2018 年，连尚网络试水免费阅读，同时趣头条推出米读免费阅读 App，免费阅读如同雨后春笋，开始猛烈冲击阅文集团、掌阅科技等付费阅读企业的市场，到 2022 年 6 月，免费阅读月活跃用户规模已经反超付费阅读。免费阅读已比付费阅读拥有更多的用户时长，且免费阅读聚焦开拓下沉市场，用户体量大。再加上短视频对用户时间的抢占，数字阅读平台付费转化率呈现下滑趋势。以阅文集团为例[④]，2017 年阅文集团付费转化率为 5.80%，但到 2022 年已降至 3.24%（见图 8-6）。

---

① 祖薇薇.《2023 抖音读书生态数据报告》发布：去年平台售出 2.5 亿单图书 [EB/OL]. 2023-04-14[2023-08-10]. https://baijiahao.baidu.com/s?id=1763159169058781665&wfr=spider&for=pc.

② 程千千. 短视频时代的阅读：大众兴趣被激发、经典文学获推广 [EB/OL]. 2023-09-01[2023-09-10]. https://m.thepaper.cn/newsDetail_forward_24420558.

③ 朱双健. 数字时代阅读的变与不变 [EB/OL]. 2023-04-26[2023-08-10]. http://www.xinhuanet.com/tech/20230426/ee8a7e37c3ac4a0393a7c0db713144a0/c.html.

④ 当前数字阅读付费转化率无直接的统计数据，以阅文集团的付费数据作为参考（其他头部企业未披露相关数据）。

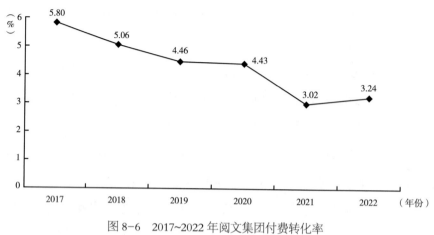

图 8-6　2017~2022 年阅文集团付费转化率

数据来源：阅文集团财报。

　　免费阅读的玩家不只是这些新势力，除了七猫免费小说、番茄免费小说，阅文集团、掌阅科技也纷纷发力免费阅读模式，实现"免费＋付费"双轮驱动增长。免费阅读的收益来自广告业务，通过流量吸引广告主投入资金实现盈利。掌阅科技 2022 年财报显示，免费阅读业务成为公司收入增长的主要驱动力；阅文集团付费转化率连年下降的原因之一便是免费阅读业务的持续扩张，阅文集团在线业务中付费阅读与免费阅读呈现协同发展态势，这也将是行业重要的发展方向。

四　市场竞争加剧，盈利能力稳中有升

　　中国数字阅读领域典型的三家龙头上市企业为阅文集团（港股上市）、掌阅科技（A 股上市）、中文在线（A 股上市），其中阅文集团在营收规模方面遥遥领先，掌阅科技和中文在线的营收近年来稳中有升，平治信息（A 股上市）的移动阅读业务营收规模则紧随中文在线之后（见表 8-3）。从用户规模来看，免费阅读平台名列前茅，月狐数据显示，2022 年 9 月番茄免费小说、七猫免费小说分别以 17.1% 和 6.5% 的月活跃用户渗透率占领在线阅读行业前两名，月活跃用户量分别达到 1.5 亿和 0.68 亿，遥遥领先于排名第三的掌阅科技（渗透率 2.6%）和排名第四的微信读书（渗透率 2.3%）。[①]

---

　　① MoonFox. 2022 年 Q3 移动互联网行业数据研究报告 [EB/OL]. 2022-10-26[2023-08-10]. https://news.iresearch.cn/yx/2022/10/450653.shtml.

表 8-3　2016~2022 年中国数字阅读领域头部企业营收规模测算汇总

单位：亿元

企业名称	2016 年	2017 年	2018 年	2019 年	2020 年	2021 年	2022 年
阅文集团	25.57	40.95	50.38	83.56	85.26	86.68	76.37
掌阅科技	11.98	16.67	19.03	18.82	20.61	20.71	25.82
中文在线	6.02	不选取	8.85	7.05	9.76	11.89	11.80
平治信息	不选取	8.19	不选取	6.63	8.34	9.38	8.62
咪咕阅读	41.63	30.94	23.00	不选取	不选取	不选取	不选取
合计	85.20	96.75	101.26	116.06	123.97	128.66	122.61

注：咪咕阅读不再公布 2019 年及之后的营收数据，且现有数据波动较大，估算参考依据不足，因此不选取。

数据来源：各公司财报及公开数据、Wind 数据库。

从近年来头部 4 家企业的数字阅读营业收入之和占数字阅读市场规模的比例（即市场集中度）来看，2016 年以来，数字阅读领域市场集中度总体呈现持续下降的趋势，从 51.14% 降至 26.45%（见图 8-7），头部企业的市场主导能力减弱，竞争趋于分散，竞争力度加剧。

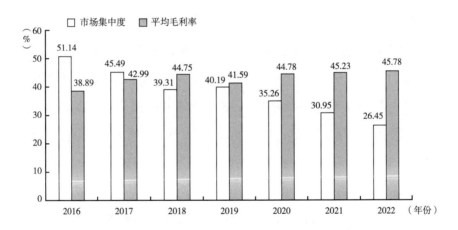

图 8-7　2016~2022 年中国数字阅读领域市场集中度及平均毛利率

数据来源：市场集中度来自对 4 家龙头企业财务数据的计算结果，平均毛利率来自对国内 5 家数字阅读上市公司财务数据的计算结果。

从 5 家数字阅读上市企业盈利情况来看，2016~2022 年，数字阅读企业平均毛利率较高且保持稳中有升的态势，从 38.89% 逐步提升至 45.78%（见图 8-7）。数字阅读企业的盈利来源主要包括数字阅读平台收入、版权产品收入及其他（如硬件产品业务、流量增值业务）。以掌阅科技为例，在平台收入方面，该企业通过"免费＋付费"模式融合发展，拓宽营收来源；在渠道方面，从终端预装到互联网推广，运营模式更加精细化。同时，掌阅科技加大在人工智能方面的研发投入，提升技术基建能力，数字阅读平台已支持个性化推荐、智能审核和 TTS（Text To Speech，从文本到语音），并将推动 AIGC 在内容生产、营销推广、产品创新等方面的深入应用，致力于打造智能阅读平台。在 IP 经营与内容生态构建方面，以中文在线为例，该企业基于海量正版数字内容资源，以文学 IP 为核心，向下游延伸，通过对优质网文进行音频、中短剧、视频漫剧、动漫、影视以及文创周边等衍生形态的同步开发，打造"网文连载＋IP 轻衍生同步开发"的创作新模式；并与微信读书、QQ 阅读、七猫免费小说等互联网阅读平台，喜马拉雅、蜻蜓 FM、懒人畅听等音频平台，快手、抖音、哔哩哔哩等中短视频平台，爱奇艺、腾讯视频、芒果 TV、优酷等长视频平台等多元内容主体和渠道开展了深入合作，形成多维度发展的内容平台矩阵。

五　典型案例

（一）阅文集团

1. 热门网文IP丰富，以"大阅文"战略构建IP生态业务矩阵

2015 年 3 月，腾讯文学与盛大文学整合成立阅文集团。阅文集团业务主要以数字阅读为基础、以 IP 培育与开发为核心，旗下拥有 QQ 阅读、起点中文网、新丽传媒、懒人听书等品牌产品（见表 8-4）。2017 年 11 月，阅文集团在港交所上市。2018 年 11 月，阅文集团发布有声阅读品牌"阅文听书"。2020 年，阅文集团成为国家图书馆互联网信息战略保存基地，同年发布"网络作家星计划"，并成立"阅文起点创作学堂"。阅文集团创作者及网文作品储备丰富，拥有《鬼吹灯》《琅琊榜》《全职高手》《庆余年》《择天记》《赘婿》《斗罗大陆》《斗破苍穹》等热门网文 IP，作品覆盖 200 多个内容品类。此外，阅文集团还与有声平台、出版单位等开展了广泛的内容合作，与腾讯音乐、喜马拉雅等平台合作打造有声书作品，《大奉打更人》有声书仅用 2 个月时间就实现了 4000 万的全网播放量；与人民文学出版社等出版单位合作，出版了《庆余年》《择天记》等作品。阅文集团还以 IP 为核心推进全链开发，打造多元产品体系，为用户提供丰富的文化产品。2021 年，阅文集团公布"大阅文"战略，明确

将以网络文学为基石，以 IP 开发为驱动力，开放性地与全行业合作伙伴共建 IP 生态业务矩阵，通过对内容、平台、组织的升级再造，推动公司迈向新的发展阶段。[①]

表 8-4　阅文集团旗下品牌矩阵

产品形态	产品类型	产品名称
PC 端网文阅读平台	综合原创文学品牌	起点中文网 创世中文网 云起书院 小说阅读网
	女性原创文学品牌	红袖添香 起点女生网 潇湘书院 红袖读书
	小众原创文学品牌	言情小说吧
移动端 App	移动端阅读品牌	QQ 阅读 起点读书
	免费阅读品牌	飞读免费小说
	海外文学品牌	WebNovel
	新潮阅读品牌	话盟小说 元气阅读
	创作应用	作家助手
其他	传媒品牌	新丽传媒
	电子书品牌	口袋阅
	有声阅读品牌	天方听书网 阅文听书 懒人听书
	专业图书企业	中智博文 华文天下

2. 在线阅读收入稳固，版权运营带来新增长点

阅文集团在线阅读业务有自有平台、腾讯产品自营渠道、第三方平台分发三种分发渠道。[②] 其中自有平台主要为付费用户提供内容，具有更好的用户黏性；腾讯产品自营渠道以其流量优势帮助阅文实现内容在更大的范围推广。阅文集团的在线业务较

[①] 资料来自阅文集团官网。
[②] 中信建投证券 . 2022 年字节跳动发展现状及业务布局分析 2021 年三季度字节跳动广告收入增速明显下滑 [EB/OL]. 2022−05−19[2023−08−10]. https://www.vzkoo.com/read/202205190a91e4593d74252f069edfde.html.

版权运营及其他业务贡献了更多的收入，从 2017 年的 34.21 亿元增至 2021 年的 53.09 亿元（见表 8-5）。2017~2021 年，阅文集团的营业收入始终处于提升阶段，尤其在 2018 年阅文集团收购新丽传媒后，新业务板块的开拓为阅文集团带来了新的利润增长点。阅文集团财报显示，2022 年，阅文集团在线业务收入同比减少 17.80% 至 43.64 亿元，占总收入 57.23%。但是，由于阅文集团实施了投资高品质内容、采取有效手段打击盗版、提升产品运营能力等措施，其核心产品"起点读书"的收入仍实现了超过 30% 的同比增长。

表 8-5 2017~2022 年阅文集团营业收入构成情况

单位：亿元

营收类别	2017 年	2018 年	2019 年	2020 年	2021 年	2022 年
在线业务	34.21	38.28	37.10	49.32	53.09	43.64
版权运营及其他	6.74	12.10	46.37	35.94	33.59	32.62
合计	40.95	50.38	83.47	85.26	86.68	76.26

资料来源：阅文集团 2017~2022 年财报。

3. 三方面推进产业链升级再造，IP 可视化开发加速

未来，阅文集团将围绕提升创作者活力、IP 运营能力和视觉化能力三个方面推进业务全产业链升级再造，发挥 IP 产业的发展潜力。第一，加大对 IP 产业中创作者的投入和培育；第二，进行顶层建设，为每个 IP 量身定制开发运营流程；第三，提升 IP 的影响力和商业化能力，布局 IP 商品化和线下消费业态。阅文集团将以三级开发体系构建 IP 生态链，体系中的第一级是开发有声和出版产品，体系中的第二级是开发动漫、影视和游戏产品，体系中的第三级是实现 IP 商品化和线下消费。

阅文集团正加速推进 IP 可视化进程，以网文 IP 为基础开发高质量的可视化内容，包括影视、动画和漫画等多种形态。影视方面，阅文推出了《这个杀手不太冷静》《人世间》《风起陇西》等多部热门作品；动画方面，据骨朵数据统计，2022 年腾讯视频上新的国产动画热度榜前 10 位作品中的 7 部作品是阅文 IP 改编；漫画方面，截至 2022 年底，阅文集团与腾讯动漫合作推出了 230 多部漫画；游戏方面，阅文集团正通过与外部研发商合作以及加强自身游戏研发运营能力建设推动 IP 游戏化；此外，阅

文集团在 2022 年还搭建了 IP 衍生品体系框架并建设了专门的团队，在消费品和潮流玩具领域取得了突破性进展，未来还将围绕一系列热门 IP 做衍生品开发。

（二）微信读书

1. 以微信为基础构筑便捷高效阅读传播体验

微信读书是一款非常流行的阅读应用，支持多终端平台阅读，提供优质书籍推荐、查看好友阅读动态和与好友讨论正在阅读的书籍等功能。微信读书平台上有 25 万本已出版电子书，涵盖 30 余种大品类、近千种细分品类。微信读书与 600 余家出版社和出版公司合作，名家作者、译者专家也在平台上推荐书籍、发表书评，与读者互动。微信读书还具有庞大的用户体量，用户无须输入账号即可在微信中阅读书籍和参与活动，并可在微信朋友圈和好友中获得高曝光度。作为一款功能丰富、内容全面的阅读应用，微信读书为用户提供便捷、高效的阅读体验，也为出版机构和作者提供了一个展示和推广作品的平台。

2. 以有效阅读次数为基础进行分成结算

微信读书采用会员模式，会员用户可畅读站内的出版作品，非会员需要单独购买。会员模式包括体验卡和会员卡两种。体验卡是平台赠送的福利，用户通过参与活动或初次登录获得，只能使用几天，可以阅读部分出版书；会员卡是付费的，用户充值购买后获得，可以畅读全场出版书。会员卡专享书籍超过 20000 本，而体验卡只能试读 10% 的免费部分。微信读书结算方式是根据每本书的有效阅读次次进行结算，根据授权内容产生的收入扣除渠道成本后，剩余部分按照合同约定与版权方进行分成结算。结算周期为月结，每月 25 日出具上月结算单进行结算。有效阅读次数是指会员用户阅读完试读章节且当月连续阅读超过付费章节的 5~10 分钟记为一次有效阅读。

3. 双机制增强社交式阅读效果

微信读书的运营机制包括自荐书机制和积分兑换机制，两种机制为用户提供了不同的方式来参与和贡献书籍推荐以及兑换平台资源位。通过自荐书机制，用户可以在微信读书平台上自行添加或删除自己推荐的书籍，并将其放入自荐池中。经过一系列筛选，最符合用户画像的书籍将获得更多的阅读量和留存。通过管理后台，可以查看每本书的推荐情况并提供详细的反馈。参与免费活动的书籍与正常书籍一样，根据用户的有效阅读次数进行结算。积分兑换机制允许用户通过累积积分来兑换平台资源位。

第四节　投资动向与投资价值评估

一　投资数量与投资金额大幅下降

数字阅读领域的投资经历了前期的稳步发展后，在行业政策趋严、信贷环境紧缩、商誉减值侵蚀利润、新冠疫情冲击等多种外部不利因素的影响下，投资数量和投资金额在 2018 年及以后出现了大幅下滑（见图 8-8），在 2019 年和 2020 年尚有不少亿元级别大额投资，投资金额下降幅度平稳；而到了 2021 年和 2022 年，大额投资减少，投资数量及投资金额均出现大幅下降。数字阅读作为精神文化产品，受人们的经济条件影响大，随着人们消费信心下降，行业投资风险增大，投资热情消退。

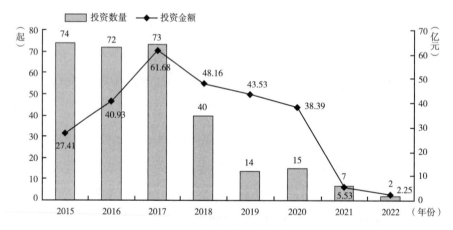

图 8-8　2015~2022 年中国数字阅读领域投资数量及投资金额

数据来源：IT 桔子。

二　新增企业数量持续下降

近年来数字阅读领域创业热情减弱，每年新增企业数量持续下滑，2022 年甚至无新入场者（见图 8-9）。受整个文娱及内容产业资本寒冬及景气度下行的影响，数字阅读的创业积极性减退。

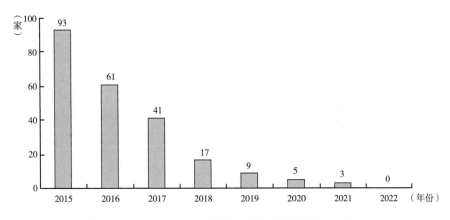

图 8-9　2015~2022 年中国数字阅读领域新增企业数量

数据来源：IT 桔子。

三　亲子阅读、儿童阅读成为资本关注热点

2021 年 1 月至 2023 年 6 月，数字阅读领域仅有 10 起投资事件（见表 8-6），其中，亲子阅读、儿童阅读方向成为资本关注热点，有 4 家被投企业业务方向与此相关，如北京国培园中园科技有限公司是一家儿童共享绘本阅读项目运营商；宁波悦绘文化传播有限公司专注为 1~12 岁婴童的家庭提供高品质亲子阅读及活动服务。此外，小说漫画阅读、心理学领域的阅读、数字阅读服务与数字出版运营等业务方向也有资本关注。

表 8-6　2021 年 1 月至 2023 年 6 月中国数字阅读领域投资事件

投资时间	被投企业名称	简介	所在地	成立时间	轮次	金额（万元）
2023 年 1 月 5 日	北京国培园中园科技有限公司	儿童共享绘本阅读项目运营商	北京	2012 年 1 月	天使轮	300
2022 年 3 月 18 日	知我探索教育科技（北京）有限公司	泛心理生活方式品牌	北京	2015 年 11 月	B 轮	19500
2022 年 1 月 30 日	广州轻阅网络科技有限公司	一家小说漫画创作阅读平台	广东	2012 年 2 月	B 轮	3000
2021 年 12 月 9 日	杭州幻文科技有限公司	数字出版运营商	浙江	2011 年 8 月	战略投资	16215
2021 年 7 月 28 日	宁波悦绘文化传播有限公司	亲子阅读及活动服务提供商	浙江	2018 年 4 月	天使轮	100
2021 年 6 月 21 日	创兴动力（北京）咨询服务有限公司	一个创投资讯类产品	北京	2014 年 8 月	战略投资	10000

续表

投资时间	被投企业名称	简介	所在地	成立时间	轮次	金额（万元）
2021 年 5 月 21 日	知小茉（北京）科技有限公司	儿童优质图书借阅服务	北京	2020 年 6 月	A 轮	1000
2021 年 5 月 18 日	知我探索教育科技（北京）有限公司	泛心理生活方式品牌	北京	2015 年 11 月	Pre-B 轮	6500
2021 年 1 月 15 日	杭州书里有品科技有限公司	图书阅读服务平台	浙江	2020 年 1 月	A 轮	2000
2021 年 1 月 12 日	常青藤爸爸（北京）教育科技有限公司	幼儿教育服务品牌	北京	2015 年 4 月	B 轮	19500

注：这里的"金额"是由 IT 桔子网站提供的等值人民币金额。

数据来源：IT 桔子。

四 数字阅读投资价值评估：中等（★★★）

根据第一章第三节所述的投资价值评估方法，数字阅读领域的投资价值评估结果为★★★，可能有一定的投资机会，但未来发展不够明确，或者风险略高于机遇。评估结果如表 8-7 所示。

表 8-7 数字阅读投资价值综合评估结果

序号	一级指标	一级指标得分	二级指标	二级指标原始数据	原始数据标准化	二级指标得分
1	基础规模	1.5	市场规模	463.52 亿元	0.051	★
			用户规模	5.30 亿人	0.285	★★
2	发展速度	2.5	市场规模增长率	11.50%	0.284	★★
			用户规模增长率	4.74%	0.492	★★★
3	转化程度	1.0	付费转化率	3.24%	0.051	★
			毛利率	45.78%	0.604	★★★★
4	竞争程度	1.0	市场集中度	26.45%	26.45%	★
5	活跃程度	1.0	新增企业数量增长率	−100.00%	0.000	★
			投资数量增长率	−71.43%	0.001	★
			投资金额增长率	−59.31%	0.080	★
6	相关政策导向	5.0	相关政策支持程度	规范经营，规划引导，加强数字资源建设，鼓励精品，强化人才建设，政策扶持，强正向		★★★★★
7	主流媒体报道倾向	4.0	主流媒体报道情感倾向	正向占比减负向占比的值为 49 个百分点，偏正向		★★★★
综合结果（S_{end}）						★★★

第五节　发展趋势

一　IP 多元化变现能力显现，商业价值待进一步挖掘

数字阅读作品是 IP 运作的源头，围绕数字阅读作品或 IP 可进行电视剧、电影、动漫、游戏、有声剧等多种衍生开发，将原有的文学内容转化为多种媒体形式，吸引不同受众群体，商业化价值极大。数字阅读企业可通过与音频平台、视频平台、动漫平台等渠道合作，扩大 IP 的影响力和用户基础，进一步提升其商业价值。如中文在线通过子公司鸿达以太提供了海量的有声内容，截至 2022 年 9 月，鸿达以太的合作主播超过 2000 名，月产量达到 4000 小时，年新增 5 万小时的有声内容，产生了一些知名的有声书作品如《大唐：神级熊孩子》《超级兵王》《神级插班生》等。[①] 此外，还可通过 IP 开展社群运营，与读者建立更紧密的互动和联系，运用粉丝经济实现多元化变现。

二　音频、视频将持续拓宽数字阅读触达渠道

音频、视频以其叙事性强、感官体验丰富的特点，作为数字阅读触达用户的新方式，呈现快速发展的趋势。有声阅读通过音频的形式来传播文字内容，具有便捷、多任务、沉浸式的特点，已逐渐融入人们的日常生活，用户可以通过听有声书、有声小说、有声剧等进行阅读。视频阅读常见的形式包括直接阅读视频上的短文、视频重现书中场景、视频广告推广图书等，视频尤其是短视频通过图像、音乐、文字、配音等多种元素的结合，将文字内容转化为视觉化的形式，具有生动、直观、易于理解的特点，吸引力强，适合现代人快节奏的生活方式，降低了大众阅读门槛，满足了多样化阅读需求。

三　元宇宙、AIGC 等技术将提供更丰富的阅读体验

无论是 2021 年火热的元宇宙，还是 2022 年备受追捧的 AIGC，都仍在形成阶段

---

① 数据来自中文在线 2023 年 1 月 5 日答投资者问。

和应用阶段的初期，在数字阅读领域虽还未有普遍适用的成熟产品，但相关技术的探索为数字阅读未来发展勾勒出充满想象力的蓝图。典型的如中文在线在元宇宙领域动作频频，申请了中文元宇宙、IP 元宇宙、17K 元宇宙等商标，联合清华大学成立元宇宙文化实验室，举办了首届全球元宇宙征文大赛，并与知名动画公司两点十分进行战略合作，联合开发虚拟数字人，其目标是构建一个"文化元宇宙"，即一个以内容为核心的虚拟世界。但这些动作仍处于探索尝试阶段，AIGC 的发展加速了文化元宇宙的落地。

在 AIGC 方面，中文在线已上线 3 款 AIGC 产品，分别为 AI 主播、AI 绘画和 AI 文字创作功能。AI 主播已在有声书生产中应用；AI 绘画已在海外产品 Chapters 中应用到互动式视觉阅读中；AI 文字创作功能已在 17K 小说网上线，可自动生成文字内容帮助作者创作。2023 年 2 月 21 日，中文在线启动了以《流浪地球》为世界观基底打造的国内首个科幻主题元宇宙"RESTART 重启宇宙"，该空间中的场景、人物、道具以及配乐等全部由 AIGC 参与创作，加快了元宇宙落地实践进度，未来将为读者提供更加丰富的多维度、沉浸式阅读体验。

第九章
新闻资讯市场格局与投资观察

第一节　新闻资讯概述

一　新闻资讯界定

本研究所指的新闻资讯是指互联网新闻资讯，即通过互联网发布和传播的内容。发布主体既包括新闻单位或商业媒体，也包括个人或非媒体性团队。发布内容既包括政治、经济、军事、外交等社会公共事务的报道、评论，有关社会突发事件的报道、评论，也包括体育、娱乐等领域的非时政类新闻资讯。内容形式主要为图文、视频、音频、直播四类。

新闻资讯按运营主体可大致分为四类：一是传统媒体，二是新闻资讯门户网站，三是内容聚合服务平台（也包括自媒体、社交媒体），四是垂直媒体。

二　新闻资讯发展历程

中国新闻资讯领域已走过探索期和发展期，进入成熟期，主流平台格局趋于稳固，视频化资讯丰富内容呈现形态，智能技术的应用则推动新闻资讯迎来新的发展机遇（见图9-1）。

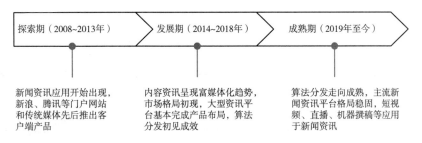

图 9-1　中国新闻资讯发展历程

第二节　发展环境

一　政策环境：持续加强内容服务和资质许可监管，引导规范发展

2016~2021 年，相关政策将新闻资讯应用、自媒体纳入管理范畴，规范从业人员行为，引导新闻资讯、自媒体传播正能量信息。中共中央办公厅、国务院办公厅发布的《关于促进移动互联网健康有序发展的意见》提出积极扶持各类正能量账号和应用，加强新闻媒体移动端建设。同时，有关部门进一步加大了对互联网的监管力度，强化了互联网新闻信息服务单位和账号应当履行的责任义务。《互联网新闻信息服务单位内容管理从业人员管理办法》从制度层面对互联网新闻信息服务的内容管理，以及互联网新闻信息服务单位内容管理从业人员的行为规范、教育培训、监督管理等提出了明确要求。2021 年，随着大数据、算法推荐技术的发展，基于个人浏览信息的偏好推荐已经成为新闻资讯应用的潮流，但背后隐藏的个人隐私、大数据"杀熟"等问题引发关注，保护个人信息的新规相继出台。2021 年 3 月，国家互联网信息办公室、工业和信息化部、公安部、国家市场监督管理总局联合制定的《常见类型移动互联网应用程序必要个人信息范围规定》明确提出，移动互联网应用程序（App）运营者不得因用户不同意收集非必要个人信息，而拒绝用户使用 App 基本功能服务。新闻资讯类应用基本功能服务为新闻资讯的浏览、搜索，应无须个人信息，即可使用基本功能服务。2021 年 12 月，国家互联网信息办公室等四部门发布的《互联网信息服务算法推荐管理规定》对算法推荐服务提供者的信息服务规范和用户权益保护作出了明确规定，如不得利用算法操纵榜单或检索结果排序、不得生成合成虚假新闻、不得将不良信息记入用户兴趣点等。

2022~2023 年，为进一步规范互联网信息服务提供者的行为，相关部门发布多项管理规定，涵盖多个领域，包括移动智能终端应用软件预置行为、互联网跟帖评论服务、互联网弹窗信息推送服务，以及移动互联网应用程序信息服务等。国家互联网信息办公室发布的《互联网用户账号信息管理规定》指出，对于互联网用户申请注册提供互联网新闻信息服务、网络出版服务等依法需要取得行政许可的互联网信息服务账号，互联网信息服务提供者应当要求其提供服务资质、职业资格等相关材料，予以核验并在账号信息中加注专门标识。《互联网弹窗信息推送服务管理规定》强调互联网弹窗信

息推送服务提供者要落实信息内容管理主体责任，建立健全信息内容审核、生态治理、数据安全和个人信息保护、未成年人保护等管理制度。《互联网跟帖评论服务管理规定》强调跟帖评论服务提供者要履行主体责任，管理评论服务使用者和公众账号生产运营者，对发布违法和不良信息的采取处置措施。这些规定旨在确保互联网新闻资讯服务的合规性、安全性，并维护用户的合法权益，促进网络空间的清朗和健康发展。相关政策内容详见表 9-1。

二　舆论环境：主流媒体报道以中性为主

2023 年，主流媒体关于新闻资讯报道的高频词如"违规""互联网""整治""开展""专项""加强""应用程序""平台""乱象"等，表明针对新闻资讯、自媒体移动应用程序及平台的整治工作依然是备受关注的焦点问题。同时，"媒体""国家""信息""传播"等关键词反映了互联网新闻资讯作为信息传递的关键角色，需要在媒体产业中承担重要责任（见图 9-2）。

图 9-2　2023 年中国新闻资讯领域主流媒体报道关键词

2023 年，主流媒体对新闻资讯的报道以中性报道为主，占比达到 64%，正向和负向报道分别占比 16% 和 20%（见图 9-3）。正向报道关注了融媒体新发展及手机应用适老化改造等方面；中性报道聚焦于客观陈述新闻资讯以及自媒体行业中的政策规范

表 9-1 新闻资讯领域相关政策梳理

发布时间	发布机构	文件名称	主要内容
2023年3月	国务院新闻办公室	《新时代的中国网络法治建设》	• 中国针对个人信息侵权行为的密集性、隐蔽性、技术性等特点，采取新的监管思路，监管方式和监管手段，加大违法行为处置力度，持续开展移动互联网应用程序（App）违法违规收集使用个人信息专项治理，有效整治违法违规处理个人信息问题。
2023年7月	中央网信办秘书局	《关于加强"自媒体"管理的通知》	• 强化资质认证展示。对从事金融、医疗卫生、教育、司法等领域信息内容生产"自媒体"，网站平台应当进行严格核验，并在账号主页展示其服务资质、职业资质、专业背景等认证信息。对未认证资质或资质认证已过期的"自媒体"，网站平台应当暂停提供相应领域信息发布服务。 • 规范信息来源标注。"自媒体"在发布涉及国内外时事、公共政策、社会事件等相关信息时，网站平台应当要求其准确标注信息来源。发布时在显著位置展示。使用自行拍摄的图片、视频的，必须明确当时事件发生的时间、地点。引用旧闻旧事的，需显著标注其技术生成。"自媒体"对其转载刊载的信息真实性负责。 • 加强信息真实性管理。"自媒体"发布信息时，网站平台应当在显著位置页面展示"自媒体"账号名称、不得以匿名用户等代替，不得断章取义、歪曲事实，不得以拼凑剪辑，合成伪造等方式，影响信息真实性。 • 加强虚构内容或争议信息标签。"自媒体"发布含有虚构情节、剧情演绎的内容，网站平台应当要求其以显著方式标记虚构或演绎标签。鼓励网站平台对存在争议的信息标记争议标签，并对相关信息进行限流。 • 完善谣言标签功能。涉公共政策、社会民生、重大突发事件等大流量领域谣言信息，运用算法推荐方式对涉高频谣言信息触达率，提升辟谣效果。 • 限制违规行为获利。网站平台对违规"自媒体"采取禁言措施的，应当同步暂停其营利权限，时长为禁言期限的2至3倍。对打造低俗人设、违背公序良俗网红形象，多账号联动赠予刷怒点赞、恶意营销等行为的"自媒体"，网站平台应当取消或不得赋予其营利权限。 • 严查违规行为处置。网站平台应当及时发现并严格处置"自媒体"违规行为。对制作发布谣言、蹭炒社会热点事件或社会单账号数据库并上报网信部门。对转发谣言的"自媒体"，一律予以关闭，纳入平台黑名单，取消营利权限、清理粉丝、关闭等处置措施，禁言、关闭等处置措施。
2022年11月	国家互联网信息办公室	《互联网跟帖评论服务管理规定》	• 跟帖评论服务，是指互联网站、应用程序以及其他具有舆论属性或社会动员能力的网站平台，为用户提供发布文字、符号、表情、图片、音视频等信息的服务。 • 跟帖评论服务提供者应当按照用户服务协议向用户提供服务，应当依法依约采取警示提示、拒绝发布、删除信息、限制账号功能、暂停账号更新、关闭账号、禁止重新注册等处置措施，并保存相关记录。 • 跟帖评论服务提供者应协助跟帖评论服务管理。对违法违规的公众账号生产运营者，应当根据具体情形，依法依约采取警示提醒、删除信息、暂停跟帖评论区功能直至永久关闭跟帖评论区、限制账号功能、暂停账号更新、关闭账号、禁止重新注册等处置措施，保存相关记录，并及时向网信部门报告。

续表

发布时间	发布机构	文件名称	主要内容
2022年9月	国家互联网信息办公室等三部门	《互联网弹窗信息推送服务管理规定》	● 互联网弹窗信息推送服务，是指通过操作系统、应用软件、网站等，以弹出消息窗口形式向互联网用户提供的信息推送服务。互联网弹窗信息推送服务提供者，是指提供互联网弹窗信息推送服务的组织或者个人。 ● 提供互联网弹窗信息推送服务，应当遵守宪法、法律和行政法规，坚持正确政治方向、舆论导向和价值取向，维护清朗网络空间。 ● 互联网弹窗信息推送服务提供者应当落实信息内容管理主体责任，建立健全信息内容审核、生态治理、数据安全和个人信息保护、未成年人保护等管理制度。 ● 互联网弹窗信息推送服务提供者应当自觉接受社会监督，设置便捷投诉举报入口，及时处理关于弹窗信息推送服务的公众投诉举报。 ● 鼓励和指导互联网行业组织建立健全互联网弹窗信息推送服务行业准则，引导行业健康有序发展。
2022年6月	国家互联网信息办公室	《移动互联网应用程序信息服务管理规定》	● 应用程序提供者和应用程序分发平台应当履行信息内容管理主体责任，积极配合国家实施网络可信身份战略，建立健全信息内容安全管理、信息内容生态治理、数据安全和个人信息保护、未成年人保护等管理制度，确保网络安全，维护良好网络生态。
2022年6月	国家互联网信息办公室	《互联网用户账号信息管理规定》	● 互联网用户注册、使用账号信息，不得有下列情形：假冒、仿冒、捏造新闻网站、报刊社、广播电视机构、通讯社等新闻媒体的名称、标识等，或者擅自使用"新闻""报道"等具有新闻属性的名称、标识等。 ● 互联网信息服务提供者，是指向用户提供互联网信息服务的平台，包括但不限于互联网新闻信息服务、网络出版服务、搜索引擎、即时通信、交互式社交网络、网络直播、应用软件下载等互联网服务的主体。 ● 对于互联网用户申请注册提供互联网新闻信息服务、网络出版服务等取得行政许可的互联网信息服务的账号，或者从事网络公众账号生产运营的账号，互联网信息服务提供者应当要求其提供服务资质、职业资格、专业背景等相关材料，予以核验并在账号信息中加注专门标识。
2021年12月	国家互联网信息办公室等四部门	《互联网信息服务算法推荐管理规定》	● 算法推荐服务提供者应当加强用户模型和用户标签管理，完善记入用户模型的兴趣点规则和用户标签管理规则，不得将违法和不良信息关键词记入用户兴趣点或者作为用户标签并据以推送信息。 ● 算法推荐服务提供者提供互联网新闻信息服务的，应当依法取得互联网新闻信息服务许可，规范开展互联网新闻信息采编发布服务、转载服务和传播平台服务，不得生成合成虚假新闻信息，不得传播非国家规定范围内的单位发布的新闻信息。 ● 算法推荐服务提供者不得利用算法虚假注册账号、非法交易账号、操纵用户账号或者虚假点赞、评论、转发，不得利用算法屏蔽信息、过度推荐、操纵榜单或者检索结果排序、控制热搜或者精选等干预信息呈现，实施影响网络舆论或者规避监督管理行为。 ● 算法推荐服务提供者应当向用户提供不针对其个人特征的选项，或者向用户提供便捷地关闭算法推荐服务的选项。用户选择关闭算法推荐服务的，算法推荐服务提供者应当立即停止提供相关服务。

续表

发布时间	发布机构	文件名称	主要内容
2021年8月	第十三届全国人大常委会	《中华人民共和国个人信息保护法》	• 个人信息处理者不得以个人不同意处理其个人信息或者撤回同意为由，拒绝提供产品或者服务；处理个人信息属于提供产品或服务所必需的除外。
2021年6月	国家互联网信息办公室	《关于Keep等129款App违法违规收集使用个人信息情况的通报》	• 针对人民群众反映强烈的App非法获取、超范围收集，过度索权等侵害个人信息的乱象，国家互联网信息办公室依据《中华人民共和国网络安全法》《App违法违规收集使用个人信息行为认定方法》《常见类型移动互联网应用程序必要个人信息范围规定》等法律和有关规定，应用商店、新闻资讯、网络直播、女性健康等常见类型App如今日头条、腾讯新闻等违反必要原则，收集与其提供的服务无关的个人信息。发现这些使用情况进行了检测。部分App的个人信息收集使用情况；未经用户同意收集使用个人信息等。
2021年3月	国家互联网信息办公室等四部门	《常见类型移动互联网应用程序必要个人信息范围规定》	• App不得因用户不同意提供非必要个人信息，而拒绝用户使用其基本功能服务。 • 新闻资讯类App基本功能服务为新闻资讯的浏览、搜索等，应无须个人信息，即可使用基本功能服务。
2017年10月	国家互联网信息办公室	《互联网新闻信息服务单位内容管理从业人员管理办法》	• 按规定转载国家规定范围内单位发布的新闻信息，杜绝编发虚假新闻信息，确保互联网新闻信息真实、准确、全面、客观。 • 从业人员不得从事有偿新闻活动。 • 关于马克思主义新闻观的教育培训每年应当不少于10个学时。 • 从业人员的教育培训应当包括马克思主义新闻观、党和国家关于网络安全和信息化、新闻舆论工作的重要决策部署、政策措施和相关法律法规，从业人员职业道德规范等。 • 国家互联网信息办公室建立从业人员一的管理信息系统，对从业人员基本信息、从业者培训经历和奖惩情况等进行记录。
2017年5月	国家互联网信息办公室	《互联网新闻信息服务管理规定》	• 通过互联网站、应用程序、论坛、博客、微博客、公众账号、即时通信工具、网络直播等形式向社会公众提供互联网新闻信息服务，应当取得互联网新闻信息服务许可，禁止未经许可或超越许可范围开展互联网新闻信息服务活动。 • 对申请设公众账号的，互联网新闻信息服务提供者应当审核其账号信息、服务范围等信息，并向所在地省、自治区、直辖市互联网信息办公室分类备案。
2017年1月	中共中央办公厅、国务院办公厅	《关于促进移动互联网健康有序发展的意见》	• 加大中央和地方主要新闻单位、重点新闻网站等主流媒体移动端建设推广力度，积极扶持各类正能量账号和应用，加强新闻媒体移动端建设，构建高效的全媒体传播体系。在互联网新闻信息服务、网络出版服务、信息网络传播视听节目服务等领域开展特殊管理股试点，大力推动传统媒体与移动新媒体深度融合发展，公信力、影响力的新型媒体集团。建成一批具有强大实力影响大的新型媒体集团。

和治理措施，以促进行业健康发展；负向报道指出了自媒体造谣、流量至上、色情混入等乱象。报道的核心内容及倾向性判断详见表 9-2。

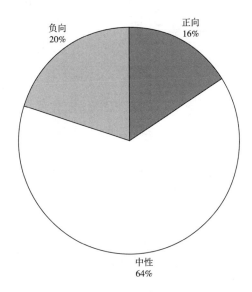

图 9-3　2023 年中国新闻资讯领域主流媒体报道倾向分布

第三节　市场运行现状

一　市场规模经历首次回调，用户规模平稳增长

2022 年，中国互联网新闻资讯广告市场规模 1144.8 亿元，同比下降 8.72%，是近年来的首次负增长（见图 9-4）。受疫情影响，广告主市场信心受挫，广告预算整体下调，广告投放更加注重转化效果。随着经济的复苏和市场信心的恢复，未来两年市场规模将继续迎来正增长。根据普华永道发布的《2023 至 2027 年全球娱乐及媒体行业展望》，到 2027 年中国互联网广告市场规模可达约 1464 亿美元，复合年均增长率将达 9%，其中，移动互联网广告收入将主导中国互联网广告增长，至 2027 年在互联网广告总收入的占比预计增至 84%。[①] 新闻资讯广告是互联网广告的重要组成部分，

---

　　① 宋美璐 . 未来五年，娱乐传媒业增长引擎在哪里？ [EB/OL]. 2023-07-14[2023-08-10]. https://t.wind.com.cn/mobwftweb/M/news.html?newsopenstyle=wind&lan=cn&device=android&shareCode=953f6871437e5a0f7e8eb8815620e905&code=EB068BC11650&version=23.4.5#/4A0C3B6DAB3018D680BF889C210D1CFC.

表 9-2　新闻资讯相关报道梳理及倾向性判断

发布时间	主流媒体	报道标题	报道的核心内容	ChatGPT 判断	人工修正
2023 年 9 月 19 日	新华网	《重庆开展专项整治活动 打击房地产领域"自媒体"乱象》	近日，重庆市住房城乡建委、市规划自然资源局、市委网信办联合印发通知，部署开展为期三个月的房地产领域"自媒体"乱象整治专项行动。	正向	中性
2023 年 9 月 7 日	新华网	《自媒体短剧〈逃出大英博物馆〉完结 主创"记者"这样说》	在社交媒体上，"请大英博物馆无偿归还中国文物"的话题引发热议，一部自媒体博主拍摄的短剧《逃出大英博物馆》讲述了大英博物馆中的一盏玉壶出逃寻乡的故事。	正向	中性
2023 年 9 月 1 日	新华网	《判赔 500 万！国内自媒体名誉侵权赔偿额创下纪录》	东风汽车有限公司诉北京某科技有限公司网络侵权责任纠纷案一审胜诉，法院判决科技公司删除相关视频并公开道歉，同时赔偿 500 万元。	中性	中性
2023 年 8 月 28 日	新华网	《半月谈 | 一个 App，七宗罪》	一个网络赌博 App，不仅成为 6 万余名客挥金 35 亿元的消遣"乐园"，也成了 7 个犯罪团伙非法获利超千万元的罪恶集市。	负向	负向
2023 年 8 月 24 日	新华网	《加强"自媒体"管理，守护互联网清朗》	必须看到，加强"自媒体"管理，还需要持续用力。	中性	负向
2023 年 8 月 17 日	新华网	《借"医药反腐"造谣传谣，一批"自媒体"账号被处置》	一些"自媒体"账号胡编乱造，传播一组所谓上海众多医院"自查自纠"后的"退款数据"，引发网民误传。	负向	负向
2023 年 8 月 8 日	新华网	《工业和信息化部组织开展移动互联网应用程序备案工作》	为进一步做好移动互联网信息服务管理，工业和信息化部将组织开展移动互联网应用程序备案工作。	中性	中性
2023 年 7 月 28 日	新华网	《断章取义、歪曲事实、拼凑剪辑，假为头条、张冠李戴甚至造谣惑众……这重至上的"自媒体"该"凉凉"了》	编造传播虚假信息"造热点""蹭热点""带节奏"，炒作敏感事件……打着"舆论监督"等旗号，实施敲诈勒索……这些行为被公安机关严厉打击。	正向	负向
2023 年 7 月 20 日	新华网	《海南开展网络游戏、学习教育类移动应用程序专项治理工作》	会议通报了"斗罗大陆：魂师对决""剑心吟""青云诀 2"等 26 款移动应用程序违法违规收集使用个人信息情况，并对下一步海南开展育类移动应用程序专项治理工作做了部署。	中性	中性
2023 年 7 月 10 日	新华网	《中央网信办加强"自媒体"管理：发布严惩造成恶劣影响一律关闭》	中央网信办日前下发通知要求加强"自媒体"管理，明确网站平台应当及时发现并严肃处置"自媒体"违规行为。	正向	中性
2023 年 6 月 8 日	新华网	《炒作"中高考移民"，海南打击处置一批自媒体账号》	全省共注销关闭相关账号 9162 个，暂停更新禁言相关账号 10156 个，清空粉丝量相关账号 67 个，关闭违法违规利功能相关账号 233 个。	正向	中性
2023 年 5 月 29 日	新华网	《92 万余个违规"自媒体"账号被处置》	有力震慑"自媒体"违法违规行为，专项行动取得阶段性成效。	正向	中性

续表

发布时间	主流媒体	报道标题	报道的核心内容	ChatGPT 判断	人工修正
2023年5月16日	新华网	《海南省开展"护苗"移动应用程序乱象专项治理》	海南省互联网信息办公室对"轻语""嘿嘿语音""双鱼"等25款App违法违规收集使用个人信息情况进行通报。	正向	中性
2023年4月8日	新华网	《新华网评:自媒体造谣乱象,要治!》	中央网信办针对自媒体造谣传谣、假冒仿冒、违规营利等突出问题出台一系列整治措施,就是要让违纪利剑树立权威,让那些底线的自媒体付出违法应有的代价。	正向	负向
2023年3月28日	新华网	《国家网信办:重拳整治"自媒体"乱象等9大网络生态突出问题》	专项行动将聚焦"自媒体"乱象、网络水军操纵信息内容、规范重点流量环节网络传播秩序等9方面问题开展整治。	正向	中性
2023年9月30日	人民网	《国家网信办就移动互联网未成年人模式建设指南征求意见》	移动智能终端、应用程序以及应用程序分发平台应根据不同年龄阶段的未成年人身心发展特点,通过评估产品的类型、内容与功能等要素,为不同年龄阶段用户提供适合其身心发展的信息和服务。	中性	中性
2023年9月13日	人民网	《治理"自媒体"乱象,平台是关键一环》	部分平台责任认识不充分、角色定位不准确,履职尽责不到位,被"唯流量""唯金钱"等错误倾向蒙蔽,起到推波助澜的作用。	负向	负向
2023年9月4日	人民网	《宣传推广"反诈App"增强群众反诈骗意识》	连日来,钦州市浦北县白石水镇组织党员、志愿者持续发力,多点突破、纵深推进地动员群众下载安装"国家反诈中心"App,手把手教群众熟悉使用"国家反诈中心"App,进行学习反诈骗宣传知识。	正向	中性
2023年8月15日	人民网	《龙岩新罗:"媒体+"走出县级媒体融合发展新路子》	融媒体时代,新罗区融媒体中心联动多方资源,借助融媒体力量为更多的少儿提供更加创新化、多元化的优质节目。	正向	正向
2023年7月24日	人民网	《共话媒体融合发展之道》	第四十届《中国新闻年鉴》年会为期2天,设5场分论坛,来自全国新闻行业的权威研究机构、高校新闻学院,主流媒体等的200多名嘉宾和代表汇聚一堂,探讨媒体融合前沿趋势,共话媒体融合发展之道。	中性	中性
2023年7月19日	人民网	《一个政务App的减负探索》	福建漳州推出"平安漳州e家"App,在功能设计、操作流程、考核评价上,坚持从群众利益出发,从用户需求出发,让信息化真正做到利民、便民、利民。	正向	正向
2023年7月17日	人民网	《加强常态化监管规范"自媒体"生长》	"营销号""自媒体"引导网民观点,对社会舆论的走向产生重大影响。加强对"自媒体"监管,需要相关部门不断强化宣传引导、积极担当作为。	正向	中性

续表

发布时间	主流媒体	报道标题	报道的核心内容	ChatGPT 判断	人工修正
2023 年 7 月 3 日	人民网	《超 500 家新闻单位集中向社会发布 2022 年度媒体社会责任报告》	今年，从中央新闻单位到县级融媒体中心超 500 家媒体发布报告，发布媒体数量比去年增加百余家。	正向	中性
2023 年 6 月 28 日	人民网	《2023 移动互联网蓝皮书：移动互联网加速农业农村现代化进程》	移动互联网作为信息化的重要手段，融合其他新一代信息技术赋能"三农"发展，对于进一步解放和发展农业农村数字化生产力，助力实现农业农村现代化具有重要意义。	中性	中性
2023 年 6 月 26 日	人民网	《提高新闻舆论"四力"》	党的二十大报告指出：加强全媒体传播体系建设，塑造主流舆论新格局。健全网络综合治理体系，推动形成良好网络生态。	正向	中性
2023 年 5 月 16 日	人民网	《海南通报 25 款违法违规收集个人信息应用程序》	组织专门力量对未成年人高频使用的即时通信、学习教育、互动交友等类型 App 进行巡查检测。	正向	中性
2023 年 4 月 28 日	人民网	《"今日头条"一审败诉"今日油条"为何不算不正当竞争？》	广州知识产权法院一审驳回了抖音的诉讼请求，认为"今日油条"的模仿行为不会造成公众实际混淆，不构成商标侵权。	中性	中性
2023 年 4 月 23 日	人民网	《刘永钢：新闻媒体要做好桥梁、凝聚共识》	澎湃新闻总裁、总编辑刘永钢表示，新闻媒体在开展网上群众工作时要做好桥梁、发挥沟通作用，凝聚共识。	正向	中性
2023 年 4 月 3 日	人民网	《44 家网站和手机 App 获评首批互联网应用适老化及无障碍改造优秀案例》	首批互联网应用适老化及无障碍改造得以无障碍场景覆盖七大老年人、残疾人生活高频场景。	正向	正向
2023 年 4 月 1 日	人民网	《治理自媒体乱象 七成受访者期待黑单机制》	67.0% 受访者感到自媒体乱象严重干扰了网络环境。治理自媒体乱象也应当予以更多生存空间。	负向	负向
2023 年 9 月 23 日	光明网	《软色情小说混进新闻资讯、诱导充值看一部要 1700 多元》	自己在资讯平台浏览新闻时，发现平台上有软色情小说的推荐信息，小说开头不像色情小说描述那么直露，但令人浮想联翩，而继续阅读则需要收费。	负向	负向
2023 年 9 月 2 日	光明网	《温暖"快时代"中的"慢人群" 1735 家网站和手机 App 完成适老化改造》	工信部已经指导 1735 家网站和手机软件完成适老化升级改造，其中涵盖多个场景。	正向	正向
2023 年 8 月 31 日	光明网	《网络安全治理中国实践为全球提供示范样本》	近年来，在整治网络生态乱象，加强互联网服务管理等方面，中国站终极积极探索治理路径，为互联网用户的生命财产安全保驾护航。	正向	正向
2023 年 8 月 26 日	光明网	《赞比亚主流媒体希望同新华社进一步加强合作》	新华通讯社 25 日在赞比亚首都卢萨卡与赞比亚国家广播公司等主流媒体签署协议，双方将进一步加强在新闻信息交流、人员交流、记者培训等方面合作。	正向	正向

续表

发布时间	主流媒体	报道标题	报道的核心内容	ChatGPT 判断	人工修正
2023年8月23日	光明网	《工信部：聚焦新法七大领域，扩大互联网应用无障碍覆盖范围》	工信部将聚焦新法列明的社交通信、生活购物等七大领域，进一步扩大互联网应用无障碍覆盖范围。	正向	正向
2023年8月23日	光明网	《站在"数字鸿沟"前的老人：手机适老化改造，不仅仅是放大字号那么简单》	工信部在8月22日接受媒体采访时表示，未来将指导1735家网站和手机App完成适老化改造。	中性	中性
2023年8月14日	光明网	《首个"App 生命周期安全"国家标准正式发布》	安天移动安全牵头编制的《信息安全技术 移动互联网应用程序（App）生命周期安全管理指南》国家标准成功准成功发布。	正向	中性
2023年8月10日	光明网	《公安部：督导互联网头部企业完善用户数据采集、存储、使用制度》	持续加强系统建设、网络运营、数据存储、数据传输、数据处理等重点环节的安全防护措施，确保重要敏感数据的整个生命周期安全可靠。	正向	中性
2023年8月2日	光明网	《软硬件三方联动 全面升级移动互联网"青少年模式"为"未成年人模式"》	征求意见稿将升级"青少年模式"为"未成年人模式"，推动模式覆盖范围由App扩大到移动智能终端、应用商店，实现软硬件三方联动。	正向	中性
2023年8月2日	光明网	《规范媒体报道，避免媒体成为网暴推手》	在近些年的一些社会热点中，个别媒体出现报道失实、混淆视听、涉嫌制造对立、避重就轻等问题，也消解了一部分网民的信任程度。	中性	负向
2023年7月19日	光明网	《强制自动续费？官方出手，重点整治！》	加快移动互联网应用程序公共服务平台建设，建立完善App认证签名体系、高效支撑行业监管和服务行业发展。	正向	中性
2023年7月19日	光明网	《工信部：这些App问题，将重点整治》	19日上午，国务院新闻办公室举行新闻发布会，据介绍，工信部将重点整治用户反映突出的欺骗误导下载、强制自动续费等痛点问题。	正向	中性
2023年7月11日	光明网	《工信部通报 31 款侵害用户权益 App（SDK）》	发现31款App（SDK）存在侵害用户权益行为（详见附件），现予以通报。	正向	中性
2023年5月7日	光明网	《工信部通报！羊个羊等56款App存在侵害用户权益行为》	工信部在5月6日对爱随拍、脸游戏等56款侵害用户权益的移动互联网应用程序（App）及第三方软件开发工具包（SDK）进行通报，要求这56款App及SDK按有关规定进行整改。	正向	中性
2023年4月20日	光明网	《工信部：将升级迭代网络应用适老化特色功能》	下一步将优化服务供给、改善感知体验，进一步增强适老化服务的便捷性和可及性。其中要升级迭代网络应用适老化特色功能，	正向	中性

根据本研究测算，2022~2024 年，中国互联网新闻资讯广告市场规模将恢复到 9% 的 CAGR，市场规模将持续扩增。

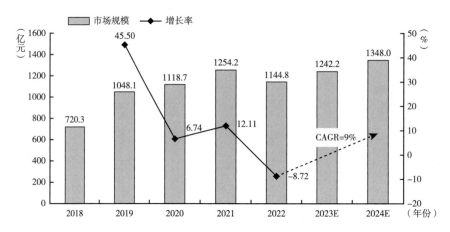

图 9-4　2018~2024 年中国互联网新闻资讯广告市场规模及预测

注：这里的广告包括资讯广告和社交媒体广告。

数据来源：中关村互动营销实验室、观研天下、本研究测算。

中国互联网新闻资讯用户规模基数大，2022 年用户规模达到 7.83 亿人，体量仅次于短视频，网民渗透率较高，已进入平稳增长阶段，2022 年同比仅增长 1.56%（见图 9-5）。根据本研究测算，2022~2024 年用户规模将保持 2% 的 CAGR 稳步增长。

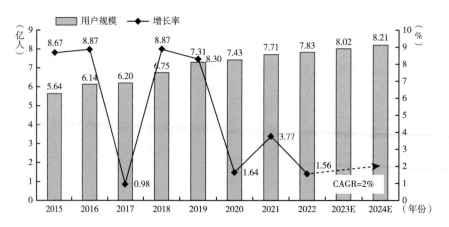

图 9-5　2015~2024 年中国互联网新闻资讯用户规模及预测

数据来源：CNNIC 第 38~52 次《中国互联网络发展状况统计报告》，2023~2024 年数据由本研究测算。

二　社交媒体平台广告价值高，资源吸引力强

　　微博、微信、抖音、小红书等社交媒体平台已成为人们获取资讯的重要渠道，因其用户基数大、定向性高、互动性强、曝光率高等特点，备受广告主关注。社交媒体平台正在吸纳更多营销资源，QuestMobile 数据显示，2023 年上半年相比 2022 年上半年，互联网广告收入增长占比 Top5 的媒介依次是小红书、今日头条、微博、微信、抖音。[①]2022 年，社交媒体广告在互联网广告市场中的占比为 17.3%，是"纯"资讯类广告的 3 倍还多，且仍保持增长态势，而后者的份额则从 2018 年的 14.8% 下滑至 5.2%（见图 9-6）。

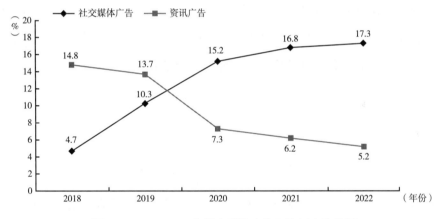

图 9-6　2018~2022 年社交媒体广告和资讯广告份额

数据来源：观研天下。

　　随着"Z 世代"逐渐成为新闻资讯的主流消费群体，他们对广告的需求更加个性化、精致化，社交媒体广告可根据用户的特定兴趣、地理位置、年龄、性别等信息进行内容的定向投放，用户可以对广告进行点赞、评论、分享或转发等操作，增进与品牌之间的互动，有助于提高广告效果和投资回报率。

---

　　① QuestMobile.2023 互联网广告市场半年报告：市场规模同比增长 5.2%，行业分化加剧，三大趋势延续 [EB/OL]. 2023–07–25[2023–08–15]. https://www.questmobile.com.cn/research/report/1683732066099892225.

三 标杆企业付费订阅取得新进展

当前，中国主流新闻资讯平台以"免费阅读＋广告"的形式为主，付费订阅仍未成为主流模式。财新、虎嗅（妙投会员）是付费订阅比较成功的少数标杆，推动新闻资讯付费订阅迎来新发展。2017 年 11 月，财新全面启动新闻付费阅读，基于不同用户需求推出了"财新通""数据通""英文通""财新 mini"等差异化付费产品。2023 年 6 月 12 日，财新在首届亚洲愿景论坛宣布了付费订阅用户突破 100 万的消息，付费订阅同比上升了 17%，在国际报刊联盟（FIPP）发布的全球数字订阅排名中跃居第八（2022 年为第九），与英国《金融时报》并列。[①]这为国内新闻资讯付费订阅模式的探索带来更多的希望。

相比来看，国外新闻媒体的付费订阅模式更加普遍，美国大部分日报都推出了内容付费订阅或付费墙计划，根据《纽约时报》的报道，它的发行收入已经超过了广告收入；英国《金融时报》以订阅出版商而闻名，除了通过广告创收，它还经营了一家咨询公司提供咨询服务，以扩大业务范围。信息过载时代，保持内容的高质量、高价值和匹配用户兴趣，是促进用户为新闻资讯付费的重要基础。

四 头部应用占据主要市场份额，上市企业盈利趋于平稳

新闻资讯市场目前已经出现今日头条、微博、腾讯新闻等典型头部应用，并已积累了庞大的用户规模，据易观千帆数据，2022 年 6 月今日头条月活跃用户规模为 2.92 亿；[②]微博 2022 年财报显示，截至 2022 年第四季度末，微博月活跃用户规模达到 5.86 亿，同比净增 1300 万，用户规模还在进一步扩增中。聚合类新闻客户端头部格局稳固、竞争激烈，对于中小平台来说挑战较大，中小平台可参考财新、虎嗅的做法，发力垂类新闻资讯、专业新闻资讯，结合自身优势发展出一条特色化道路。

头部应用所属企业并未单独披露新闻资讯营收，而以新华网、人民网、凤凰新媒体等上市媒体企业营收直接计算互联网新闻资讯市场集中度并不准确，因此参考第三

---

① 财新传媒. 财新付费订阅用户突破百万 数字订阅稳定增长 [EB/OL]. 2023-06-12[2023-08-10]. https://www.caixin.com/2023-06-12/102064730.html.

② 闫学功. 今日头条 10 岁了，它会成为下一个 QQ 么？[EB/OL]. 2022-08-08[2023-08-16]. https://36kr.com/p/1862050624198533.

方排行数据进行估算。极光旗下的 MoonFox 统计了 App 的用户流量价值以反映其广告变现能力，[①] 其中新闻资讯类应用的用户流量价值如表 9-3 所示，通过计算 Top4 的占比可大致得出用户流量价值的集中度为 80.68%。

表 9-3　热门新闻资讯类应用用户流量价值

热门新闻资讯应用	用户流量价值（亿元）
今日头条	369.1
微博	267.6
今日头条极速版	151.4
汽车之家	115.8
腾讯新闻	114.9
网易新闻	25.6
新浪新闻	23.6
搜狐新闻	17.6
凤凰新闻	15.2
一点资讯	12.6
趣头条	7.0

数据来源：MoonFox。

从 7 家新闻资讯上市企业盈利情况来看，2015~2019 年，新闻资讯企业平均毛利率稳中有降，2020~2022 年则趋于平稳（见图 9-7）。媒体融合趋势下，新闻资讯企业除了广告业务，还拓展了信息服务、移动互联网服务、数字内容服务、网络技术服务等多元营收渠道。以新华网为例，其财报显示，2022 年新华网网络广告营收占比已持续下降至 33.51%，而信息服务的营收占比不断提升。作为中央媒体龙头，该企业积极拥抱互联网技术，推进媒体融合发展，以智能技术赋能数字内容产业，自主研发了中国第一个媒体人工智能平台"媒体大脑"，并推出了"MAGIC 短视频智能生产平台"，从传统的媒体机构转型成为媒体技术和智能信息服务商，为传统媒体数字化转型与融合发展树立了典范。

---

① MoonFox. 数据报告 | 2022 年 Q1 移动互联网行业数据研究报告 [EB/OL]. 2022-04-28[2023-08-15]. https://www.moonfox.cn/insight/report/986.

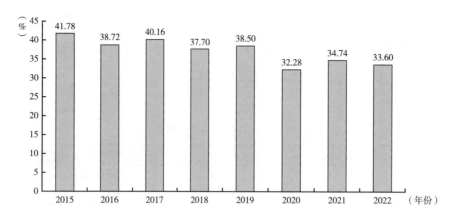

图 9-7　2015~2022 年中国新闻资讯领域上市企业平均毛利率

数据来源：平均毛利率来自对国内 7 家新闻资讯上市公司财务数据的计算结果。

五　典型案例

（一）腾讯新闻

1. 四个方向支撑运营策划

腾讯新闻是一款包括每日新闻报道、媒体订阅、云收藏、专题新闻、离线下载、社交分享等功能的中文免费新闻应用。2010 年 10 月，腾讯新闻客户端在苹果商店首次上架，成为国内最早推出客户端产品的新闻门户之一。腾讯新闻的编辑运营策划有品类、热点、产品和算法四个方向。品类主要来自合作与采购，引入所需的内容；热点是对日常媒体内容进行挑选、运营、编辑和呈现，以人工方式运营内容热点并推荐给媒体机构；产品主要针对后台的推荐逻辑和内容呈现逻辑，通过合理的设计提高内容的关注度；算法则用于个性化分发海量内容。

2. 以多种运营手段提高用户流量

腾讯新闻主要依靠用户流量和广告盈利，通过金币和红包激励用户使用产品，金币可用于平台公益和抽奖，红包可提现。腾讯新闻在运营方面关注维护日均活跃用户，具体的产品运营思路是：通过邀请好友助力解锁红包，利用裂变方式以低成本获得大量用户；设置每日签到、读新闻或看视频领金币等措施来激活和留住用户，吸引用户阅读、点赞、评论、互动；用户的阅读、点赞、评论、转发等行为可以提高产品曝光率，进而增加广告的曝光率和点击率，腾讯新闻从中获得更多收益；腾讯新闻的分享功能可以让用户将有趣的内容分享给好友讨论或留下评论，以满足用户的社交需求。①

3. 打造"高流"和"高潜"的内容品类

在内容引入上，腾讯新闻目前关注的重点可以分为"新闻""新娱乐""新知"三部分。其中，"新闻"包括时政、社会、国际、军事、财经、科技、教育、体育、娱乐，"新娱乐"包括电影、综艺、搞笑、游戏、动漫，"新知"包括生活、科学、育儿、文化、历史。腾讯新闻还计划在未来打造"高流"和"高潜"的品类，注重纪录片、军事、历史、人文、网络剧、少儿和广场舞等稀缺度高的内容，从而将腾讯新闻打造成一个能够帮助用户打开视野、为用户提供丰富多样内容的资讯平台。②

（二）今日头条

1. 内容精准推送满足用户个性化资讯需求

今日头条于 2012 年上线，由北京字节跳动科技有限公司开发，主打资讯推荐功能，是一款个性化的资讯推荐引擎产品。今日头条目前拥有科技、体育、健康、美食、教育、"三农"、国风、NBA 等超过 100 个垂直领域，覆盖了图文、图集、小视频、短视频、短内容、直播、小程序等多种信息体裁，使用人工智能推荐算法，让用户持续获得感兴趣的内容。头条号是今日头条的信息发布平台，可为自媒体、政府、媒体、企业等提供信息发布的平台。今日头条还上线了账号内搜索功能和圈子功能，允许创作者创建粉丝社群，与用户直接交流互动，提高用户黏性。

2. 广告业务是创收核心，非广告业务形式多样

广告投放是今日头条的核心业务，包括硬性品牌广告和嵌入式软性广告。广告形式包括信息流广告、开屏广告和详情页广告。信息流广告以文字描述、图片、视频展示形式内嵌于新闻资讯内容流中，根据用户属性进行精准投放。开屏广告在打开平台时展示，适用于强曝光需求的品牌客户。详情页广告出现于文章内容和相关阅读之间，可以关联文章内容定向投放。除广告投放外，今日头条还有收费订阅模式，包括付费下载和平台应用利润分成。知识付费也是今日头条的收入来源之一，创作者可以

---

① Jason. 腾讯新闻客户端产品体验报告 [EB/OL]. 2021-08-04[2023-08-10]. https://www.woshipm.com/evaluating/4983535.html.

② 腾讯媒体研究院. 解析腾讯新闻内容运营逻辑 [EB/OL]. 2020-04-22[2023-08-17]. https://zhuanlan.zhihu.com/p/134195145.

在"知识付费"栏目售卖课程，今日头条还会通过活动奖励创作者，如"头条行家计划"。今日头条还涉足电子商务和O2O业务，提供商城和本地频道服务，并从商家赚取费用。此外，今日头条还提供增值服务，如表情下载和游戏频道，以增强用户黏性和活跃度，并实现商业变现。

3. 重点推动内容优质化和年轻化

2021年12月，今日头条宣布，优质和年轻化内容建设是今日头条下一阶段的重点。今日头条将与创作者共同创造更多优质内容，并更用心地服务年轻用户。今日头条发布了多项创作者激励计划，并将在未来三年增加对优质作者的扶持。今日头条提出"真知专项"，扶持纪录片、博物馆、诗歌等体裁的内容。此外，今日头条还将增加"年轻化"内容的投入，尤其是短内容。未来一年，今日头条将增加科技、游戏、汽车、美食、摄影等品类优质内容的流量和作者收入。今日头条推出的"内容品鉴官"计划，邀请100万名头条用户对内容进行评价，评优的内容将得到平台流量和分成双重激励。2022年，"头号计划"计划投入每日1.5亿流量与商单资源，助力10万名头条优质创作者。[①]

第四节　投资动向与投资价值评估

一　投资热度触底后略有反弹

在多种不利的外部环境冲击和行业内部转型调整下，2018年之后，新闻资讯领域投资数量和投资金额大幅下降，2022年投资热度略有回升（见图9-8）。随着媒体融合战略向纵深推进，新闻资讯领域企业多元发展初见成效，主流媒体权威性、影响力进一步提升，为资本市场注入了一些信心。2022年新闻资讯领域最大的一笔投资是上海文化产业发展投资基金对澎湃新闻（一家专注于时政与思想报道的企业）的4亿元的B轮投资。

---

① 叶丹. 今日头条2022年将重点扶持什么内容？今天官宣了[EB/OL]. 2021-12-20[2023-08-10]. https://new.qq.com/rain/a/20211220A0CVZU00.

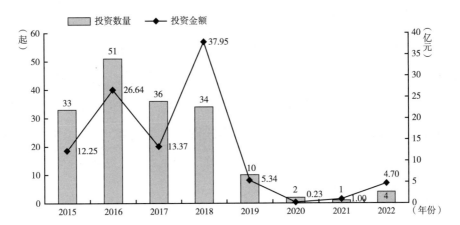

图 9-8　2015~2022 年中国新闻资讯领域投资数量及投资金额

数据来源：IT 桔子。

二　新闻资讯创业热度冷却

自 2015 年以来，新闻资讯领域新增企业数量持续下降，到 2021 年和 2022 年甚至无新增企业（见图 9-9），在市场环境变化、融资难度加大、准入门槛提升等多种因素影响下，创业热情冷却。

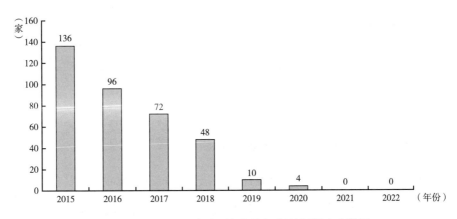

图 9-9　2015~2022 年中国新闻资讯领域新增企业数量

数据来源：IT 桔子。

三 垂类专业化资讯仍最受关注

2021年1月至2023年6月，新闻资讯领域仅有5起投资事件（见表9-4）。垂直领域、专业化资讯内容仍是最受资本关注的方向，被投企业业务方向都与此相关。其中，北京量子思维传媒科技有限公司（思维财经）、创兴动力（北京）咨询服务有限公司（创头条）都是财经资讯方向，其余三家分别专注于教育、时政、出海产业相关的资讯内容。在综合类资讯服务市场趋于饱和的情况下，基于专业优势或地区特色发力垂直市场或可探索出新机遇。

表9-4　2021年1月至2023年6月中国新闻资讯领域投资事件

投资时间	被投企业名称	简介	所在地	成立时间	轮次	金额（万元）
2022年11月2日	北京量子思维传媒科技有限公司	财经类内容与终端企业，为用户推荐国内外最新的财经资讯	北京	2008年6月	A轮	2000
2022年11月1日	杭州青塔科技有限公司	教育数据科技公司，持续发布行业洞察	浙江	2015年12月	A轮	3000
2022年8月8日	上海东方报业有限公司	专注于时政与思想报道的企业	上海	2012年6月	B轮	40000
2022年4月12日	上海趋瀛新媒体科技有限公司	出海产业研究机构	上海	2017年12月	A轮	1000
2021年6月21日	创兴动力（北京）咨询服务有限公司	一个创投资讯类产品	北京	2014年8月	战略投资	10000

数据来源：IT桔子。

四 新闻资讯投资价值评估：较低（★★）

根据第一章第三节所述的投资价值评估方法，新闻资讯领域的投资价值评估结果为★★，可能有一定的投资机会，但未来发展不够明确，或者风险略高于机遇，具体如表9-5所示。

表 9-5　新闻资讯投资价值综合评估结果

序号	一级指标	一级指标得分	二级指标	二级指标原始数据	原始数据标准化	二级指标得分
1	基础规模	3.0	市场规模	1144.80 亿元	0.313	★★
			用户规模	7.83 亿人	0.660	★★★★
2	发展速度	1.5	市场规模增长率	−8.72%	0.023	★
			用户规模增长率	1.56%	0.349	★★
3	转化程度	1.0	付费转化率	0.11%	0.000	★
			毛利率	33.60%	0.258	★★
4	竞争程度	1.0	市场集中度	80.68%	80.68%	★
5	活跃程度	3.7	新增企业数量增长率	−100.00%	0.000	★
			投资数量增长率	300.00%	1.000	★★★★★
			投资金额增长率	370.00%	1.000	★★★★★
6	相关政策导向	2.0	相关政策支持程度	内容规范管理，服务许可要求，偏负向		★★
7	主流媒体报道倾向	2.0	主流媒体报道情感倾向	正向占比减负向占比的值为 −4 个百分点，偏负向		★★
综合结果（S_{end}）						★★

第五节　发展趋势

一　短视频成为新闻资讯发布的"标配"

短视频时代，"人人都是传播者"。短视频制作工具的普及降低了视频制作和发布的门槛，这使每个人都能很容易地成为信息的传播者，个人可以迅速拍摄和分享关于突发事件、新闻事件或社会问题的视频，提供更快速、生动和直观的"事实还原"。同时，"刷"短视频也已成为大众获取新闻资讯的常用方式，这促使新闻资讯机构将短视频作为新闻发布的必选渠道。相比于非专业的视频发布者，新闻资讯机构拥有更真实、准确和详尽的信息来源，从业人员具备更高的新闻素养和职业道德，能够提供更深入、全面的报道，积极引导社会舆论，仍具有不可替代的优势。

二　AIGC 将广泛应用于新闻资讯生产与播报中

AIGC 的发展与落地应用引发了内容生产的新一轮变革，新闻资讯内容生产与播报有一定的规律性，天然适合使用 AI 工具辅助提升生产效率。当前，已有一些应用探索的成功案例，如由新华社联合搜狗公司推出的全球首位 3D 版 AI 合成主播"新小微"在 2020 年全国两会开幕前夕正式亮相；挪威最大的新闻出版物之一《晚邮报》利用人工智能技术克隆了播客主持人的声音；总部位于韩国的科技公司 Deep Brain AI 能在短短 5 分钟内将文本内容自动生成 AI 视频并通过数字人播报，目前已被成功应用于亚洲多个主流电视新闻频道。随着 AIGC 技术的不断迭代，未来将会有更多专业适用于新闻资讯生产与播报的智能产品出现，为新闻资讯未来发展开辟新空间。

三 内容资源向头部集中，差异化方向出现新兴独角兽

中国新闻资讯领域已进入存量竞争阶段，2022 年用户规模达到 7.83 亿人，网民渗透率达到 73%，综合类新闻资讯应用抢占头部市场，在资本、流量、数据、资源方面优势突出；官方主流媒体则拥有得天独厚的资源优势，在重大主题报道策划上拥有巨大的发挥空间。接下来的竞争是各家媒体及新闻资讯平台关于优质内容的竞争，且必将愈加激烈。具有流量、资源优势的大平台将汇聚更多内容资源，而中小平台难以正面抗争，需要结合自身优势、特点确立品牌定位，选择差异化经营方向脱颖而出。中小平台可选择特定领域或受众开展差异化经营，如专注于财经、商业、科技、教育等垂直领域资讯内容，吸引特定的读者群体，提供更深入的报道，并建立自己的读者群体。在经营模式上，新闻资讯平台可拓展订阅、会员制、赞助等多元化收入来源，降低对广告的依赖，实现可持续发展。

第十章

在线教育市场格局与投资观察

第一节　在线教育概述

一　在线教育界定

在线教育是通过信息通信技术和互联网技术进行内容传播和学习的方法，在线教育的营销、内容交付、核心学习行为都是以互联网和移动互联网为载体进行的。互联网和移动互联网为教育内容的传播者和学习者创造了突破时间和空间限制的条件，教育者、学习者可以随时随地传播、获取知识。

广义的在线教育既包括to C模式又包括to B模式。to C模式的客户为学生、家长、老师等终端用户群体，最终由学员买单，偏向于互联网教育。to B模式的客户为政府教育管理机构、学校等教育机构，最终由机构买单。本研究关注的在线教育主要为 to C模式。

二　在线教育发展历程

在线教育经过了30余年的发展，随着信息通信技术的更新迭代，其产品的展现方式、商业模式也在不断创新升级。在线教育的发展可大致分为数字化教育、"互联网＋教育"、"移动＋教育"、"智能＋教育"四个阶段（见图10-1）。

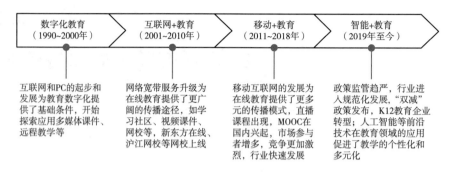

图 10-1　中国在线教育发展历程

第二节　发展环境

一　政策环境：大力推进数字化和智慧教育发展，持续规范校外培训市场

2016~2021 年，国家大力推进教育信息化，对在线教育给予大力支持和积极倡导，多个政策均提出要从资源、平台、产品、技术、服务、标准等层面，支持鼓励在线教育课程、产品、平台的开发。2020 年，教育部发文提出"建立健全利用信息化手段扩大优质教育资源覆盖面的有效机制"，国家发展改革委发文提出"大力发展融合化在线教育"。此外，课外培训大肆扩张，在线教育市场发展良莠不齐，规范校外培训市场成为近年来政策的重点方向，教育部等相关部门相继出台了一系列监管政策，促使在线教育市场规范运行。早在 2018 年，教育部等三部门印发的《关于健全校外培训机构专项治理整改若干工作机制的通知》就提出要规范线上教育培训机构；《关于严禁有害 App 进入中小学校园的通知》提出"各地要建立学习类 App 进校园备案审查制度"，要求学校把好内容关。2019 年教育部等六部门制定的《关于规范校外线上培训的实施意见》是国家层面颁布的首个校外线上培训规范文件，对培训内容、培训市场、培训教师作出了具体的规定。教育部等八部门制定的《关于引导规范教育移动互联网应用有序健康发展的意见》是国家层面颁布的第一个规范教育类 App 的监管文件，对未成年人保护、用户隐私、数据安全方面进行了规定。2021 年，政策持续鼓励在线教育发展，同时进一步规范校外培训市场。教育部等五部门发布的《关于加强中小学线上教育教学资源建设与应用的意见》指出到 2025 年基本形成定位清晰、互联互通、共建共享的线上教育平台体系，覆盖各类专题教育和各教材版本的学科课程资

源体系。这体现出政策对在线教育发展持续支持的态度。2021年7月，中共中央办公厅、国务院办公厅发布了《关于进一步减轻义务教育阶段学生作业负担和校外培训负担的意见》（即"双减"文件），提出坚持从严审批机构，要求各地不再审批新的面向义务教育阶段学生的学科类校外培训机构，现有学科类培训机构统一登记为非营利性机构；明令禁止学科类培训机构以各种方式上市；线上培训机构不得提供和传播"拍照搜题"等惰化学生思维能力、影响学生独立思考、违背教育教学规律的不良学习方法，K12校外培训市场迎来重大震荡。

2022~2023年，政策密集出台，持续鼓励在线教育创新发展，并进一步规范校外培训市场。中共中央、国务院发布的《扩大内需战略规划纲要（2022~2035年）》提出培育"互联网＋社会服务"新模式，做强做优线上学习服务，推动各类数字教育资源共建共享。《关于开展2023年"基础教育精品课"遴选工作的通知》《基础教育课程教学改革深化行动方案》《关于加强新时代中小学科学教育工作的意见》《关于加强普通高等学校在线开放课程教学管理的若干意见》等文件从教学内容、教学模式、教学管理等方面鼓励数字化赋能教学质量提升；《关于实施新时代基础教育扩优提质行动计划的意见》《关于构建优质均衡的基本公共教育服务体系的意见》《直播类在线教学平台安全保障要求》《关于发布智慧教育平台系列两项教育行业标准的通知》《虚拟现实与行业应用融合发展行动计划（2022~2026年）》对公共在线教育服务、在线教育课程内容及信息技术创新方面提出了新要求；《关于开展2022年职业教育国家在线精品课程遴选工作的通知》《关于深化现代职业教育体系建设改革的意见》《关于加快推进现代职业教育体系建设改革重点任务的通知》等一系列职业教育相关政策鼓励职业教育机构探索信息技术创新应用，提升关键核心领域技术技能人才培养质量；《关于规范面向中小学生的非学科类校外培训的意见》《关于进一步加强学科类隐形变异培训防范治理工作的意见》《关于开展校外培训"平安消费"专项行动的通知》《关于做好2023年寒假期间校外培训治理有关工作的通知》等政策对中小学校外培训活动进行持续规范引导。政策主要内容详见表10-1。

二　舆论环境：主流媒体报道以正向为主

2023年，主流媒体关于在线教育报道的高频词如"数字化""数字教育""培

表 10—1 在线教育相关政策梳理

发布时间	发布机构	文件名称	主要内容
2023 年 8 月	教育部、国家发展改革委、财政部	《关于实施新时代基础教育扩优提质行动计划的意见》	• 提升国家中小学智慧教育平台建设应用水平。丰富平台优质资源，统筹建设覆盖德智体美劳各方面的数字资源，课程教材实现覆盖所有教育部审定教材版本。拓展应用功能，加大在线答疑、智慧作业、线上答疑、网络教研、个性化学习和过程性评价等方面融合应用。提升平台应用实效，促进优质教育资源应用案例、推广融合应用优秀案例，推广应用激励机制，健全应用激励机制。 • 完善国家基础教育数字服务平台。以数字化赋能提升教育治理水平，推动学籍管理、课后服务、控辍保学子系统全面应用，完善党建德育、校园安全、阳光招生、电子毕业证、集团化办学子系统，加快推进实际应用，着力提升基础教育管理效能。完善"学有优教"App，搭建家校沟通集道、加快推动基础教育面向公众的管理服务实现一网通办，提升服务公众能力。
2023 年 7 月	教育部办公厅	《关于加快推进现代职业教育体系建设改革重点任务的通知》	• 各校要积极落实《职业院校数字校园规范》，建设一体化智能化教学。管理与服务平台，持续丰富优质数字教育教学、实习实训、管理服务等应用场景。落实网络安全责任。各地要强化统筹、加大财政支持力度；指导学校系统设计校本数字化整体解决方案。组织学有序应入"全国职业教育大脑智慧中台"，接受管理监测。 • 支持各地结合区域重点产业发展需求，统筹在线课程和线下课程。推进本地区网络教育一流核心课程建设和实施。
2023 年 6 月	中共中央办公厅、国务院办公厅	《关于构建优质均衡的基本公共教育服务体系的意见》	• 大力推进国家教育数字化战略行动，促进校园有线、无线、物联网三网融合，建设高速校园网络，实现班班通。加强国家中小学智慧教育平台建设，系统化体系化建设智慧教育平台优质课程资源，不断丰富德智体美劳全面育人的教育教学资源，创新数字教育资源呈现形式，有效扩大优质教育资源覆盖面，服务农村边远地区提高教育质量。
2023 年 6 月	教育部办公厅	《关于开展 2023 年"基础教育精品课"遴选工作的通知》	• 汇集优质教学资源，建立健全优质课程资源遴选更新机制，系统化建设智慧教育平台优质课程资源，不断丰富平台资源数量，提高平台资源质量。 • 满足学生自主学习和个性化学习需求，为学生预习、复习、开展探究式学习提供服务与教师教学使用。满足学生自主学习过程负担；支持教师课堂教学，为教师优化教学设计、丰富教学内容、开展线上线下配合教学等提供服务。
2023 年 5 月	教育部办公厅	《基础教育课程教学改革深化行动方案》	• 推进数字化赋能教学质量提升。充分利用数字化赋能基础教育，推动数字化教育在拓展教学时空、共享优质资源、优化课程内容与教学过程、优化学生学习方式，精准开展教学评价等方面广泛应用，促进教育更好地适应知识创新、素养形成发展与教育教学新要求，构建数字化背景下的新型教与学模式，助力提高教学效率和质量。建好用好国家中小学教改、融合教育应用发展和国家各类优质教育教学资源，引导教师在日常教学中育有效常态化应用。全面总结"基于教学改革、信息技术支撑的新型教与学模式"实验区经验，推出一批应用的典型案例。

续表

发布时间	发布机构	文件名称	主要内容
2023 年 5 月	教育部等十八部门	《关于加强新时代中小学科学教育工作的意见》	• 在现有科学教育资源和工作机制基础上，集成增效，整合校内外资源，精准对接学生需求，塑造科学教育新动能，新优势。 • 以来单自选方式供全国中小学校和学生自主选择，探索利用人工智能，虚拟现实等技术手段改进教育教学，并注重利用先进教育技术弥补薄弱地区，薄弱学校及特殊儿童群体拥有优质教育教学资源不足的状况。组织遴选实验教学精品课程。发挥各级教研部门和教学指导委员会作用，甄别、培育、推广先进教学方法和模式。 • 优化数字智慧平台，丰富科学教育资源。在国家智慧教育公共服务平台等链接科学教育资源，鼓励社会各界制作上线"科学公开课""家庭科学教育指导课"等，不断丰富平台资源。建立科学家（科技工作者），科学课，科学教育场所资源征集，对接，调度机制，高效有序安排地方及学校选择使用。
2023 年 4 月	教育部办公厅、中国消费者协会秘书处	《关于开展校外培训"平安消费"专项行动的通知》	• 规范校外培训行为，防范学科类隐形变异培训。各地教育行政部门建立并有效用好网格化综合治理机制，将隐形变异培训查纳入网格员日常排查重点内容；要严格落实校外培训机构不得占用国家法定节假日、休息日组织学科类培训的规定。
2023 年 2 月	中共中央、国务院	《数字中国建设整体布局规划》	• 构建普惠便捷的数字社会。促进数字公共服务普惠化，大力实施国家教育数字化战略行动，完善国家智慧教育平台，发展数字健康，规范互联网诊疗和互联网医院发展。
2022 年 12 月	教育部办公厅	《关于做好 2023 年寒假期间校外培训治理有关工作的通知》	• 各省级教育行政部门要联合工业和信息化、网信等相关部门，运用智能巡查手段，对线上学科类机构和重点网站平台开展全天候深度巡查，严防严查面向学龄前儿童开展线上培训，违规开展线上学科类培训等行为。
2022 年 12 月	中共中央办公厅、国务院办公厅	《关于深化现代职业教育体系建设改革的意见》	• 提升职业学校关键办学能力。优先在现代制造业、现代服务业、现代农业等专业领域，组织知名专家、业界精英和优秀教师，打造一批核心课程、优质教材、优质教育资源，建设职业教育专业教学资源库。做大做强国家职业教育智慧教育平台，推动教育教学与评价方式变革。面向新业态、新职业、新岗位，精品在线开放课程，新技术、新工艺、新标准引入教学。 • 实训基地等重点项目，扩大优质教育资源共享，服务全民终身学习和技能社会建设。
2022 年 12 月	中共中央、国务院	《扩大内需战略规划纲要（2022—2035 年）》	• 提升教育服务质量。健全国民教育体系。促进教育公平。完善普惠性学前教育和特殊教育、专门教育保障机制。 • 培育"互联网＋教育"新模式。做优做强优质线上教育服务。推动各类数字教育资源共建共享。

续表

发布时间	发布机构	文件名称	主要内容
2022年12月	教育部	《直播类在线教学平台安全保障要求》	• 直播教学平台应支持对违规账号行权限限制；应支持直播教学活动管理者创建黑名单，并将特定用户拉入黑名单；直播教学平台应支持与用户提供统一身份认证平台对接，实现用户身份的动态同步。 • 直播教学平台在采集个人信息时，应确保个人信息主体的同意，不得以默认授权、功能捆绑等方式误导授权适用户提供个人信息。直播教学平台在收集年满14周岁未成年人的个人信息，应征得用户本人或其监护人同意。直播教学平台收集不满14周岁儿童个人信息前，应当征得其监护人同意。
2022年12月	教育部	《关于发布智慧教育平台系列两项教育行业标准的通知》	• 智慧教育平台是教育公共服务的综合集成平台，整合各级各类教育平台入口，包含基础教育、职业教育、高等教育、终身教育服务大厅四大基础板块，提供学生学习、教师教学、学校治理、赋能社会、教育创新等功能，全面覆盖体育、美育、劳动教育，为师生、为家长和社会学习者提供"一站式"服务。 • 智慧教育平台及其接入的平台可提供在线教学拓展功能，包括教学、学习、考试、分析与评价、教学资源库、交流和管理，并提供智慧教育的安全和技术保障。
2022年11月	教育部等十三部门	《关于规范面向中小学生的非学科类校外培训的意见》	• 明确底线要求。各地非学科类培训机构标准必须达到以下基本要求。在培训场所条件方面，必须符合国家关于消防、住建、环保、卫生、食品经营等法律法规及政策要求。在师资条件方面，所聘从事培训工作的人员必须具备体育、文化艺术、科技等相应类别的职业（专业）能力（具体由省级以上主管部门明确）或具有相应国家职业资格证、聘用外籍人员须符合国家有关规定。在运营条件方面，不得聘用中小学在职教师（含民办中小学在职教师），线上机构应符合网络安全有关标准。 • 规范培训内容及时间。非学科类培训内容应与培训对象的年龄、身体素质、认知水平相适应，符合身心特点和教育规律，满足学生多层次、多样化学习需求。多样开设学科类培训相关内容。全面落实《中小学生校外培训材料管理办法（试行）》，加强对培训材料的全流程管理，强化对培训材料的审核、备案管理和抽查巡查，确保培训正确方向。培训时间不得和当地中小学校教学时间相冲突，线下培训结束时间不得晚于20:30，线上培训结束时间不得晚于21:00。
2022年11月	教育部办公厅等十二部门	《关于进一步加强学科类隐形变异培训防范治理工作的意见》	• 各地义务教育阶段学校要严格落实"双减"工作要求，增强作业针对性、有效性。加强校内课后服务资源建设，推进国家中小学智慧教育平台常态化应用，统筹校内外资源，更好满足学生多样化需求。通过家长会、家访、告知书，开展致家长的信等多种形式的公益性校外实践活动，引导和鼓励学生及家长不参与、不组织、不支持违规培训，确保身心健康。引导学生合理利用课余时间。线下培训不得开展线上培训，线上培训不得违规开展线下培训。 • 严查面向学龄前儿童违规开展线上培训、线下培训机构违规开展线上学科类培训的。境外网络平台针对境内中小学生开展线上学科类培训等行为。

续表

发布时间	发布机构	文件名称	主要内容
2022年10月	工业和信息化部等五部门	《虚拟现实与行业应用融合发展行动计划（2022—2026年）》	• 虚拟现实＋教育培训：在中小学校、高等教育、职业学校建设一批虚拟现实课堂、教研室、实验室与虚拟仿真实训基地，面向实验性与联想性教学内容，开发一批基于教学大纲的虚拟现实数字课程，强化学员与各类虚拟物品、复杂现象与抽象概念的互动实操，推动教学模式向自主体验升级，打造支持自主探究、协作学习的沉浸式新课堂。服务国家重大战略，推进"虚拟仿真实验教学2.0"，支持建设一批虚拟仿真实验实训重点项目，加快培养紧缺人才。
2022年8月	教育部	《关于开展2022年职业教育国家在线精品课程遴选工作的通知》	• 推进教育数字化战略行动，主动适应数字教育新形势，需求牵引、应用为王，推动职业教育优质数字资源开发建设、交互应用与开放共享，创新线上线下混合式教学，育人方式、教学方法和考核评价的数字化重塑，构建更加开放、更具活力的职业教育生态，提高职业教育人才培养质量。 • 坚持扶优扶强突出特，总结近年来大规模在线教学成果，聚焦优质公共基础课程，量大面广专业（技能）课程、新兴产业领域和紧缺领域专业（技能）课程建设，避免低水平重复建设。发挥国家职业教育智慧教育平台作用，将信息技术融入教学活动中，提高人才培养的针对性。 • 坚持分级分步推进，分步实施、有效激励、构建校级、省级、国家级职业教育在线精品课程培育、遴选，共享和持续更新机制。
2022年2月	教育部等五部门	《关于加强普通高等学校在线开放课程教学管理的若干意见》	• 高校在线开放课程主讲教师及教学团队应按照教学大纲要求，实施完整的教学活动，并及时更新课程内容，做好在线服务，确保在线开放课程上线课程质量。 • 严格执行在线开放课程上线基本规范，建立课程上线基本规范，还不到基本规范要求的课程不得上线。 • 严格高校审查并正式推荐的课程才得受理，确保课程意识形态安全、信息内容安全、网络安全、数据安全、运行服务安全，有效防范有害信息传播，在线服务不中断，数据隐私和师生个人信息泄露。 • 国务院教育行政部门委托第三方机构建设高校在线开放课程教学管理与服务平台，对在线开放课程教学过程实施大数据监测。
2021年7月	中共中央办公厅、国务院办公厅	《关于进一步减轻义务教育阶段学生作业负担和校外培训负担的意见》	• 做强做优免费线上学习服务。教育部门要征集、开发丰富优质的线上教育教学资源，利用国家和各地教育教学资源平台以及优质学校网络平台，免费向学生提供高质量专题教育和覆盖各年级各学科的学习资源，推动教育资源均衡发展，促进教育公平。各地要积极创造条件，组织优秀教师开展免费线上互动交流答疑。各地各校要加大宣传推广使用力度，引导学生用好免费线上优质教育资源。

续表

发布时间	发布机构	文件名称	主要内容
2021年7月	中共中央办公厅、国务院办公厅	《关于进一步减轻义务教育阶段学生作业负担和校外培训负担的意见》	• 坚持从严审批机构。各地不再审批新的面向义务教育阶段学生的学科类校外培训机构，现有学科类校外培训机构统一登记为非营利性机构。对原备案的线上学科类培训机构，改为审批制。各省（自治区、直辖市）要对已备案的线上学科类培训机构全面排查，并按标准重新办理审批手续。未通过审批的，取消原有备案登记和互联网信息服务业务经营许可证（ICP）。对非学科类培训机构，各地要区分体育、文化艺术、科技等类别，明确相应主管部门，分类制定标准，严格审批。依法依规严肃查处不具备相应资质条件、未经审批多处开展培训的校外培训机构，不得通过发行股份或支付现金等方式购买股权学科类培训机构资产；上市公司不得通过股票市场融资投资学科类培训机构，外资不得通过兼并收购、受托经营、加盟连锁，利用可变利益实体等方式控股或参股学科类培训机构。已违规的，要进行清理整改。 • 规范培训服务行为。建立培训内容备案与监督制度，制定出台校外培训机构培训材料管理办法。严禁超标超前培训，严禁非学科类培训机构从事学科类培训。严格按备案自办学科类培训课程。依法依规坚决查处违规培训，培训质量良莠不齐、内容低俗违法、盗版侵权等突出问题。校外培训机构不得占用国家法定节假日、休息日及寒暑假期组织学科类培训。 • 积极探索利用人工智能技术合理控制学生连续上培训时间。线上培训机构不得提供和传播"拍照搜题"等惰化学生思维能力、影响学生独立思考、违背教育教学规律的不良学习方法。不得开展面向学龄前儿童的线上培训，严禁以学前班、幼小衔接班、思维训练班等名义面向学龄前儿童开展线下学科类（含外语）培训。
2021年1月	教育部等五部门	《关于大力加强中小学线上教育教学资源建设与应用的意见》	• 到2025年，基本形成定位清晰、互联互通、共建共享的线上教育平台体系，覆盖各类专题教育和各教材版本的学科课程资源体系，涵盖建设运维、资源开发、教学应用、师生信息素养和应用能力提升，利用线上教育资源促进教育公平发展和质量提升作用得到有效发挥。课程资源共享机制基本完善，信息化推动教育公平发展和质量提升的条件满足教育教学需要。
2020年7月	国家发展改革委等十三部门	《关于支持新业态新模式健康发展 激活消费市场带动扩大就业的意见》	• 大力发展融合化在线教育。构建线上线下教育常态化融合发展机制，形成良性互动格局。允许购买并适当使用符合条件的社会化、市场化优秀在线课程资源，探索纳入部分教育阶段的日常教学。深化"三个课堂"应用。加大投入和教师培训力度，试点开展基于5G网络环境下的智能教学，深化普及"三个课堂"应用等，完善在线教育知识产权保护、市场监管、市场准入等制度规范，形成高质量线上教育资源供给。
2020年3月	教育部	《关于加强"三个课堂"应用的指导意见》	• 到2022年，全面实现"三个课堂"在广大中小学校的常态化按需应用，建立健全利用信息化手段扩大优质教育资源覆盖面的有效机制，开齐开不足开不好课的问题得到根本改变，课堂教学质量显著提升，教师教学能力持续优化，学校办学水平普遍提升，区域、城乡、校际差有效弥补，推动实现教育优质均衡发展。

续表

发布时间	发布机构	文件名称	主要内容
2019 年 9 月	教育部基础教育司	《关于应用"全国校外线上培训管理服务平台"开展学科类校外线上培训机构备案工作的公告》	• 设白、灰、黑名单，要求学科类校外线上培训机构通过全国校外线上培训管理服务平台备案。
2019 年 9 月	教育部等十一部门	《关于促进在线教育健康发展的指导意见》	• 《意见》进一步明晰了教师资质要求，同时提高了对教师资质的监管。在线教育经营规范方面，《意见》明确要求，在培训平台的显著位置公示收费项目、标准及退费办法，预付资金只能用于教育培训业务，不得用于其他投资。
2019 年 8 月	教育部等八部门	《关于引导规范教育移动互联网应用有序发展的意见》	• 以未成年人用户为主的应限制使用时长，明确适龄提示；具备留言功能应建立信息审核制度；对内容进行严格把关；严格落实《中华人民共和国网络安全法》，推动建立安全审核和认证。
2019 年 8 月	教育部等三部门	《关于做好外商投资经营性非学历语言类培训机构审批登记有关工作的通知》	• 明确外资语言类培训机构开展培训的需依规申请办学许可，要求开展线上培训的，需按照线上培训的有关规定执行；业务能力和信用记录，具有符合合语言教学特点的相关国际语言教学资质认证，并取得相应外国人工作许可证。要求聘用的外籍教学人员应具有良好的职业道德，学生自主选择的格局。
2019 年 7 月	教育部等六部门	《关于规范校外线上培训的实施意见》	• 培训内容不得超标超纲；培训时长每节课不得超过 40 分钟，直播类培训结束不得晚于 21：00；不得聘用中小学在职教师；每科不得一次性收取超过 60 课时或超过 3 个月的费用。2019 年 12 月底前完成对全国校外线上培训及机构的备案审查；2020 年 12 月底前基本建立全国统一、部门协同，上下联动的监管体系，基本形成政府科学监管、培训序开展，学生自主选择的格局。
2018 年 12 月	教育部办公厅	《关于严禁有害 App 进入中小学校园的通知》	• 严格审查进入校园的学习类 App。各地要建立学习类 App 进校园备案审查制度，按照"凡进必审""谁使用谁负责""谁主管谁负责"的原则建立"双审查"责任制，学校首先要把好选用关，严格审查 App 的内容及链接、应用功能等，并报上级教育主管部门审查同意。
2018 年 11 月	教育部等三部门	《关于健全校外培训机构专项治理改整改若干工作机制的通知》	• 强化在线培训监管。省级教育行政部门要做好面向中小学生的利用互联网技术在线实施培训教育活动机构的备案工作，切实把好入口关，按照线下培训管理政策，同步规范线上教育培训行为。线上培训机构所办学科类培训班的名称、培训内容、招生对象、进度安排，上课时间等须在机构所住所地省级教育行政部门备案，必须将相关的姓名、照片、教师班次及教师资格证号在其网站显著位置予以公示。
2018 年 8 月	教育部等八部门	《综合防控儿童青少年近视实施方案》	• 严禁学生将个人手机、平板电脑等电子产品带入课堂，带入学校的要进行统一保管。学校教育本着按需的原则合理使用电子产品，教学和布置作业不依赖电子产品，使用电子产品开展教学时长原则上不超过教学总时长的30%，原则上采用纸质作业。

续表

发布时间	发布机构	文件名称	主要内容
2018 年 4 月	教育部	《教育信息化 2.0 行动计划》	• 遴选万堂示范课例。设定专门制作标准和评价指标，遴选万堂优秀课堂教学案例，包括 1 万堂基础教育示范课（含普通中小学校示范课、少数民族语言教材示范课、特殊教育示范课、学前教育示范课）、1000 堂职业教育线上高等教育示范课品课，充分发挥示范课例的辐射效能。 • 加快面向下一代网络的高校智能学习体系建设。适应 5G 网络技术发展，服务全时域、全空域、全受众的智能学习新要求，以增强知识传授、能力培养和素质提升的效率和效果为重点，以国家精品在线开放课程、示范性虚拟仿真实验教学项目等建设为载体，加强大容量智能教学资源建设。加快建设在线智能学习教室、智能实验室、虚拟工厂（医院）等智能学习空间，积极探索基于区块链、大数据等新技术和智能技术的智能学习效果记录、转移、交换、认证等有效方式，形成泛在化、智能化、智能化学习，积极探索学习空间，推进信息技术和智能技术深度融入教育教学全过程，打造教育发展国际竞争新增长极。
2017 年 1 月	国务院	《国家教育事业发展"十三五"规划》	• 加快完善制度环境。制定在线教育和数字教育资源质量标准，推动建立数字教育资源的准入和监管机制，完善数字教育资源知识产权保护机制，鼓励企业和其他社会力量开发数字教育资源，形成公平有序的市场环境，培育社会化的数字教育资源服务市场。探索建立"互联网 + 教育"管理规范，发展互联网教育服务新业态。 • 发展现代远程教育和在线教育，实施"互联网 + 教育培训"行动，支持"互联网 + 教育"教学新模式，发展"互联网 + 教育"服务新业态。
2016 年 6 月	教育部	《教育信息化"十三五"规划》	• 推动形成基于信息技术的新型教育教学模式与教育服务供给方式，形成与教育现代化发展目标相适应的教育信息化体系。 • 形成一批有针对性的信息化教学、管理创新模式。发展在线教育与远程教育，推动各类优质教育资源开放共享，向全社会提供服务。 • 不断扩大优质教育资源覆盖面。创新推进"名校网络课堂"建设，使名校优质教育资源在更广范围内得到共享，积极支持、推进高等学校继续教育数字化资源开放和在线教育资源联盟，大学与企业继续教育联盟建设，发挥重要作用。育资源受益面，在提升高等教育、继续教育质量中发挥重要作用。 • 加快探索数字教育资源服务供给模式，有效提升数字教育资源服务水平与能力。

续表

发布时间	发布机构	文件名称	主要内容
2016年6月	国家新闻出版广电总局	《新闻出版业数字出版"十三五"时期发展规划》	• 以内容为纽带，通过数字化方式，出版与教育等领域的跨界领域融合不断深入。 • 在教育出版领域，大力发展在线学习与培训业务平台，实现由教育出版商向教育服务商转型。 • 实施数字出版产业化应用服务示范工程。在教育出版领域，支持出版单位开发数字教育内容资源产品、课程体系和服务平台，推出一批服务于教育领域的整体解决方案；研发数字教材教辅资源系列标准规范；结合教育信息化发展规划要求，分类遴选一批出版机构，探索数字出版在基础教育、高等教育、职业教育和在线培训等领域的服务模式，提升教育出版内容资源运营能力和水平。

训""职业教育""教学"等，说明数字化和数字教育已成为在线教育领域的核心议题，职业教育引发关注。同时，"高质量发展""强国""人工智能""智慧教育"等关键词表明人工智能在中国在线教育产业中的重要性正在受到更多关注（见图10-2）。

图 10-2　2023 年中国在线教育领域主流媒体报道关键词

2023 年，主流媒体关于在线教育的报道主要呈现积极态度，正向报道占比达到 69%，中性报道占比为 22%，负向报道仅占 9%（见图 10-3）。其中，正向报道主要肯定了在线教育在推动教育强国建设、教育资源均衡化等方面的贡献；中性报道关注了教育行业的发展规范、著作权保护以及数字技术的应用；负向报道指出了网络培训及在线自习室存在的乱象。相关报道的核心内容及倾向性判断详见表 10-2。

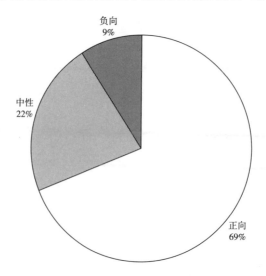

图 10-3　2023 年中国在线教育领域主流媒体报道倾向分布

表 10-2　在线教育相关报道梳理及倾向性判断

发布时间	主流媒体	报道标题	报道的核心内容	ChatGPT 判断	人工修正
2023 年 9 月 22 日	新华网	《网上丝绸之路建设加速国际中文教育在阿拉伯国家"升温"》	国际中文教育成为热频词。以阿拉伯国家为例，随着中阿交往不断深入，"中文热"在多个阿拉伯国家和地区持续升温。	正向	正向
2023 年 9 月 15 日	新华网	《习近平：扎实推动教育强国建设》	中央政治局进行第五次集体学习，目的是贯彻落实的二十大部署，总结我国建设教育强国的进展和成就，分析面临的形势和需要解决的问题，探究我国建设什么样的教育强国、怎样建设教育强国这一重大课题，扎实推动教育强国建设。	正向	正向
2023 年 9 月 11 日	新华网	《坚持把高质量发展作为各级各类教育的生命线》	习近平总书记在二十届中央政治局第五次集体学习时强调，"要坚持把高质量发展作为各级各类教育的生命线，加快建设高质量教育体系"。这一重要论述为新时代教育事业改革发展指明了战略方向，明确了发展路径。	正向	正向
2023 年 9 月 8 日	新华网	《新华全媒+｜记者手记：在数博会摸"云上课堂"》	记者漫步教博会区发现，展览中教育数字化特点突出，体现人工智能、大数据等前沿技术与教育深度融合的新产品、新应用层出不穷。	正向	正向
2023 年 9 月 7 日	新华网	《数字教育成为中国—东盟合作热点》	2023 中国—东盟教育交流周日前在贵州省贵安新区举行，数字教育成为焦点之一。	正向	正向
2023 年 8 月 8 日	新华网	《从"人工智能+教育"到"教育+人工智能"小猿学练机助力数字教育高质量发展》	"教育数字化与智能硬件伴创新生态"研讨会近日在北京召开，猿力科技集团旗下智能硬件学习平板品牌小猿学练机负责人参会，分享了有关智能硬件助力教育数字化的思考。	正向	正向
2023 年 7 月 10 日	新华网	《助力数字教育体系发展 四川移动与四川省教育厅续签战略合作协议》	四川移动与四川省教育厅将在教育信息化基础设施、数字校园建设应用、提升教育信息化能力等方面开展全面战略合作。	正向	正向
2023 年 6 月 21 日	新华网	《泰国：不平等的数字教育》	对多贫困线下的泰国孩子而言，大势所趋的"数字生活"似乎与他们的童年无关，让他们经历了了漫长的教育失落。	中性	负向
2023 年 6 月 16 日	新华网	《陕联集团与万朋教育签达成战略合作助力数字教育发展》	本次会议以主题为数字经济助力数字教育发展，双方代表、技术人员畅所欲言，深入交流。	正向	正向
2023 年 5 月 23 日	新华网	《数字教育背景下"人师+机师"课堂探索在京举办》	数字教育背景下"人师+机师"课堂新探索专题研讨会，将于 5 月 25 日在北京举办。	正向	正向
2023 年 5 月 18 日	新华网	《第五届河南省教育装备博览会举办 数字教育新品和新应用方案受热捧》	在郑州举办的第五届河南省教育装备博览会上，众多数字化新品、智慧教育装备精彩亮相，让前来参观的各大院校负责人目不暇接。	正向	中性
2023 年 4 月 28 日	新华网	《授渔计划数字教育｜他们，身在南京，心系南江》	"工银投资·授渔计划"首批项目正式落地四川省巴中市南江县，为该县的乡村学校援建了 10 间"三个课堂"数字教室。	正向	正向

续表

发布时间	主流媒体	报道标题	报道的核心内容	ChatGPT 判断	人工修正
2023 年 4 月 25 日	新华网	《数字教育领域著作权保护亟待加强规范》	北京互联网法院认定授课课程录制者未经授课教师授权，在线传播录制的授课视频，侵害了授课教师对其口述作品所享有的信息网络传播权。	正向	中性
2023 年 4 月 21 日	新华网	《陕西推进数字教育发展》	在西安交通大学创新港校区举行的陕西数字教育大会，以"数字化赋能教育高质量发展"为主题，落实国家教育数字化战略行动，营造数字化立德树人环境，全面推进陕西数字教育发展。	正向	正向
2023 年 4 月 18 日	新华网	《数字峰会将首次举办"数字教育发展与治理"分论坛》	"数字教育发展与治理"分论坛首次亮相第六届数字中国建设峰会，分论坛从新时代教育数字化内涵与治理等方面探讨数字教育的新未来。	正向	中性
2023 年 9 月 21 日	人民网	《打造高等教育数字化新生态》	在教育数字化转型的关键时期，为了落实教育数字化的目标，建设新的教育生态系统—数字化生态系统。	正向	正向
2023 年 9 月 19 日	人民网	《中国联通升级上海"教育智脑"数字基座》	该项目是全国首个省级教育大数据——"教育智脑"，自 2021 年启动以来，已惠及上海市 1500 所中小学，超 180 万师生。	正向	正向
2023 年 9 月 7 日	人民网	《"廉珠未检"法治云课堂以案说法引爆开学第一课》	通过"法治云课堂"为全县中小学 12 万多名师生送上了精彩的开学第一课，收获点赞 2.1 万个。	正向	正向
2023 年 8 月 28 日	人民网	《以教育数字化转型助推教育强国建设》	面对新一轮科技革命浪潮，教育要主动变革，积极作为，用数字化转型助推教育强国建设，努力办好人民满意的教育。	正向	正向
2023 年 8 月 21 日	人民网	《职业教育积极"拥抱"数字化》	本版推出"数字化点亮职教未来"系列报道，展示我国职业教育数字化转型趋势和发展成效。	正向	正向
2023 年 8 月 15 日	人民网	《加强教育领域数字技术监管》	数字技术的不当使用会影响学生个人发展，过度使用智能手机等数字设备可能导致学生成绩下滑。	中性	正向
2023 年 8 月 4 日	人民网	《推动高等教育数字化，塑造教育发展新优势》	数据作为关键生产要素，正成为驱动经济社会发展，教育体制改革和人才培养模式升级的重要力量。	正向	正向
2023 年 7 月 30 日	人民网	《数字赋能 教育添彩》	日前，由教育部举办的 2023 年全国教育数字化现场推进会议在湖北武汉召开，多家学校展示的数字赋能场景，令人耳目一新。	正向	正向
2023 年 7 月 24 日	人民网	《以数字化助力教育强国建设》	数字技术与教育融合发展，数字教育应用场景不断丰富，数字化日益成为推动教育高质量发展的新引擎。	正向	正向

续表

发布时间	主流媒体	报道标题	报道的核心内容	ChatGPT判断	人工修正
2023年6月12日	人民网	《拉萨推动数字教育资源规模化》	由拉萨市教育局主办、人教数字出版有限公司承办的"拉萨市义务教育阶段国家课程数字教材规模化应用培训会"在拉萨顺店举行,共160人参加培训。	正向	正向
2023年6月11日	人民网	《"一朵云"上的新课堂》	济南市通过"互联网+教育"新模式,促进以数字化为支撑的教育高质量发展,推动优质资源均衡共享。	正向	正向
2023年4月28日	人民网	《数字变革 教育何为》	当今世界,数字技术作为世界科技革命和产业变革的先导力量,日益融入经济社会发展的各领域全过程。	正向	中性
2023年4月27日	人民网	《推进教育数字化》	如何因应信息技术的发展,推动教育变革和创新,培养大批创新人才,建设"人人皆学、处处能学、时时可学"的学习型社会,是人类共同面临的重大课题。	正向	正向
2023年4月23日	人民网	《教育装备里的数字化力量》	第81届中国教育装备展示会汇聚海内外1400多家企业带来的前沿技术、优质产品,众多高新技术产品让参观者切身感受到教育数字化力量。	正向	正向
2023年3月30日	人民网	《海口市美兰区职业导师"云课堂"吸引近千人观学》	海口市美兰区邀请职业导师通过"云课堂"的形式,讲授职业政策、自我职业价值观、职业生涯规划等内容,面向高校毕业生提供专业的职业指导服务。	正向	正向
2023年9月19日	光明网	《教育数字化赋能高校体育俱乐部教学模式改革探究》	高校体育俱乐部可以借助网络等平台提供在线课程、教材、教学视频和练习题等学习资源,使学生能够随时随地获取所需材料。	正向	正向
2023年9月17日	光明网	《新时代"课程-技术-教学知识综合模型"的构建探析》	构建"课程知识-技术知识-教学知识综合模型",目的在于促进教师在教学实践中更好地运用技术,提高教学效果和学生的学习成果。	正向	中性
2023年9月12日	光明网	《以教育数字化引领 服务全民终身学习》	近年来,学校主动融入国家教育数字化战略行动,将教育信息化作为立身之本和核心竞争力。	正向	正向
2023年9月11日	光明网	《在线油画公社:在大众美中将高端与普惠相融的有效探索》	在线油画公社推出的系列课程采用线上线下融合模式,提供在线微信群组班学习辅导,引领社会大众走进油画的多彩世界。	正向	正向
2023年9月5日	光明网	《探索互联网时代高校德育线上线下混合教学策略》	混合教学策略不仅能够提高学生的学习效果和兴趣,同时也为教师提供了更多的教学工具和资源,促进了德语教学的创新和发展。	正向	正向
2023年8月29日	光明网	《破除"矮化、窄化"标签 助职校新生成才出彩》	树立积极正确的成才观、学习观与职业观,尽快了解适应校园生活和职业教育学习特点。	中性	中性
2023年8月10日	光明网	《移动的语言文字数字博物馆带来什么》	无论是中国语言文字数字博物馆,还是中国语言文字数字博物馆"语博"App,都更多担负起了在线教育的作用。	正向	中性

续表

发布时间	主流媒体	报道标题	报道的核心内容	ChatGPT 判断	人工修正
2023 年 8 月 8 日	光明网	《警急提醒：多地出现！》	所谓"退费"实为诱导用户下载不正规 App，实际目的是实施电信诈骗。	负向	负向
2023 年 7 月 27 日	光明网	《产教融合怎样做到"两头甜"》	明确 2025 年国家产教融合实施试点城市达到 50 个左右，在全国建设省 1 万家以上产教融合型企业等一系列目标。	正向	正向
2023 年 7 月 15 日	光明网	《记前来学习，现在来交友？线上自习室 App 乱象调查》	原本用于学习的一些线上自习室 App，如今成了未成年人交友聊天的工具，甚至其中的直播间里充斥黄色信息以至于骂战信息。	负向	负向
2023 年 7 月 5 日	光明网	《成人网络培训乱象亟待治理》	不少针对成人的在线培训机构利用互联网平台招生。但是不见面，可匿名等网络特点，为在线培训机构实施违规违法行为提供了可乘之机。	中性	负向
2023 年 7 月 4 日	光明网	《如何优化职业教育数字化资源》	在资源种类、层次，使用三方面提出我国职业教育数字化资源的优化建议，以满足多元主体、终身教育发展出谋划策。	正向	中性
2023 年 7 月 3 日	光明网	《课程质量低劣，虚假宣传……在线培训行业如何规范？》	记者采访了部分读者、专家、业内人士等，为进一步规范在线培训行业，促进其健康发展出谋划策。	中性	中性
2023 年 6 月 1 日	光明网	《"AI+ 教育"利好政策频出台 行业发展迎重大机遇》	探索利用人工智能、虚拟现实等技术手段改进和强化教学实验教学，并注重利用先进教育资源及薄弱学校及特殊儿童群体拥有优质教学资源不足的状况。	正向	正向
2023 年 5 月 24 日	光明网	《国家智慧教育公共服务平台访客量已超 11 亿人次 智慧课堂让学习更有趣》	智慧教育蓬勃发展，正为学习者和教育者带来切切实实的获得感。	正向	正向

第三节　市场运行现状

一　市场规模增长几近停滞，用户规模恢复中

2021 年 7 月，"双减"政策要求对 K12 领域的校外培训机构进行严格监管，限制其营利性经营和广告宣传等活动，这对 K12 在线教育市场造成了较大的冲击，校外培训业务迅速收缩。受此影响，2021 年和 2022 年中国在线教育市场规模增长明显放缓，2022 年，中国在线教育市场规模为 2620 亿元，同比增长仅 0.38%（见图 10-4）。随着市场对政策逐渐消化、吸收，企业转型取得初步成效，在线教育市场将逐渐恢复平稳增长，但增速不及 2020 年及以前，根据本研究测算，2024 年中国在线教育市场规模将逼近 3000 亿元大关，2022~2024 年 CAGR 为 6%。

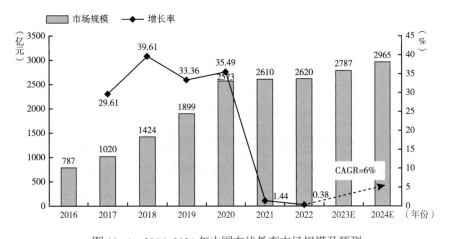

图 10-4　2016~2024 年中国在线教育市场规模及预测

数据来源：中国新闻出版研究院发布的《中国数字出版产业年度报告》，2023~2024 年数据由本研究测算。

中国在线教育用户规模相比于数字内容产业其他细分领域较小。2019 年底至 2020 年初，受新冠疫情影响，在线教育用户规模暴增至 4.23 亿人，随后迅速回落，2022 年恢复正向增长（增长率为 16%）达到 3.77 亿人，预计 2023 年和 2024 年将继续正向增长，2022~2024 年 CAGR 为 12.4%（见图 10-5）。

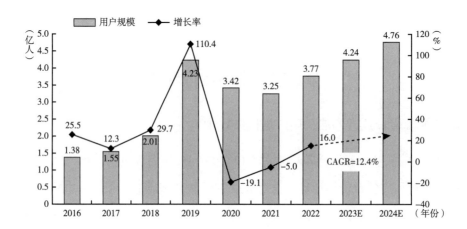

图 10-5　2016~2024 年中国在线教育用户规模及预测

数据来源：CNNIC 发布的第 38~52 次《中国互联网络发展状况统计报告》，2023~2024 年数据由本研究测算。

二　"双减"后在线教育企业寻求多样化转型之路

"双减"政策出台之后，以新东方、猿辅导、作业帮、VIPKID 等为代表的 K12 在线教育机构纷纷开启转型之路。在经过多方探索后，大致形成三类转型方向：一是以新东方为代表的跨界到直播电商业务；二是调整赛道，发力素质教育和职业教育；三是拓展业务范围，推出智能硬件教育产品。

在跨界直播电商方面，东方甄选是新东方在线 2021 年底推出的直播带货平台，凭借优秀的选品能力和多年的品牌背书，仅用一年的时间，东方甄选的账号从 1 个增加到 6 个，粉丝总量突破 3600 万，已推出 52 款自营产品，总销量达 1825 万单，[①] 并上线了自己的 App。在东方甄选 2023 年财报中，直播服务营收已占据总营收的超八成，成为公司主要的营收来源。2023 年 10 月 17 日，东方甄选正式上线付费会员制度，会员费为 199 元 / 年，开启了直播带货付费会员模式的先河。

东方甄选取得成功之后，曾深度依赖 K12 教育业务的猿辅导、好未来、作业帮也纷纷在短视频平台开通官方账号，销售教育产品、图书等。在赛道调整方面，好未来将发展战略调整为"科教、科创、科普"，弱化教育的分量，转型内容研发、传播与智能硬件产品；猿辅导转型素质教育，发布了"猿辅导素养课"，其控股公司粉笔科

[①]　赵方园.东方甄选披露直播带货一周年数据：52 款自营品总计售卖 1825 万单 [EB/OL]. 2022-12-28[2023-09-12]. http://m.yzwb.net/wap/news/2632721.html.

技则主攻成人教培市场；高途则将原主营业务 K12 学科培训调整为学习服务和智能学习内容及产品；VIPKID、51Talk、鲸鱼小班、哒哒英语等在线青少年教育机构在停止售卖境外外教课程后，转而推出符合政策要求的境内外教课、中教素质口语课、双语研学素养课等素质类课程。在业务拓展方面，智能硬件教育产品市场迅速成为企业转型关注的焦点，2023 年 4 月，作业帮推出了智能辅导学习机；5 月，猿辅导也进军智能硬件市场，推出了小猿学练机，开启了新一轮的市场竞争。

三　头部企业付费人数普遍缩减，成人教育付费可期

在线教育领域付费转化率数据较难直接获取，本研究根据 2020~2021 年头部在线教育企业猿辅导（集团）、好未来、作业帮直播课、高途课堂、有道精品课的付费用户数和活跃用户数估算，2021 年在线教育头部企业的平均付费转化率约为 16%，与第三方研究机构测算的 2020 年 K12 教育平均付费转化率20%[1]的结果相比有所下降。"双减"政策发布后，K12 教培企业纷纷转型，开启了新一轮的探索，此前用于估算的数据中断，因此无法沿用。2022 年的付费转化情况参考成人教育、职业教育以及转型素质教育的头部企业的数据。

龙头企业尚德机构专注于学历教育和职业教育，根据该集团财报数据，2020~2022 年在线教育辅导课程收入分别为 21.73 亿元、24.31 亿元、22.03 亿元，付费学生人数分别为 113.1 万人、110.4 万人和 106.7 万人；转型之后的好未来 2022 年平均每季度正价课学员人数为 390 万人，比 2021 财年的 470 万人下降了 17%。但这两家机构都未披露活跃用户数据，因此无法用以测算。猿辅导控股的粉笔科技，作为发力成人教育的一支"新秀"，用户规模迅速壮大。根据粉笔科技招股说明书的数据，其月活跃用户规模已从 2019 年的 290 万增至 2022 年 6 月的 750 万，付费用户规模从 2019 年的 211.5 万增至 2021 年的 375.5 万，2022 年 6 月降至 204.4 万。如果单看 2022 年 6 月的数据，粉笔科技的付费转化率为 27%，高于此前 K12 教育的平均付费转化率，有一定的增长潜力。与前两家表现一致的是，2022 年其付费人数也明显缩减。

---

[1]　大力 TMT. 在线教育策略报告：K12 教育流量转化、行业格局、运营模式分析 [EB/OL]. 2021-04-25[2023-09-12]. https://www.163.com/dy/article/G8EDJL9E0511ONOA.html.

四 龙头企业新旧交替，平均盈利能力较为稳定

本研究通过计算每年营收规模排名前四的在线教育公司总营收占整体市场规模的比例计算在线教育的市场集中度（见表10-3）。在线教育市场进入壁垒低，竞争激烈，头部企业主导能力弱，市场集中度始终稳定在极低的水平，均在10%以下（见图10-6）。"双减"政策发布后，不少龙头企业纷纷转型，市场主导能力进一步削弱。与此同时，新生力量正在成长，2022年在线教育业务营收排名前四的企业中，主营成人教育的粉笔科技取代了主营在线外教的51Talk，营收规模持续增长。此外，K12退潮后，成人教育上场，2022年头部4家企业中，尚德机构、粉笔科技都专注于成人教育，有道专注于学习工具、素质教育，同时在拓展成人教育业务，成人教育市场竞争将进一步加剧。

表10-3 2019~2022年中国在线教育龙头企业营收规模测算汇总

单位：亿元

企业名称	2019年	2020年	2021年	2022年
尚德机构	21.94	22.04	24.33	22.03
高途集团	21.15	71.24	65.62	24.98
豆神教育（立思辰）	17.53	不选取	不选取	不选取
51Talk	14.78	20.54	21.81	不选取
有道	不选取	31.68	53.54	50.13
粉笔科技	不选取	不选取	不选取	14.15
合计	75.40	145.50	165.30	111.29

注：这里的营收数据主要指线上培训或课程收入。标记为"不选取"的表示该企业当年营收数据小于前4家，不用于计算当年的市场集中度数据。

数据来源：相关公司财报或招股说明书、Wind数据库。

从9家在线教育上市企业盈利情况来看，2019~2022年，在线教育企业平均毛利率整体平稳保持在55%左右的水平（见图10-6），平均毛利率较高，盈利能力整体较强。但受到高昂的销售费用的影响，在线教育企业亏损问题仍较严重，如2022年粉笔科技净利润总亏损20.87亿元，有道则亏损了7.27亿元，这点在案例部分详细阐述。

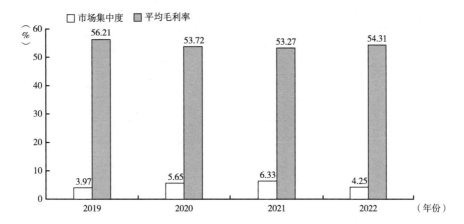

图 10-6　2019~2022 年中国在线教育领域市场集中度及平均毛利率
数据来源：平均毛利率来自对国内 9 家在线教育上市公司财务数据的计算结果。

五　典型案例

（一）有道

1. 热门单品奠定良好用户基础，推进实施教育产品多元化战略

有道成立于 2006 年，提供学习内容、应用程序和解决方案。有道的目标是通过技术和产品影响用户的学习习惯和生活方式，帮助他们实现目标、丰富生活。2007年，有道推出有道词典。有道词典成功为有道吸引了大量用户，建立了强大的品牌，并扩展到广泛的产品和服务，满足了学校、K12、大学生以及成人学习者的学习需求。2014 年，有道战略性地将重点转移到智能学习行业。从那时起，有道成功开发了多种技术驱动的智能设备和学习服务。有道还从网易集团收购了一些在线学习业务，从而补充有道的在线课程产品，使有道能够拥有一个更广泛的学生基础。目前，有道的产品和服务已经涵盖学习硬件与工具、素养启蒙产品、大学与职场课程、有道智慧教育四大类（见表 10-4）。2021 年 3 月，有道成立了有道成人教育部，以促进成人教育板块的课程整合，主要由网易云课堂运营，这个新的业务部门将帮助整合丰富的学术资源，推动成人教育课程的研发。

表 10-4　有道产品及服务

分类	产品名称
学习硬件与工具	网易有道词典
	网易有道翻译
	有道翻译官
	U-Dictionary
	有道少儿词典
	有道词典笔
	有道智能护眼灯
	有道儿童词典笔
	有道听力宝
	有道超级词典
	有道翻译王
	有道云笔记
素养启蒙产品	有道精品课
	有道小图灵
	有道乐读
	有道卡塔
	有道纵横
	有道纵横棋院
	有道国际象棋
	德拉学院
	有道小方
大学与职场课程	网易云课堂
	中国大学 MOOC
有道智慧教育	有道智能学习终端
	有道智云

注：整理自有道官网。

2. 多元业务组合促进收入稳健增长

有道通过收取学费、广告费、订阅会员费、许可费等方式实现盈利。其中，有道收取学费的方式包括有道高级课程、网易云课堂课程和部分中国大学 MOOC 课程。学费按每门课程收取，并在课程销售时预先收取；用户可以免费访问在线知识工具以及某些交互式学习应用程序，也可以选择订阅会员，以获得额外功能、内容和特权。有道的平台为广告商提供包括横幅广告、视频广告、显示广告以及增值营销服务。[①]有道 2018 年至 2022 年的总营收分别为 7.32 亿元、13.05 亿元、31.68 亿元、40.16 亿元、50.13 亿元（见表 10-5），营收呈现逐步增长趋势，但亏损仍然较严重。"烧钱"快跑的模式虽然让有道快速跻身在线教育行业前列，但巨额营业费用令其长期陷入亏损泥潭。

表 10-5　2018~2022 年有道营业收入情况

单位：亿元

营业收入类别	2018 年	2019 年	2020 年	2021 年	2022 年
总营收	7.32	13.05	31.68	40.16	50.13
净利润	-2.09	-6.02	-17.53	-9.96	-7.27

资料来源：Wind 金融客户端。

3. 以人工智能技术创新产品，大力布局智能硬件

有道结合先进的 AI 技术，大力布局教育类智能硬件产品的研发。2021 年，有道正式启动了教育数字化解决方案业务，并推出了第二代有道智慧学习终端——一种自动化纸质作业处理并通过学校的人工智能技术提供学习诊断的设备。2022 年，有道完成了向领先的专注于技术的智能学习公司的转型，并开发了一套产品和服务。有道推出了许多新的智能学习设备，如 2022 年 10 月，有道推出有道智慧学习 Pad X10，这是一款支持人工智能的智能学习设备，可以跟踪和呈现用户的学习表现，并提供个性化建议；有道还分别于 2022 年 8 月和 2022 年 10 月推出了有道词典笔 X5 和有道词典笔 P5，两者都配备了第一个词典笔智能操作系统。

（二）粉笔科技

1. 专注职业教育考试培训，积极拓展线下培训

粉笔科技是中国的非学历职业教育培训服务供应商，提供在线和线下培训服务。粉笔科技开发了全面的职业考试培训产品和服务组合，通过直播和录播形式的在线培训课程并辅以在线自学数据及工具，建立了在线影响力和品牌形象。粉笔科技的在线

[①]　资料来自有道官网。

培训课程覆盖多种考试类别，并为学员提供笔试和面试培训。截至2022年12月31日，粉笔科技的在线平台已有约5020万名注册用户。粉笔科技还通过将在线用户转化为线下生源来扩大线下业务，其线下网络已覆盖中国31个省、自治区和直辖市的220多个城市。截至2022年6月30日，约67.5%的线下课程付费学员是之前购买过在线产品的学员转化而来。[①] 粉笔科技还建立了运营系统，确保在线和线下的协同效益和运营效率。

2. "培训服务+销售教材"形成核心收入来源

粉笔科技的收入主要来自培训服务和销售教材，2019年至2021年收入增长了194%，2022年略有回落，但净利润逐年下降（见表10-6），主要原因是受新冠疫情和考试延期影响，线下培训业务扩张效果不佳。2023年，粉笔科技充分发挥在线课程产品优势，"980"等经典核心课程产品积累了良好的用户口碑，取得亮眼业绩。粉笔科技2023年财报数据显示，截至2023年12月31日，粉笔科技月平均活跃用户数达910万，同比增长15.2%；2023年全年营收增至30.2亿元，净利润1.89亿元，实现了扭亏为盈。

表10-6　2019~2022年粉笔科技营业收入情况

单位：亿元

营业收入类别	2019年	2020年	2021年	2022年
总营收	11.67	21.33	34.36	28.28
净利润	1.54	−4.84	−20.46	−20.87

资料来源：Wind金融客户端。

3.增强技术及数据分析能力，推动教学质量进一步提升

粉笔科技收集了大量关于课程科目、教学表现、学习习惯和偏好以及学习模式和成绩的数据。粉笔科技官网显示，截至2022年6月30日，粉笔科技的题库共有约230万道问题，在线练习次数约19亿次，习题数量超过309亿道。数据驱动的分析是粉笔科技个性化反馈和内容推荐的基础，可以完善课程材料和教学技术、优化工具、改善教师培训、提高用户参与度。粉笔科技利用文本识别、自然语言处理和深度学习技术开发了申论题自动批改系统，可以精确批改申论题并评价学员的知识基础和文

---

① 资料来自粉笔科技官网。

笔。粉笔科技还可以跟踪学员的学习习惯和成果，分析提升空间，并确定不同难度错题的共同点，推荐附加练习。在线模拟考试系统可以在一分钟内生成每位参与者的分数和百分比排名，帮助参与者了解进度和进步情况，并制定有针对性的学习策略。基于图片的搜索引擎利用 OCR 技术，让学员能够在粉笔科技的综合题库中查找印刷文本、手写文本、复杂数学公式和几何图案的答案。

第四节　投资动向与投资价值

一　投资氛围趋于冷静和理性

2022 年，中国在线教育领域投资数量和投资金额持续了 2021 年的下降趋势，尤其是投资金额自 2020 年峰值水平回落至 2015 年以来的最低水平（见图 10-7）。2020年受疫情刺激，在线教育被按下"快进键"，资本市场同样反应强烈，2020 年投资金额暴增，其中亿元级别的投资事件就有 17 起。行业中的独角兽企业如作业帮、猿辅导都获得了不止一次大额投资。而随着社会生产生活秩序的恢复，线上消费需求缩减，加上"双减"政策的影响，在线教育领域投资氛围趋于冷静和理性，长期价值和风险管理成为投资者不得不考虑的因素。

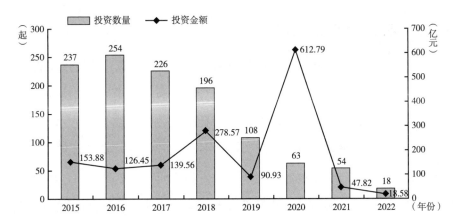

图 10-7　2015~2022 年中国在线教育领域投资数量与投资金额

数据来源：IT 桔子。

二 新增企业数量大幅缩减

根据创投数据网站 IT 桔子的数据，2022 年，中国在线教育领域无新增企业。2015 年以来，在线教育领域新增企业数量持续下滑，2020 年后迅速缩减，2021 年仅 5 家，在严峻的融资环境及政策严格监管下，在线教育创业活跃度下降明显，行业发展处于转型阵痛期。

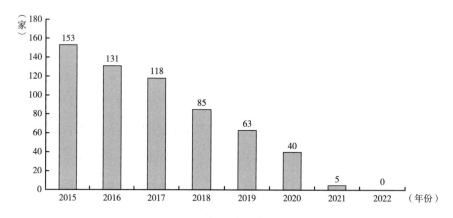

图 10-8　2015~2022 年中国在线教育领域新增企业数量

数据来源：IT 桔子。

三 科技赋能教育引领投资热点方向

从 2021 年 1 月至 2023 年 6 月在线教育领域投资热点来看，科技赋能的教育业务成为投资者最关注的方向，受资企业业务中包含关键词"科技"或"技术"的投资事件有 52 起，数量最多，包含关键词"智能"和"研发"的投资事件分别有 36 起和 26 起。其次是受资企业业务中包含"产品"或"平台"、"服务"或"解决方案"关键词的投资事件，分别有 51 起和 49 起，说明资本更关注拥有成熟产品和方案的企业，更看重企业的长期价值和商业能力，以降低投资风险。此外，受资企业业务中包含关键词"专注"或"领域"的投资事件数量排名靠前，专注于技术服务、深耕垂直领域或专注于为某类人群服务的在线教育企业也受到资本的关注。

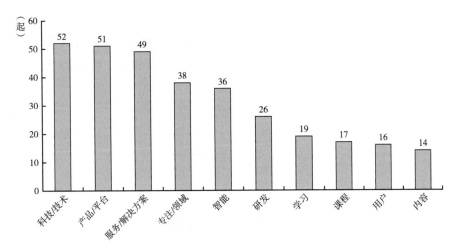

图 10-9　2021 年 1 月至 2023 年 6 月中国在线教育领域投资事件高频词及对应的投资数量

数据来源：IT 桔子。

四　在线教育投资价值评估：很高（★★★★★）

根据第一章第三节所述的投资价值评估方法，在线教育领域的投资价值评估结果为★★★★★，具备很好的投资价值或投资机会，有利于投资者进入。评估结果如表10-7 所示。

表 10-7　在线教育投资价值综合评估结果

序号	一级指标	一级指标得分	二级指标	二级指标原始数据	原始数据标准化	二级指标得分
1	基础规模	3.0	市场规模	2620.00 亿元	0.881	★★★★★
			用户规模	3.77 亿人	0.058	★
2	发展速度	3.0	市场规模增长率	0.38%	0.140	★
			用户规模增长率	16.00%	1.000	★★★★★
3	转化程度	2.0	付费转化率	18.25%	0.293	★★
			毛利率	54.31%	0.845	★★★★★
4	竞争程度	1.0	市场集中度	4.25%	4.25%	★
5	活跃程度	1.0	新增企业数量增长率	−100.00%	0.000	★
			投资数量增长率	−66.67%	0.014	★
			投资金额增长率	−61.15%	0.076	★

续表

序号	一级指标	一级指标得分	二级指标	二级指标原始数据	原始数据标准化	二级指标得分
6	相关政策导向	3.0	相关政策支持程度	推进数字化和智慧教育，强化培训管理，中性		★★★
7	主流媒体报道倾向	5.0	主流媒体报道情感倾向	正向占比减负向占比的值为60个百分点，强正向		★★★★★
综合结果（S_{end}）						★★★★★

第五节　发展趋势

一　教育智能硬件市场将迎来爆发期

当前教育智能硬件市场上已有智能灯、智能手表、点读笔、学生平板、智能手写笔、教育电子纸等多种产品，市场较为成熟，并形成了完整的产业链。上游企业包括技术、基础硬件、网络、内容等提供商；中游既有传统的硬件企业，又有新型科技公司；下游渠道覆盖电商、社交平台、门店、教育机构等。科技巨头也早有布局，如百度旗下小度科技推出了智能护眼学习机产品，小度智能屏 X8 也内置了大量名师资源、课程资源；腾讯教育与暗物智能科技联合出品的智能台灯，聚焦小学生课后作业学习场景；阿里、小米、科大讯飞等也都推出过教育智能硬件产品。"双减"政策发布之后，众多 K12 企业如好未来、猿辅导、作业帮、有道、掌门教育等纷纷提高了智能硬件产品的战略地位，寻求转型破局的方向，这将进一步加剧教育智能硬件市场的竞争。竞争既是优胜劣汰的过程，也是推动市场不断进化的力量，随着 5G 网络部署应用，4K/8K 超高清视频、XR 硬件设备得到有效的网速支持，教育智能硬件市场将迎来新的发展阶段。

二　AIGC 将推动在线教育真正实现"千人千面"

教育是新型技术应用最广泛的领域之一，中国一直鼓励智能技术在教育领域的应用。2023 年 5 月教育部等十八部门联合印发的《关于加强新时代中小学科学教育工作的意见》提出要改进学校教学与服务，探索利用人工智能、虚拟现实等技术手段改进和强化实验教学，弥补优质教育教学资源不足的状况。AIGC 的发展与应用将有效改善在线教育在交互性、个性化方面的不足，通过文本交互、语音交互等方式，可实现在线教育的内容生成、内容优化、内容分析等，为学生提供自适应的学习管理，并根据学生兴趣和水平提供对应层次的学习资源和学习方法，真正实现教育活动的"千人千面"。2023 年 6 月，美国在线教育公司 Chegg 计划将人工智能融入其品牌，并与 OpenAI 合作，开发自己的 AI 教辅产品 CheggMate，旨在"帮助学生更好地学习和理解作业内容"。[①] 国内市场方面，"双减"政策之后，原本在奥数、英语方面的需求将转移至素质教育，个性化要求更高，AIGC 的应用将帮助教育设计从以课程为中心转向以学生为中心，极大激发学生的自主性，提升学习效果。

---

① 漾仔．打不过就加入：首家承认 ChatGPT 影响收入的公司 Chegg 选择拥抱 AI，裁减 4% 员工 [EB/OL]. 2023-06-14[2023-09-10]. https://www.c114.com.cn/ai/5339/a1234853.html.

第十一章
知识付费市场格局与投资观察

第一节 知识付费概述

一 知识付费界定

知识付费是指消费者通过互联网平台获取所需信息、资源和经验等并支付一定的费用，以达到认知提升、情感满足、阶层归属等目的的消费行为。它的本质是把知识变成产品或服务，以实现商业价值。它有利于人们高效筛选信息，也激励优质内容的生产。按照知识类别可以把知识付费平台和应用大致分为综合平台、问答类平台和泛教育类平台三类。

二 知识付费发展历程

知识付费的商业模式事实上早已存在。2002 年成立的谷歌问答，是一个知识需求者拥有定价权的在线问答平台，是付费问答的早期原型。[①] 得益于中国中产阶层及准中产阶层学历教育需求的爆发，知识付费快速崛起，经过波折的发展期，现已步入成熟阶段（见图 11-1）。

---

① Tuotuo Qi, Tianmei Wang, Yanlin Ma, Xinxue Zhou. Knowledge Payment Research: Status Quo and Key Issues[J]. International Journal of Crowd Science，2019，3(2)，117－137.

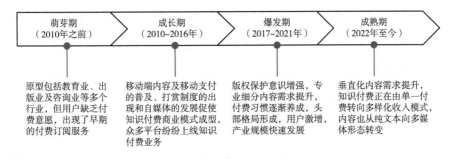

图 11-1　中国知识付费发展历程

第二节　发展环境

一　政策环境：加强数字版权保护，推进治理模式创新

知识付费是在互联网和移动互联网的带动下快速兴起的一个新领域，知识共享模式有助于满足人们的精神文化需求，而版权保护制度的不断完善是促进行业持续发展的基础。2017 年 8 月，国务院发布的《关于进一步扩大和升级信息消费持续释放内需潜力的指导意见》提出"支持用市场化方式发展知识分享平台"。政策支持还体现在鼓励开发多层次、多维度、多形态的知识服务产品，强化知识产权保护。知识产品形态从图文到音视频，走向了快速发展的道路，但产品的良莠不齐阻碍了行业健康发展，其中以侵犯知识产权问题最为明显。2020 年 11 月，国家版权局印发《关于进一步做好著作权行政执法证据审查和认定工作的通知》，进一步加大著作权保护力度，提升著作权行政执法效能，完善著作权行政执法工作机制。2021 年，政策不断完善知识产权保护体系，将有助于营造良好的创新环境，提升社会整体知识产权保护意识。中共中央、国务院发布的《知识产权强国建设纲要（2021~2035 年）》提出，打造传统媒体和新兴媒体融合发展的知识产权文化传播平台，拓展社交媒体、短视频、客户端等新媒体渠道。国家互联网信息办公室印发《互联网用户公众账号信息服务管理规定》明确提出加强对原创信息内容的著作权保护，防范盗版侵权行为。

2022~2023 年，管理部门持续完善版权保护体系，鼓励应用创新技术加强数字版权保护，引导社会公众尊重创作、尊重版权，推进版权强国建设。中共中央办公厅、国务院办公厅印发的《"十四五"文化发展规划》提出加强数字版权保护，推动数字版权发展和版权业态融合，鼓励有条件的机构和单位建设基于区块链技术的版权保护平台。《关于构建数据基础制度更好发挥数据要素作用的意见》和《关于强化知识产权协同保护的意见》中都提到了对数据要素权益保护的举措，推动完善相关法律制度。在新业态版权保护方面，2022 年 12 月，国家知识产权局等十七部门发布的《关于加快推动知识产权服务业高质量发展的意见》提出，支持知识产权服务机构利用大数据、云计算、区块链、人工智能等现代信息和数字技术，培育服务业态，创新服务产品，拓展服务模式，细化服务分工，发展智慧服务，形成知识产权服务业竞争优势和新的增长点。相关政策内容详见表 11-1。

二　舆论环境：主流媒体报道正向占比高于负向

2023 年，主流媒体关于知识付费领域报道的高频词有"知识产权""保护""付费""版权""盗版""侵权""会员""内容"等（见图 11-2），反映了知识付费领域版权保护问题仍然严峻，成为媒体关注的焦点。

图 11-2　2023 年中国知识付费领域主流媒体报道关键词

2023 年，主流媒体关于知识付费的报道以中性报道为主，占比为 40%，正向报道占比 38%，高于负向的 22%（见图 11-3）。其中，正向报道主要肯定了互联网知识内容的活力及版权保护的新突破；中性报道阐述了知识付费领域的发展动态，如市场现

表11-1　知识付费相关政策梳理

发布时间	发布机构	文件名称	主要内容
2023年6月	国家知识产权局	《关于开展知识产权服务业集聚发展区建设优化升级工作的通知》	• 高水平服务创新。探索促进知识产权服务业创新发展的新机制、新途径、新模式，鼓励知识产权服务新产品、新模式开发，强化服务产品功能性、便捷性，促进知识产权服务与创新需求深度对接、互动融合，形成优质高效的知识产权服务供给，为全面提升知识产权创造、运用、保护和管理能力提供更好服务保障。 • 高标准推行业监管。加强知识产权服务业监管顶层设计，积极构建政府监管、社会监督、行业自律、机构自治的知识产权服务业监管体系。 • 高层次文化体验。强化知识产权服务文化载体建设，丰富知识产权文化内涵，鼓励通过建设知识产权文化公园、广场、博物馆、图书馆等文化载体形式，宣传知识产权文化，促进知识产权交流。
2023年3月	国家知识产权局	《推动知识产权高质量发展年度工作指引（2023）》	• 知识产权保护。知识产权保护工作体系更更加健全，知识产权保护中心和快速维权中心建设布局进一步优化。知识产权全链条保护持续深化，行政裁决规范化建设持续推进，知识产权保护社会合力的治理机制不断完善。行政裁决应对指导机制更加完善。知识产权保护满意度保持较高水平，专利商标执法业务指导不断加强。海外知识产权纠纷应对指导机制更加完善。知识产权激发市场主体活力。 • 知识产权管理。知识产权管理体制机制更加完善，知识产权强国建设示范工作深入推进，局省市协同联动工作机制进一步巩固，扎实推动"一省一策"共建知识产权强省，"一市一案"建强市，"一县一品"建强县，打造一批知识产权强国建设示范样板，引导企业强化知识产权合规管理和标准化建设，加快培育一批知识产权强企。
2023年3月	国务院新闻办公室	《新时代的中国网络法治建设》	• 加强网络知识产权保护是支持网络科技创新的关键。新技术新应用不断涌现，使得网络知识产权侵权的手段更更加隐蔽，形式更更加多样，成本更更加低廉，执法面临临溯源难、取证难、执行难等问题。中国持续探索、准确把握网络环境下知识产权创造、运用的特点规律，构建立知识全管全治治理体系，推动平台建立知识产权网络盗版专项合作机制，开展打击网络侵权盗版专项行动等多重举措，持续加强网络知识产权保护。推进线上线下一体化执法，重拳出击，严厉打击网络商标侵权、假冒专利违法行为。常态化组织开展打击网络侵权盗版的"剑网"专项行动，打击院线电影盗录传播集中行动，重点市场版权专项整治等各类侵权盗版的行为，集中整治重点领域、重点市场版权秩序。
2023年3月	国家知识产权局	《关于印发2023年全国知识产权行政保护工作方案的通知》	• 积极探索数字化保护新模式。积极应对新技术、新产业、新业态、新模式下知识产权行政保护新形势，坚持改革创新驱动，鼓励知识产权保护领域数字化改革，探索知识产权运用互联网、大数据、云计算、人工智能、区块链等新技术新应用，大力推动知识产权数字化治理模式创新。提升行政裁决线上办案水平，推动知识产权从点向管理转向管理，双向互动，从线下转向线上线下融合，持续探索建立智慧、高效、协同的数字化知识产权保护体系。

续表

发布时间	发布机构	文件名称	主要内容
2023年2月	中共中央、国务院	《数字中国建设整体布局规划》	• 构筑自立自强的数字技术创新体系。健全社会主义市场经济条件下关键核心技术攻关新型举国体制，加强企业主导的产学研深度融合。强化企业科技创新主体地位，发挥科技型骨干企业引领支撑作用。加强知识产权保护，健全知识产权收益分配机制。
2023年2月	最高人民法院、国家知识产权局	《关于强化知识产权协同保护的意见》	• 推动协同保护相关政策完善。在知识产权保护相关法律法规和司法解释的制修订过程中，充分交流意见。推进完善符合知识产权案件审判规律的诉讼制度，健全知识产权侵权纠纷行政裁决制度。完善专利权评价报告在侵权诉讼中的使用制度，统筹推进数据知识产权相关制度研究，推动数据要素权益保护基础制度体系的建设。
2022年12月	国家知识产权局等十七部门	《关于加快推动知识产权服务业高质量发展的意见》	• 促进新业态新模式发展。以更好满足市场主体个性化、多样化服务需求为导向，支持知识产权服务机构利用大数据、云计算、区块链、人工智能等现代信息和数字技术，发展智慧服务，形成知识产权服务业态、创新服务产品、拓展服务模式、细化服务分工，发展智慧服务，形成知识产权服务业竞争优势和新的增长点。聚焦战略前沿领域，构建多元化应用场景，发展全链条知识产权服务，集成知识产权服务功能，为创新主体提供集成化知识产权解决方案。
2022年12月	中共中央、国务院	《关于构建数据基础制度更好发挥数据要素作用的意见》	• 探索建立数据产权制度，推动分结构化分置和有序流通，结合数据要素特性强化高质量数据要素供给；在国家数据分类分级保护制度下，推进数据分类分级确权授权使用和市场化流通交易，健全数据要素权益保护制度，逐步形成具有中国特色的数据产权制度体系。 • 围绕数据要素基础制度建设，逐步完善数据产权界定、数据流通和交易、数据要素收益分配、公共数据授权使用、数据要素收益分配、数据治理等主要领域关键环节的政策及标准。加强数据分级分类管理、数据跨境传输、数据安全保护等相关立法研究，争议解决等理论研究和立法新突破，以点带面推动数据基础制度构建实现新突破。数字经济相关法律制度。及时总结提炼可复制可推广的经验和做法，适时进行动态调整，定期对数据基础制度建设情况进行评估，推动数据基础制度不断丰富完善。
2022年12月	中共中央、国务院	《扩大内需战略规划纲要（2022～2035年）》	• 完善知识、技术、数据等生产要素配置机制。深化科技成果使用权、处置权、收益权改革，完善职务科技成果转化激励机制。加大科研单位改革力度，支持科研事业单位试行更灵活的岗位、薪酬等管理制度。建立健全高等学校、科研机构、企业间创新资源自由有序流动机制，建设国家知识产权和科技成果产权交易机构。完善数据要素市场化配置机制。 • 建立数据资源产权、交易流通、跨境传输、安全保护等基础制度和标准规范。健全各类生产要素参与分配机制，构建知识、技术、数据等按价值贡献参与分配机制，强化以增加知识价值为导向的分配政策，发挥工资收入分配的激励导向作用。

续表

发布时间	发布机构	文件名称	主要内容
2022 年 8 月	中共中央办公厅、国务院办公厅	《“十四五”文化发展规划》	• 完善版权保护体系。完善著作权登记、集体管理制度，健全版权保护和交易系统，强化版权全链条保护和经营开发，促进展会版权集中交易。加强数字版权保护，推动数字版权发展和版权业态融合，鼓励有条件的机构和单位建设基于区块链技术的版权保护平台。加强传统文化、传统知识等领域的版权保护。加强版权资产管理，健全版权资产评估体系，研究防止版权滥用相关制度。完善便民利民的版权公共服务体系，加强版权保护宣传教育。提高版权保护工作法治化水平，加大对侵权盗版行为的执法监管和打击力度，持续开展“剑网”专项行动。
2022 年 4 月	国家版权局	《关于做好 2022 年全国知识产权宣传周版权宣传活动的通知》	• 结合版权服务人民群众幸福美好生活，做好打击侵权盗版案件、软件正版化、著作权登记、版权示范创建、版权展会授权交易活动、中国版权金奖、全国大学生版权征文等工作成果的宣传报道，立足版权工作实际，突出版权工作重点，紧扣版权热点事件，开展内容丰富、形式多样的宣传推广活动，促进版权理念更加深入人心。 • 宣传版权法律法规和基本知识，引导公众严格保护和合理运用版权。探索通过图文音视频等新媒体形式开展各具特色的宣传普及活动，促进社会公众尊重版权、崇尚创新的意识进一步提升，积极建设促进版权事业高质量发展的人文社会环境，为开创版权强国建设新局面提供更加有力的舆论支撑。
2021 年 9 月	中共中央、国务院	《知识产权强国建设纲要（2021~2035 年）》	• 构建内容新颖、形式多样、融合发展的知识产权文化传播矩阵。打造传统媒体和新兴媒体融合发展的知识产权文化传播平台，拓展社交媒体、短视频、客户端等新媒体渠道。创新内容、形式和手段，加强涉外知识产权宣传，形成覆盖国内外的全媒体传播格局，打造知识产权宣传品牌。大力发展国家知识产权高端智库和特色智库，深化理论和政策研究，加强国际学术交流。
2021 年 1 月	国家互联网信息办公室	《互联网用户公众账号信息服务管理规定》	• 公众账号信息服务平台与生产运营者开展内容供给与账号推广合作，应当规范管理电商销售、广告发布、知识付费、用户打赏等经营行为，不得发布虚假广告、进行夸大宣传、实施商业欺诈及商业诋毁等，防止违法违规运营。加强对原创信息内容的著作权保护，防范盗版侵权行为。平台不得利用优势地位干扰生产运营者合法合规运营、侵犯用户合法权益。公众账号生产运营者转载信息内容的，应当遵守著作权保护相关法律法规，依法标注著作权人和可追溯信息来源，尊重和保护著作权人的合法权益。公众账号信息服务平台应当加强对本平台公众账号信息服务活动的监督管理，及时发现和处置违法违规信息或者行为。公众账号信息服务平台和生产运营者应当自觉接受社会监督。
2020 年 11 月	国家版权局	《关于进一步做好著作权行政执法证据审查和认定工作的通知》	• 进一步加大著作权保护力度，提升著作权行政执法效能，完善著作权行政执法工作机制，减轻权利人维权负担，营造良好营商环境。

续表

发布时间	发布机构	文件名称	主要内容
2019 年 11 月	中共中央办公厅、国务院办公厅	《关于强化知识产权保护的意见》	• 力争到 2022 年，侵权易发多发现象得到有效遏制，权利人维权"举证难、周期长、成本高、赔偿低"的局面明显改观。到 2025 年，知识产权保护社会满意度达到并保持较高水平，保护能力有效提升，保护体系更加完善，尊重知识价值的营商环境更加优化，知识产权制度激励创新的基本保障作用得到更加有效发挥。
2017 年 8 月	国务院	《关于进一步扩大和升级信息消费持续释放内需潜力的指导意见》	• 支持原创网络作品创作，加强知识产权保护，推动优秀作品网络传播。 • 支持用市场化方式发展知识分享平台，打造集智创新、灵活集业的服务新业态。
2017 年 3 月	国家新闻出版广电总局、财政部	《关于深化新闻出版业数字化转型升级工作的通知》	• 为人民群众与国民经济各领域提供资讯、数据、文献、知识等多层级信息内容服务。 • 完成知识服务模式建设。以其引领、满足大众、兼容其他服务模式建设，具备多层级立体化的服务能力。 • 探索知识服务模式。开发多层次、多维度、多形态知识服务产品，跨领域调取知识资源，学术研究领域信息消费市场的用户需求，开发跨领域知识服务产品；以知识服务兼容文献服务等其他服务在业、大众、教育、教育出版的转型升级进程中的应用模式。
2016 年 11 月	中共中央、国务院	《关于完善产权保护制度依法保护产权的意见》	• 加大知识产权侵权行为惩治力度，提高知识产权侵权法定赔偿上限，探索建立对专利权、著作权等知识产权侵权惩罚性赔偿制度。
2016 年 6 月	国家新闻出版广电总局	《新闻出版业数字出版"十三五"时期发展规划》	• 加快移动出版产业链建设，鼓励开发基于场景和网络社区的新型信息和知识服务产品，进一步培育细分市场。 • 在专业领域，开发成体系的专业内容知识服务资源产品和垂直服务平台，探索知识化的应用模式。

状、版权探讨、平台上线等；负向报道则指出了诱饵式收费、"套娃式"收费以及培训费难退还等问题。报道的核心内容及倾向性判断详见表 11-2。

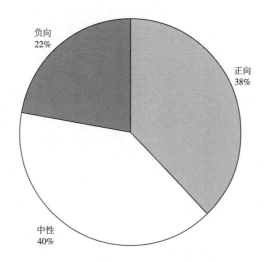

图 11-3　2023 年中国知识付费领域主流媒体报道倾向分布

第三节　市场运行现状

一　市场规模仍保持高速增长，用户规模增长较平稳

2022 年，中国知识付费市场规模达到了 1126.5 亿元，同比增长 66.9%，[①]继续保持了高速增长的步伐（见图 11-4）。在过去的三四年里，知识付费市场在经历了"风口"起飞和大众质疑后，发展路径更加成熟，在满足社会大众日益增长的精神需求、技能提升需求等方面发挥了重要作用。本研究预计 2024 年知识付费市场规模将达到 2296.6 亿元，并继续保持 30%~40% 的速度增长。

---

①　艾媒咨询 | 2023 年中国知识付费行业现况及发展前景报告 [EB/OL]. 2023-03-27[2023-09-10]. https://www.zgswcn.com/article/202303/202303271428221099.html.

表 11-2 知识付费相关报道梳理及倾向性判断

发布时间	主流媒体	报道标题	报道的核心内容	ChatGPT 判断	人工修正
2023 年 9 月 25 日	新华网	《江苏省高院：最严格知识产权司法保护创新取得新突破》	持续深化最严格知识产权司法保护，出发点和努力方向向着力打造知识产权司法保护高地，营造国际一流营商环境。	正向	正向
2023 年 9 月 24 日	新华网	《〈河北省知识产权保护和促进条例〉将施行》	《河北省知识产权保护和促进条例》对知识产权的创造、运用、保护、管理、服务等作出了具体规定，将于今年 11 月 1 日起施行。	正向	中性
2023 年 9 月 23 日	新华网	《无锡高新区：高质量知识产权赋能技术"盆景"变产业"风景"》	《无锡高新区（新吴区）知识产权高质量发展暨知识产权保护示范区建设三年行动计划（2023—2025 年）》正式发布，旨在营造知识产权创造、运用、保护、管理、服务系统快速生态。	正向	正向
2023 年 9 月 22 日	新华网	《业内热议知识产权赋能中小企业高质量发展》	加强中小企业知识产权保护，不仅是维护中小企业合法权益的必要条件，也是激发中小企业创新活力的重要手段。	正向	正向
2023 年 9 月 20 日	新华网	《知识产权赋能创新发展——第十二届中国知识产权年会的观察》	第十二届中国知识产权年会在山东济南举办，与会嘉宾从多角度进行解读，回应社会关切。	正向	正向
2023 年 9 月 18 日	新华网	《首届浙江知识产权奖揭晓，45 项"宁波创新"上榜》	浙江省人民政府印发《关于表彰第一届浙江省知识产权奖获奖者的决定》，共评出"知识产权大奖"2 项，门类奖 283 项，宁波市共计 45 个项目获得知识产权各门类奖。	正向	中性
2023 年 9 月 18 日	新华网	《西宁市知识产权信息网点建设实现"零"突破》	西宁市科技创新促进中心成功遴选为青海省知识产权信息公共服务网点，标志着西宁市知识产权信息网点建设实现"零"突破。	正向	正向
2023 年 9 月 18 日	新华网	《常州市首笔知识产权"线上质押"融资发放》	常州市一家生物科技有限公司通过"线上质押"的方式，向南京银行常州分行申请质押融资，并成功获得 600 万元贷款。	正向	中性
2023 年 8 月 28 日	新华网	《读懂新消费背后的新机遇》	无论是绿色消费、知识付费成长，还是个性化，市场迭代、技术集成和品质升级，共同助力新型消费的蓬勃涌动和进化。	正向	正向
2023 年 8 月 15 日	新华网	《加强知识产权执法 市场监管总局出台意见"划重点"》	国家市场监管总局对当前侵权假冒违法行为的新特点，明确了今后一段时期知识产权执法的主要目标，重点任务和保障措施。	正向	中性
2023 年 7 月 18 日	新华网	《2023 马栏山指数在中国新媒体大会发布：视频文创产业发展进入深刻变革加速期》	疫情之后视频文创产业迅速恢复增长势头，尤其是视听内容付费收入，推动视听产业进入新一轮增长阶段。	正向	正向

续表

发布时间	主流媒体	报道标题	报道的核心内容	ChatGPT判断	人工修正
2023年7月4日	新华网	《扩容提质释放电商消费潜力》	主动适应绿色、健康、智能等消费理念，积极发展餐饮住宿、家政服务、健康体检、知识付费、文化旅游、娱乐休闲等线上服务精准，更好满足人民美好生活需要。	正向	正向
2023年5月9日	新华网	《短视频"擦边"，直播荚课 警惕非法荐股脸重生》	非法荐股又逐渐演变出一套"短视频、直播获客—小额收费引流—私密渠道荐股"的非法荐股违法犯罪新模式。	中性	负向
2023年4月18日	新华网	《文化新观察｜国家考古遗址公园："活"起来才能"火"起来》	近年来，文化消费、文化经济、知识付费等持续升温，人们的文化生活出现了品质化、个性化、多样化发展趋势。国家考古遗址公园要关注这些新变化，精准高效对接人民群众需求，提供"订单式""菜单式""预约式""交互式"服务。	正向	正向
2023年4月12日	新华网	《先付费后上课的收费模式，困扰着不少考生——专业技术类培训退费难如何破解？》	培训机构的预付费消费投诉数量一直居高不下，也一直是消费者的难点问题。因为相关法律不健全等原因，监管也存在一定难度。	中性	负向
2023年9月19日	人民网	《华蓥市积极推进"司法+行政"加强知识产权保护》	连日来，华蓥市人民法院通过举办专题讲座，联合执法等，积极推进"司法+行政"模式深入发展，加强知识产权保护。	正向	正向
2023年8月31日	人民网	《城市漫步，"走"出消费新时尚》	记者了解到，以展览、以历史文化建筑为主题的城市漫步线路，满足部分游客对游览深度的较高需求。有游客表示："从某种角度来说，这算是一种知识付费。"	中性	中性
2023年8月31日	人民网	《打击新业态盗版侵权 2022年度上海版权十大典型案件公布》	此次十大典型案件评选出一批新兴领域的盗版侵权案件，为有力打击新业态的盗版侵权乱象，规范行业发展秩序，树立行业典范起到推动作用。	正向	中性
2023年8月30日	人民网	《国家版权局等四部门启动"剑网2023"专项行动》	这是全国持续开展的第19次打击网络侵权盗版专项行动。	正向	中性
2023年8月21日	人民网	《"知识博主"让知识"活"起来》	暑假期间，按理说高校教师和学生们应该早已开启"假期模式"，然而在一些视频平台上，还有众多"学生"正在等着听课。	正向	正向

续表

发布时间	主流媒体	报道标题	报道的核心内容	ChatGPT 判断	人工修正
2023 年 8 月 11 日	人民网	《知识产权支撑技术创新》	在专利信息检索系统支持下，山东有人物联网股份有限公司在物联网赛道上加速奔跑。	正向	正向
2023 年 7 月 10 日	人民网	《关于加强"自媒体"管理的通知》	明确营利权权限开通条件。营利方式包括但不限于广告分成、内容分成、电商带货、直播打赏、文章或短视频赞赏、知识付费、品牌合作等。	中性	中性
2023 年 6 月 29 日	人民网	《人民网"白泽"数字版权保护平台在京启动》	"白泽"数字版权保护平台可实现对数字内容的高效理解、识别及分析，提升数字版权的运营效率和保护能力。	正向	中性
2023 年 6 月 19 日	人民网	《AI 生成内容的版权尚无明确界定》	要理性对待 AIGC 创新，探索 AIGC 应用边界，优化对数据爬取的制度设计，分类分级探索场景化和精细化的算法治理机制，夯实算法治理责任。	中性	中性
2023 年 6 月 13 日	人民网	《免费学技能 课程可定制》	四川众合新材料有限公司职工方女士终身于在"蹲守"几周后，申请到四川省德阳市广汉市总工会"益趣课堂"课程。	正向	中性
2023 年 5 月 24 日	人民网	《学法时习之｜付费会员该先在截止当天几点过期?》	法官提醒，"一对众"型互联网服务平台通过格式条款约定会员服务相关内容，有行业必要性和现实合理性，但提供格式条款的一方应当遵循公平原则确定当事人之间的权利和义务，不能以使用时代替用户同意的方式限缩已承诺用户的合同权利。	正向	中性
2023 年 4 月 26 日	人民网	《保护知识产权 拒绝网络沉迷：科普微课堂走进石景山古城小学为苗护航》	一场别开生面的保护版权预防未成年人网络沉迷主题宣传活动在北京石景山区古城小学开展。	正向	中性
2023 年 4 月 20 日	人民网	《宁夏：版权护航，激发打造文化兴盛沃土新活力》	2022 年至今，宁夏版权局认真贯彻落实党的二十大和自治区第十三次党代会精神，不断强化版权保护意识，加大版权执法力度，深入开展专项行动，持续推进软件正版化工作，严厉打击侵权盗版行为，为文化强区建设提供了版权力量。	正向	正向
2023 年 4 月 2 日	人民网	《"知识内容已经成为互联网内容的主流"》	三年来，B 站的知识类视频创作者数量同比增长 86%，知识类视频投稿量同比增长 199%。	正向	正向
2023 年 3 月 28 日	人民网	《去年上海作品登记超 38 万件，居全国前列，版权服务何以成为企业"及时雨"》	2022 年上海作品登记量 38.2 万件，占全国总量的 8.46%，稳居全国前列。	正向	正向

续表

发布时间	主流媒体	报道标题	报道的核心内容	ChatGPT 判断	人工修正
2023 年 9 月 14 日	光明网	《厦门一老师把"学生"告上法庭，竟是因为……法院判了！》	厦门市思明区法院公布了一起关于付费课程的案件，在未经顾老师许可，未支付报酬的情况下，蔡女士从平台上下载付费课程，并向他人分享文件，以此获得收益的行为，已经侵害了顾老师享有的著作权。	负向	负向
2023 年 9 月 14 日	光明网	《她卖盗版网课 却说：众筹拼单》	把网课平台上古筝老师的千元教学课程破解后下载，再发布到朋友圈、视频号、闲鱼等平台售卖，蔡女士（化姓）称自己只是想以拼单的方式降低成本。	正向	负向
2023 年 9 月 11 日	光明网	《开通会员遭遇"套娃收费"！》	智能电视的收费主体、收费套餐众多，消费者开通电视付费会员、视频平台付费会员后，还可能面临更多细分付费模式。	中性	负向
2023 年 9 月 1 日	光明网	《城市漫步成"新宠""扫街"值不值》	一些机构或个人以组织活动、个人导游等方式提供付费 City Walk 产品，价格从数十元到上百元不等，提供组织活动、参观讲解、社交互动等服务。	中性	中性
2023 年 7 月 16 日	光明网	《网络小说和短视频的"长"与"短"》	不因"轻""短"而削弱意味和主题内涵；网络文艺的时代特长只是叙事策略；作品永远是"内容为王"。	中性	中性
2023 年 7 月 15 日	光明网	《花了 700 元还没看到小说结局？网文平台"诱饵式"收费不可持续》	一部小说连载 3000 多章仍然没有结局，为解锁最新章节，自己花销 700 多元。	负向	负向
2023 年 7 月 2 日	光明网	《调查显示：我国有声阅读产业前景广阔》	第 20 次全国国民阅读调查的结果数据显示，2022 年，我国有 35.5% 的成年国民有听书习惯，比 2021 年增加了 2.8 个百分点。	中性	中性
2023 年 6 月 22 日	光明网	《美国联邦贸易委员会起诉亚马逊》	美国联邦贸易委员会指控亚马逊未经消费者同意，让数百万用户付费订阅 Prime 会员服务，并使用"暗黑模式"，胁迫性或欺骗性的用户界面设计"来诱骗消费者注册自动续订会员以订阅。	中性	负向
2023 年 6 月 13 日	光明网	《"用 AI 治理 AI"创新互联网时代版权保护实践》	在 2023 文化强国建设高峰论坛"共建互联网版权新生态"分论坛上，业界专家围绕互联网时代数据确权、版权保护、数字文化产业发展等观点，为推动构建互联网版权新生态建言献策。	正向	正向
2023 年 6 月 6 日	光明网	《情节和人设极其相似 维权往往缺乏"实锤"小说"融梗"争议的存在。朝阳法，再创作还是抄袭？》	在徐曜明看来，"融梗"争议的存在从根到底是抄袭乱象的存在。朝阳法院知识产权庭庭长谭雨说，当权利产品与被诉作品构成具体表达性相似时，法院可能认定被诉作品构成侵权。	中性	负向

续表

发布时间	主流媒体	报道标题	报道的核心内容	ChatGPT 判断	人工修正
2023 年 6 月 2 日	光明网	《瑞士政府计划要求互联网巨头为使用瑞士媒体内容付费》	从今年初开始，就不断有瑞士媒体表示，合歌、脸书、推特等互联网巨头应该为其发布的、来源于瑞士媒体的新闻付费。	中性	正向
2023 年 5 月 29 日	光明网	《青年圈群脉动的媒介感知与文化诠释——基于"饭圈"现象的叙事分析》	新闻文本议题的历时性差异特征主要表现为每年度的突变热词所揭示的新闻报道的议题偏向，2016~2019 年突变词中分年度词频排序最高的依次为"网络红人、罗振宇、登机口、流量"。	中性	中性
2023 年 5 月 25 日	光明网	《ChatGPT 风口下的灰色 "生意经"》	"山寨" 版无所不能 类号卖课多为噱头。ChatGPT 风口下的灰色 "生意经"。	负向	负向
2023 年 4 月 25 日	光明网	《报告：八成受访职场青年保持阅读习惯 各年龄段各有所"读"》	年轻人对阅读的热情持续攀升，八成受访职场青年保持着阅读习惯，"视频阅读"和"听书"成为一些职场青年的新选择，但 "文本阅读无法被替代" 这一观点被普遍认可。	中性	中性
2023 年 4 月 4 日	光明网	《突然，马斯克宣布取消！》	在《纽约时报》拒绝成为推特的付费用户后，推特 CEO 埃隆·马斯克当地时间 4 月 2 日取消了该媒体的认证标记，并嘲笑称，《纽约时报》的真正悲剧在于，他们的政治宣传一点都不有趣。	负向	负向

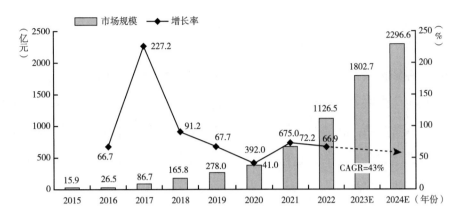

图 11-4　2015~2024 年中国知识付费市场规模及预测

数据来源：艾媒咨询。

　　用户规模方面，经过前几年的爆发式增长后，2022 年知识付费用户规模达到 5.3 亿人，同比增长 11.1%（见图 11-5），虽然增速放缓，但相比已触及增长瓶颈期的互联网用户规模，知识付费用户规模仍在快速增长中。截至 2022 年 12 月，专注于知识付费领域的 SaaS 技术服务商小鹅通覆盖的 C 端用户已经达到 8.2 亿人，分布在全球 564 个城市，全球 C 端用户累计学习时长超过 14 亿个小时。[①] 与之相比，中国知识付费用户规模还有较大增长空间，随着人们付费习惯的养成和消费能力的提升，未来知识付费用户规模将继续增长，预计 2024 年将突破 6 亿人。

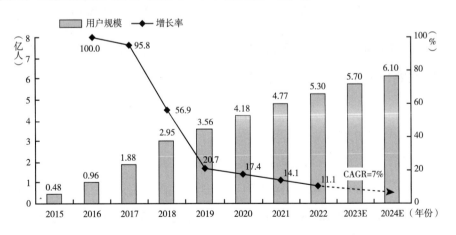

图 11-5　2015~2024 年中国知识付费用户规模及预测

数据来源：艾媒咨询。

---

　　① 坚白 . 知识付费精细化运营时代，共享 CTO 小鹅通还可再上层楼！[EB/OL]. 2023-01-11[2023-09-13]. https://www.sohu.com/a/628109568_120773109.

二 从"知识付费"到"知识服务"，出版业迎来垂直领域机会

出版业在知识服务方面拥有得天独厚的知识资本和发展优势，这为其深入挖掘专业垂直市场机会提供了良好的前提条件。出版单位融合新兴技术和成熟技术，开发出多层次知识服务产品，满足不同用户群体需求，如电子书、有声书、知识库、大数据平台、在线课堂、在线百科等（见图11-6），其中不乏拥有数百万用户规模的标杆产品，带动经济效益增长。

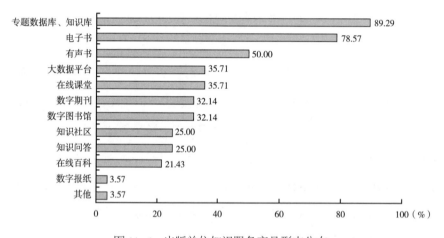

图 11-6 出版单位知识服务产品形态分布

数据来源：中国新闻出版研究院"出版业知识服务技术应用现状及发展趋势研究"课题问卷调研结果。

出版业上市企业中国科技出版传媒集团有限公司积极转型知识服务商，在专业学科知识库、数字教育云服务、医疗健康大数据三大方向上进行布局，推出了"科学文库""中科云教育平台""中科医库"等产品。中国出版集团有限公司有序推进知识服务体系建设，旗下三联"中读"App依托三联强大的人文知识储备，推出了多款爆款付费音频产品。伴随着5G、大数据、云计算、人工智能、虚拟现实、区块链等新技术的发展和应用，出版业正在主动融入知识场景，从知识提供者向知识服务者的角色转变，充分发掘专业垂直市场机会，将知识服务作为互联网时代出版服务的重要方式和经营增长的新引擎。

三 头部平台付费转化率持续提升，"听书"增长潜力大

知识付费行业的三大主要商业模式是UGC、PGC和PUGC。UGC是用户生产

内容，收入主要靠粉丝打赏；PGC 是专业机构或团体生产内容，收入来自会员订阅、课程购买等；PUGC 则是 PGC+UGC 的模式，常以 UGC 的形式产出 PGC 水平的内容。在综合平台上，三种模式往往都会出现，如喜马拉雅招股说明书中提到，付费订阅、广告、直播是喜马拉雅的三大变现方式，其产品形态包括有声读物、泛娱乐音频、播客、知识分享和音频直播等多种类型。

知识付费头部平台用户付费转化能力持续增强。2021 年，喜马拉雅全端平均月活跃用户为 2.68 亿，同比增长 24.4%，付费会员数量 1440 万，同比增长 52%。喜马拉雅创始人兼 CEO 余建军在 2023 年 1 月的公司年会上透露，喜马拉雅 2022 年第四季度首次实现千万元级的盈利，喜马拉雅全场景平均月活跃用户已达 2.82 亿。[①] 订阅会员和职业教育是知乎平台多方探索后，确认的较为稳定的收入来源。知乎 2022 年财报显示，平台平均月活跃用户规模达到 1.01 亿人，第四季度月平均订阅会员数达到 1300 万，年总收入为 36.05 亿元，同比增长 21.8%，但亏损仍较严重。

听书正在成为吸引广大用户付费的重要模式，樊登在采访中透露，2022 年樊登读书会的用户数已经突破了 5000 万且稳定盈利，2021 年"双十一"一个星期总计收入 3 亿多的会员费，最大营收板块为樊登 IP 的订阅产品"365 听我讲书"，占总营收的 60%~70%。[②] 喜马拉雅的"听书"业务持续发展，2022 年听书用户数同比增长 12%，用户付费专辑数增长 24%，如《蒋勋细说红楼梦》上线 4 个月播放量达 3.3 亿，并带动纸质书销售翻倍增长。[③]

本研究根据喜马拉雅、得到 App、懒人听书、知乎、帆书 5 个典型知识付费平台的用户数据测算头部平台的平均付费转化率。平均付费转化率从 2018 年的 5.04% 提升至 2022 年的 11.27%，提升明显（见图 11-7）。近三年来，经济下行、竞争加剧带来的社会群体焦虑，催生了人们知识更新、学历提升的需求，尤其是 35 岁以上的中年人群，面临职业和家庭的双重压力，迫切希望通过业余时间或碎片化时间提升知识水平或技能实现自我提升，为知识付费市场带来了二次"风口"的可能，来自用户付费的增长潜力仍值得关注。

① 许洁 . 喜马拉雅实现首次盈利 创始人称 2022 年第四季度盈利在千万元级 [EB/OL]. 2023-01-16[2023-09-15]. https://finance.eastmoney.com/a/202301162614919937.html.

② 福神 fusion. 知识付费行业全局观 [EB/OL]. 2022-03-01[2023-09-15]. https://www.woshipm.com/it/5336116.html.

③ 楚青舟 . 喜马拉雅、微信连出新招，音频生意又到春天了？[EB/OL]. 2023-04-28[2023-08-10]. https://36kr.com/p/2234612209168256.

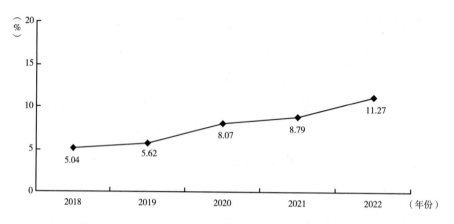

图 11-7 2018~2022 年中国知识付费领域平均付费转化率

数据来源：本研究根据 5 家头部平台用户数据测算。

四 市场竞争加剧，头部平台盈利能力较平稳

因知识付费商业模式的可持续性长期遭受质疑，知识付费企业的上市之路并不顺利，因此头部企业的营收数据难以充分获取。本研究基于公司财报、招股说明书及公开数据测算 2019~2022 年 4 家头部知识付费平台的营收数据（见表 11-3），并计算 4 家营收之和占整体市场规模的比例，即市场集中度。

知识付费领域市场集中度偏低，2022 年仅为 10.58%（见图 11-8），且有下降的趋势，头部企业主导能力减弱，市场竞争进一步加剧。知识付费头部以综合型内容平台为主，垂直内容平台竞争力相对较弱，这部分企业通过入驻大平台寻求流量支持。

表 11-3 2019~2022 年中国知识付费领域头部平台营收数据

单位：亿元

平台名称	2019 年	2020 年	2021 年	2022 年
喜马拉雅	26.98	40.76	58.57	60.61
思维造物	6.28	6.75	8.43	9.78
知乎	6.71	13.52	29.59	36.05
帆书	5.42	10.00	11.28	12.72
合计	45.39	71.03	107.87	119.16

注：喜马拉雅、思维造物 2022 年营收数据，以及帆书 2019 年、2021 年、2022 年营收数据来自本研究的估算，估算过程参考了过去几年的增长率、用户规模等数据。

数据来源：公司财报或招股说明书，本研究估算。

从知乎、喜马拉雅、思维造物 3 家企业的盈利数据来看，2019~2022 年，知识付费业务平均毛利率整体平稳保持在 50% 左右的水平（见图 11-8），平均毛利率较高，盈利能力整体较强。但知识付费企业的模式与优爱腾长视频平台相似，都有很高的内容成本和营销成本，成本支出高于总营收，因而普遍亏损严重。根据相关公司财报，喜马拉雅 2021 年亏损 38.97 亿元，知乎亏损 15.81 亿元。在资本热度下降的大环境下，知识付费企业通过持续扩大用户群并进行降本增效追求正向盈利。

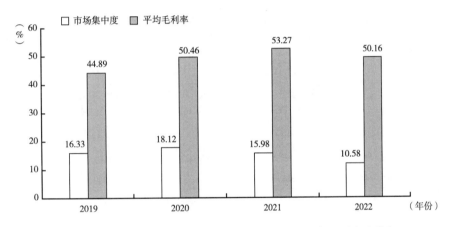

图 11-8　2019~2022 年中国知识付费领域市场集中度及平均毛利率

数据来源：平均毛利率来自对 3 家知识付费企业财务数据的计算结果。

五　典型案例

（一）喜马拉雅

1.内容体系覆盖头部IP与长尾内容

喜马拉雅移动端 App 上线于 2013 年 2 月，是一个在线音频分享平台。2016 年 6 月，首个付费节目《好好说话》上线，当天销售额破 500 万元。2016 年 12 月，喜马拉雅举办首届 "123 知识狂欢节"，24 小时知识消费破 5000 万元。喜马拉雅 2017 年推出直播服务，6 月小雅 AI 音箱上市，首日销售 50000 台；2018 年推出会员订阅服务，5 月上线面向 0~12 岁儿童的故事音频平台 "喜猫儿故事" App；2019 年推出喜马拉雅极速版。喜马拉雅与众多出版社和网络文学平台建立了长期战略合作伙伴关系，当前已建立起覆盖头部 IP 与长尾内容的内容体系，在线音频服务涵盖了从 -1 岁到 100 岁不同年龄段用户所需要的内容，推动了以音频为特色的"耳朵经济"（见表 11-4）。2021 年，喜马拉雅的内容创作者数量超 1351 万，全年全场景平均月活跃用户已达 2.68 亿。[①]

表 11-4　喜马拉雅主要业务

分类		简介
有声内容	有声书	喜马拉雅是有声书爱好者的聚集地，拥有全网最多的独家出版物有声书，第一时间将市场上新兴、热门、经典题材进行有声演绎，推出了《平凡的世界》《摸金天师》《明朝那些事儿》《遮天》《我身上有条龙》《全职高手》《霍乱时期的爱情》等人气有声书。
	精品有声剧	喜马拉雅是国内精品有声剧最大的出品方之一，名著有声剧、武侠玄幻有声剧、悬疑有声剧、原创儿童有声剧、言情有声剧等与内容厂牌、IP 孵化并行，共同组成丰富品类，推出了《三体》《庆余年》《雪中悍刀行》《红楼梦》《高智商犯罪》《有匪》《天之下》等现象级剧作。
	播客	喜马拉雅聚集了大量头部播客，并为创作者提供录制、剪辑、上传、互动等便捷服务，帮助用户发现喜欢的播客，连接人与人。喜马播客助力喜马拉雅构建更强大的内容生态。
	相声评书	喜马拉雅拥有包括郭德纲、单田芳等行业头部 IP 在内的众多相声评书经典专辑；推出新评书扶持计划，助力原创曲艺创作、传承非遗文化，也持续为广大的曲艺创作者提供优质的内容传播平台。
	儿童	喜马拉雅拥有 200000+ 条儿童类品质声音 IP，让 3 亿儿童健康成长，一站式解决家长和孩子需求。代表作如《神探迈克狐》《森林密探零零七》《神奇校车经典故事》《我有一只霸王龙》《不一样的卡梅拉》等。
	个人成长与商业财经	喜马拉雅陪伴成长的知识体系提供有趣实用的财经知识，帮助年轻人找到自己的兴趣和职业开端。在个人成长和商财领域喜马拉雅拥有超 8 万名主播、360 万条声音。
	音乐	喜马拉雅拥有上万首独家疗愈音乐和独家行业音乐主播，合作音乐厂牌有太合音乐、Vfine 音乐等，并发起国内首个为纯音乐人打造的扶持计划——喜乐计划。
	人文	全网最大的文化大咖聚合地。拥有 100w+ 条声音，1500+ 精品课程，30+ 重点 IP，大量名师讲座从线上音频出版到线下，形成出版物，如余秋雨的《中国文化课》、蒙曼《四时之诗》、《世界名著大师课》等。
教育	轻学堂	轻学堂基于喜马拉雅的大量内容，从中选出最适合职场人的头部好课，并结合岗位人才能力模型，联手行业大咖和专业机构，开发出对应不同岗位、职级员工的系列课程，以书、课、训练营等多元形式展现。
	奇奇学英语	喜马拉雅旗下少儿在线教育品牌，牛津大学出版社官方战略合作伙伴。截至 2021 年 4 月，奇奇学英语系列产品已经累计服务用户 595 万，服务中国城市超 405 个，为中国家庭提供有温度的素质教育解决方案。
	喜播教育	依托喜马拉雅平台生态，致力于为用户提供各类教育产品和人才服务。喜播，喜悦地播种希望。通过线下+线下的教学模式，让学员在喜播教学与服务平台上拓宽兴趣爱好，提升职业素养、学习职业技能。喜播以"再小的生命也能吐露芬芳"为使命，让成功的人培养未来更多更成功的人，为学员提供终身职业教育与职业生涯规划服务。
直播		喜马拉雅直播，综合性大型直播互动平台，于 2017 年上线提供音频、视频服务，提供知识、生活、娱乐等各类内容。

---

① 资料来自喜马拉雅官网。

分类	简介
智能硬件	喜马拉雅通过智能教育赋能家庭教育场景、赋能传统产业、赋能智能出行。2017年6月，小雅AI音箱上市；2018年12月，小雅nano音箱上市；2020年8月，小雅AI图书馆上市；2020年12月，小雅AI真无线耳机上市。
新零售	喜马拉雅新零售探索文化新消费，推动在线新经济，在西安、厦门、上海、成都均设有喜马拉雅线下实体店。喜马拉雅拥有旗下IP品牌衍生物喜马君、小雅，用丰富的音频内容为商品赋能，提升商品附加值，增进用户体验。
创作者生态	喜马拉雅已积累了全行业丰富的内容版权资源和创作者生态资源，成为音频创作者最集中、最活跃的平台。2020年平台活跃内容创作者达520万。这些创作者来自各行各业：有明星大咖、品牌机构、专业媒体，也有各行各业的普通人，甚至残疾人、老年人等特殊群体。他们用声音分享故事、观点和知识，传递正能量。2020年，总计超过16.1万内容创作者通过喜马拉雅获得收入超过13亿元。

2.总营收及营收子项呈逐年增长势头

2018~2022年，喜马拉雅的总营收及其订阅、直播业务均实现了逐年增长（见表11-5）。2019~2021年，喜马拉雅的总营收每年增幅都在40%以上，2022年增速放缓；2022年总营收达到60.61亿元，其中，订阅收入占总营收的50.8%，为第一大收入来源，广告收入占总营收的24.2%，主要为展示广告、音频广告及品牌推广活动。2022年，喜马拉雅扭亏为盈，净利润达到29.06亿元，但这背后却是以大幅裁员降薪为代价，盈利的持续性仍需观察。

表11-5　2018~2022年喜马拉雅营收构成

单位：亿元

营收类别	2018年	2019年	2020年	2021年	2022年
订阅	6.49	12.74	20.07	29.92	30.81
广告	4.19	6.16	10.71	14.88	14.69
直播	3.16	6.18	7.18	10.01	11.55
其他创新产品及服务	0.96	1.90	2.80	3.76	3.56
总营收	14.80	26.98	40.76	58.57	60.61

数据来源：Wind金融客户端、喜马拉雅招股书。

喜马拉雅有内容付费、粉丝经济、广告收入、硬件售卖和平台商品抽佣五种盈利模式。其中，内容付费通过售卖会员和喜点盈利，为会员提供免费收听音频栏目的权益（见表11-6）；粉丝经济中，粉丝可以为主播打赏、付费加入粉丝团等；广告收入通过位置广告、音频广告、图片广告和品牌电台实现；硬件售卖主要是售卖智能音箱产品；平台商品抽佣则是为主播提供电商推广功能，主播可以推广喜马拉雅自营商品或合作的第三方商品，并获得推广报酬。[1]

表11-6　喜马拉雅会员类型、收费标准及享有权益

会员类型		收费标准	享有权益
VIP 会员套餐	连续包月	首月特惠 6 元，限首次开通，次月开始每月 20 元	可以免费畅享喜马拉雅 VIP 专享的音频内容；享受部分付费内容的会员折扣价；免除播放页面的图片广告、节目前的声音广告；拥有专属身份标识；音频播放页可以享受会员专属的炫彩弹幕
	1 个月	25 元	
	3 个月	73 元	
	连续包季	58 元	
	连续包年	208 元	
VIP 联合会员套餐	喜马拉雅 VIP+ 腾讯视频 VIP	25 元／月，233 元／年	除喜马拉雅会员权益外，额外享受腾讯视频会员权益
	喜马拉雅 VIP+ 喜马拉雅智能音箱	有两款不同音箱，分别为 199 元和 249 元，包含一年 VIP	除喜马拉雅会员权益外，额外拥有喜马拉雅智能音箱
	喜马拉雅 + 咪咕阅读	19 元／月	拥有喜马拉雅会员和咪咕会员双重权益

3.“物联网+车联网”拓展音频使用场景

喜马拉雅以全场景生态为目标，致力于将声音融入物联网服务的每一个角落，让音频成为物联网场景服务的最佳伙伴。喜马拉雅致力于为用户打造沉浸式的声音体验，通过在各种场景中提供个性化的音频内容和服务，满足人们在各个方面的需求。喜马拉雅从 2017 年开始布局人工智能领域，与阿里、百度、小米、华为等企业开展合作，2017 年 6 月，喜马拉雅推出了智能 AI 音箱——小雅。目前，喜马拉雅已将智能生态产品扩展到车载、智能家居、智能音箱、智能穿戴等硬件终端。其中，车载智能终端方面，喜马拉雅与特斯拉中国、通用、上汽、吉利、比亚迪、蔚来汽车、理想汽车等车企开展了战略合作。喜马拉雅还表示华为鸿蒙车载版喜马拉雅 App 将实现语

---

[1] 随便写写 . 中国播客案例研究——喜马拉雅、蜻蜓 FM、荔枝 [EB/OL]. 2019-11-26[2023-09-18].https://www.woshipm.com/evaluating/3132587.html.

音控制、场景推荐、手势识别等功能。随着物联网、车联网的加速普及，数字音频产品的应用场景将不断增加，喜马拉雅在物联网、车联网领域的积极布局，在为用户提供更加便捷收听体验的同时，也将为喜马拉雅带来更多商业机会。

（二）蜻蜓FM

1.PUGC的方式打造精品内容IP

蜻蜓 FM 上线于 2011 年 9 月，上线后用户量迅速突破千万。2014 年，蜻蜓 FM 并购央广之声，获得大量有声小说资源，并开始与运营商深度合作。2015 年 3 月，蜻蜓 FM 首次提出 PUGC 战略。2015 年 7 月，蜻蜓 FM 启动全球播主竞技大赛，邀请传统广播电台的主持人和意见领袖制作优质节目。2016 年 8 月，蜻蜓 FM 与掌阅科技、酷听听书、朗锐数媒达成战略合作，在有声书制作和发行上展开合作。2017 年 1 月，蜻蜓 FM 与中国国际航空、天津航空合作，打造航空电台。蜻蜓 FM 的特色节目包括广播电台、版权内容和主播内容。广播电台有国家台和地市台，其中包括中国之声、北京体育广播、上海东广新闻台等。版权内容包括有声小说、畅销文学、影视热播、评书和相声小品。主播内容包括音乐、脱口秀、历史、军事、情感、财经和儿童等。蜻蜓 FM 拥有具体鲜明的"个性"和平台 IP 化两大优势，通过 PUGC 的方式打造精品内容，实现平台内容的 IP 化。蜻蜓 FM 旗下拥有众多主播和大咖，还自主"造星"，鼓励创作者有偿投稿。付费节目《蒋勋细说红楼梦》累计播放超 10 亿次，是蜻蜓 FM 内容 IP 化的经典案例之一。

2."内容+粉丝+广告"提供多种盈利方式

蜻蜓 FM 的盈利模式主要包括内容付费、粉丝经济和广告收入。其中，内容付费通过用户购买会员和额外支付蜻蜓币来实现（见表 11-7）；粉丝经济包括加入主播粉丝团、给主播送礼物和打赏主播等项目，平台与主播平分用户打赏的钱；广告收入主要有位置广告、音频广告、图片广告和品牌电台，可满足不同广告用户的需求。①

---

① 随便写写.中国播客案例研究——喜马拉雅、蜻蜓 FM、荔枝 [EB/OL]. 2019-11-26[2023-09-18].https://www.woshipm.com/evaluating/3132587.html.

表 11-7　蜻蜓 FM 会员类型、收费标准及享有权益

会员类型		收费标准	享有权益
VIP 会员套餐	1 个月	25 元	享受会员专享免费听书权益；开通会员后仍需付费的专辑享 8.8 折；每月赠送 120 元专属优惠券；免除播放广告；享有每月 23 日的超级会员日；拥有专属客服和 VIP 尊贵标识
	3 个月	68 元	
	6 个月	118 元	
	1 年	228 元	
VIP 联合会员套餐	蜻蜓 + 优酷（月卡、年卡）	月卡：28 元 年卡：238 元	除蜻蜓会员权益外，额外享优酷会员权益
	蜻蜓 +PP 体育（月卡）	25 元	蜻蜓会员权益 +PP 体育权益，PP 体育可以观看各大体育热门赛事
	蜻蜓 + 大地 U+（年卡）	208 元	蜻蜓会员权益 + 大地影院 U+ 会员权益
	蜻蜓 + 芒果 TV（月卡、年卡）	月卡：30 元 年卡：238 元	蜻蜓会员权益 + 芒果 TV 会员权益
	蜻蜓 + 保利 E 卡（季卡）	68 元	蜻蜓会员权益 + 保利会员权益
	蜻蜓 + 咪咕视频（月卡）	24 元	蜻蜓会员权益 + 咪咕视频会员权益

3.聚焦内容生产及场景延伸

2020 年，蜻蜓 FM 聚焦内容生产和场景延伸，通过与中文在线开展战略合作，取得 17K 小说网和四月天小说网的数字版权作品授权。双方围绕数字版权作品授权、音频作品推广资源、AI 主播专区联合运营展开合作。结合蜻蜓 FM 平台的流量和运营优势，以及中文在线的内容储备和渠道优势，双方将共同探索文学嫁接音频的新模式，构建音频主播新生态。同时，双方还将合作共建有声阅读全场景生态，让用户在各种场景下都能收听有声书。此外，蜻蜓 FM 夯实高质量音频内容、实施精细化运营，提出全场景生态战略，与厂商合作构建音频生态运营网络，形成全场景生态圈。例如与百度 Apollo 和斑马智行系统合作，用户可在任何场景通过各种设备收听自己想听的内容，刺激了新内容需求的产生。[1]

---

[1] 河青新闻网. 蜻蜓 FM 打造全场景生态，多维度夯实优质内容建设 [EB/OL]. 2023-03-03[2023-09-18]https://baijiahao.baidu.com/s?id=1759337242948446150&wfr=spider&for=pc.

第四节　投资动向与投资价值

一　投资趋于稳定，独角兽企业吸金能力强

2015~2022 年，中国知识付费领域投资经历了稳步增长、迅速回落的过程（见图 11-9），投资数量在 2018 年达到了高峰，之后稳定在个位数；投资金额在 2021 年达到了峰值，主要源于 IDG 资本、启明创投、GGV 纪源资本、高瓴创投对专注内容付费的技术服务商"小鹅通"的 1.2 亿美元（按当时汇率计算约 7.8 亿元）D 轮大额投资。2022 年知识付费领域仅有 2 起投资事件，分别是字节跳动对知识服务自媒体"远读重洋"的 A 轮投资，极客邦科技对内容创作及订阅服务平台"墨问西东"的天使轮投资，都是处于早期阶段的投资。

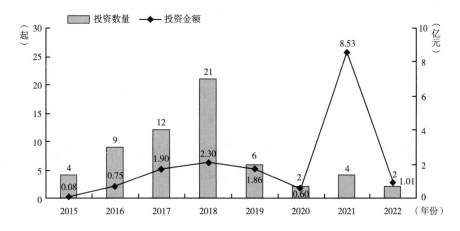

图 11-9　2015~2022 年中国知识付费领域投资数量与投资金额

数据来源：IT 桔子。

二　新增企业数量保持低位

2022 年，知识付费领域仅新成立了 1 家企业，延续了自 2019 年以来的低位态势，难以恢复至 2018 年及之前的创业热情（见图 11-10）。知识付费市场已发展成熟并进入稳定发展阶段，盈利能力成为企业关注的重点。

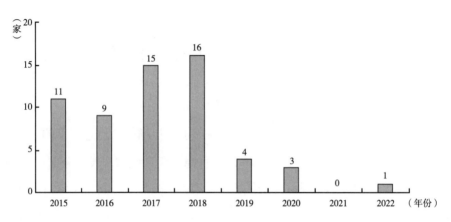

图 11-10　2015~2022 年中国知识付费领域新增企业数量

数据来源：IT 桔子。

三　创作及运营服务平台、面向细分群体的知识服务受关注

2021 年 1 月至 2023 年 6 月，知识付费领域仅有 6 起投资事件（见表 11-8）。从被投资企业业务方向来看，面向细分用户群体提供知识内容和为创作者提供技术和平台服务的企业各占一半，如深圳小鹅网络技术有限公司、上海闪悟网络科技有限公司、北京墨问西东科技有限公司为内容创作者提供了内容创作、订阅、营销、交易的服务平台；知易时光（北京）科技有限公司、深圳市天天学农网络科技有限公司、北京远读重洋信息科技有限公司分别面向互联网专业人群、农业人群、关注海外的人群提供知识服务，帮助特定人群提升职业技能和知识积累。

表 11-8　2021 年 1 月至 2023 年 6 月中国知识付费领域投资事件

投资时间	被投企业名称	简介	所在地	成立时间	轮次	金额（万元）
2022 年 6 月 1 日	上海闪悟网络科技有限公司	为知识付费个人品牌提供服务的企业	上海	2019 年 5 月	种子轮	100
2022 年 1 月 26 日	知易时光（北京）科技有限公司	面向互联网专业人群的付费知识社群平台	北京	2017 年 8 月	战略投资	10000
2021 年 12 月 30 日	深圳市天天学农网络科技有限公司	农业教育服务平台	广东	2017 年 7 月	C 轮	5000
2021 年 6 月 15 日	深圳小鹅网络技术有限公司	服务于自媒体知识付费与社群运营	广东	2016 年 12 月	D 轮	78000

续表

投资时间	被投企业名称	简介	所在地	成立时间	轮次	金额（万元）
2021年6月3日	北京远读重洋信息科技有限公司	知识服务自媒体	北京	2017年3月	A轮	2000
2021年4月1日	北京墨问西东科技有限公司	内容创作及订阅服务平台	北京	2022年3月	天使轮	300

数据来源：IT桔子。

四　知识付费投资价值评估：很高（★★★★★）

根据第一章第三节所述的投资价值评估方法，知识付费领域的投资价值评估结果为★★★★★，具备很好的投资价值或投资机会，有利于投资者进入。评估结果如表11-9所示。

表11-9　知识付费投资价值综合评估结果

序号	一级指标	一级指标得分	二级指标	二级指标原始数据	原始数据标准化	二级指标得分
1	基础规模	2.0	市场规模	1126.50亿元	0.306	★★
			用户规模	5.30亿人	0.285	★★
2	发展速度	4.5	市场规模增长率	66.89%	1.000	★★★★★
			用户规模增长率	11.11%	0.779	★★★★
3	转化程度	1.0	付费转化率	11.27%	0.180	★
			毛利率	50.16%	0.728	★★★★
4	竞争程度	1.0	市场集中度	10.58%	10.58%	★
5	活跃程度	2.3	新增企业数量增长率	−66.67%	0.917	★★★★★
			投资数量增长率	−50.00%	0.059	★
			投资金额增长率	−88.16%	0.018	★
6	相关政策导向	3.0	相关政策支持程度	推动高质量发展，加强知识产权保护，中性		★★★
7	主流媒体报道倾向	3.0	主流媒体报道情感倾向	正向占比减负向占比的值为16个百分点，中性		★★★
综合结果（S_{end}）						★★★★★

第五节 发展趋势

一 从"大V"到"草根"，知识生产者范围扩大

知识付费早期是以"吴晓波""罗振宇"等"大V"为代表的个人品牌为主，吸引大量粉丝关注并为之付费。随着视频、直播逐渐成为内容呈现和传播的普遍方式，知识创作和分享的门槛降低，越来越多的个人"草根"创作者借助平台的创作工具分享自己的知识技能，通过流量分成和广告营销的方式获得回报。同时，越来越多用户在抖音主动搜索和分享知识，《2022抖音知识年度报告》显示，2022年1月到10月，抖音知识类内容作品发布数量增长35.4%，知识达人单月直播场次增长72.7%；10月，抖音平台知识达人数量超过50万，同比增长近70%。[①] 知识内容供给者和需求者规模同时壮大，激发了不同层次、不同领域知识创作与交易的活跃。

二 从"线上"到"线下"，知识付费范围扩大

随着行业发展趋于成熟，知识付费产品形态和服务方式更加多元，除了课程、音频、电子书、直播、短视频等线上内容，线下知识付费内容逐渐增加，如高端论坛、知识沙龙、一对一咨询、专家讲座、文创衍生品等，拓展了商业变现的渠道，线下市场迎来发展契机。如"在行"可以让用户约见不同领域的行家，通过线下一对一咨询的方式，获取所需的资讯或技能；知乎除了问答及咨询、专业课程、知乎书店等线上付费方式，还开拓了丰富的线下互动及资源；"知识星球"推出的会员活动会不定期组织线下交流活动，增强用户黏性。线下活动便于深入讨论，满足用户社交及交流需求，知识付费活动的"线上""线下"结合将成为必然趋势。

三 AIGC创新知识服务模式，并有助于降本增效

以ChatGPT、文心一言、通义千问、智谱清言、讯飞星火为代表的大语言模型的火热发展与探索应用，激发了内容生产新的想象空间。知识付费作为典型的内容生产

---

① 巨量算数.2022抖音知识年度报告[EB/OL].2022-12-28[2023-08-10].https://trendinsight.oceanengine.com/arithmetic-report/detail/862.

与消费型领域，是 AIGC 重要的应用试验场。大语言模型基于对领域知识的深度"理解"，可帮助建立领域知识图谱和问题库，并在此基础上提供24小时的知识问答服务。而与智能硬件结合又可帮助知识付费企业拓展新的收入来源，如喜马拉雅推出了智能 AI 音箱——小雅，与 60 多家车企合作，植入适合车载系统的内容，从全场景生态的角度发掘新的经济增长点。在辅助创作方面，AIGC 可发挥的空间也很大，与图书相比，知识付费产品生命周期短，优质内容生产成本高，大语言模型在许多领域的回答能力可以为知识生产者提供创作思路，提升创作效率，降低生产成本，帮助企业实现降本增效。

第十二章

数字内容产业市场趋势与投资价值综合分析

第一节　数字内容产业市场发展趋势

一　数字内容产业规模蓄势复苏，未来将继续稳步增长

2022 年，中国数字内容产业市场规模总体保持继续增长态势，10 个细分领域中超千亿元规模的增至 7 个，其中短视频、网络游戏、在线教育市场规模超 2000 亿元（见图 12-1）。各细分领域市场规模增幅分化较大，知识付费增速遥遥领先，短视频、直播、网络动漫、数字阅读增长稳健，其他领域增长缓慢甚至出现负增长。受全球经济下行、国际形势严峻、政策监管趋严等多重外部环境因素影响，企业减少投放，消费者信心减弱，需求端和供给端的双向低迷导致市场增长放缓。未来随着宏观经济的逐渐复苏以及细分领域市场的不断调整与优化，企业投放逐渐恢复，消费者信心回归，各领域增长有望回升，如 2023 年国内游戏市场规模首次突破 3000 亿元大关，增速反弹至 13.95%，韧性强劲。[①] 本研究预计 2022~2024 年数字内容产业大部分细分领域将恢复至 10% 左右的复合年均增长率。

二　细分领域用户规模庞大，但普遍面临增长瓶颈

2022 年，中国数字内容产业用户规模庞大，除在线教育和网络动漫外，其余细分领域用户规模都超过了 5 亿人（见图 12-2），网民渗透率普遍在 50% 及以上。其中，

---

① 数源来源于中国音像与数字出版协会游戏工委。

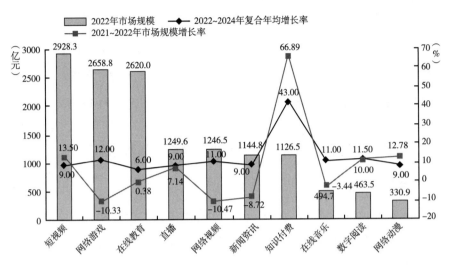

图 12-1　2022 年中国数字内容产业细分领域市场规模及增长率

短视频用户规模已达到 10.12 亿人，渗透率高达 95%；新闻资讯和网络视频用户规模也已超 7 亿人大关。但用户规模增长步伐已普遍放缓，大部分不足 10%，在线音乐和网络游戏用户规模甚至出现了下滑，在线教育和知识付费则表现出逆势增长的态势，这反映出在经济下行、社会竞争压力增大、"内卷"严重的环境下，人们对娱乐内容的需求下降，对有助于提升自身竞争力的知识内容需求增长。

在上一版报告中，我们提到，数字内容产业的价值结构已经从流量"圈地"走向

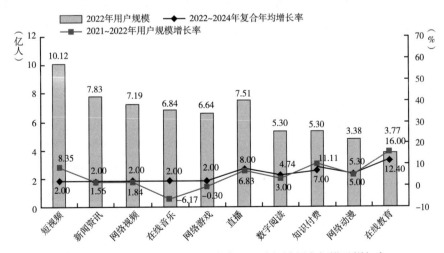

图 12-2　2022 年中国数字内容产业细分领域用户规模及增长率

注：网络动漫为 2021~2024 年复合年均增长率。

商业变现，此次数据表现延续了这一趋势，提高用户转化价值、提升企业的创收和盈利能力成为当前主要发展目标。根据本研究测算，数字内容产业大部分细分领域的用户规模已进入平台期，未来两年复合年均增长率大部分将在 2% 左右，在线教育、直播、知识付费这 3 个领域相对增速较快，复合年均增长率分别为 12.4%、8% 和 7%。

三 内容付费转化率达到新高点，网络游戏和网络视频转化最强

数字内容产品是精神消费产品，内容付费转化率是反映用户对产品或服务认可程度的重要衡量指标，也是企业营收转化能力的直观体现。2022 年，中国数字内容产业 10 个细分领域付费转化率总体保持了继续增长的态势，网络视频、网络动漫、在线音乐、知识付费、短视频、新闻资讯 6 个细分领域数据创下了自 2019 年以来的新高（见表 12-1）。

从各领域数据来看，网络游戏付费转化率遥遥领先，超过 60%（见图 12-3），其次是网络视频和网络动漫，2022 年分别为 24.33% 和 20.71%；在线教育、在线音乐、知识付费紧随其后，且后两者增速最快，其中，在线音乐相比国外音乐平台 Spotify 约 40% 的付费转化率还有较大的增长空间；[①] 短视频、直播、数字阅读付费转化能力较弱，随着付费短剧的火爆，短视频内容付费潜力可期；在新闻资讯领域，付费订阅模式在国内仍处于早期探索阶段，财新、虎嗅等标杆的成功运营为其他平台提供了示范和借鉴。疫情防控期间，用户线上消费习惯加速养成，数字内容品类、场景不断丰富，为付费转化率的提升提供了坚实基础，这种增长态势在未来几年将继续保持。

表 12-1 2019~2022 年中国数字内容产业 10 个细分领域付费转化率汇总及走势

单位：%

细分领域	2019 年	2020 年	2021 年	2022 年	2019~2022 年走势	2022 年同比
网络游戏	63.50	65.05	69.00	62.06		-10.06
网络视频	20.61	20.93	23.06	24.33		5.51
网络动漫	14.29	17.51	19.31	20.71		7.25

---

① 数据来自 Spotify2023 年度财报。原文为"截至 2023 年 12 月 31 日，我们在 184 个国家和地区拥有 6.02 亿月活跃用户数的社区，其中包括 2.36 亿付费用户"。

续表

细分领域	2019 年	2020 年	2021 年	2022 年	2019~2022 年走势	2022 年同比
在线教育	—	20.00	16.01	18.25		13.99
在线音乐	6.13	8.97	13.18	16.76		27.16
知识付费	5.62	8.07	8.79	11.27		28.21
短视频	—	8.30	—	8.82		—
直播	8.24	7.70	7.48	7.35		−1.74
数字阅读	4.46	4.43	3.02	3.24		7.28
新闻资讯	0.04	0.07	0.09	0.11		22.22

注：付费转化率由本研究根据各细分领域头部企业数据估算；个别数据有缺失，短视频领域参考带货转化率；"2019~2022 年走势"圆点表示高点。

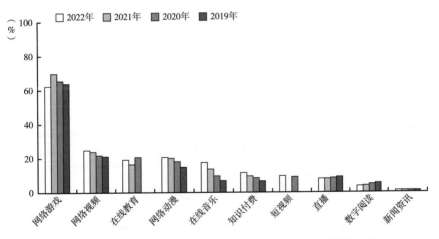

图 12-3 2019~2022 年中国数字内容产业 10 个细分领域付费转化率

四 市场竞争将更加激烈和分散，企业降本增效精益化发展

中国数字内容产业的市场集中度①总体偏高，头部企业贡献大部分营收，竞争格局较稳固，新进入者面临较高的资源、资质、资金壁垒。2022 年，10 个细分领域中有一半市场集中度超过 70%，分别为短视频、新闻资讯、网络游戏、在线音乐、网络

———————
① 本研究中市场集中度的计算方式为选取某领域当年营收规模较大、排名靠前的 4 家龙头企业，计算这 4 家龙头企业当年该领域业务营收之和占当年整体市场规模的比例。

视频（见图 12-4）。但总体呈现下降趋势，7 个细分领域出现同比下降，分别为新闻资讯、在线音乐、直播、数字阅读、知识付费、在线教育、网络动漫，这意味着头部企业市场主导能力减弱，竞争主体数量增加，竞争趋于分散且将更加激烈。面对严峻外部环境带来的重重挑战，数字内容企业纷纷进行业务调整，通过减少投放、收紧开支、聚焦主营业务、打造增长新引擎的方式降本增效。腾讯在 2022 年第二季度主动退出非核心业务，爱奇艺 2022 年营收成本同比减少 19%，知乎通过削减成本和费用实现亏损收窄，哔哩哔哩董事长陈睿将组织"去肥增瘦"、业务降本增效、业绩盈亏平衡作为工作的重要内容，喜马拉雅通过降本增效首次实现千万元级的盈利。数字内容企业改变以往扩张战略，转而将降本增效和高质量发展作为新的发展方向。

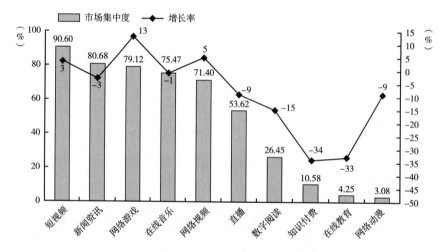

图 12-4　2022 年中国数字内容产业 10 个细分领域市场集中度及增长率

数据来源：本研究根据头部企业数据测算。

五　创投"严冬"仍在，科技赋能受资本青睐

受全球经济下行、局部冲突、疫情、通胀等因素影响，国内创投市场情绪悲观，数字内容产业创业及投资热度减弱。2022 年，数字内容产业新增企业数量下降明显（见图 12-5），网络游戏、直播、短视频、网络动漫、网络视频领域新增企业数量大幅下降，多个领域如在线音乐、网络动漫、数字阅读、新闻资讯、在线教育 2022 年甚至都没有新增企业，创业热情急剧下降。

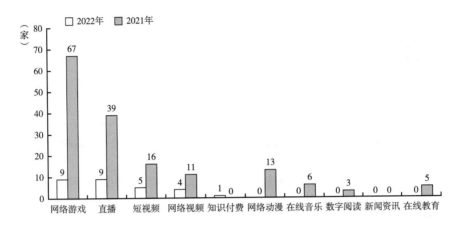

图 12-5 2021~2022 年中国数字内容产业新增企业数量

数据来源：IT 桔子。

产业投资数量和投资金额也在持续下跌。2022 年，数字内容产业 10 个细分领域投资数量和投资金额只有基数本身就很小的新闻资讯领域实现了正向增长，其余领域均同比下降，且下降幅度都超过了 50%（见图 12-6、图 12-7）。产业投资更加理性和冷静，一方面，早期涌入产业的大量投资带动的预期过高，而实际盈利表现难以支撑高估值，回报不足导致投资者情绪受挫；另一方面，随着政策监管常态化及科技创新的战略地位凸显，投资市场加速转型，资金从消费互联网流向产业互联网、工业互联网等更广泛的科技领域。

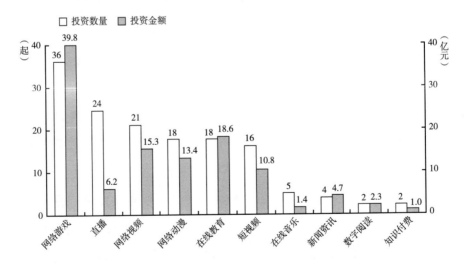

图 12-6 2022 年中国数字内容产业投资数量及投资金额

数据来源：IT 桔子。

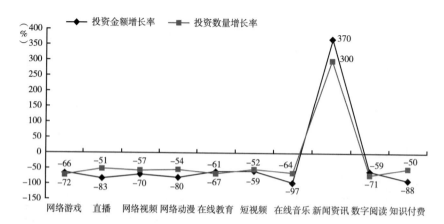

图 12-7　2022 年中国数字内容产业投资数量及投资金额的同比增长率
数据来源：IT 桔子。

从 10 个细分领域的被投资企业的业务类型来看，科技赋能型企业成为投资者关注的焦点，如网络游戏领域游戏研发，网络视频领域的虚拟人、虚拟偶像、虚拟活动、虚拟空间、虚拟娱乐生态、元宇宙等，直播领域的 AI 数字人、虚拟主播、虚拟艺人，基于 VR、区块链、人工智能技术的音乐创作与制作、音乐版权保护、音乐培训等，分别成为各领域资本关注的热点。数字内容产业长期理性的价值投资文化逐渐形成，投资者更看重企业的长期价值和商业能力，以降低投资风险。

六　龙头企业引领产业投资，网络游戏和网络动漫是战略布局重点

数字内容产业的发展表现出一定的规模效应，优质内容、流量、资源倾向于向头部聚集，帮助龙头企业拓宽业务版图、触达更深远的产业链条。以腾讯、字节跳动、阿里、哔哩哔哩为代表的数字内容企业，以"产业 + 投资"双轮驱动模式，形成了庞大的内容生态。本研究统计了 2021 年 1 月至 2023 年 6 月腾讯、字节跳动、阿里、哔哩哔哩的投资版图（含领头和参投事件），①4 家龙头企业共参与 125 起（去重后）内容领域投资事件，其中，腾讯仍为数字内容产业的重要投资者，投资（含参投）了 70 起事件，占比过半；其次是哔哩哔哩，投资（含参投）了 42 起；字节跳动共 12 起；阿里系在内容领域布局相对较少，共 7 起（见图 12-8）。这些龙头企业的投资以战略投资为主，共有 97 起（去重后）。从涉及的领域来看，投向网络游戏领域的事件占比

———————————
① 由于百度无相关投资事件，不在图 12-8 中进行呈现。

最高，达到 66%；其次是网络动漫，占比 20%（见图 12-9），这二者遥遥领先于其他细分领域。网络游戏变现能力高，网络动漫是 IP 的源头，内容潜力大，网络动漫与网络游戏联动发展实现了强强联合，可激发强大的协同效应。

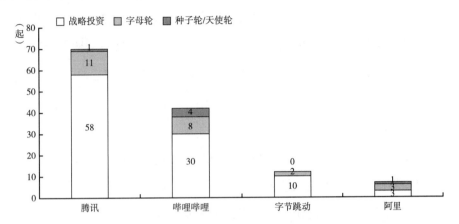

图 12-8　2021 年 1 月至 2023 年 6 月中国龙头企业数字内容产业投资事件
数据来源：IT 桔子。

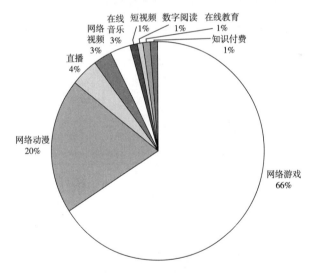

图 12-9　2021 年 1 月至 2023 年 6 月中国龙头企业数字内容产业投资领域分布
数据来源：IT 桔子。

七　"泛知识"领域增长迅速，知识付费迎来二次"起飞"

数字内容产业的细分领域根据其内容属性可大致分为娱乐型和知识型。如网络游戏、网络动漫、在线音乐、网络视频、短视频、直播等领域，其内容具有较强的娱乐倾向，满足人们的休闲娱乐需求；而在线教育、知识付费、数字阅读的内容具有较明显的知识倾向，满足人们丰富知识、提升自我的需求。

根据此分类，数字内容产业总体仍以娱乐类内容为主要阵地，如图 12-10 所示，气泡面积（代表市场规模大小）大的短视频、网络游戏都是娱乐倾向较强的细分领域，但增长最快的以知识倾向的领域为主，如知识付费市场规模增长率遥遥领先，数字阅读增长率也高于大多数领域，在线教育处于增长的平均水平。同时，在线教育和知识付费也是 2022 年用户规模增速最快的两个细分领域，分别同比增长 16% 和 11%，已超过过去几年迅猛发展的短视频。

从供给端来看，随着视频、直播逐渐成为内容呈现和传播的普遍方式，知识创作和分享的门槛降低，出现了越来越多的"草根"创作者，从专业内容到生活技能，从考试、升学、求职到美妆、育儿、家装等，知识内容越来越丰富。从需求端来看，社会经济发展环境变化，生活压力加大，就业竞争加剧，激发了人们的学习需求，这也体现出教育的反周期性和刚性需求属性，为提升自身竞争力，人们更愿意为优质内容付费。供给者和需求者规模的同时壮大，激发了不同层次、不同领域知识交易的活跃性。知识付费在这一过程中再次获得了蓬勃发展，有二次"起飞"的可能。

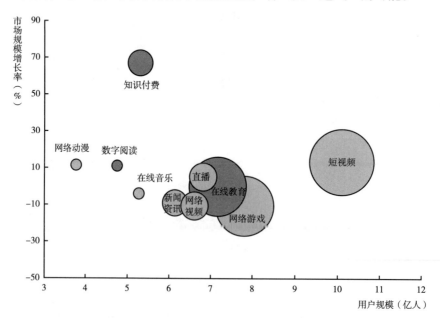

图 12-10 2022 年中国数字内容产业细分领域规模分布

注：X 轴是 2022 年用户规模，Y 轴是 2022 年市场规模增长率，气泡大小代表 2022 年市场规模的大小，气泡越大，代表市场规模越大。

八　AIGC 驱动产业数智化发展，将涌现新的内容供需场景

2022 年末至 2023 年初，从 AI 作画领域的 DALL-E2 到 Stable Diffusion，再到 ChatGPT 为代表的对话机器人，AIGC 应用引起了人们的广泛热烈关注。它是在计算机视觉、自然语言处理、知识图谱、深度学习等 AI 核心技术领域深厚积累的成果，其普适性在各个领域有令人无限遐想的应用空间。数字内容产业的核心即内容的生产与消费，是 AIGC 的自然应用场所，依托 AIGC 的创作能力和解决方案可帮助实现数字内容产业全链路的升级。首先，AIGC 可赋能数字内容创作，如新闻自动写作、智能创意助手、AI 编剧等，这些工具将大幅提高内容生产效率，而文生图、文生视频的能力，能够快速将网文小说生成漫画、视频，降低创作门槛，丰富内容形态，提升 IP 变现的效率。Gartner 预测至 2023 年将有 20% 的内容由生成式 AI 创建，至 2025 年生成式 AI 生产的数据将占所有数据的 10%（目前不到 1%）。其次，AIGC 可帮助实现精准用户运营和商业变现，通过将用户属性标签化，进行精准用户画像，甚至可通过数字孪生技术模拟用户行为以辅助决策，提升广告投放的精准化程度和转化率。另外，AIGC 与 5G、AR、VR 等技术融合，可创新内容场景与交互方式，提升用户沉浸感。国内外已有不少公司将 AIGC 融入业务运作中，国内腾讯的 AI Lab 已经开始了在游戏前的美术设计、内容设计、测试，以及游戏中的体验优化、运营优化中的研究与应用，如场景生成、玩法设计、智能 NPC 等。国外谷歌的 Bard 是最早在对话式 AI 中插入广告的大模型 C 端产品，Meta、微软也在对话式产品中增加了广告，他们还推出了一系列工具帮助广告主更好地利用大模型，真正实现对每个用户的需求进行一对一实时生成。

九　数字内容企业"乘风"出海，积极拓展第二增长市场

国内市场流量红利消退、竞争日益激烈已是不争的事实，为拓展新的增长曲线，近年来数字内容企业将目光投向了海外。2022 年 7 月 18 日，商务部等 27 部门发布的《关于推进对外文化贸易高质量发展的意见》提出，积极培育网络文学、网络视听、网络音乐、网络表演、网络游戏、数字电影、数字动漫、数字出版、线上演播、电子竞技等领域出口竞争优势，提升文化价值，打造具有国际影响力的中华文化符号。数

字内容企业积极乘借政策的"东风"，竞逐海外市场。

网络游戏方面，腾讯、完美世界、米哈游、莉莉丝都已取得了亮眼的出海成绩单，国际市场收入已成为腾讯游戏增长最快的部分。在2023年6月中国手游发行商全球收入排行榜中，有39个中国厂商入围全球手游发行商收入榜TOP100，《王者荣耀》收入蝉联全球手游畅销榜冠军。[①] 非游戏方面，根据data.ai发布的"2023年7月中国非游戏厂商及应用出海收入30强"榜单，字节跳动、欢聚集团排名前两位，二者旗下产品TikTok和Bigo Live位列用户支出排行榜前两位；网文出海企业畅读科技，数字阅读企业掌阅科技、HiRead，视频平台爱奇艺、腾讯视频、优酷、哔哩哔哩，直播企业挚文集团，短视频企业快手等数字内容企业都在榜单上。[②] 国内厂商在海外广告推广方面也不遗余力，美国科技巨头Meta公司财务主管表示，该公司2023年第三季度收入的增长很大程度上由中国企业推动，中国的电商和游戏广告在包括Facebook和Instagram在内的Meta平台上投入了大量资金。[③] 数字内容企业将在国内已验证的买量推广模式复制到海外，努力在激烈的竞争中脱颖而出，实现新的增长。未来几年，出海仍将是数字内容企业集中发力的领域，在拓展收入的同时，促进中华文化的交流和推广。

十 政策推进产业规范化发展，主流媒体舆论环境向好

数字内容产业作为文化产业的重要组成部分，兼具经济属性和文化属性，其发展走势受政策和舆论的影响较大。2022年以来，直接针对各细分领域的政策并不多，很多是在有关文化、教育、市场监管、网络信息等的政策中出现。2022年8月，中共中央办公厅、国务院办公厅印发的《"十四五"文化发展规划》提出，加快发展数字出版、数字影视、数字演播、数字艺术、数字印刷、数字创意、数字动漫、数字娱乐、高新视频等新型文化业态，改造提升传统文化业态，促进结构调整和优化升级。数字内容产业是新型文化业态的典型代表，肩负起促进文化产业升级的重任。

① 泽泷. 6月中国手游发行商全球收入TOP3：腾讯、米哈游、网易[EB/OL]. 2023-07-07[2023-10-10]. https://www.ithome.com/0/704/282.htm.

② 2023年7月中国非游戏厂商及应用出海收入30强[EB/OL]. 2023-08-22[2023-10-10]. https://www.199it.com/archives/1640941.html.

③ 钱童心. 中国广告商推动Meta业绩大增 电商游戏"出海"需求强劲[EB/OL]. 2023-10-27[2023-11-01]. https://finance.sina.cn/usstock/mggd/2023-10-27/detail-imzsnneh4563430.d.html?source=hfquote.

　　总体来看，经过过去几年的网络空间内容治理，网络环境得到了显著净化。2022年以来的政策除了继续推进规范化监管和示范引导，鼓励产业发展新业态、新模式、新技术也成为重要的内容（见表12-2）。在网络游戏领域，推进未成年人保护、预防未成年人沉迷仍然是规范化监管的重要课题。此外，2023年10月国家新闻出版署发布了《关于实施网络游戏精品出版工程的通知》，鼓励企业自主研发融入中华传统元素、环保题材、科幻科普等主题，代表国际领先水平的游戏作品。在直播领域，2023年2月，中共中央、国务院发布的《质量强国建设纲要》提出提高生产服务专业化水平，规范发展网上销售、直播电商等新业态新模式。在短视频领域，"推出更多高品质的短视频、网络剧、网络纪录片等网络视听节目，发展积极健康的网络文化"也被写入《"十四五"文化发展规划》。

表 12-2　中国数字内容产业 10 个细分领域相关政策导向

序号	细分领域	2022~2023 年相关政策导向	2020~2021 年相关政策导向
1	网络游戏	规范为主，明确未成年人保护措施要求，加强管理	监管严格，限制未成年人使用的时段时长
2	网络动漫	加快发展，鼓励融合应用，培育出口优势	鼓励精品创作与传播，资金扶持
3	网络视频	规范监管，强化内容管理，引导示范，鼓励新业态	加强内容和服务标准管理，促进规范
4	短视频	加强管理，落实责任，明确惩戒措施，规划引导	资质和内容监管强化，落实主体责任和惩戒机制
5	直播	规范发展，加强治理，支持新业态	要求平台健全规范管理制度，明确和落实主体责任
6	在线音乐	加强规划引导，实施网络音乐产业扶持计划，鼓励复合型业态	加强版权保护，规范市场秩序，推进发展
7	数字阅读	规范经营，规划引导，加强数字资源建设，鼓励精品，强化人才建设，政策扶持	鼓励公共数字文化资源建设和融合创新
8	新闻资讯	内容规范管理，服务许可要求	规定个人信息收集范围，通报违规 App
9	在线教育	推进数字化和智慧教育，强化培训管理	"双减"政策严整 K12 教培市场，从严审批、禁止上市
10	知识付费	推动高质量发展，加强知识产权保护	加强知识产权保护，激励创新

　　注：本研究以政策相关内容中关注的主要内容和表达态度的关键词作为政策导向的参考。

　　主流媒体网站的报道作为舆论内容的权威代表，往往能聚焦行业发展重点，引领行业议题设置，甚至影响政策制定，对产业发展有必要的督导作用。总体来看，主流媒体关于数字内容产业多个细分领域的报道差异化明显，但总体向好（见图12-11），有 7 个细分领域正向报道占比高于负向，3 个细分领域负向报道占比高于正向；相比上一版结果中 6 个细分领域负向报道占比高于正向明显向好。具体来看，网络动漫、在线教育、网络视频、数字阅读、在线音乐具备非常好的舆论环境，正向占比减负向占比的值高于 35 个百分点，这主要得益于其文化传播价值和满足人民群众精神文化需求的能力；短视频、知识付费、直播、新闻资讯（含自媒体）领域 UGC 特征显著，存在内容质量参差不齐的现象，因此在内容乱象方面有一些负面报道；网络游戏领域未成年人沉迷、诱导充值等负面问题长期以来都是媒体关注的焦点。

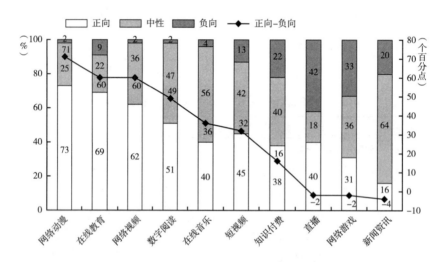

图 12-11　2023 年中国数字内容产业 10 个细分领域主流媒体报道倾向占比分布

注：根据新华网、人民网、光明网关于各细分领域的报道进行情感倾向性判断，判断方法详见第二章第二节。

第二节　数字内容产业投资价值分析

一　投资价值评估结果汇总及排行榜

（一）投资价值评估结果汇总

根据前文所述的评价指标体系，笔者对数字内容产业各细分领域的投资价值进行综合评估，结果如表 12-3 所示，各项具体得分详见表 12-4。

表 12-3　2023 年中国数字内容产业 10 个细分领域投资价值评估综合结果

综合结果	说明	领域
投资价值很高 （★★★★★）	具备很好的投资价值或投资机会，有利于投资者进入	直播、短视频、知识付费、在线教育
投资价值较高 （★★★★）	有不错的投资价值或投资机会，但没有达到很有利的程度	网络游戏、网络视频
投资价值一般 （★★★）	有不错的机会，但也有相应的风险，评估结果偏中性	数字阅读
投资价值较低 （★★）	可能有一定的投资机会，但未来发展不够明确，或者风险略高于机遇	新闻资讯
投资价值很低 （★）	风险大于机会，未来发展不确定，当前不利于投资者进入	网络动漫、在线音乐

（二）数字内容产业投资价值排行榜

根据投资价值评估结果对数字内容产业细分领域投资价值进行排行，按照各领域得分降序排列，10 个领域得分从高到低依次为：直播、短视频、知识付费、在线教育、网络游戏、网络视频、数字阅读、新闻资讯、网络动漫、在线音乐（见表 12-5）。

二　2019~2023 年投资价值评估结果比较：泛娱乐势头减弱，泛知识逆势崛起

本研究将此次评估结果（2023 年），与最近两版报告（2021~2022 年、2019~2020 年）评估结果（见表 12-6、表 12-7）相比较，以观测近年来细分领域的发展变化，比较结果见表 12-8。

从排名结果来看，2021~2022 年版相比于 2019~2020 年版，直播、网络游戏和动漫[①]排名向前移动较多，短视频、网络视频、知识付费、在线教育等排名后移，彼时泛娱乐类内容引领价值走向，泛知识类内容势弱。

2023 年版相较于 2021~2022 年版，情况发生转变，知识付费、在线教育排名向前移动较多，网络游戏、网络动漫、在线音乐、数字阅读则排名后移，泛娱乐类领域呈现势头减弱趋势，泛知识类领域则逆势而上。

[①] 2021~2022 年版、2019~2020 年版中的动漫对应 2023 年版中的网络动漫。

表12-4 2023年中国数字内容产业细分领域投资价值评估结果汇总

细分领域	基础规模		发展速度		转化程度		竞争程度	活跃程度			相关政策导向	主流媒体报道倾向	综合结果
	市场规模	用户规模	市场规模增长率	用户规模增长率	付费转化率	毛利率	市场集中度	新增企业数量增长率	投资数量增长率	投资金额增长率	相关政策支持程度	主流媒体报道倾向程度	
直播	★★	★★★	★★	★★★	★	★	★★★★★	★★★★	★	★	★★	★★	★★★★★
短视频	★★★★★	★★★★★	★★	★★★★	★	★★	★	★★★★★	★	★	★★	★★★★	★★★★★
知识付费	★★	★★	★★★★★	★★★★	★	★★★★	★	★★★★★	★	★	★★★	★★★	★★★★★
在线教育	★★★★★	★	★★★★★	★★★★★	★★	★★★★★	★	★	★	★	★★★	★★★★★	★★★★★
网络游戏	★★★★★	★★★	★	★★	★★★★★	★★★★★	★	★★	★	★	★★	★	★★★★★
网络视频	★★	★★★	★	★★	★	★★★	★★★★★	★★★★★	★	★	★★★★★	★★★★★	★★★★
数字阅读	★	★★★★	★	★★★	★	★★★★	★	★	★	★	★★★★★	★★★	★★★
新闻资讯	★★	★	★	★★	★	★★	★	★	★★★★★	★★★★★	★★	★★	★★
网络动漫	★	★	★★	★★★	★★	★★	★	★	★	★	★★★★★	★★★★	★
在线音乐	★	★★★★	★	★	★★	★	★	★	★	★	★★★★★	★★★★	★

注：按照加权总计结果降序排列，评估方法及标准详见第一章。

表 12-5　2023 年中国数字内容产业 10 个细分领域投资价值排行榜

序号	细分领域	得分
1	直播	15.50
2	短视频	15.43
3	知识付费	15.33
4	在线教育	15.10
5	网络游戏	14.83
6	网络视频	14.43
7	数字阅读	13.20
8	新闻资讯	12.67
9	网络动漫	11.80
10	在线音乐	10.50

在流量红利见顶、资本流动性趋紧、经济环境下行的压力下，人们的娱乐消费被压缩，而对自我提升的需求增加，因此教育、知识类内容潜力凸显，这也充分体现出教育的逆周期性。当前，数字内容产业走到一个调整阶段，以泛娱乐为主体的基本盘不变，但教育提升需求的爆发正在激发泛知识领域强大的发展活力。

三　一级评估指标排行榜及比较分析

（一）基础规模——短视频、网络游戏位列前二

基础规模通过市场规模和用户规模两个二级指标来衡量。如表 12-9 所示，短视频、网络游戏基础规模位列前二，其中，短视频市场规模和用户规模都明显领先于其他领域。网络游戏市场规模大，用户规模则排到了第六位，反映出其较高的用户价值。网络视频和直播则恰恰相反，用户价值尚待进一步挖掘。

（二）发展速度——知识付费脱颖而出

发展速度通过市场规模增长率和用户规模增长率两个二级指标来衡量。如表 12-10 所示，知识付费发展速度最快，短视频次之，随后是在线教育，泛知识类领域在增长普遍放缓甚至下滑的情况下脱颖而出，逆势上涨；网络游戏、网络视频、在线音乐等泛娱乐类领域的发展速度则普遍出现了下滑。

表 12-6 2021~2022 年中国数字内容产业细分领域投资价值评估汇总

细分领域	基础规模		发展速度		转化程度	竞争程度	活跃程度			相关政策导向	主流媒体报道倾向	综合结果
	市场规模	用户规模	市场规模增长率	用户规模增长率	付费转化率	市场集中度	新增企业数量增长率	投资数量增长率	投资金额增长率	相关政策支持程度	主流媒体报道倾向程度	
直播	★★	★★★	★★★	★★★★★	★	★★★★★	★★★★★	★★★★★	★	★★	★★	★★★★★
网络游戏	★★★★	★★	★★	★★★	★★★★★	★	★★★★	★★★★★	★	★★	★★★	★★★★
数字阅读	★	★★	★★	★★★★	★	★★★★★	★★	★★	★	★★★★★	★★★★★	★★★★
短视频	★★★★	★★★★★	★★★★★	★★★★★	★	★	★★★★★	★★★	★	★★★★★	★★★★★	★★★★
动漫	★★★★	★	★	★★★★★	★	★	★★★★	★	★	★★★★★	★★★★★	★★★
网络视频	★★	★★★★★	★	★★★	★★	★	★★★★★	★	★	★★★	★★★★★	★★★
知识付费	★	★	★★★★	★★★★★	★	★	★★★★★	★★	★	★★★★	★★★	★★
在线教育	★★★★★	★	★★★	★	★★	★	★★★	★	★★★★★	★	★★	★★
在线音乐	★	★★★	★	★★★★	★	★	★★	★	★	★★★★	★★★	★★
新闻资讯App	★	★★★★	★	★★★	★	★	★	★	★	★★	★★	★

注：本表和表 12-7 中的"新闻资讯 App"对应表 12-4 中的"新闻资讯"，"动漫"对应"网络动漫"。

表12-7　2019~2020年中国数字内容产业细分领域投资价值评估汇总

细分领域	基础规模		发展速度		转化程度	竞争程度	活跃程度			相关政策导向	主流媒体报道倾向	综合结果
	市场规模	用户规模	市场规模增长率	用户规模增长率	付费转化率	市场集中度	新增企业数量增长率	投资数量增长率	投资金额增长率	相关政策支持程度	主流媒体报道倾向程度	
短视频	★	★★★★★	★★★★★	★★★★★	★	★★★	★★★	★	★★★★★	★★	★★★	★★★★★
网络视频	★★★	★★★★★	★★	★	★★	★★★★★	★★	★	★	★★★	★★★	★★★★★
数字阅读	★	★★★	★	★★	★	★★★★★	★★★	★	★	★★★★	★★★★	★★★★
知识付费	★	★	★★★★★	★★	★★	★	★★★★★	★★★★★	★★★	★★★	★★★	★★★
网络游戏	★★★★	★★★	★	★	★★★★★	★	★	★★	★	★★	★	★★★
直播	★★	★★★★	★★★	★	★	★★★★★	★★	★★	★★	★★	★★	★★★
在线教育	★★★★★	★	★★	★★★	★	★	★★	★★★	★★★	★★★	★★★★	★★
在线音乐	★★★★	★★★★	★★★★★	★	★	★	★	★	★	★★★	★★★★★	★★
动漫	★★★	★★	★	★	★	★	★★	★★★	★	★★★★★	★★★★★	★
新闻资讯App	★	★★★★★	★★	★★	★	★	★★	★	★★★	★★	★★	★

表 12-8　2019~2023 年中国数字内容产业细分领域投资价值评估结果对比

序号	细分领域	综合结果			排名位次变化	
		2019~2020 年	2021~2022 年	2023 年	2019~2020 年→2021~2022 年	2021~2022 年→2023 年
1	直播	★★★	★★★★★	★★★★★	↑6→1	1→1
2	短视频	★★★★★	★★★★	★★★★★	↓1→4	↑4→2
3	知识付费	★★★	★★	★★★★★	↓4→7	↑7→3
4	在线教育	★★	★★	★★★★★	↓7→8	↑8→4
5	网络游戏	★★★	★★★★	★★★★	↑5→2	↓2→5
6	网络视频	★★★★★	★★★	★★★★	↓2→6	6→6
7	数字阅读	★★★★	★★★★	★★★	3→3	↓3→7
8	新闻资讯	★	★	★★	10→10	↑10→8
9	网络动漫	★★	★★★	★	↑9→5	↓5→9
10	在线音乐	★★	★★	★	↓8→9	↓9→10

表 12-9　2022 年中国数字内容产业细分领域基础规模数据及评估结果（降序排列）

细分领域	基础规模原始数据		基础规模评估结果		基础规模得分
	市场规模（亿元）	用户规模（亿人）	市场规模	用户规模	
短视频	2928.3	10.12	★★★★★	★★★★★	5.0
网络游戏	2658.8	6.64	★★★★★	★★★	4.0
直播	1249.6	7.51	★★	★★★★	3.0
新闻资讯	1144.8	7.83	★★	★★★★	3.0
在线教育	2620.0	3.77	★★★★★	★	3.0
网络视频	1246.5	7.19	★★	★★★	2.5
在线音乐	494.7	6.84	★	★★★	2.0
知识付费	1126.5	5.30	★★	★★	2.0
数字阅读	463.5	5.30	★	★★	1.5
网络动漫	330.9	3.38	★	★	1.0

表 12-10 2022 年中国数字内容产业细分领域发展速度数据及评估结果（降序排列）

细分领域	发展速度原始数据		发展速度评估结果		发展速度得分
	市场规模增长率（%）	用户规模增长率（%）	市场规模增长率	用户规模增长率	
知识付费	66.89	11.11	★★★★★	★★★★	4.5
短视频	13.50	8.35	★★	★★★★	3.0
在线教育	0.38	16.00	★	★★★★★	3.0
网络动漫	12.78	5.30	★★	★★★	2.5
数字阅读	11.50	4.74	★★	★★★	2.5
直播	7.14	6.83	★★	★★★	2.5
网络游戏	−10.33	−0.30	★	★★	1.5
新闻资讯	−8.72	1.56	★	★★	1.5
网络视频	−10.47	1.84	★	★★	1.5
在线音乐	−3.44	−6.17	★	★	1.0

（三）转化程度——网络游戏营收能力最强

转化程度通过用户付费转化率和毛利率来衡量。如表 12-11 所示，网络游戏转化程度最高，营收能力较强；新闻资讯、数字阅读、短视频转化能力略显不足。其中，网络游戏付费转化率遥遥领先，维持了以往的优势；网络游戏、在线教育、知识付费头部企业平均毛利率都超过了 50%。

表 12-11 2022 年中国数字内容产业细分领域转化程度数据及评估结果（降序排列）

细分领域	转化程度原始数据		转化程度评估结果		转化程度得分
	付费转化率（%）	毛利率（%）	付费转化率	毛利率	
网络游戏	62.06	59.76	★★★★★	★★★★★	5.0
网络视频	24.33	24.49	★★	★	2.0
在线教育	18.25	54.31	★★	★★★★★	2.0
网络动漫	20.71	35.49	★★	★★	2.0
在线音乐	16.76	26.96	★★	★	2.0
直播	7.35	29.90	★	★	1.0
知识付费	11.27	50.16	★	★★★★	1.0
短视频	8.82	38.25	★	★★	1.0
数字阅读	3.24	45.78	★	★★★★	1.0
新闻资讯	0.11	33.60	★	★★	1.0

（四）竞争程度——短视频等细分领域市场集中度偏高

竞争程度通过市场集中度来衡量，该指标是一个适度指标，市场集中度过高或过低都不利于新进入者进入，中等水平较有利。如表 12-12 所示，直播领域竞争环境较适度，既有充分的竞争，也有进一步发展的空间。短视频、新闻资讯、网络游戏、在线音乐市场集中度过高，头部企业市场主导能力强，不利于新进入者。

表 12-12　2022 年中国数字内容产业细分领域竞争程度数据及评估结果（降序排列）

细分领域	竞争程度原始数据	竞争程度评估结果	竞争程度得分
	市场集中度（%）	市场集中度	
直播	53.62	★★★★★	5.0
网络视频	71.40	★★★	3.0
网络游戏	79.12	★	1.0
在线教育	4.25	★	1.0
网络动漫	3.08	★	1.0
在线音乐	75.47	★	1.0
知识付费	10.58	★	1.0
短视频	90.60	★	1.0
数字阅读	26.45	★	1.0
新闻资讯	80.68	★	1.0

（五）活跃程度——新闻资讯活跃程度得分最高

"活跃程度"指标反映了创投市场投资热度的变化，用投资数量增长率、投资金额增长率、新增企业数量增长率三个二级指标来衡量。2018 年以来，国内融资环境严峻，数字内容产业资本市场同样经历了持续性的降温，2022 年各细分领域新增企业数量已降至个位数，绝大多数领域投资数量和投资金额延续了下滑态势。比较来看，新闻资讯领域活跃程度得分最高，但其基数并不大，其次是网络视频、知识付费和短视频，降幅相对较小（见表 12-13）。

表 12-13　2022 年中国数字内容产业细分领域活跃程度数据及评估结果（降序排列）

细分领域	活跃程度原始数据			活跃程度评估结果			活跃程度得分
	新增企业数量增长率（%）	投资数量增长率（%）	投资金额增长率（%）	新增企业数量增长率	投资数量增长率	投资金额增长率	
新闻资讯	−100.00	300.00	370.00	★	★★★★★	★★★★★	3.7
网络视频	−63.64	−57.14	−69.75	★★★★★	★	★	2.3
知识付费	−66.67	−50.00	−88.16	★★★★★	★	★	2.3
短视频	−68.75	−51.52	−59.33	★★★★★	★	★	2.3
直播	−76.92	−51.02	−82.87	★★★★	★	★	2.0
网络游戏	−86.57	−71.88	−65.93	★★	★	★	1.3
在线教育	−100.00	−66.67	−61.15	★	★	★	1.0
网络动漫	−100.00	−53.85	−80.28	★	★	★	1.0
在线音乐	−100.00	−64.29	−96.77	★	★	★	1.0
数字阅读	−100.00	−71.43	−59.31	★	★	★	1.0

（六）相关政策导向——良性发展

相关政策导向根据该领域相关政策内容对该领域发展的态度进行判断。如表 12-14 所示，数字阅读、网络动漫、在线音乐政策环境较好；网络游戏、直播、短视频、新闻资讯则面临较严峻的政策监管。

表 12-14　2022~2023 年中国数字内容产业细分领域相关政策导向指标评估结果（降序排列）

细分领域	相关政策导向（关键词）	相关政策导向评估结果	相关政策导向得分
数字阅读	规范经营，规划引导，加强数字资源建设，鼓励精品，强化人才建设，政策扶持	★★★★★	5.0
网络动漫	加快发展，鼓励融合应用，培育出口优势	★★★★	4.0
在线音乐	加强规划引导，实施网络音乐产业扶持计划，鼓励复合型业态	★★★★	4.0
网络视频	规范监管，强化内容管理，引导示范，鼓励新业态	★★★	3.0
知识付费	推动高质量发展，加强知识产权保护	★★★	3.0
在线教育	推进数字化和智慧教育，强化培训管理	★★★	3.0
新闻资讯	内容规范管理，服务许可要求	★★	2.0
短视频	加强管理，落实责任，明确惩戒措施，规划引导	★★	2.0
直播	规范发展，加强治理，支持新业态	★★	2.0
网络游戏	规范为主，明确未成年人保护措施要求，加强管理	★★	2.0

（七）主流媒体报道倾向——舆论环境总体较好

主流媒体报道倾向是以主流媒体（以新华网、人民网、光明网为代表）报道的正向倾向和负向倾向的数量占比进行评估的。大部分细分领域正向报道占比高于负向报道，如表 12-15 所示，网络动漫、网络视频、在线教育、数字阅读、在线音乐、短视频领域有较好的舆论环境；而网络游戏、直播、新闻资讯由于行业发展长期存在的痛点问题引发不少负面报道。

表 12-15　2023 年中国数字内容产业细分领域主流媒体报道倾向数据及评估结果（降序排列）

细分领域	正负向报道占比之差（个百分点）	主流媒体报道倾向评估结果	主流媒体报道倾向得分
网络动漫	71	★★★★★	5.0
网络视频	60	★★★★★	5.0
在线教育	60	★★★★★	5.0
数字阅读	49	★★★★	4.0
在线音乐	36	★★★★	4.0
短视频	32	★★★★	4.0
知识付费	16	★★★	3.0
直播	-2	★★	2.0
网络游戏	-2	★★	2.0
新闻资讯	-4	★★	2.0

四　细分领域投资优劣势比较分析

将各细分领域在 7 个指标的得分与 10 个领域平均得分对比，可以看出各细分领域的相对优劣势（见图 12-12）。

网络游戏在转化程度、基础规模方面的得分明显高于平均值，市场基础好，营收能力强，但在其他方面都落后于均值，尤其在竞争程度、活跃程度、发展速度方面表现欠佳。

网络动漫领域有良好的外部发展环境，政策方面鼓励支持动漫产业发展，主流媒体关于网络动漫的报道以正向为主，但网络动漫在其他方面无显著优势，竞争程度和活跃程度表现低于均值。

短视频领域在基础规模、活跃程度、发展速度、主流媒体报道倾向四个方面都优于平均值，总体保持了较好的发展势头，但在竞争程度和转化程度方面表现不足，市场集中度过高,头部企业具有较强的垄断能力。

网络视频领域在主流媒体报道倾向、竞争程度、活跃程度方面的得分高于平均值,但发展速度落后明显,其余方面与均值基本持平或略低,总体表现一般。

直播领域在竞争程度方面显著优于均值,市场集中度适中,既有一定的竞争压力,又有充分的发展空间,但其余各方面与均值基本持平或更低,尤其在两个外部环境因素方面劣势明显,行业发展仍处于规范调整阶段。

在线音乐领域除了相关政策导向和主流媒体报道倾向高于均值,其余各项都低于均值或基本持平,尤其是发展速度、竞争程度、活跃程度劣势明显,存在较大不确定性。

在线教育领域具有良好的主流媒体舆论环境,发展速度也高于均值,在2022年多个领域规模扩张停滞甚至下滑的态势下,仍然保持了增长,但活跃程度和竞争程度低于均值,其余各项基本持平。

知识付费领域发展速度优势突出,显著高于均值,市场空间大,但基础规模仍较小。随着越来越多的平台推出内容付费业务,竞争者增多,市场集中度偏低,转化程度也低于均值,市场仍处于分散竞争阶段,发展模式仍在迭代中。

数字阅读领域具有良好的政策支持环境,但其余各项指标低于平均水平或基本持平,其中基础规模落后于均值较多,市场容量较小。

新闻资讯领域活跃程度高于均值,但在外部环境的两个指标方面劣势明显,面临比较严峻的政策监管和舆论环境,这主要由于自媒体内容生态规范性方面尚存不足,此外付费转化程度较低,行业内容付费模式仍在探索中。

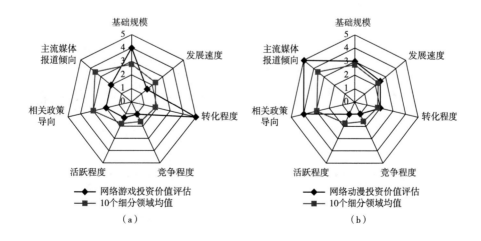

（a）　　　　　　　　　　　　（b）

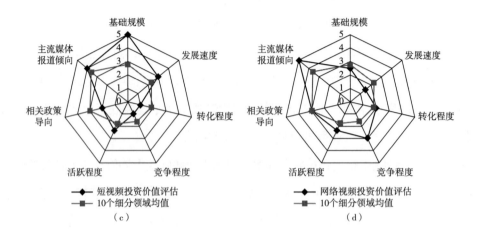

（c）短视频投资价值评估　10个细分领域均值

（d）网络视频投资价值评估　10个细分领域均值

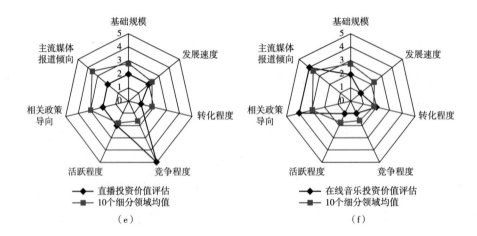

（e）直播投资价值评估　10个细分领域均值

（f）在线音乐投资价值评估　10个细分领域均值

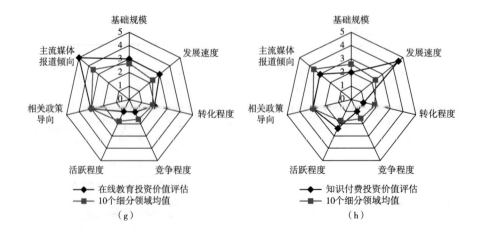

（g）在线教育投资价值评估　10个细分领域均值

（h）知识付费投资价值评估　10个细分领域均值

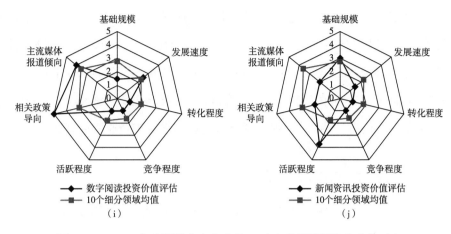

图 12-12　2023 年中国数字内容产业 10 个细分领域投资优劣势对比

第三节　数字内容产业投资风向

根据数字内容产业 10 个细分领域投资价值评估结果，结合产业发展趋势，本研究认为 10 个细分领域投资风向表现如下。

一　直播和短视频引领数字内容产业投资风向

直播和短视频领域投资价值评估结果为五星，得分排名前二，引领数字内容产业投资风向。直播市场发展韧性强，用户规模保持稳健扩张。短视频头部平台快手、抖音、视频号纷纷布局或加强直播业务，其中快手直播受益于直播电商趋势，作为新势力迅速崛起，迅速赶超老牌直播平台。但头部平台还未形成垄断之势，直播市场集中度适中，仍有新进入的机会。直播已经从数字内容领域逐渐延伸到各行各业，娱乐类内容仍是用户最常看的类型，内容质量仍是促进直播消费的根本动力。AI 赋能下，直播将迎来场景升级，致力于虚拟人 / 数字人、虚拟艺人 IP、直播技术等的直播科技类企业值得关注。

短视频市场规模和用户规模连创新高并保持持续增长态势。当前头部平台在内容、渠道、资源方面占有绝对优势，拥有庞大的流量基础，为短视频营销服务与商业变现提供了巨大的空间，提供短视频运营及营销服务的优质企业值得关注，如聚焦短视频推广、数据运营、数据监控、短视频电商、店铺代运营等业务方向的企业；此外，可关注垂直领域的产品营销与商业化变现。在 AIGC 浪潮下，人工智能、虚拟技术在视频创作与编辑中的作用凸显，在 Sora、Runway、Pika 等多模态 AI 工具的助力下，短视频创作门槛及广告营销成本将进一步降低，产能有望出现飞跃式增长，在内容供给大爆发之下保持自有"调性"、提供高质量内容和服务的企业将迎来更大发展空间。

二 "内卷"加剧引发知识教育热度提升

知识付费、在线教育领域的得分仅次于直播和短视频，投资价值评估结果都为五星。从 2022 年度数据来看，知识付费和在线教育领域分别在市场规模、用户规模方面表现出良好的增长势头。在资本市场流动性趋紧、经济环境严峻的大环境下，社会竞争日益加剧，人们对知识增长和技能提升的需求增加，为知识内容、教育及培训服务付费的意愿增强。知识付费头部平台不断拓展有声读物、播客、知识分享和音频直播等多元化变现模式，付费转化率持续提升；出版企业依托内容优势，推出了多层次知识服务产品，在 AIGC 趋势下有较大增长价值。知识付费市场集中度偏低，竞争趋于分散，面向细分人群的知识内容企业，以及技术服务类企业仍有较大发展潜力。"双减"政策之后，K12 教培企业纷纷进行业务转型，成人教育和智能教育硬件市场将迎来爆发，可关注科技赋能、深耕垂直领域或专注于服务细分人群的在线教育企业。

三 网络游戏、网络视频领域关注 AI 及虚拟技术带动新需求

网络游戏、网络视频领域的投资价值评估结果都为四星，投资价值较高。网络游戏是数字内容产业变现能力最强的领域，网络游戏上市企业毛利率平均值接近 60%，且长期处于较为稳定的状态，商业模式较为成熟，用户付费意愿强，市场规模庞大。虽然 2022 年受外部大环境及版号限制影响，市场规模有所回调，但随着版号发放常态化及消费信心的恢复，以及游戏技术正外部性价值被认可，网络游戏领域仍有较高的投资价值。可关注具有高品质、高用户体验手游研发能力的企业、二次元游戏企业等。

网络视频领域受 2022 年头部平台"降本增效"影响，市场规模经历了回调，

2023 年高质量增长成为爱奇艺等网络视频平台新的业务目标，而 AIGC 在剧本创作、智能制作和后期宣发方面的应用将进一步降低视频生产与运营的成本，预计未来几年网络视频将恢复稳步增长态势。网络视频平台近年来付费转化率持续提升，用户价值凸显，但市场集中度偏高且头部格局稳固。庞大的视频服务需求值得关注，尤其是 AI 及虚拟技术下的新应用，如视频数据服务平台、PaaS 平台、虚拟人、虚拟偶像、虚拟娱乐生态、元宇宙等。

四 关注数字阅读 IP 多元化变现价值

数字阅读领域投资价值评估结果为三星，投资价值中等。数字阅读得益于其内容的价值引导、审美启迪、自我提升等作用，得到政策和主流媒体的鼓励和支持，具有较好的政策环境和主流媒体舆论环境。数字阅读领域用户类型以年轻人为主，但 60 岁以上人群增长迅速。网文、小说、漫画作为 IP 运作的源头，可进行电视剧、电影、动漫、游戏、有声剧等多种衍生开发，将原有的文图内容转化为多种媒体形式，商业价值大。数字阅读市场集中度偏低，头部平台主导能力弱，竞争趋于分散，可关注如亲子育儿、小说漫画、科幻、心理学等垂直领域阅读平台以及数字阅读服务与数字出版运营等企业。

五 谨慎关注新闻资讯、网络动漫、在线音乐，发展瓶颈显现

新闻资讯领域投资价值评估结果为两星，网络动漫、在线音乐领域投资价值评估结果为一星，投资价值低。

新闻资讯和在线音乐领域市场规模经历了回调，用户规模庞大，已进入增长瓶颈期。目前国内尚未形成付费新闻的习惯，广告仍是新闻资讯平台营收的重要来源，受大环境影响，广告投入减少直接导致其市场规模缩减。新闻资讯头部平台已占据约八成市场份额，竞争激烈，可关注财经、时政、教育等垂直领域资讯内容平台。

网络动漫市场规模较小，但仍保持了较快发展速度，具有较好的政策环境和主流媒体舆论环境，但由于网络动漫创作投入周期长、资金壁垒高，市场竞争分散，头部企业主导能力较弱，投资热度偏低。随着国产经典 IP 形象的号召力逐渐凸显，网络动漫制作与内容创作仍值得关注。

在线音乐领域头部企业通过试水免费模式增加广告收入，但对原付费人群的影响仍待观察。目前市场上腾讯音乐、网易云音乐两大音乐平台"一超一强"竞争格局稳固，进入壁垒较高。可关注音乐技术服务方向，如基于 VR、区块链、AI 技术的音乐创作与制作、音乐版权保护、音乐培训等。

第四节　中国数字内容产业发展面临的挑战及策略建议

一　数字内容产业发展面临的挑战

（一）"短内容"下的碎片化、"劣币驱逐良币"与观点极化

当前，以短视频为代表的"短内容"成为主流的信息获取方式，信息传播效率大幅提升的同时，碎片化传播导致的信息残缺、失真等问题引发了更多误解和偏见。在信息碎片化环境下，刺激、夸大的标题往往更容易吸引眼球，能获得更高的点击率和阅读量，这进一步助推了劣质信息的传播，造成"劣币驱逐良币"的后果。2023 年初，一篇题为《别了，电子书》的文章引发关注，文章称"过去的两三年，国内电子书业务过得很难"，碎片化时间以及短视频、网络游戏、直播等影音娱乐夺走了电子书"专宠的时间权利"。2023 年 4 月，"B 站 UP 主发起停更潮"话题冲上微博热搜，精心制作的中长视频收益不如拼拼凑凑的短视频成为内容"长短交锋"的一个典型事件。与传统媒体大众传播、单向传播的方式不同，基于用户大数据和精准推荐算法实现的个性化推送几乎成为资讯平台、社交媒体平台的标配，用户看到的都是趋同的内容，同类观点不断被强化，这也加重了网络群体的分裂和对立，易引发网络道德风险和舆情危机。

（二）同质化现象加剧竞争，亏损局面难扭转

近年来，中国数字内容产业在产品功能、内容场景、商业模式方面同质化竞争严重，持续创新力不足，导致商业变现空间受限。从曾经火热的知识付费平台到数量激增的 MCN 机构，从激烈的"千播大战"到当下如火如荼的"百模大战"，当一个新模式走通后，大量同类竞品迅速涌现，内容、功能、体验相似，导致竞争愈发激烈，而变现模式单一引发的价格战则不断挤压企业的盈利空间，即使最后脱颖而出的少数

也难以走出亏损局面。数字内容领域商业化变现主要依赖用户付费和广告营收，但与国外同类产品相比，付费转化率整体偏低，不少细分领域虽然坐拥庞大的用户规模，但并不能有效转化为收入。典型的如订阅会员超过 1 亿的网络视频平台爱奇艺在降本增效的努力下，2022 年才结束了连续 12 年的亏损，而拥有超过 3 亿月活跃用户的哔哩哔哩仍陷在持续多年的巨额亏损中难以破局。分别坐拥 4.8 亿和 3.8 亿用户规模的网络动漫和在线教育领域，头部企业奥飞娱乐、美盛文化 2022 年亏损分别为 1.72 亿元和 7.53 亿元，好未来、有道 2022 年亏损分别为 11.36 亿元和 7.27 亿元。[①] 如何找到突破口，不断通过差异化竞争提供独特价值，开拓新市场，提升盈利能力，是数字内容企业始终要思考的问题。

（三）AIGC趋势下数字内容监管和版权保护面临严峻挑战

AIGC 已经在文字、图片甚至音乐、视频生成方面表现出强大的潜力，消费级应用的落地将大幅降低内容创作门槛，但同时也将增加作品被滥用、侵权的风险。根据英国消费者组织 Which 当地时间 2023 年 10 月 27 日公布的最新发现，不法分子会利用 ChatGPT 和 Bard 等 AI 聊天机器人制造出更有说服力的骗局，对公众构成威胁，且上述聊天机器人缺乏有效的防御措施。[②] 国内加持了大语言模型的教育智能硬件中也被发现有一些扭曲历史、违背主流价值观的内容。大语言模型并不具备人类的道德判断能力，因此对于输入语料中涉及侵权、偏见、歧视、扭曲事实、隐私和敏感的信息难以做到有效识别和规避，由此引发的社会伦理风险将为数字内容监管带来新的挑战。而大语言模型应用基于复杂算法模型和大规模训练数据生成的逼真内容，让普通用户更加难以判断信息的真伪和版权归属，原创内容将面临被篡改、侵权的风险。在这种情形下，传统的版权保护手段力不从心，如何采取更加智能化、自适应的方式保护数字内容作品创作者的合法权益，成为一项严峻挑战。

（四）内容违规、消费陷阱等问题频现，扰乱市场秩序

近年来，网络游戏、直播、短视频、新闻资讯（含自媒体）等数字内容领域快速发展的同时，内容违规、消费陷阱、造谣传谣、流量造假、侵犯隐私、危害未成

---

① 数据来源于相关公司财报。

② IT 之家 . 英国消费者组织警告：AI 聊天机器人使网络诈骗文案愈发专业化 [EB/OL]. 2023-10-28[2023-11-01]. https://m.jrj.com.cn/madapter/finance/2023/10/28170338118946.shtml.

年人等问题时有发生，侵害广大内容消费者权益。以 UGC 内容为主的自媒体平台情况最为严重。中国青年报社社会调查中心联合问卷网开展的调查显示，67.0% 的受访者感到自媒体乱象严重干扰了网络环境，66.9% 的受访者指出影响了权威、真实、理性声音的传播。① 短视频平台则长期面临着侵犯版权、虚假广告、不良导向等问题，而直播平台出现的主播言行失范、流量造假、假冒伪劣、诱导消费、"坑老陷阱"、售后无门等一系列扰乱数字内容市场的现象引发广泛关注，不利于产业的健康有序发展。

二 数字内容产业发展策略建议

（一）发挥出版内容优势，提升内容服务质量

数字内容产业以内容为核心，精品化已成为其发展的关键趋势。这不仅涉及经济营收，更关系到社会精神文明建设。同时，精品化内容的积累也为大语言模型提供了丰富而优质的中文互联网语料，为其发展打下了坚实的基础。数字内容平台作为信息传播中介，在考虑经济效益的同时，还要把社会效益放在首位，做好内容"把关人"的角色，促进主流价值的传播，为精品内容生产提供更多激励。可借助出版业专业、正版、精准、规范的内容资源和语料资源，将出版业高品质内容融合应用至数字内容平台中，形成专业数字内容资源底座，支撑网络游戏、网络动漫、网络视频、新闻资讯等产品知识体系建设，提升内容质量，在知识需求爆发的当下为人们提供高品质的内容服务。

（二）把握AIGC应用场景爆发先机，推动产业升级

数字内容产业伴随着移动通信、互联网、智能设备等信息技术及设施的发展应运而生、迭代升级，本质上是内容与技术融合的产物。在产业持续创新能力不足、同质化竞争加剧的情况下，抓住技术革新的机遇提高生产效率，并拓展丰富的内容场景，成为企业实现降本增效的不二之选。以 ChatGPT、文心一言、通义千问、智谱清言、讯飞星火为代表的大语言模型的火热发展与应用，激发了内容创作新的想象空间，如

---

① 杜园春，杨万淑．治理自媒体乱象七成受访者期待黑名单机制[EB/OL]．2023-07-28[2023-11-21]．https://www.chinanews.com.cn/gn/2023/07-28/10051084.shtml．

AI 的应用为网络游戏图像渲染、模型构建、语言对话生成等提供了创新空间，为稿件创作、图片创作、音乐创作提供了更多可能，而 AI 虚拟人、数字人走入直播间在大幅降低人力成本的同时为观众提供了全新的娱乐体验。2024 年初，OpenAI 推出的文生视频模型 Sora 可生成长达 60 秒高逼真、高质量视频引发业界轰动，这将为视频内容生产带来新一轮革命。业内多方预测，2024 年将是 AIGC 应用场景全面爆发的一年。数字内容企业应积极布局长期发展战略，顺应产业升级浪潮，力争在新一波技术革命中把握先机。

（三）探索新形势下版权保护思路，激活创新活力

随着中国知识产权保护环境日益完善，数字内容版权作为知识产权的重要部分，越来越受到监管部门的重视。自 2005 年起，国家版权局、网信办、工信部、公安部等多部门连续多年开展"剑网行动"，至 2023 年已开展 19 次，通过查办网络侵权案件、关闭侵权盗版网站、处置删除侵权盗版链接等措施，严厉打击了短视频、直播、在线教育等领域侵权盗版行为。当前，人工智能技术越来越多应用于内容创作中，由此引发的训练数据侵权风险、生成内容的可版权性、人机交互生成内容的权属配置等问题引起全球多个国家的关注。2023 年 12 月 23 日，美国立法者提交新法案要求 AI 公司披露受版权保护的训练数据，而此前日本政府表态不会对 AI 训练使用的数据实施版权保护；韩国明确不允许对未经人类创作的 AI 生成内容进行版权登记，英国则是为数不多的为 AI 作品提供版权的国家之一。中国于 2023 年 5 月发布了《生成式人工智能服务管理暂行办法》，明确了生成式人工智能服务提供和使用的总体要求，12 月，被称为国内"AIGC 图片著作权第一案"的侵权纠纷案件迎来了北京互联网法院的一审判决，法院认定被诉侵权行为构成著作权侵权，引发了业内广泛关注和讨论。随着新技术形势下版权问题和侵权风险更加隐秘和复杂，版权保护政策也需与时俱进，在高效维护数字资产版权安全和实现数字资产商业价值转化之间做好平衡。

（四）三方协同加强行业自律，规范市场秩序

数字内容产业的健康发展离不开政府、行业、社会三方的协同治理。政府层面，针对数字内容产业出现的一系列问题，国家新闻出版署、国家广播电视总局、国家互联网信息办公室、国家市场监督管理总局等众多部门已陆续出台一系列监管政策，对

规范产业健康发展意义重大，但要警惕一些违规产品以隐性变异、改头换面、表里不一等手段导致监管落实不到位的情况。行业层面，要营造良好的发展生态，建立规范运营标准，发挥龙头企业带头示范效应，提升企业规范意识，在追求经济效益时把社会效益放在首位。社会层面，要充分发挥专业机构、产品用户、社会大众各方作用，形成常态化监管环境，进一步对平台信息内容管理主体形成震慑作用和长效制约，促进内容市场健康发展。

参考文献

［1］ 张立, 吴素平. 中国数字内容产业市场格局与投资观察（2011~2022）[M]. 北京：社会科学文献出版社，2022.

［2］ 张立, 吴素平. 中国数字内容产业市场格局与投资观察（2019~2020）[M]. 北京：社会科学文献出版社，2020.

［3］ 张立, 吴素平等. 中国数字内容产业市场格局与投资观察（2017~2018）[M]. 北京：社会科学文献出版社，2019.

［4］ 张立, 介晶, 梁楠楠. 中国数字内容产业市场格局与投资观察（2015)[M]. 北京：社会科学文献出版社，2016.

［5］ 崔海教. 2021~2022 中国数字出版产业年度报告 [M]. 北京：中国书籍出版社，2023.

［6］ 张立等. 2020~2021 中国数字出版产业年度报告 [M]. 北京：中国书籍出版社，2021.

［7］ 张立等. 2019~2020 中国数字出版产业年度报告 [M]. 北京：中国书籍出版社，2020.

［8］ 张立等. 2018~2019 中国数字出版产业年度报告 [M]. 北京：中国书籍出版社，2019.

［9］ 张立等. 2017~2018 中国数字出版产业年度报告 [M]. 北京：中国书籍出版社，2018.

［10］ 张立等. 2016~2017 中国数字出版产业年度报告 [M]. 北京：中国书籍出版社，

2017.

［11］ 干春晖等 . 产业经济学 : 教程与案例 (第 2 版)[M]. 北京：机械工业出版社，2018.

［12］ 潘曦 . 经济学专业综合实验及实训指导书 [M]. 四川：西南财经大学出版社，2017.

［13］ 傅才武，彭雷霆 . 中国公共文化服务发展指数报告（2019）[M]. 北京：社会科学文献出版社，2019.

［14］ 张立，吴素平 . 我国数字内容产业投资价值与发展趋势研究 [J]. 出版发行研究，2019(07):12-22.

［15］ 张立，吴素平 . 从流量"圈地"到价值变现——2020~2021 年中国数字内容产业市场格局与投资观察 [J]. 出版参考 ,2022(05):45-49.

［16］ 梁红霞 . 行业集中度与盈利能力关系研究——以乐视网为例 [J]. 环渤海经济瞭望，2017(04):29-35.

［17］ 谢友宁，杨海平，金旭虹 . 数字内容产业发展研究——以内容产业评估指标为对象的探讨 [J]. 图书情报工作 ,2010(12):54-58+73.

［18］ 韩洁平，毕强 . 数字内容产业研究与发展 [J]. 情报科学 ,2009(11):16.

［19］ 周庆山，罗戎 . 我国数字文化产业发展趋势、挑战与规制策略 [J]. 图书情报工作 ,2014,58(10):6-10+18.

［20］ 马建堂 . 中国行业集中度与行业效绩 [J]. 管理世界 ,1993(01):131-136.

［21］ 王文锋 . 文化产业竞争力评价模型及指标体系研究述评 [J]. 经济问题探索，2014(01):72-76.

［22］ Yong Gyu Joo,So Young Sohn. Structural Equation Model for Effective CRM of Digital Content Industry[J].Expert Systems with Applications，2008，34(1):63-71.

图书在版编目（CIP）数据

中国数字内容产业市场格局与投资观察.2023/董
毅敏,吴素平著.--北京:社会科学文献出版社,
2024.6.--ISBN 978-7-5228-3916-5

Ⅰ.F279.244.4

中国国家版本馆 CIP 数据核字第 2024FD4126 号

中国数字内容产业市场格局与投资观察（2023）

著　　者 / 董毅敏　吴素平

出 版 人 / 冀祥德
责任编辑 / 刘　姝
责任印制 / 王京美

出　　版 / 社会科学文献出版社·数字出版分社（010）59366434
　　　　　　地址：北京市北三环中路甲29号院华龙大厦　邮编：100029
　　　　　　网址：www.ssap.com.cn
发　　行 / 社会科学文献出版社（010）59367028
印　　装 / 三河市龙林印务有限公司

规　　格 / 开　本：787mm×1092mm　1/16
　　　　　　印　张：21.75　字　数：370 千字
版　　次 / 2024年6月第1版　2024年6月第1次印刷
书　　号 / ISBN 978-7-5228-3916-5
定　　价 / 98.00元

读者服务电话：4008918866